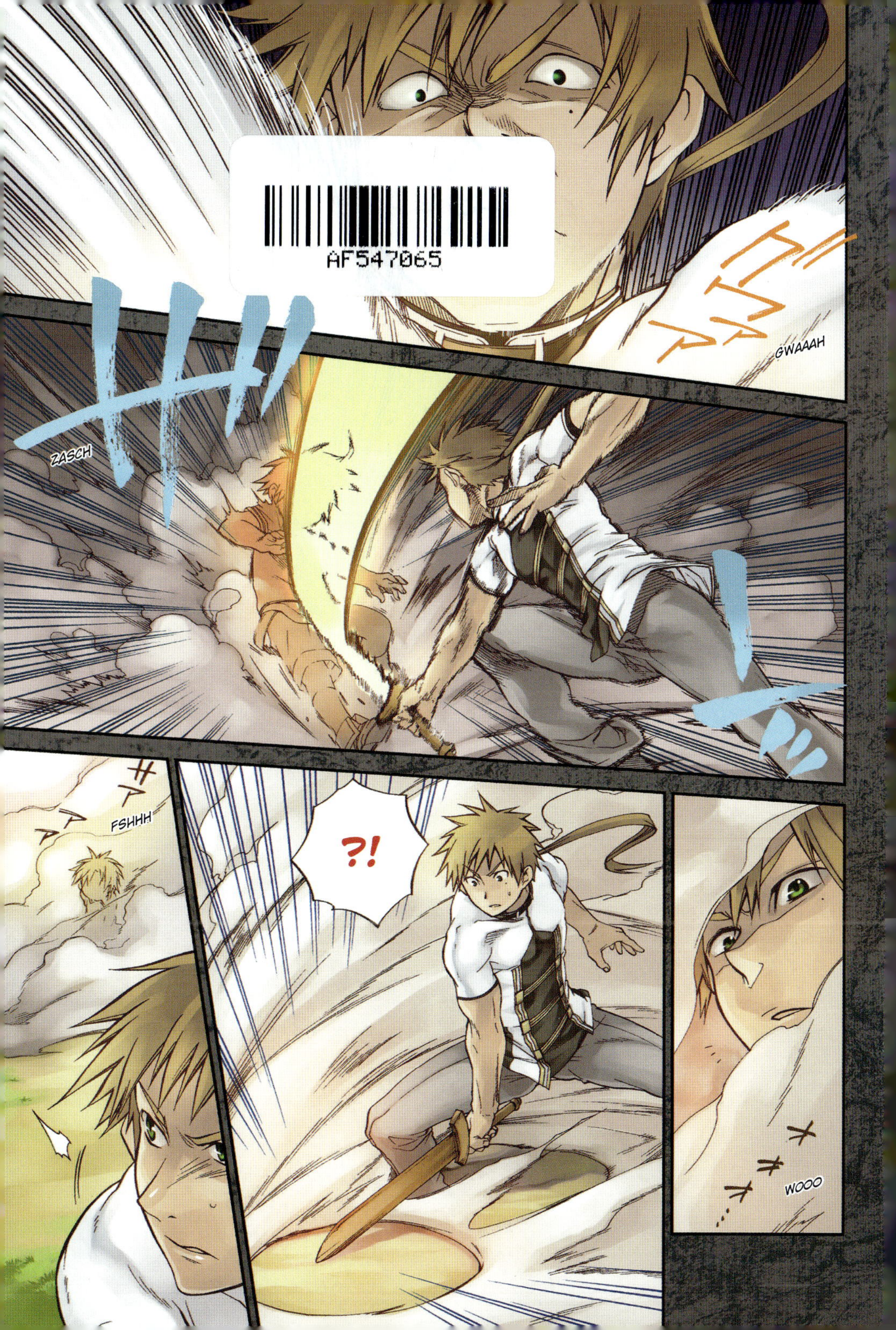
GWAAAH
ZASCH
?!
FSHHH
WOOO

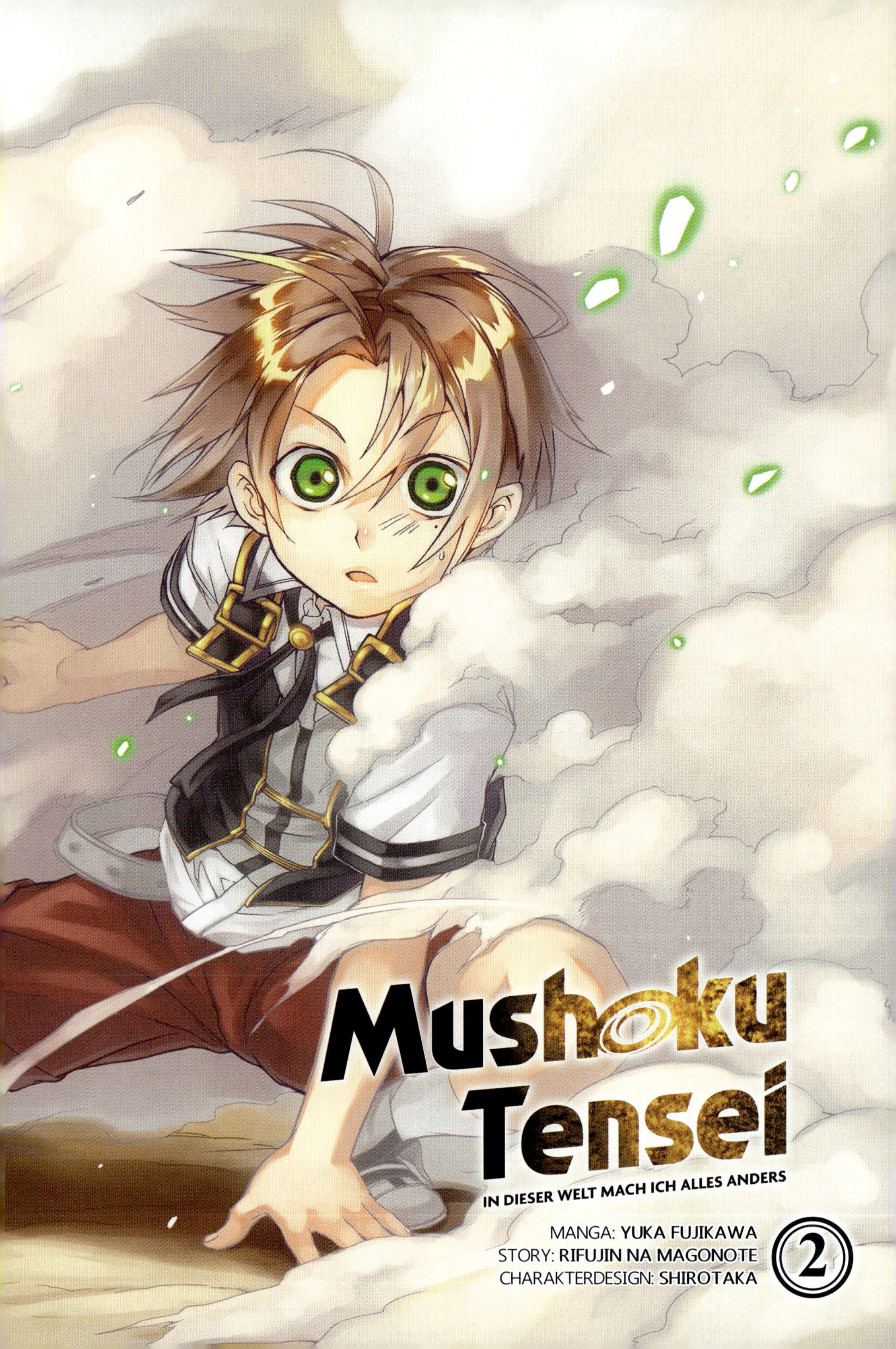
Mushoku
Tensei
IN DIESER WELT MACH ICH ALLES ANDERS
MANGA: YUKA FUJIKAWA
STORY: RIFUJIN NA MAGONOTE
CHARAKTERDESIGN: SHIROTAKA
2

KAPITEL 6	TRENNUNG	001
KAPITEL 7	DIE GEWALT DES JUNGEN FRÄULEINS	041
KAPITEL 8	UNVORSICHTIGKEIT	071
KAPITEL 9	DIE BOREAS-KORREKTHEIT	094
KAPITEL 10	ERIS' SCHWERMUT	123
BONUS-STORY 1:	VOM TOLLWÜTIGEN HUND ZUM SCHOSSHÜNDCHEN	150
BONUS-STORY 2:	DIE MAGD IM HAUSE GREYRAT	159

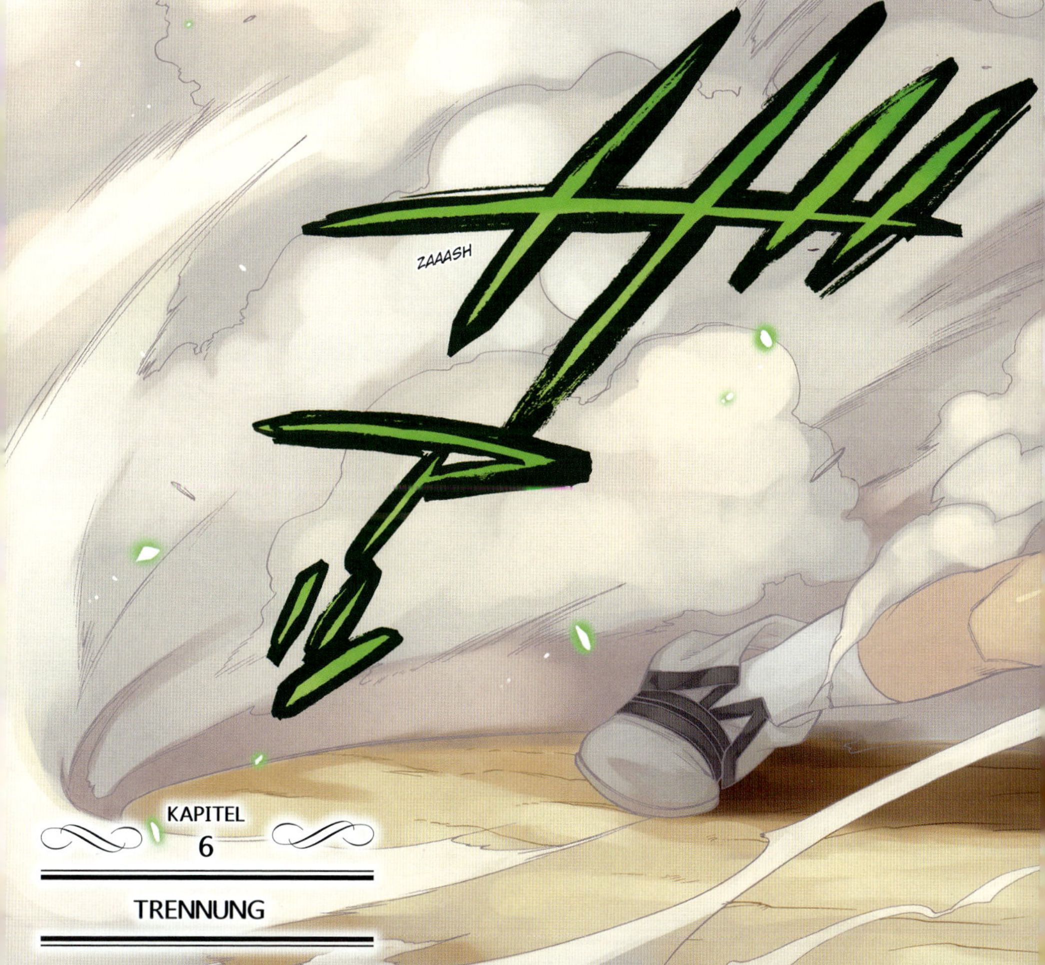

KAPITEL
6

TRENNUNG

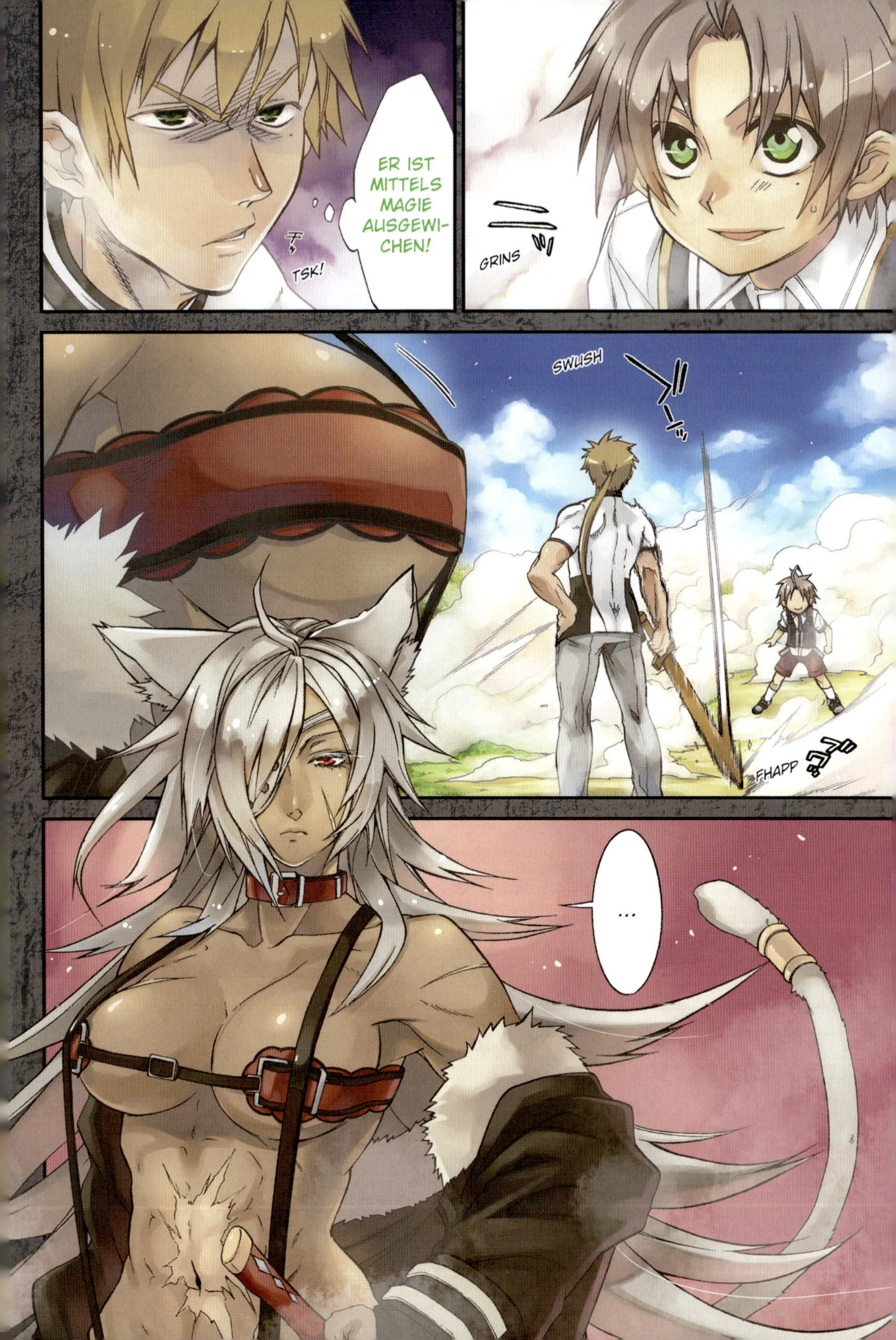
GRINS
TSK!
ER IST MITTELS MAGIE AUSGEWI-CHEN!
SWUSH
FHAPP
...

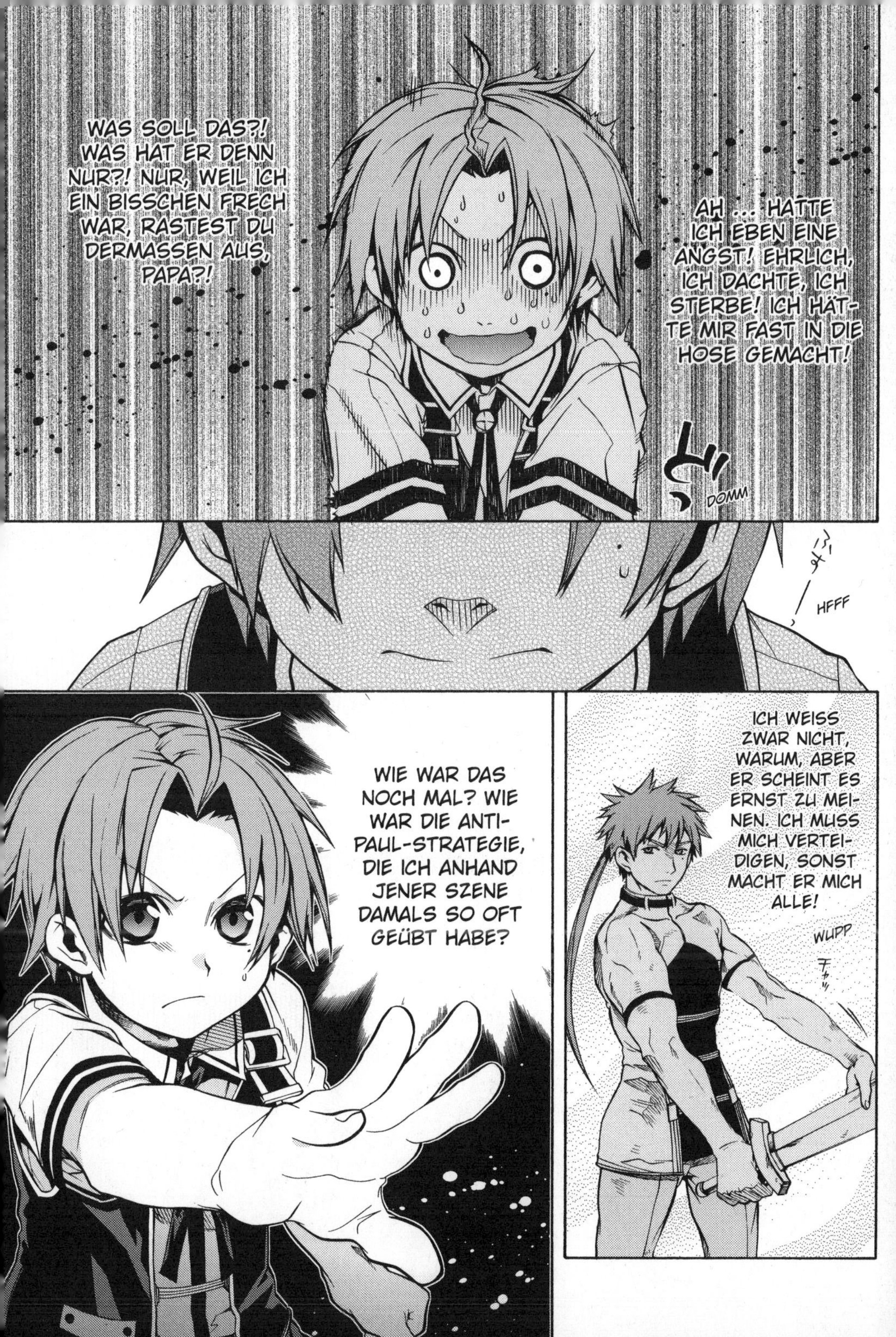
AH ... HÄTTE ICH EBEN EINE ANGST! EHRLICH, ICH DACHTE, ICH STERBE! ICH HÄTTE MIR FAST IN DIE HOSE GEMACHT!
WAS SOLL DAS?! WAS HAT ER DENN NUR?! NUR, WEIL ICH EIN BISSCHEN FRECH WAR, RASTEST DU DERMASSEN AUS, PAPA?!
DOMM
HFFF
ICH WEISS ZWAR NICHT, WARUM, ABER ER SCHEINT ES ERNST ZU MEINEN. ICH MUSS MICH VERTEIDIGEN, SONST MACHT ER MICH ALLE!
WUPP
WIE WAR DAS NOCH MAL? WIE WAR DIE ANTI-PAUL-STRATEGIE, DIE ICH ANHAND JENER SZENE DAMALS SO OFT GEÜBT HABE?

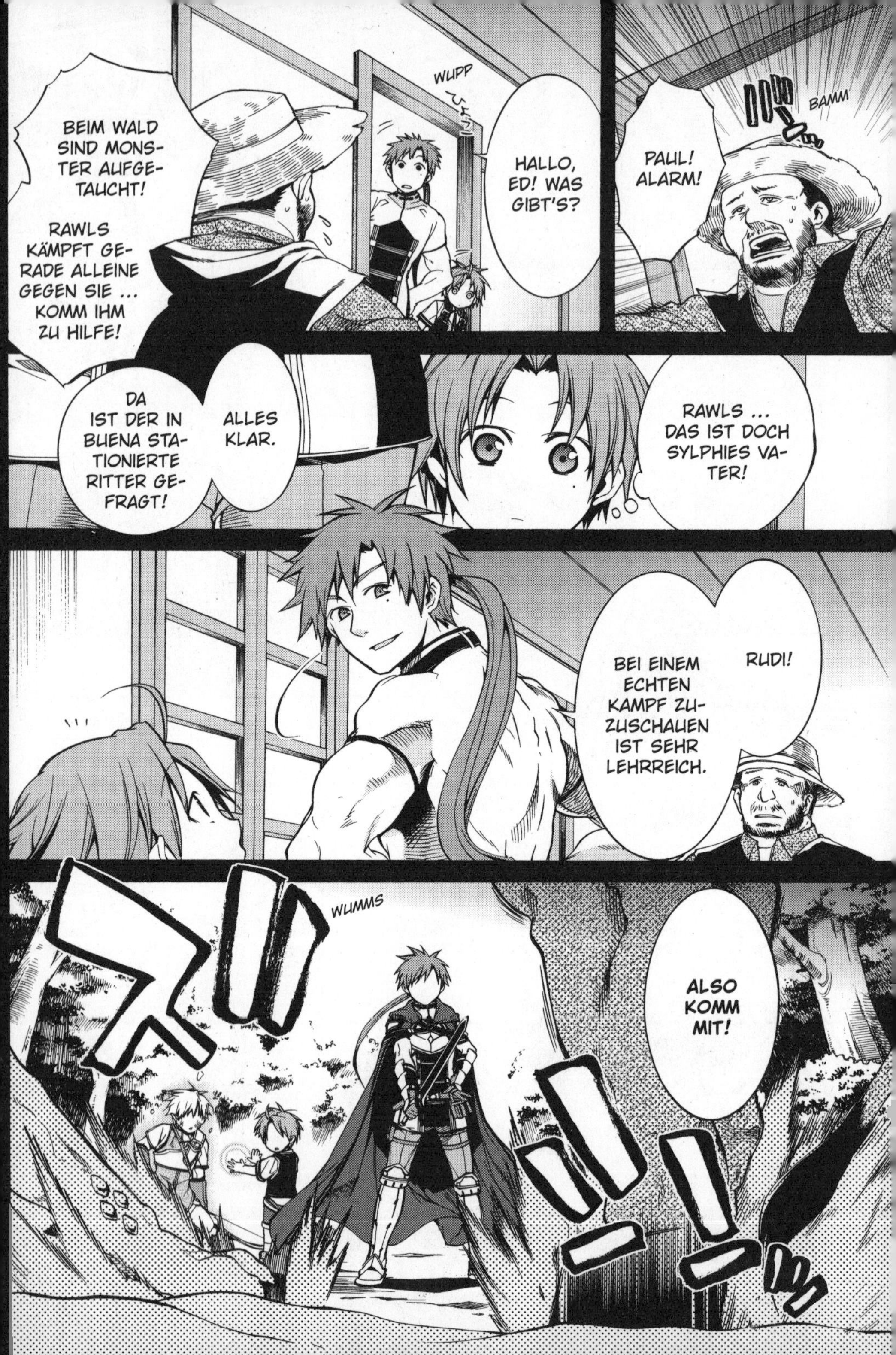
BAMM
PAUL! ALARM!
WUPP
HALLO, ED! WAS GIBT'S?
BEIM WALD SIND MONSTER AUFGETAUCHT!
RAWLS KÄMPFT GERADE ALLEINE GEGEN SIE ... KOMM IHM ZU HILFE!
RAWLS ... DAS IST DOCH SYLPHIES VATER!
ALLES KLAR.
DA IST DER IN BUENA STATIONIERTE RITTER GEFRAGT!
RUDI!
BEI EINEM ECHTEN KAMPF ZUZUSCHAUEN IST SEHR LEHRREICH.
ALSO KOMM MIT!
WUMMS

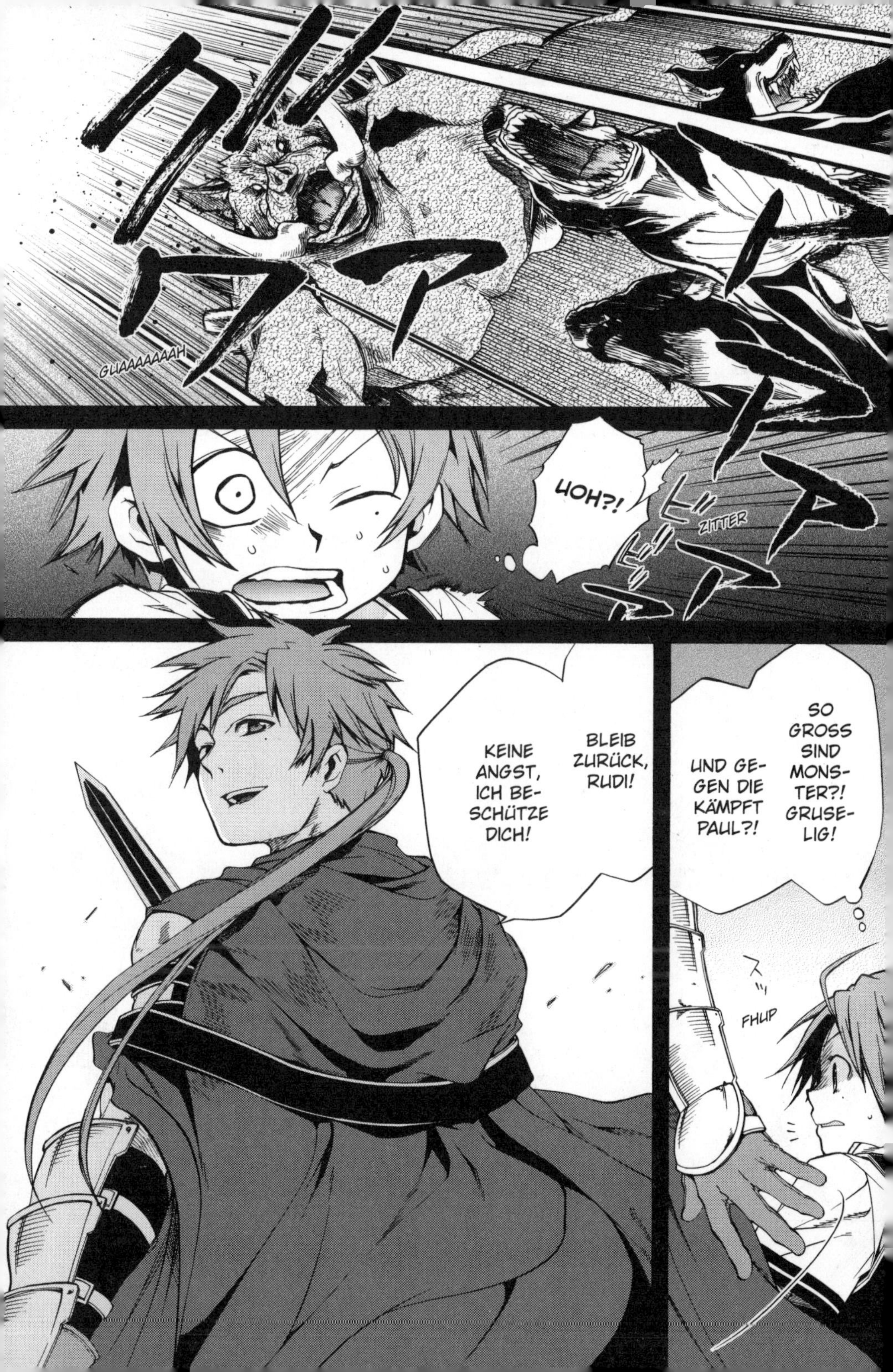
GUAAAAAAAH
UOH?!
ZITTER
BLEIB ZURÜCK, RUDI!
KEINE ANGST, ICH BESCHÜTZE DICH!
SO GROSS SIND MONSTER?! GRUSELIG!
UND GEGEN DIE KÄMPFT PAUL?!
FHUP

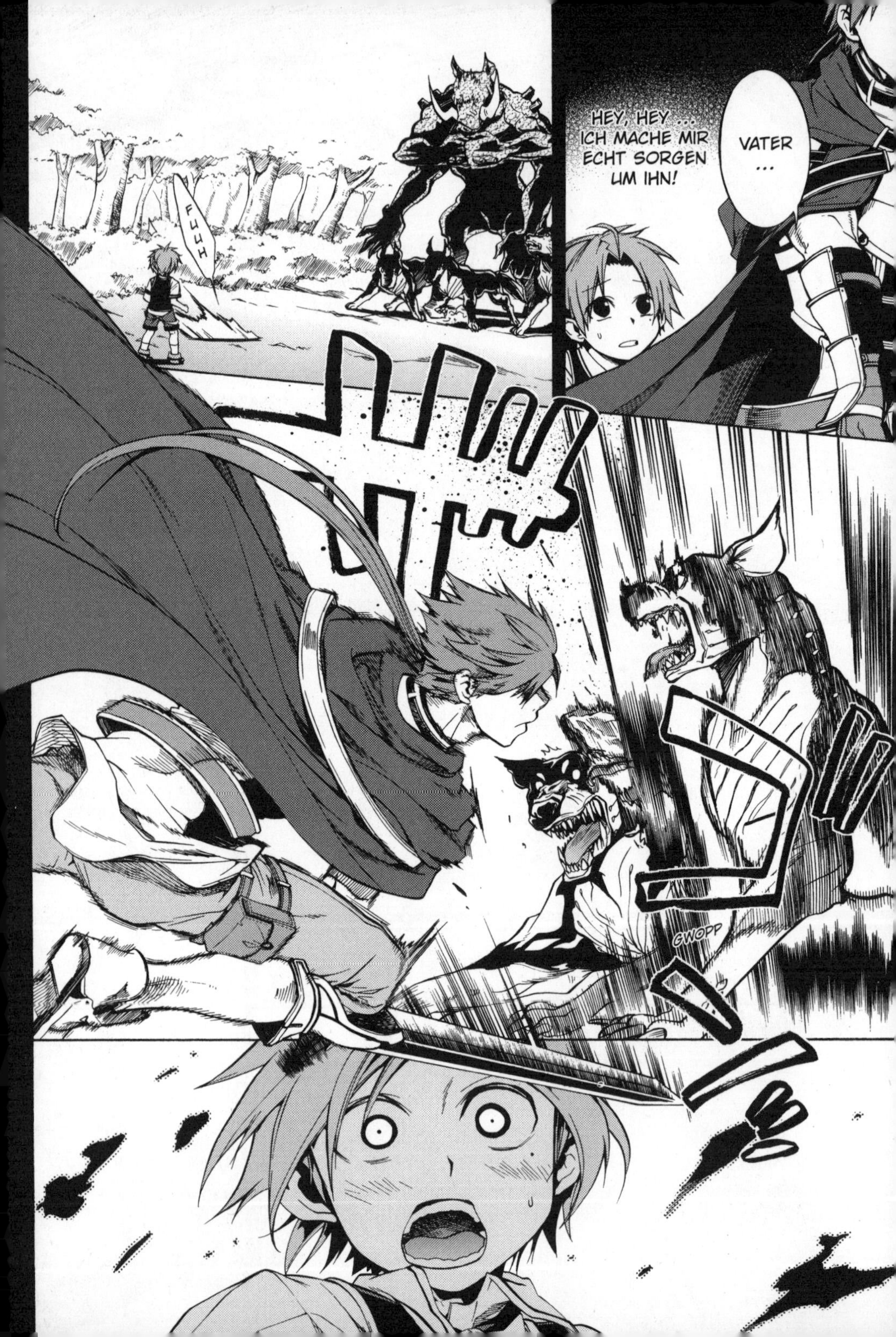
VATER …
HEY, HEY … ICH MACHE MIR ECHT SORGEN UM IHN!
FUUH
GWOPP

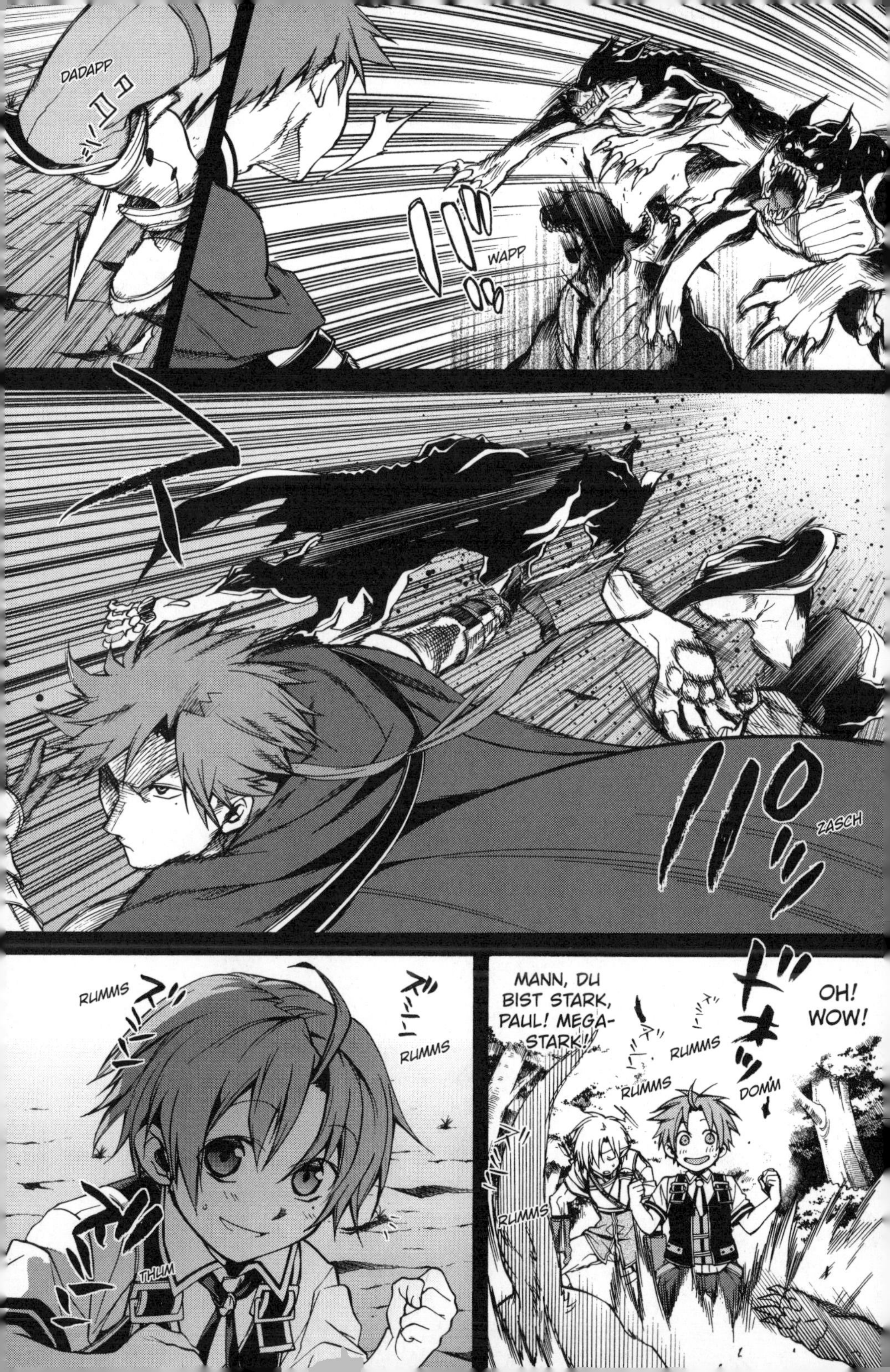
WAPP
DADAPP
ZASCH
OH! WOW!
DOMM
RUMMS
MANN, DU BIST STARK, PAUL! MEGA-STARK!
RUMMS
RUMMS
RUMMS
RUMMS
RUMMS
THUM

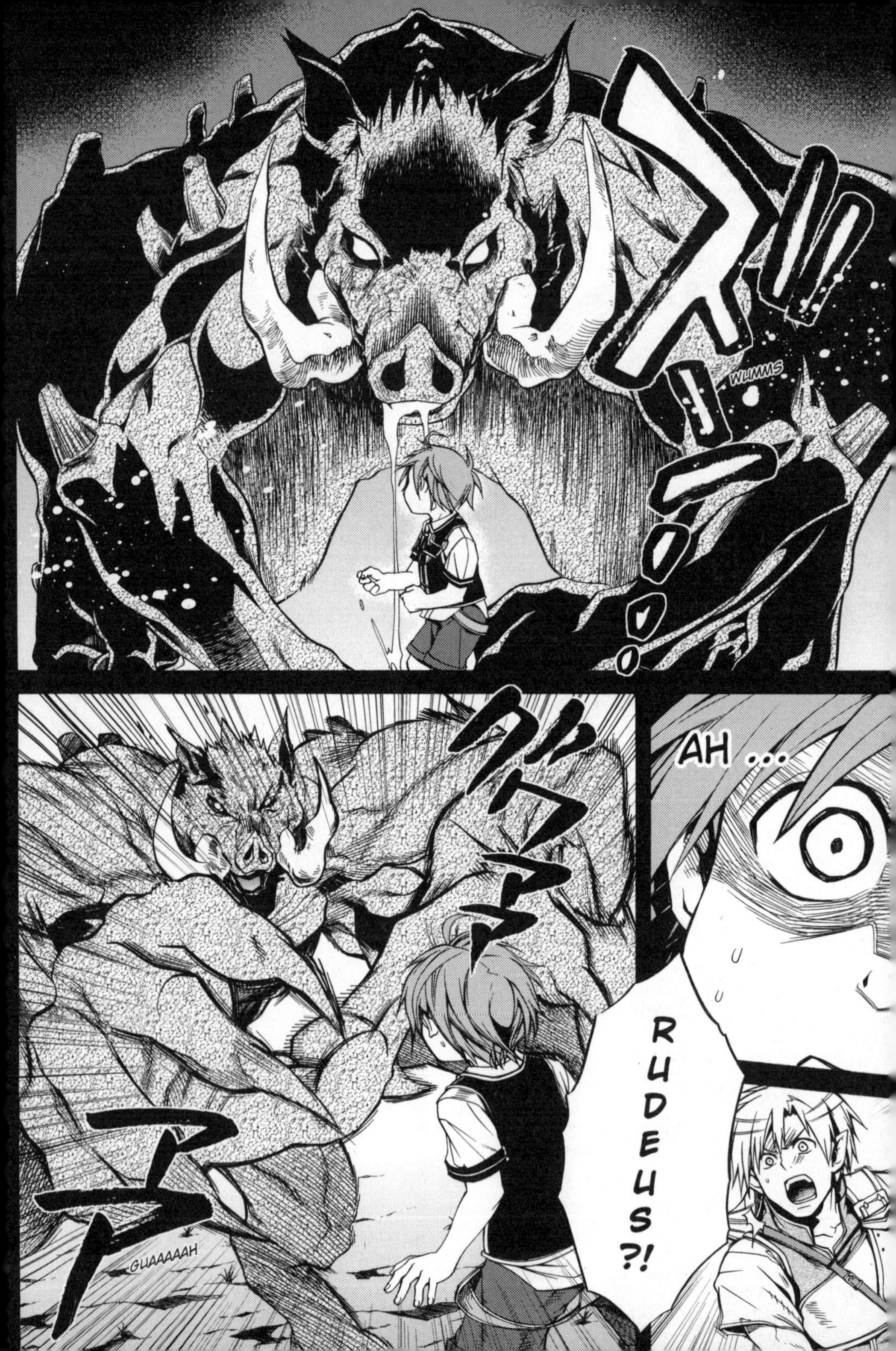
WUMMS
AH ...
RUDEUS?!
GUAAAAAH

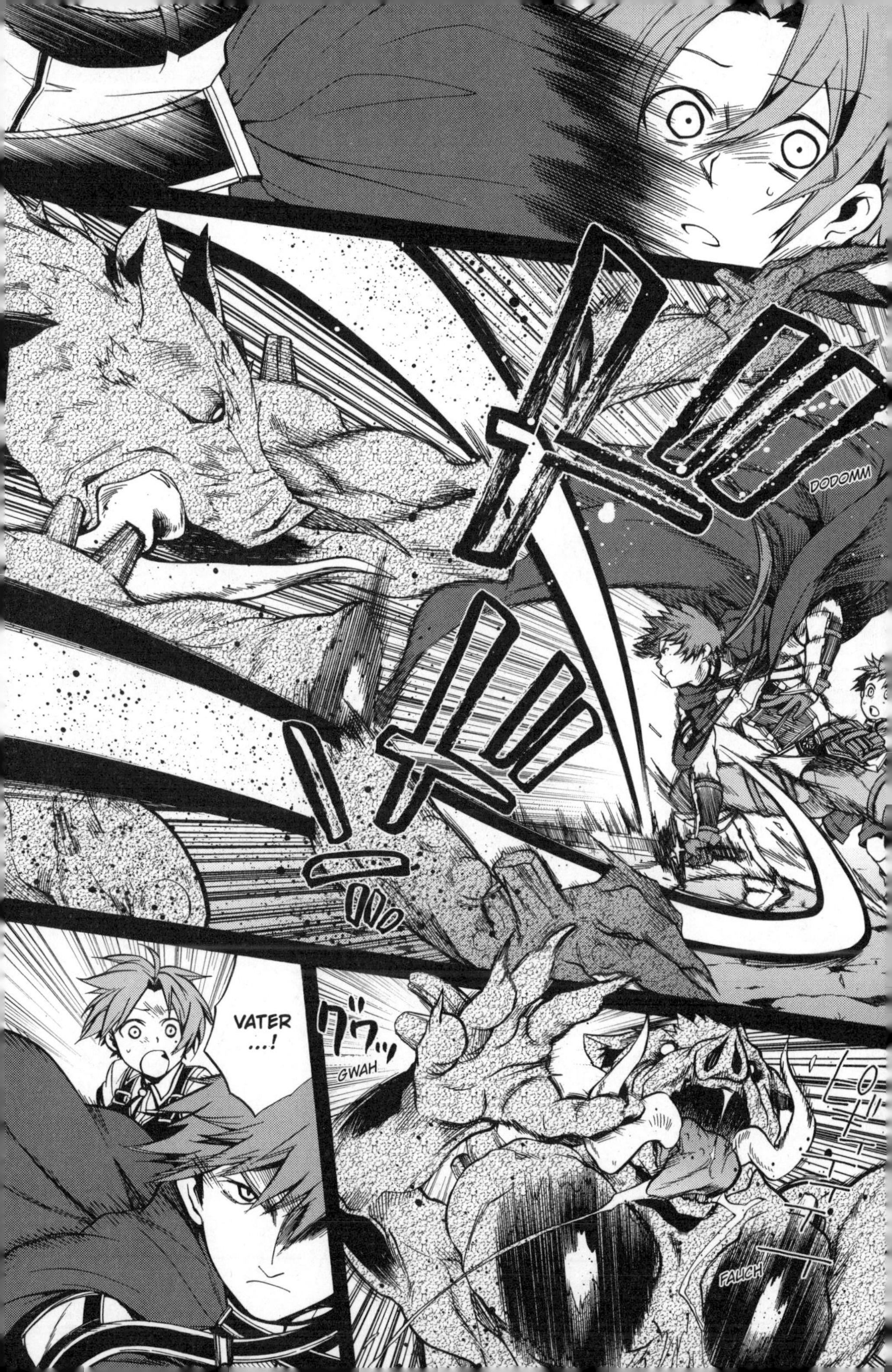

DODOMM
VATER ...!
GWAH
FAUCH

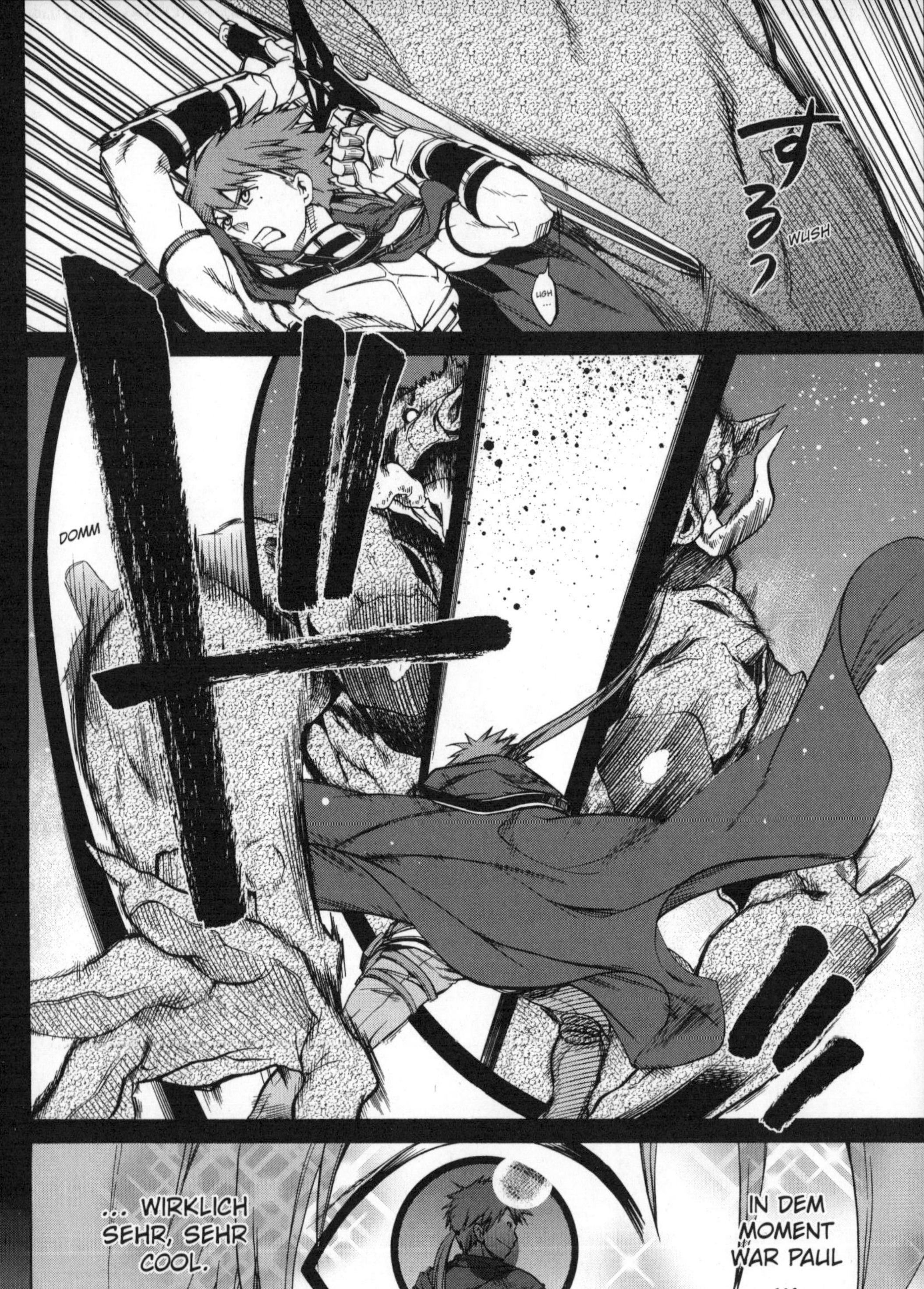

WUSH
UGH ...
DOMM
IN DEM MOMENT WAR PAUL ...
... WIRKLICH SEHR, SEHR COOL.

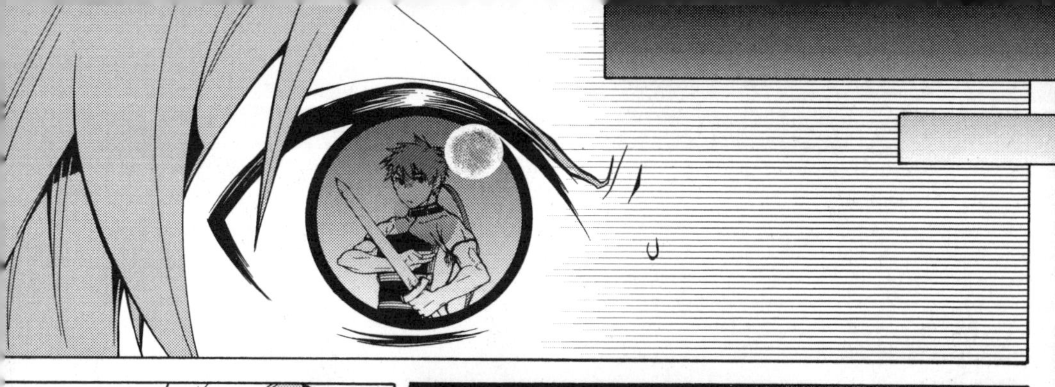
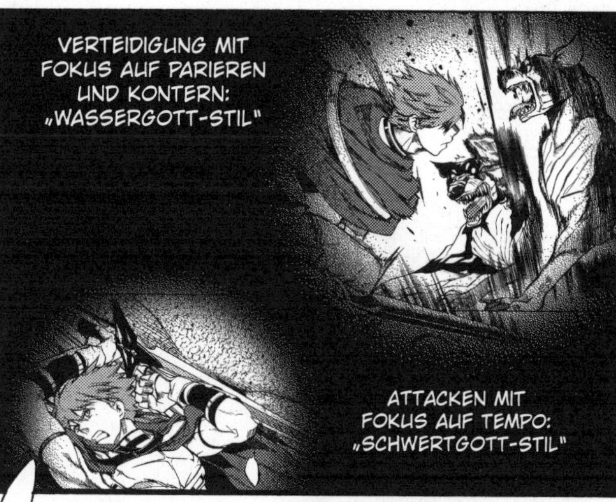
VERTEIDIGUNG MIT FOKUS AUF PARIEREN UND KONTERN: „WASSERGOTT-STIL"
ATTACKEN MIT FOKUS AUF TEMPO: „SCHWERTGOTT-STIL"
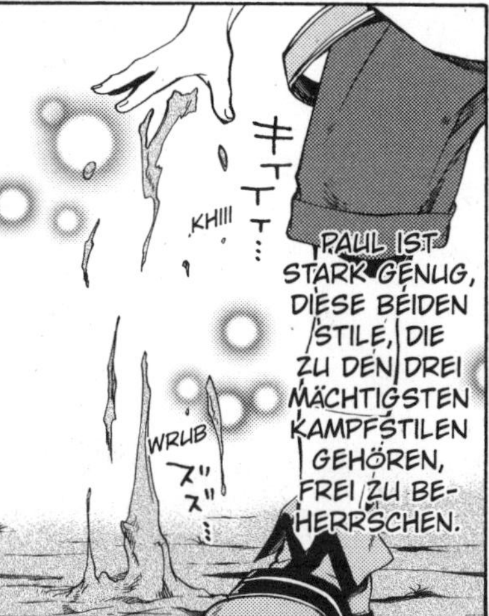
PAUL IST STARK GENUG, DIESE BEIDEN STILE, DIE ZU DEN DREI MÄCHTIGSTEN KAMPFSTILEN GEHÖREN, FREI ZU BEHERRSCHEN.
KHIII
WRUB
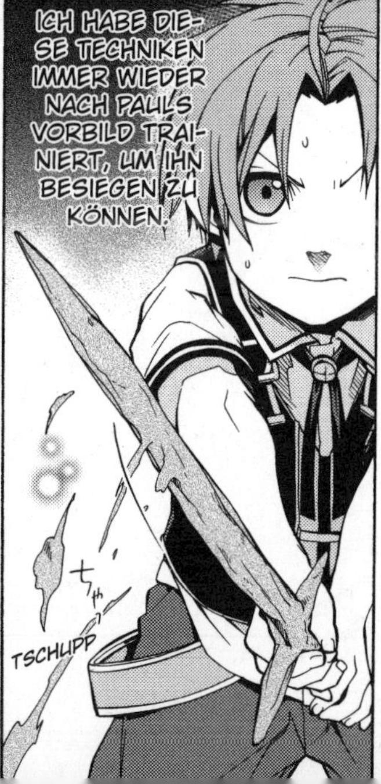
ICH HABE DIESE TECHNIKEN IMMER WIEDER NACH PAULS VORBILD TRAINIERT, UM IHN BESIEGEN ZU KÖNNEN.
TSCHUPP
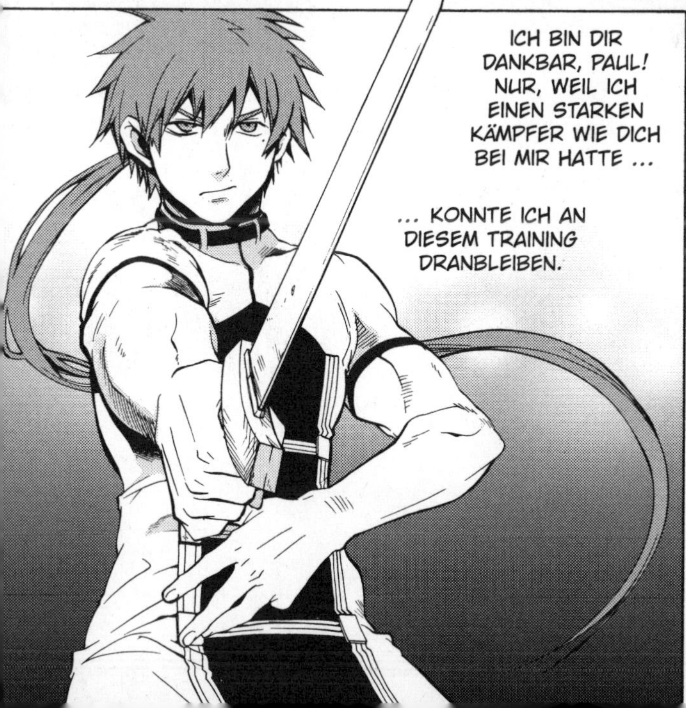
ICH BIN DIR DANKBAR, PAUL! NUR, WEIL ICH EINEN STARKEN KÄMPFER WIE DICH BEI MIR HATTE ...
... KONNTE ICH AN DIESEM TRAINING DRANBLEIBEN.

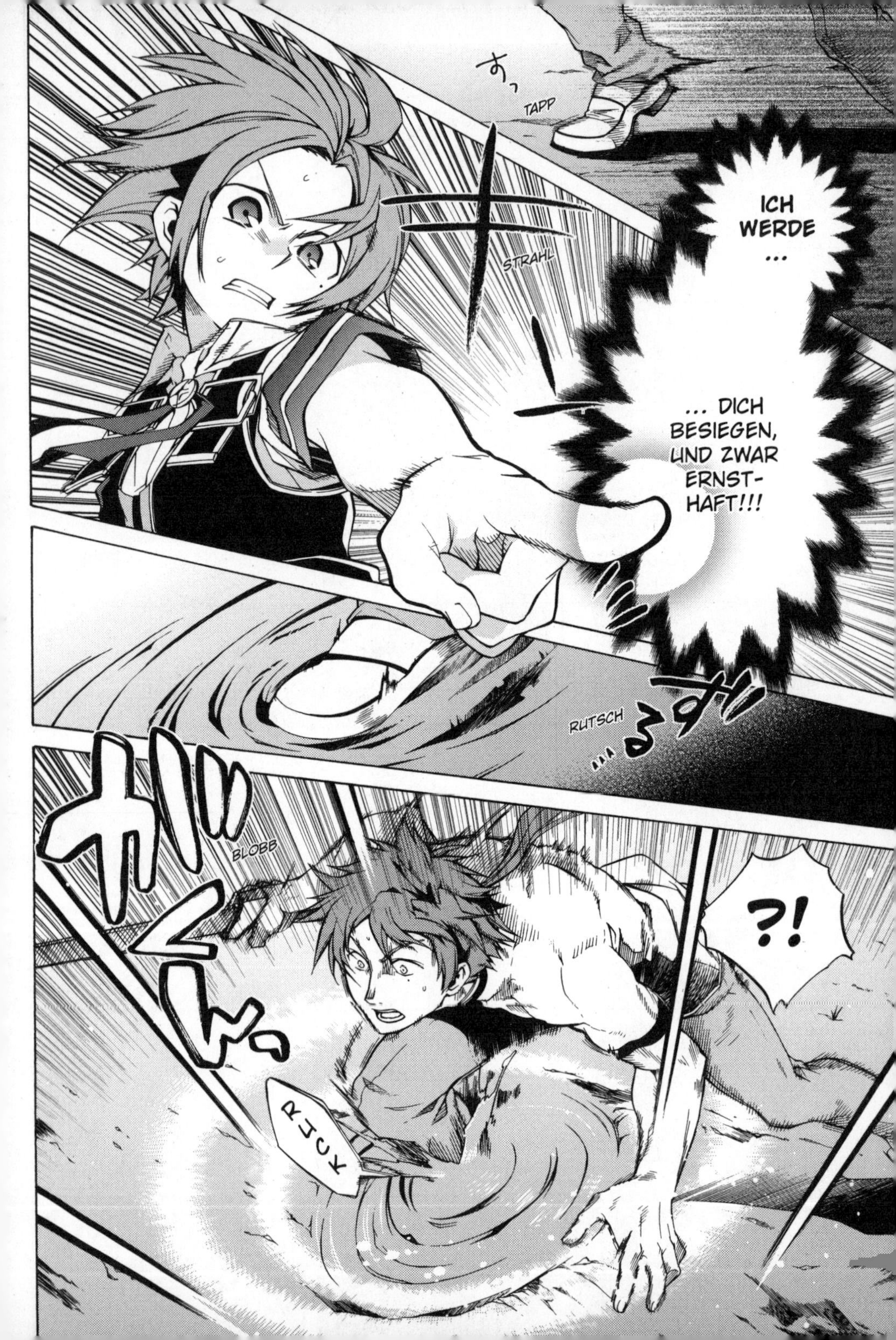
すっ
TAPP
ICH WERDE ...
STRAHL
... DICH BESIEGEN, UND ZWAR ERNST-HAFT!!!
RUTSCH
?!
BLOBB
RUCK

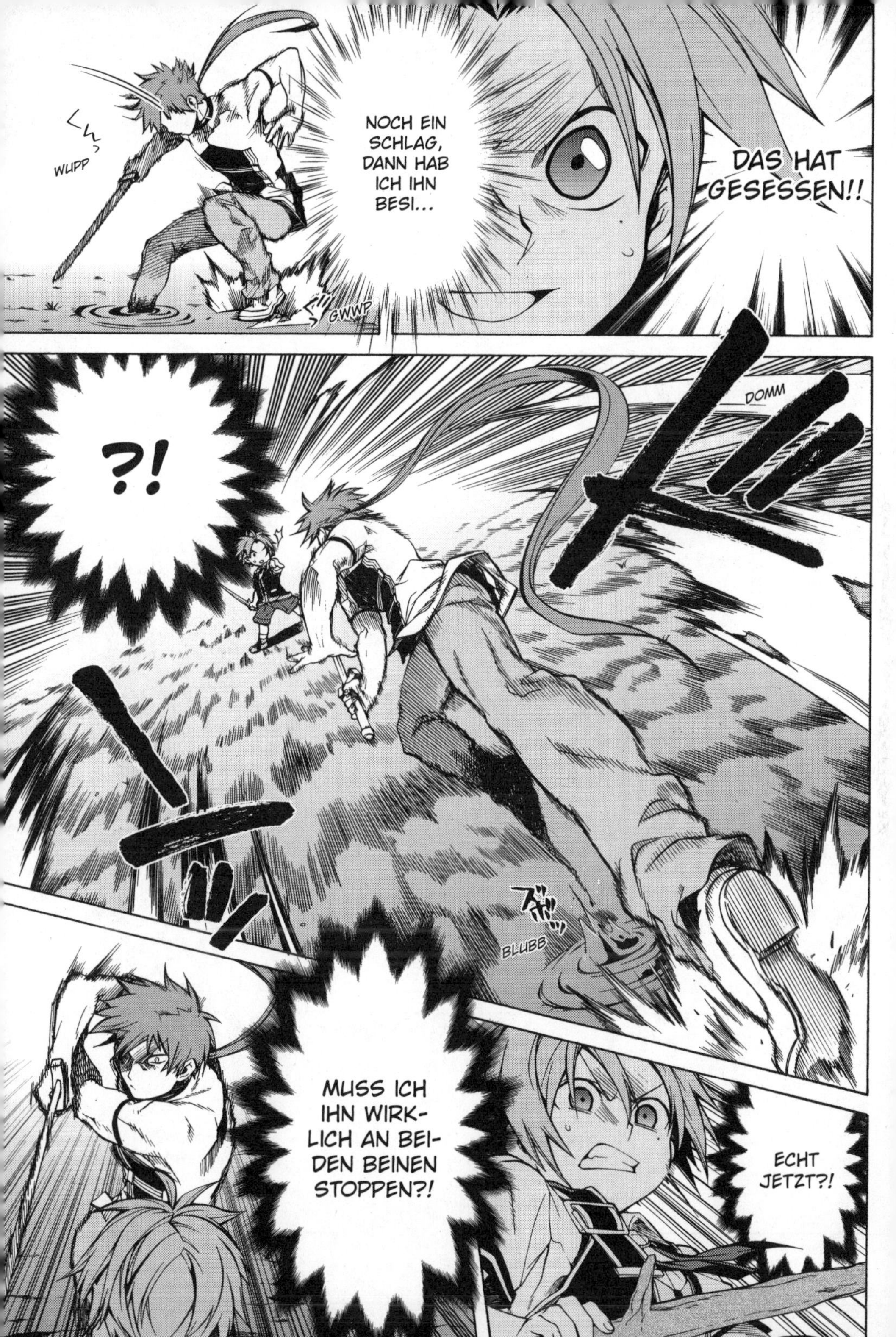
DAS HAT GESESSEN!!
NOCH EIN SCHLAG, DANN HAB ICH IHN BESI...
GWWP
WUPP
DOMM
?!
BLUBB
ECHT JETZT?!
MUSS ICH IHN WIRK-LICH AN BEI-DEN BEINEN STOPPEN?!

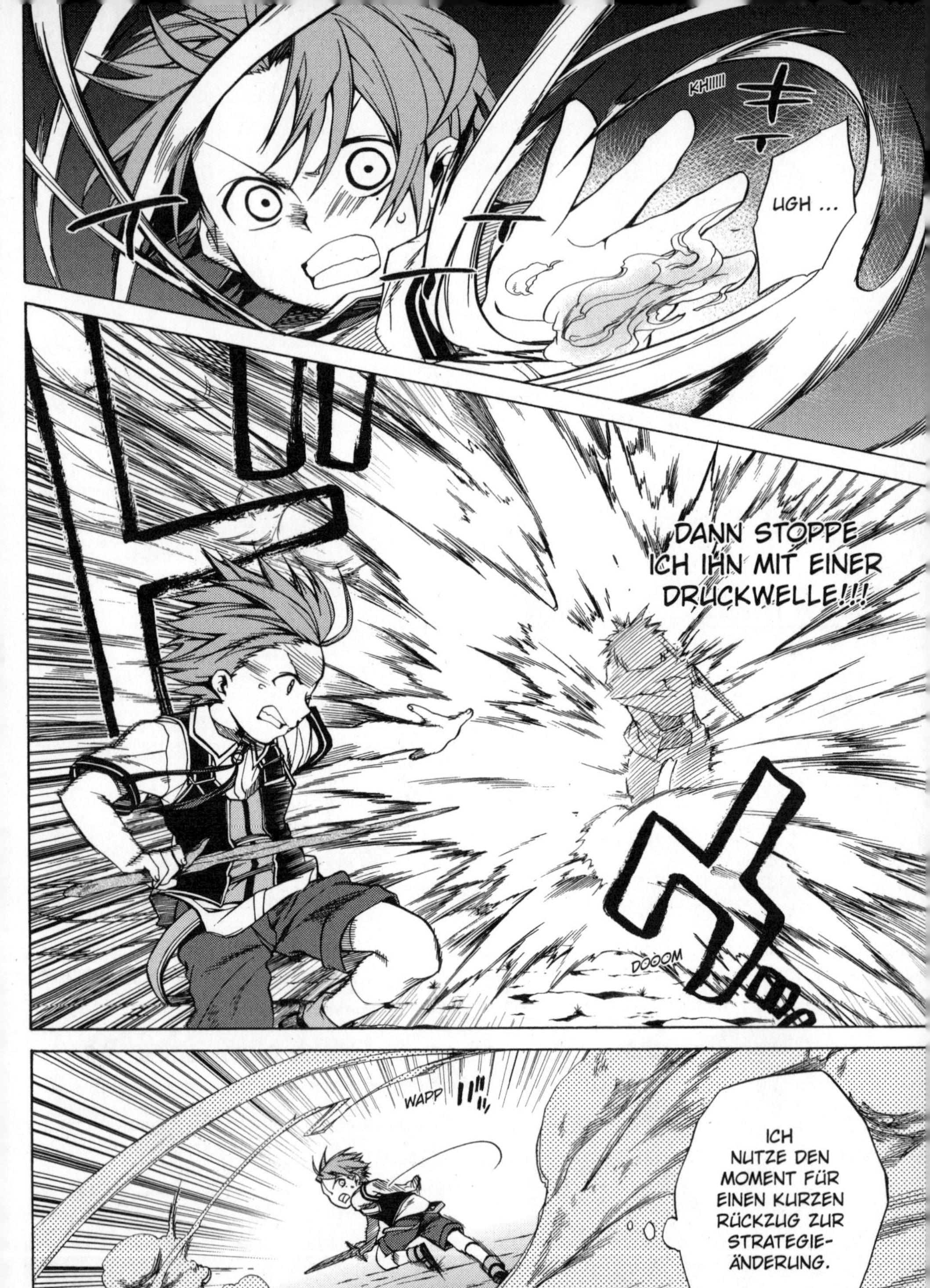
KHIIII
UGH ...
DANN STOPPE ICH IHN MIT EINER DRUCKWELLE!!!
DOOOM
WAPP
ICH NUTZE DEN MOMENT FÜR EINEN KURZEN RÜCKZUG ZUR STRATEGIE-ÄNDERUNG.

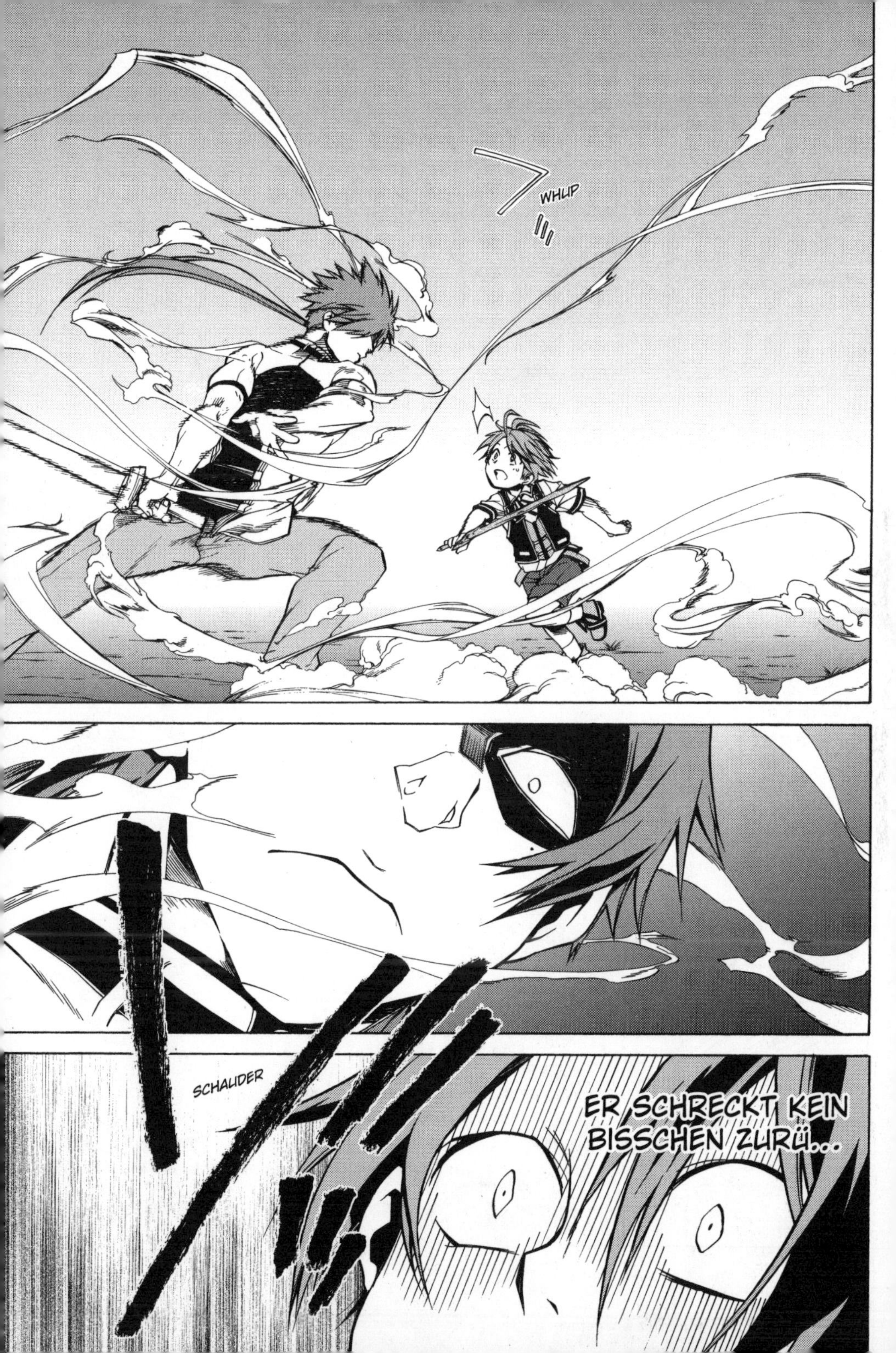
WHUP
SCHAUDER
ER SCHRECKT KEIN BISSCHEN ZURÜ...

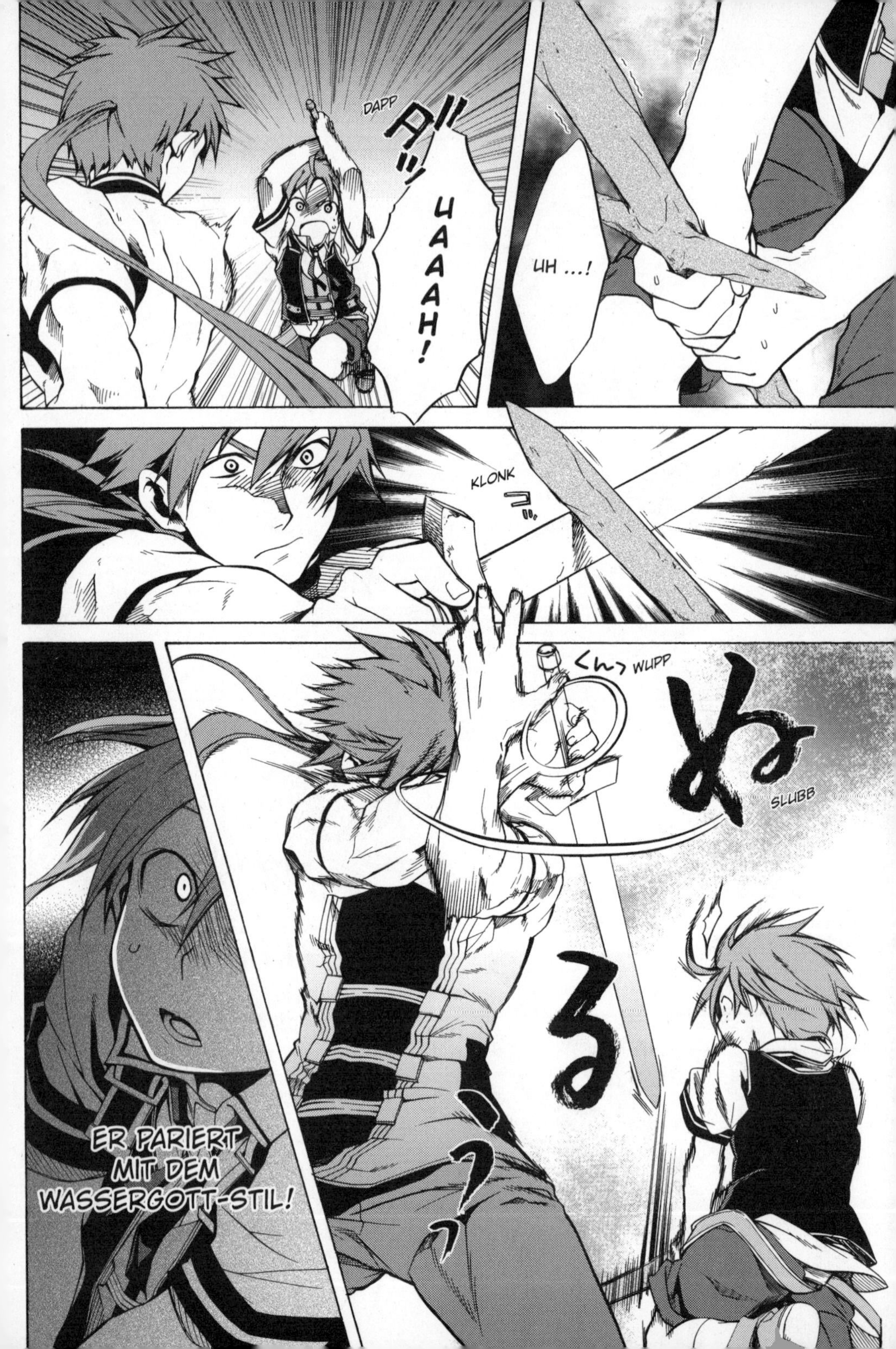
DAPP
UAAAAH!
UH ...!
KLONK
WUPP
SLUBB
ER PARIERT MIT DEM WASSERGOTT-STIL!

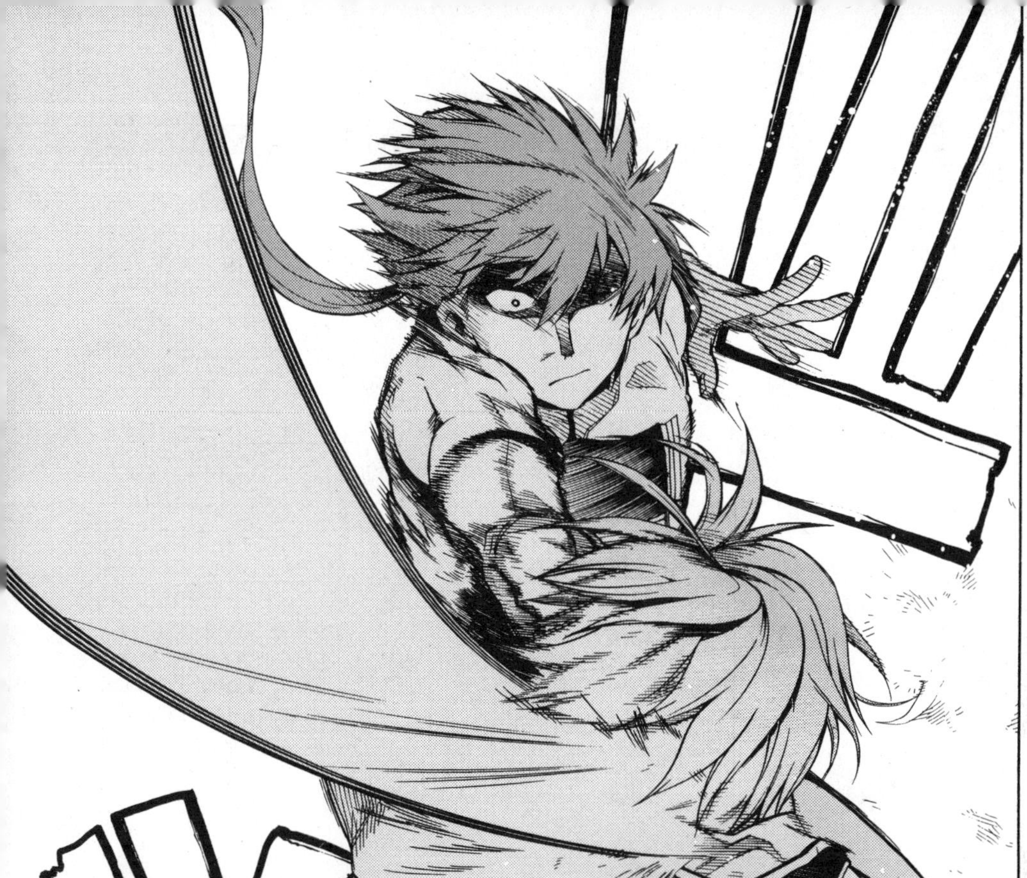

DOMM

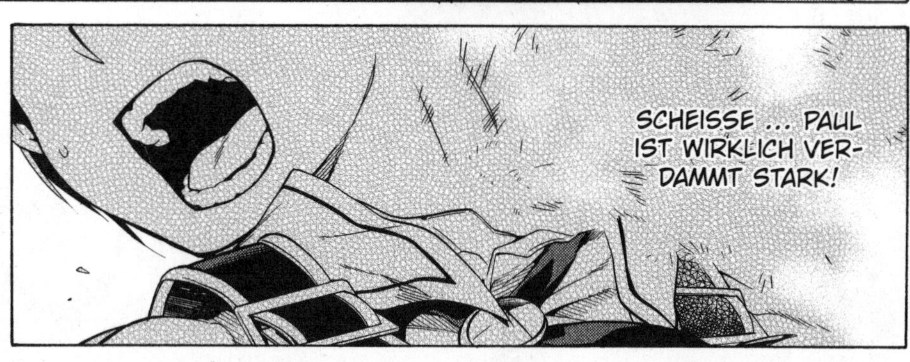

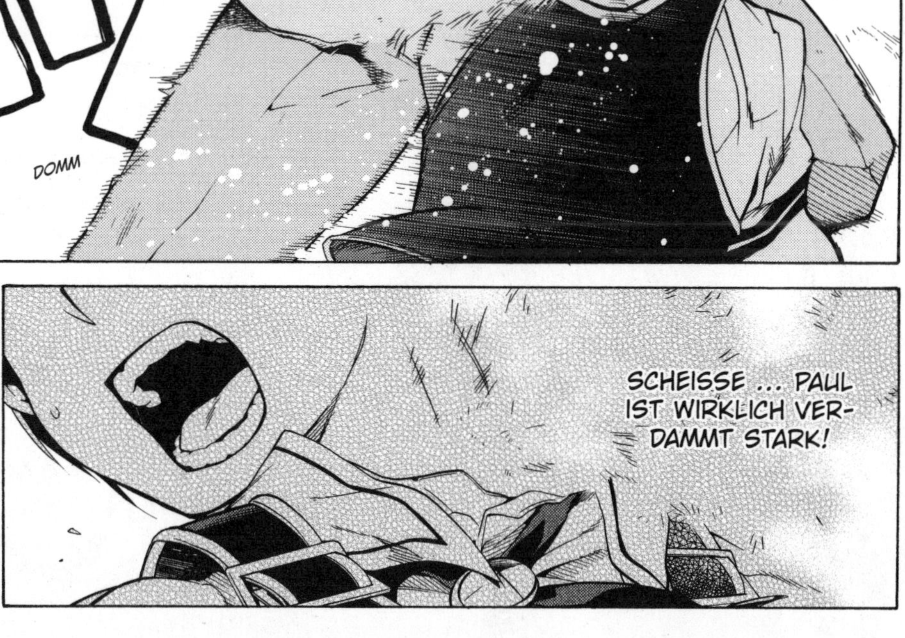

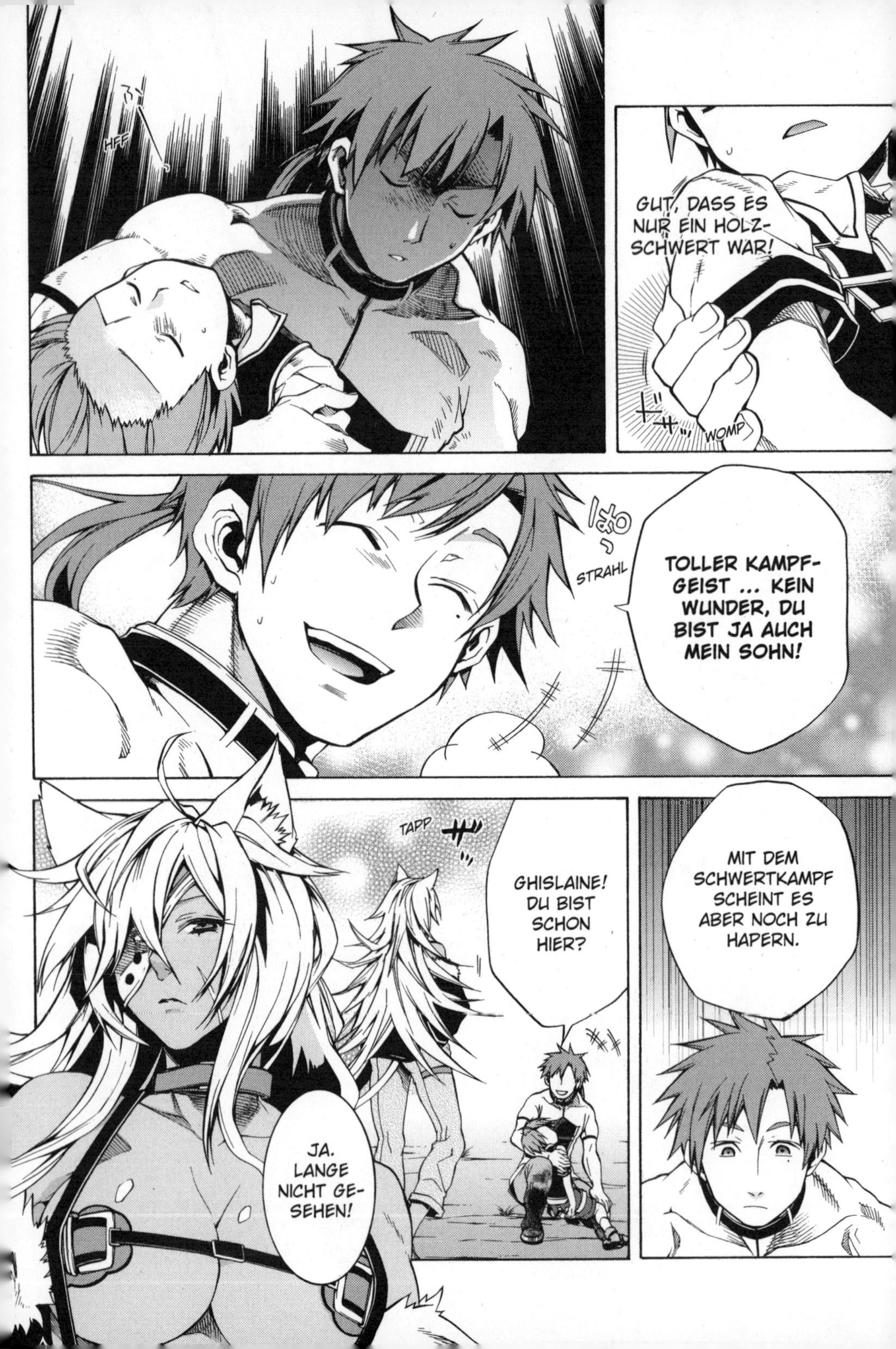

GUT, DASS ES NUR EIN HOLZ-SCHWERT WAR!

WOMP

HFF

STRAHL

TOLLER KAMPF-GEIST ... KEIN WUNDER, DU BIST JA AUCH MEIN SOHN!

MIT DEM SCHWERTKAMPF SCHEINT ES ABER NOCH ZU HAPERN.

TAPP

GHISLAINE! DU BIST SCHON HIER?

JA. LANGE NICHT GE-SEHEN!

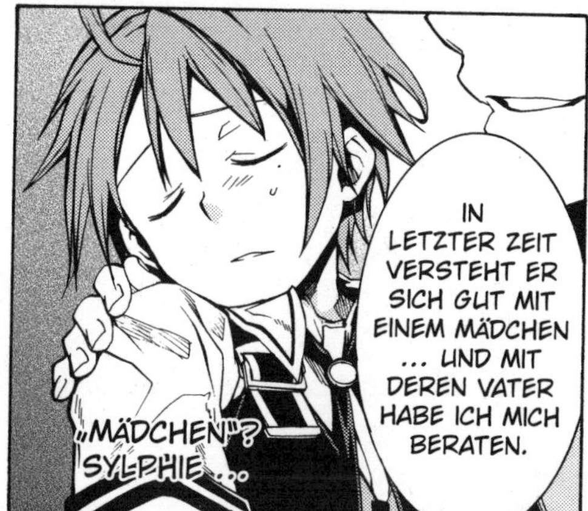
IN LETZTER ZEIT VERSTEHT ER SICH GUT MIT EINEM MÄDCHEN … UND MIT DEREN VATER HABE ICH MICH BERATEN.
„MÄDCHEN"? SYLPHIE …

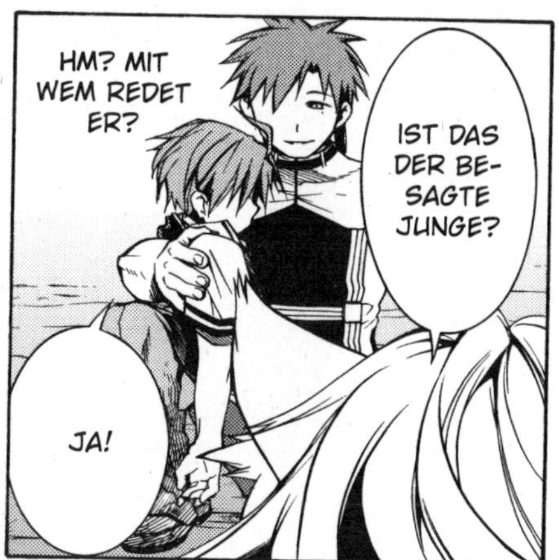
IST DAS DER BE-SAGTE JUNGE?
HM? MIT WEM REDET ER?
JA!

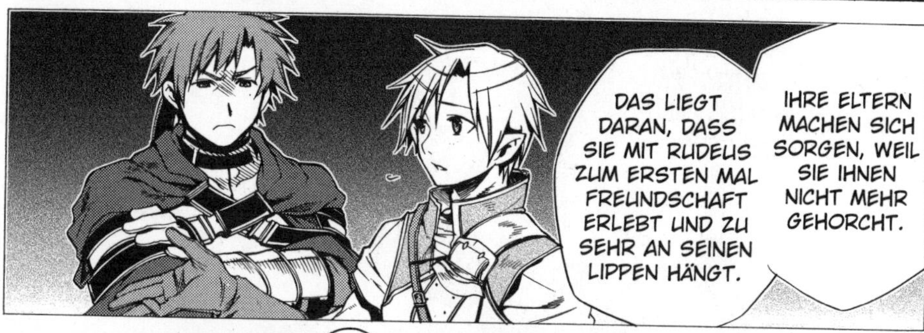
IHRE ELTERN MACHEN SICH SORGEN, WEIL SIE IHNEN NICHT MEHR GEHORCHT.
DAS LIEGT DARAN, DASS SIE MIT RUDEUS ZUM ERSTEN MAL FREUNDSCHAFT ERLEBT UND ZU SEHR AN SEINEN LIPPEN HÄNGT.

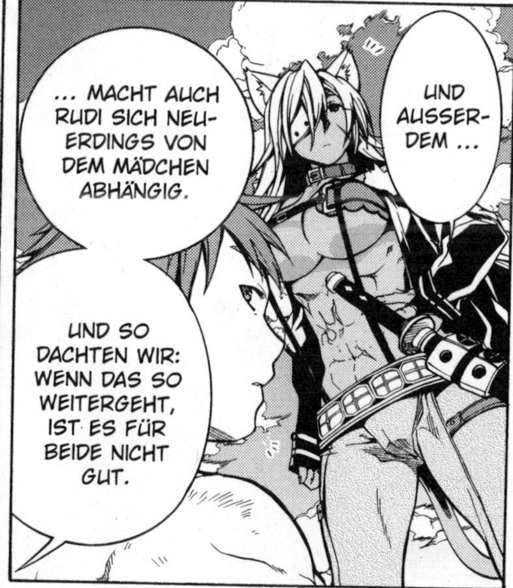
UND AUSSER-DEM …
… MACHT AUCH RUDI SICH NEU-ERDINGS VON DEM MÄDCHEN ABHÄNGIG.
UND SO DACHTEN WIR: WENN DAS SO WEITERGEHT, IST ES FÜR BEIDE NICHT GUT.

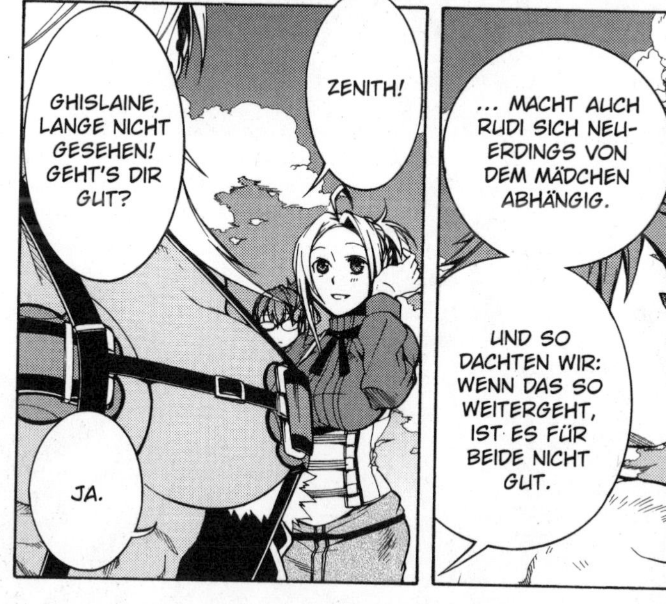
ZENITH!
GHISLAINE, LANGE NICHT GESEHEN! GEHT'S DIR GUT?
JA.

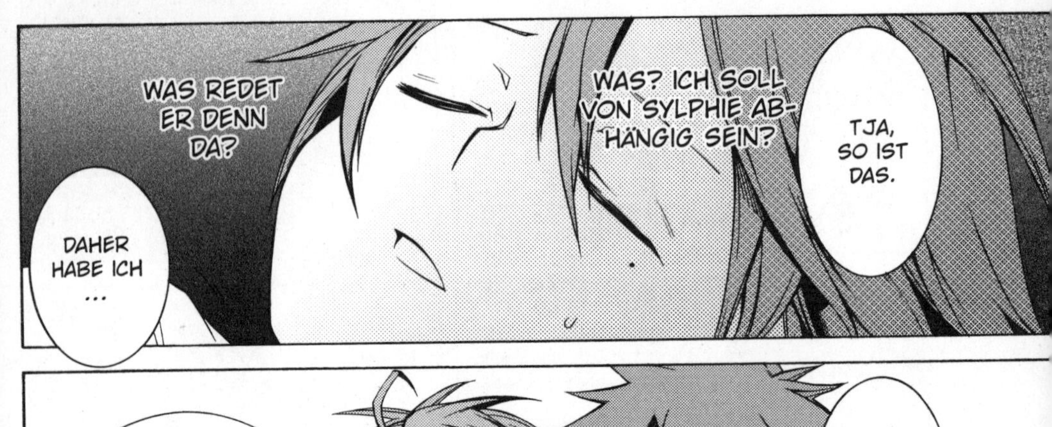

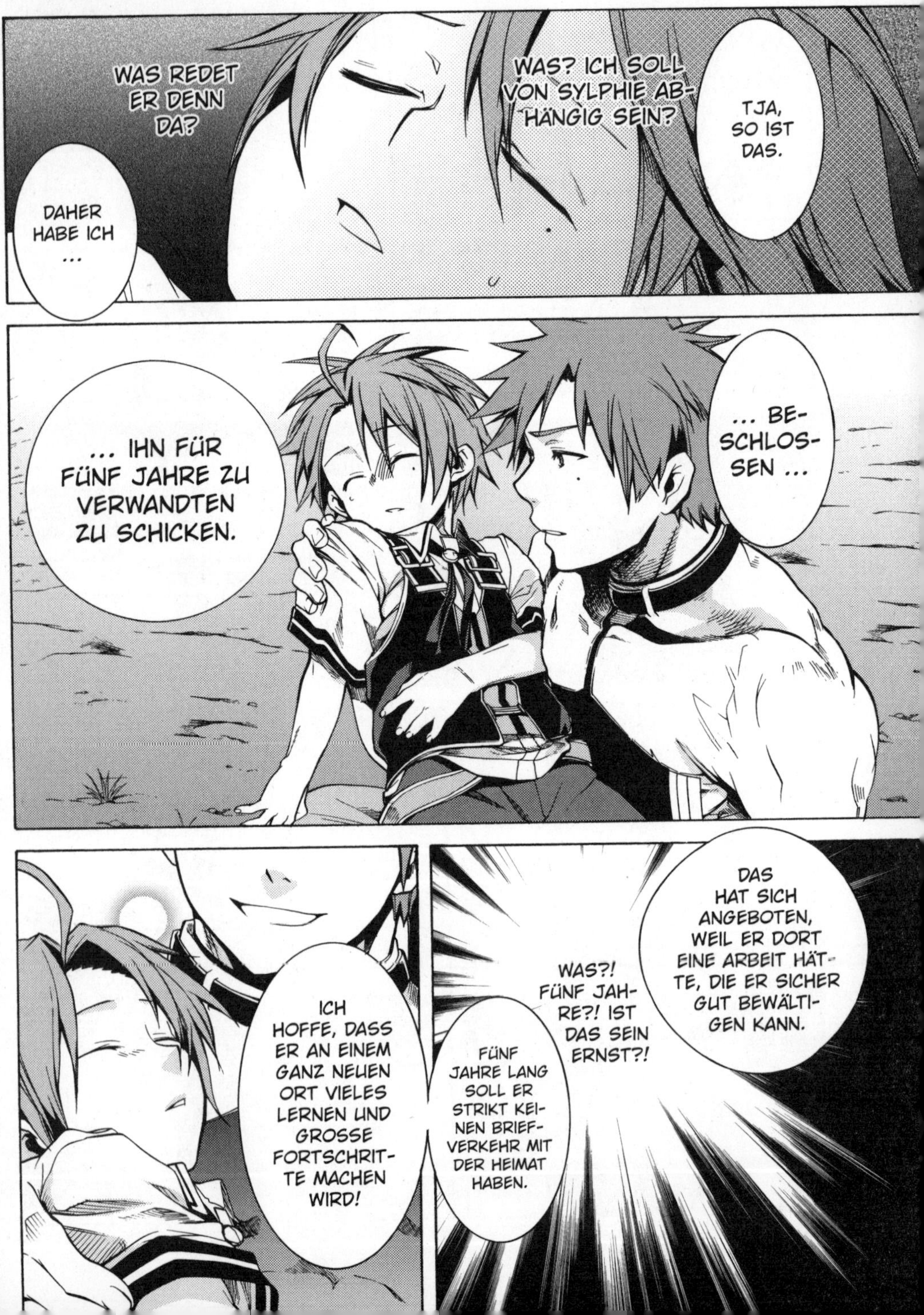

… BESCHLOSSEN …
… IHN FÜR FÜNF JAHRE ZU VERWANDTEN ZU SCHICKEN.

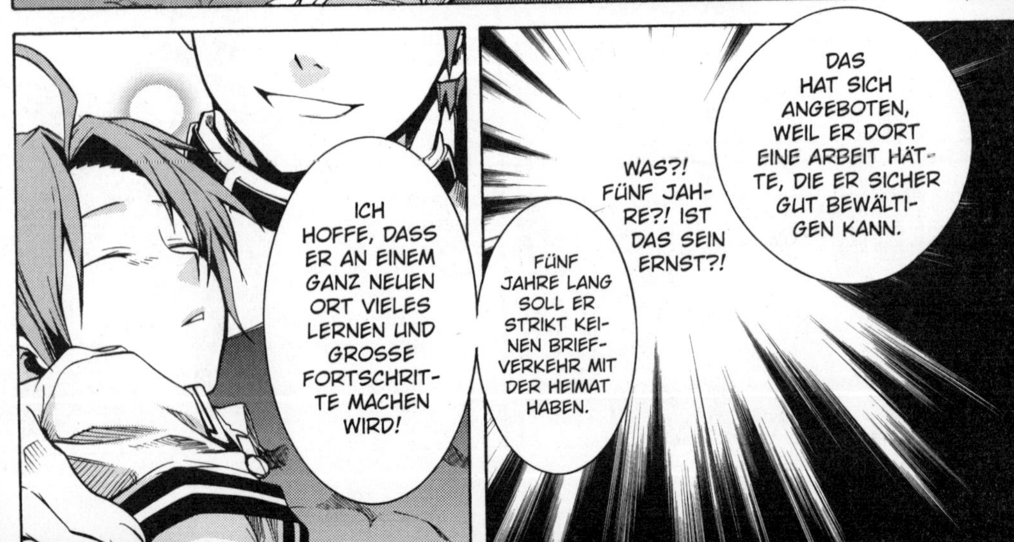

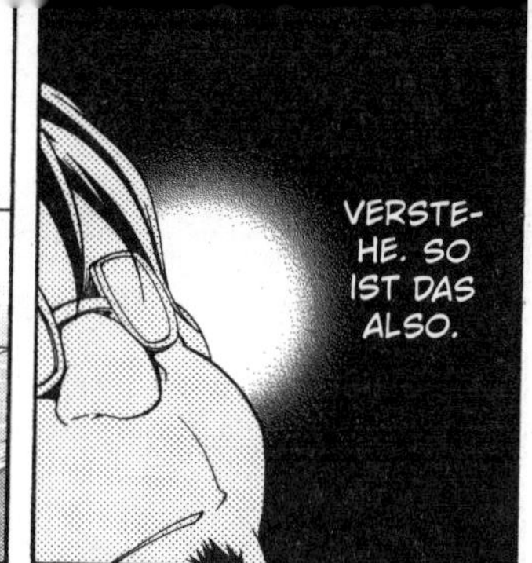
VERSTEHE. SO IST DAS ALSO.

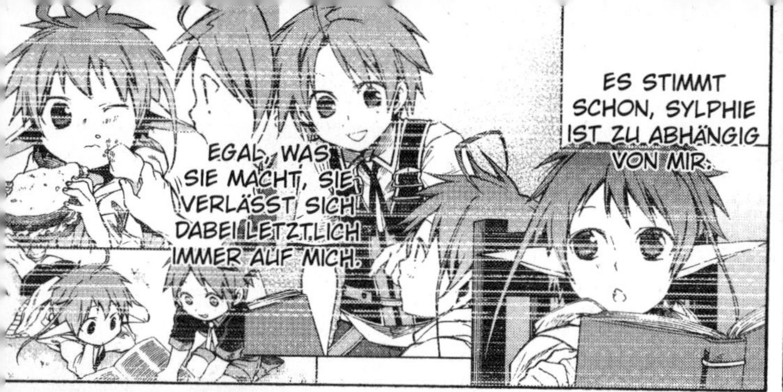
ES STIMMT SCHON, SYLPHIE IST ZU ABHÄNGIG VON MIR.
EGAL, WAS SIE MACHT, SIE VERLÄSST SICH DABEI LETZTLICH IMMER AUF MICH.

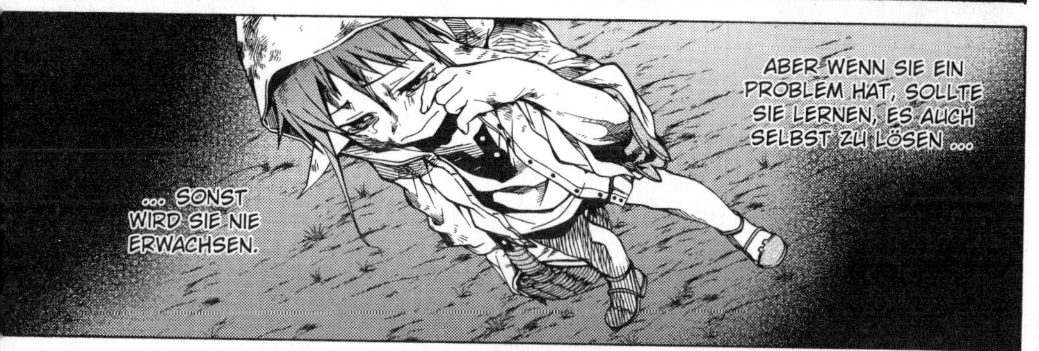
ABER WENN SIE EIN PROBLEM HAT, SOLLTE SIE LERNEN, ES AUCH SELBST ZU LÖSEN ...
... SONST WIRD SIE NIE ERWACHSEN.

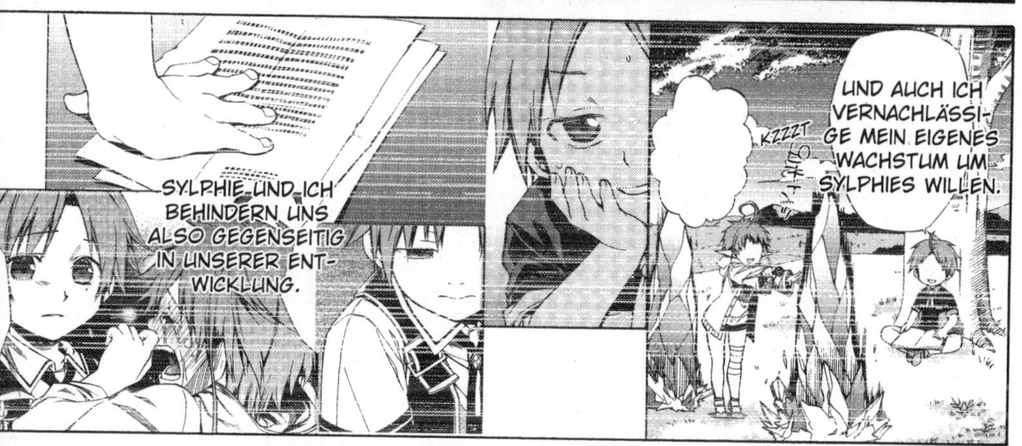
UND AUCH ICH VERNACHLÄSSIGE MEIN EIGENES WACHSTUM UM SYLPHIES WILLEN.
KZZZT
SYLPHIE UND ICH BEHINDERN UNS ALSO GEGENSEITIG IN UNSERER ENTWICKLUNG.

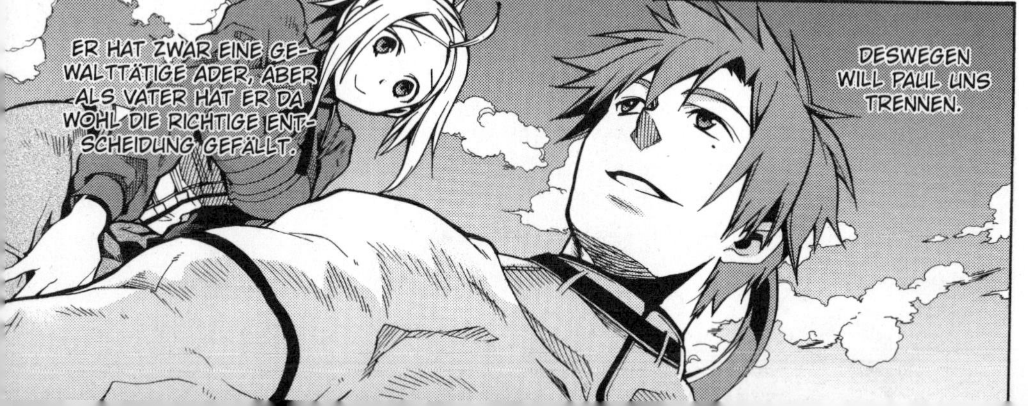
DESWEGEN WILL PAUL UNS TRENNEN.
ER HAT ZWAR EINE GEWALTTÄTIGE ADER, ABER ALS VATER HAT ER DA WOHL DIE RICHTIGE ENTSCHEIDUNG GEFÄLLT.

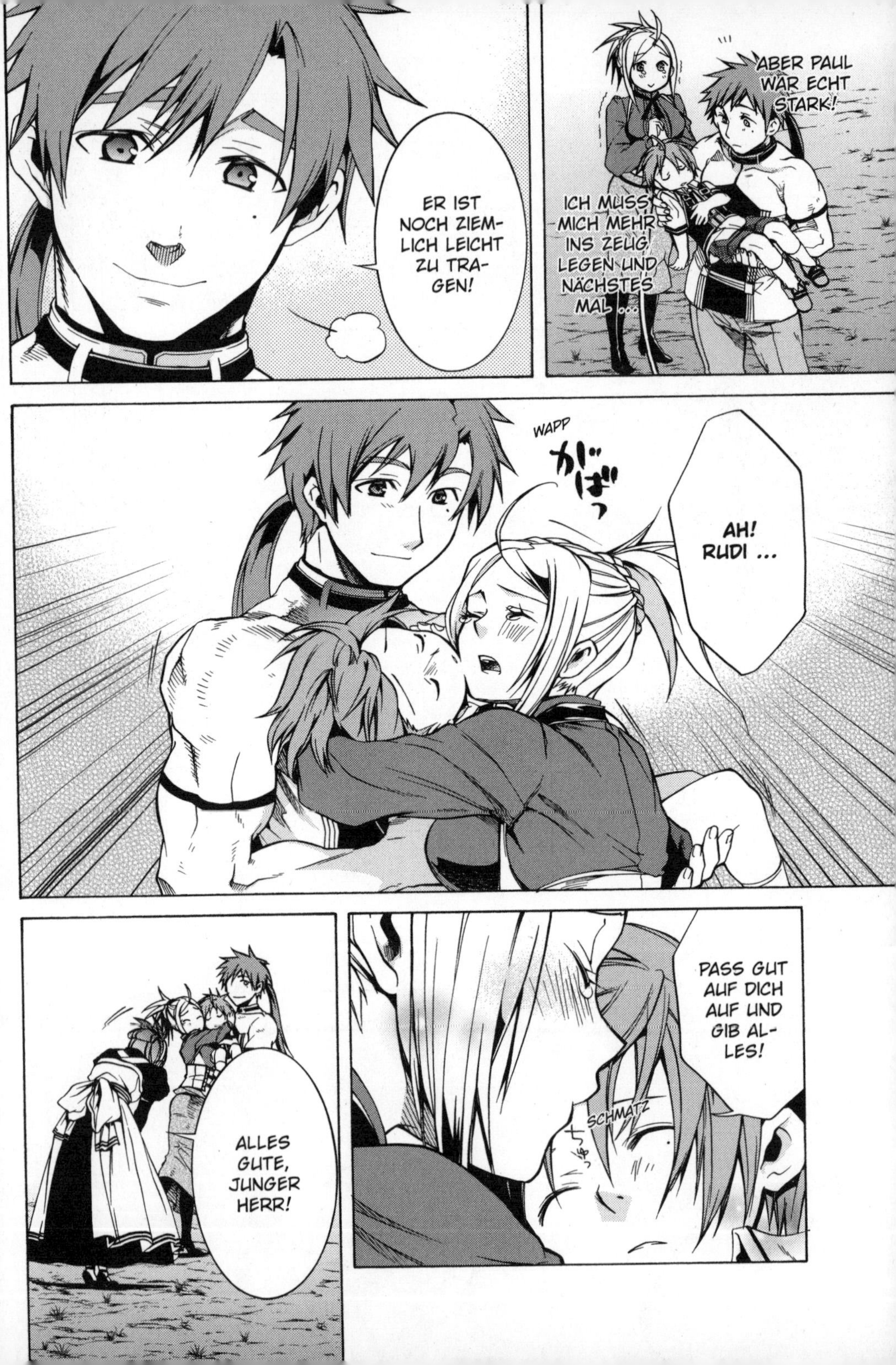

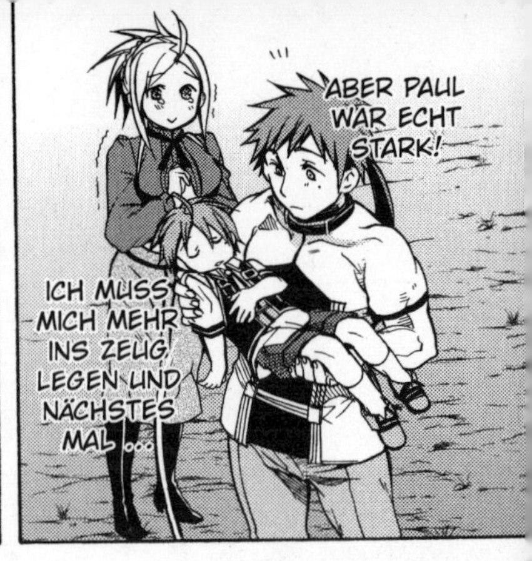

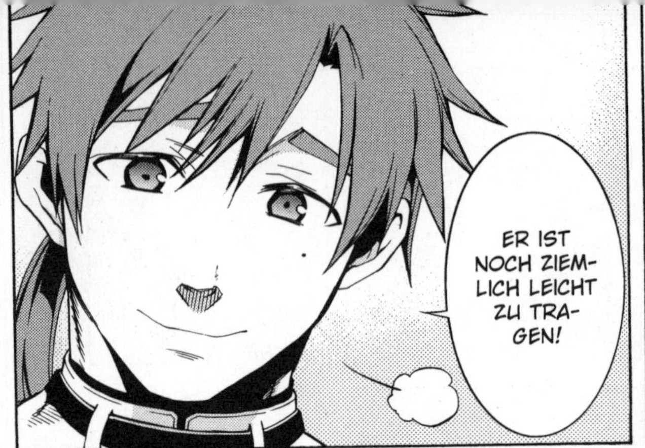

WAPP
がばっ
AH! RUDI ...

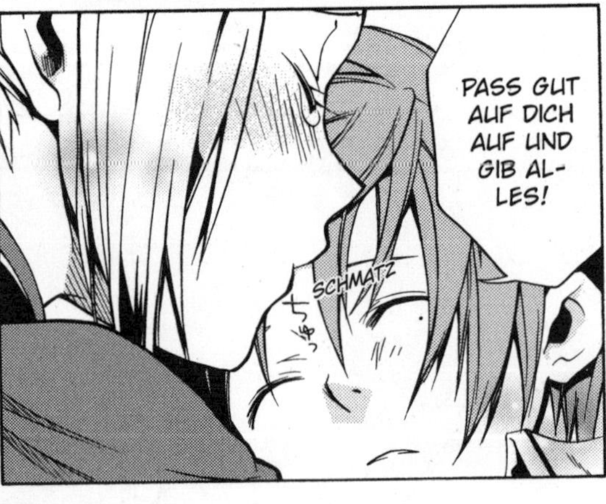

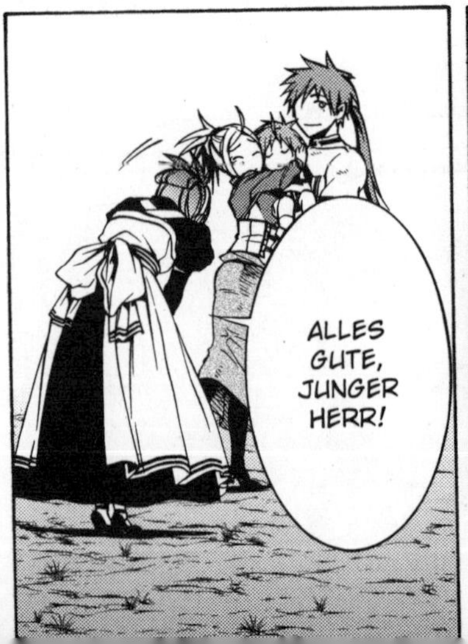

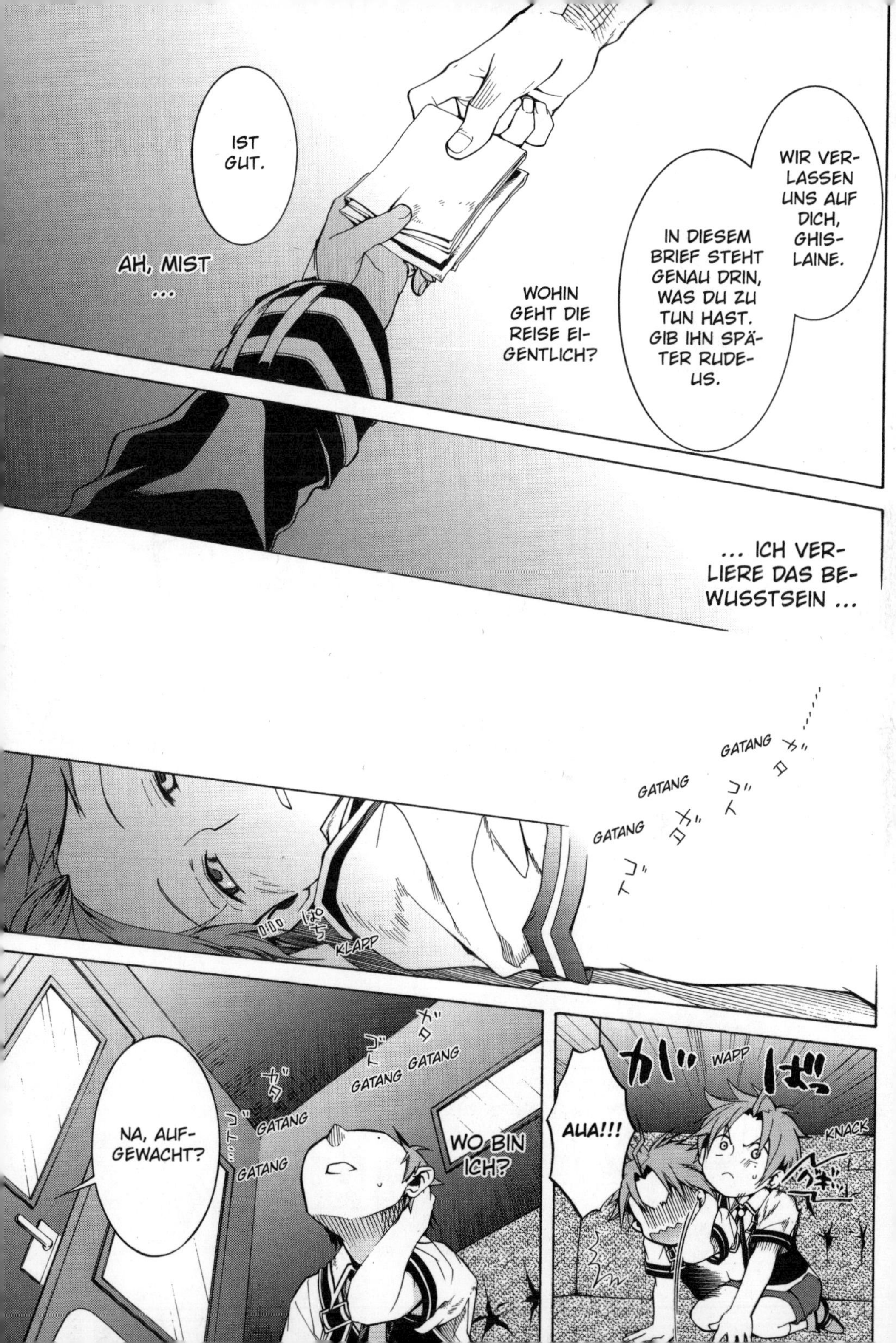
WIR VERLASSEN UNS AUF DICH, GHISLAINE.
IN DIESEM BRIEF STEHT GENAU DRIN, WAS DU ZU TUN HAST. GIB IHN SPÄTER RUDEUS.
WOHIN GEHT DIE REISE EIGENTLICH?
IST GUT.
AH, MIST ...
... ICH VERLIERE DAS BEWUSSTSEIN ...
GATANG
GATANG
GATANG
KLAPP
WAPP
KNACK
AUA!!!
GATANG GATANG
GATANG
GATANG
WO BIN ICH?
NA, AUFGEWACHT?

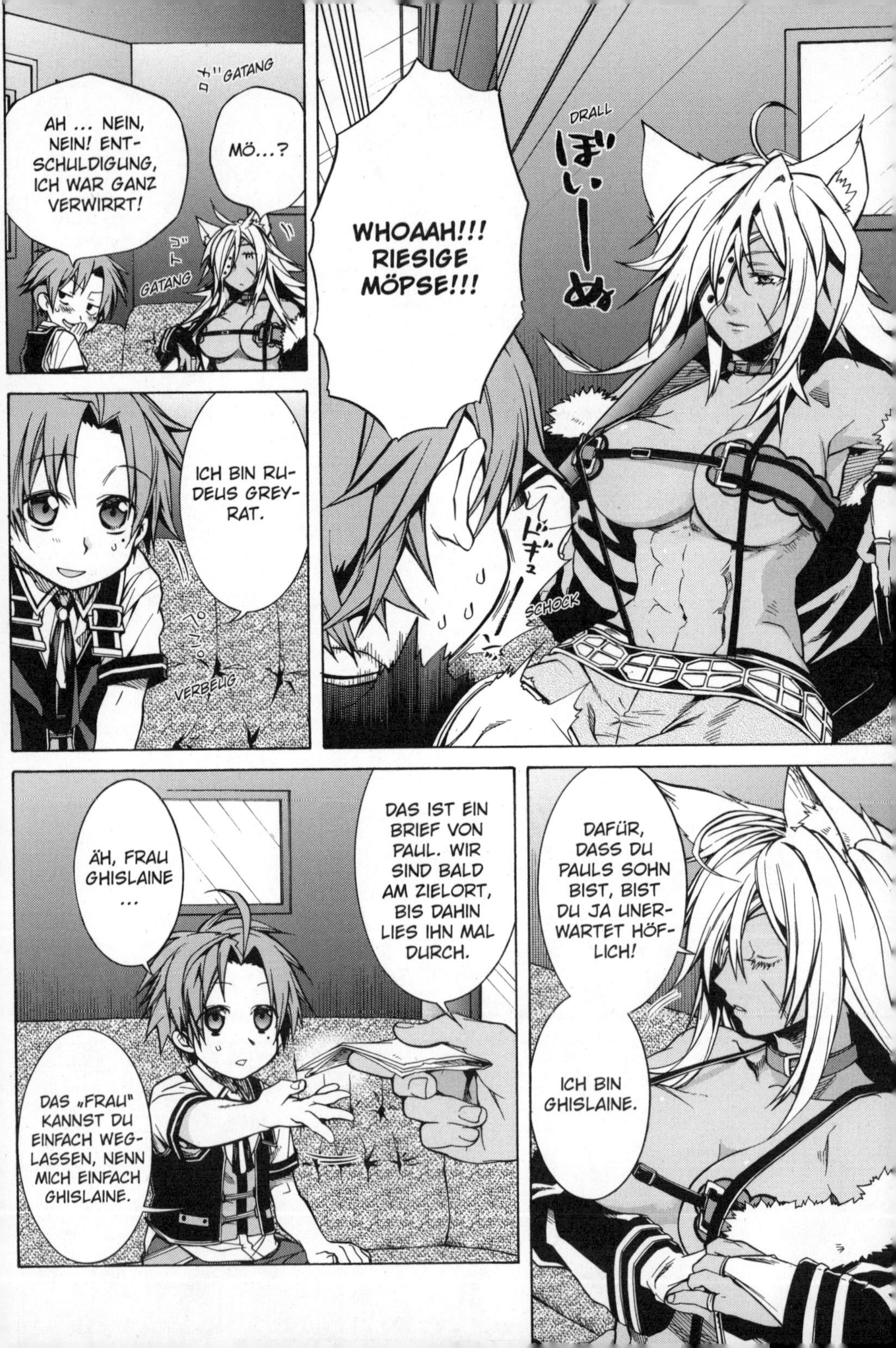

WHOAAH!!! RIESIGE MÖPSE!!!
DRALL
SCHOCK

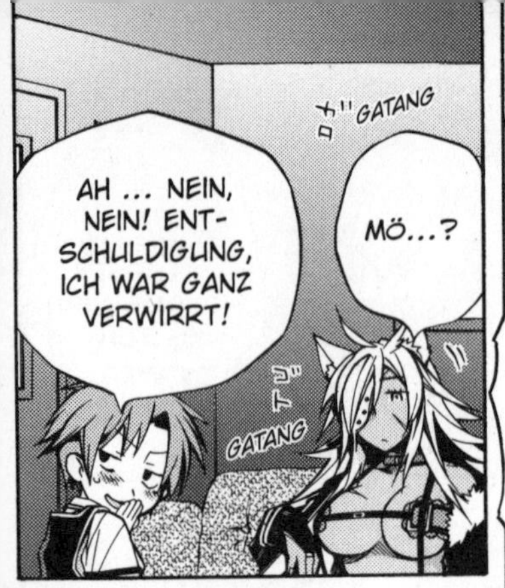

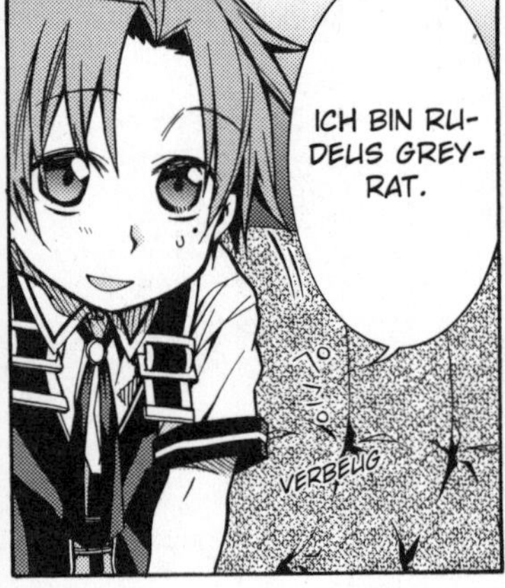

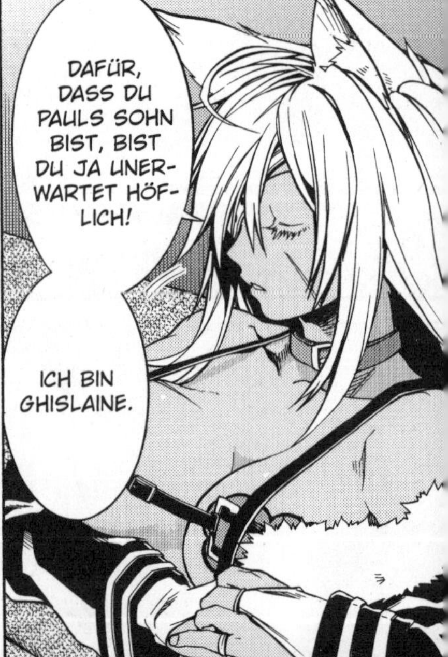

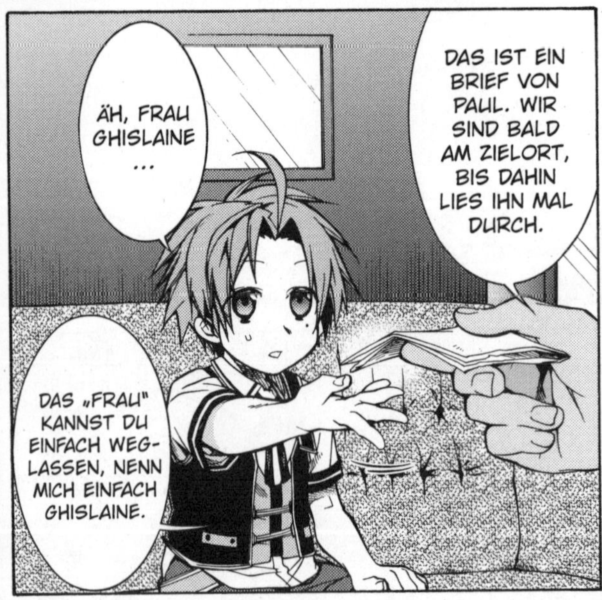

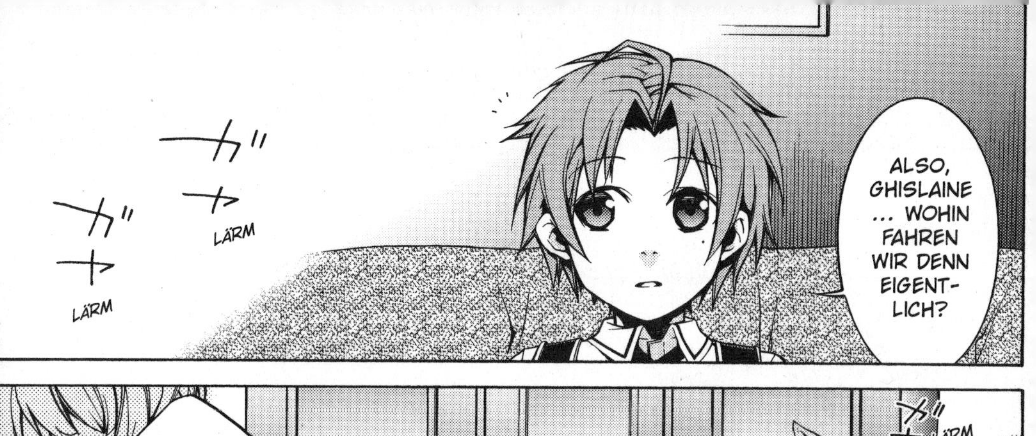
ALSO, GHISLAINE ... WOHIN FAHREN WIR DENN EIGENTLICH?
ガヤ
LÄRM
ガヤ
LÄRM

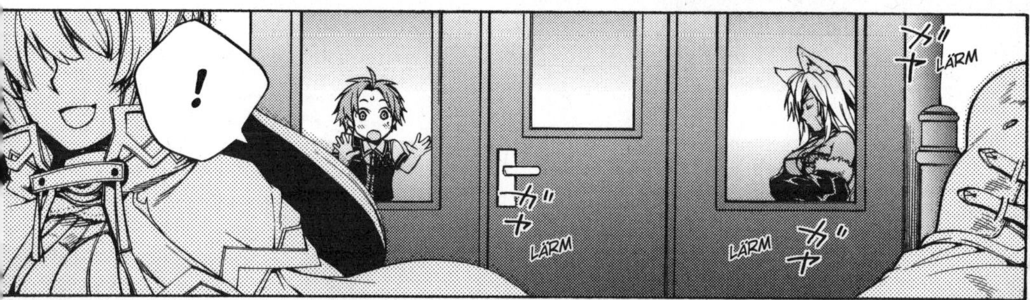
ガヤ
LÄRM
!
ガヤ
LÄRM
ガヤ
LÄRM

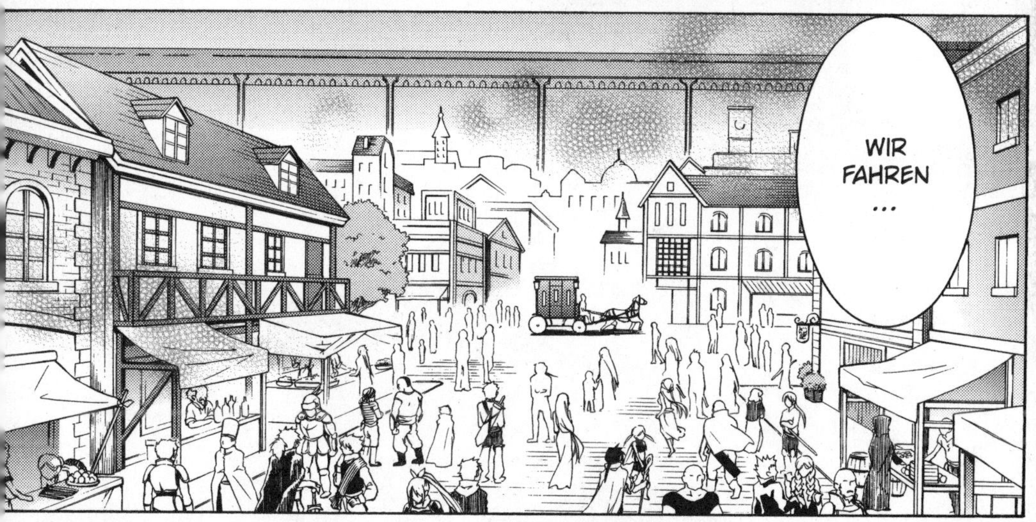
WIR FAHREN ...

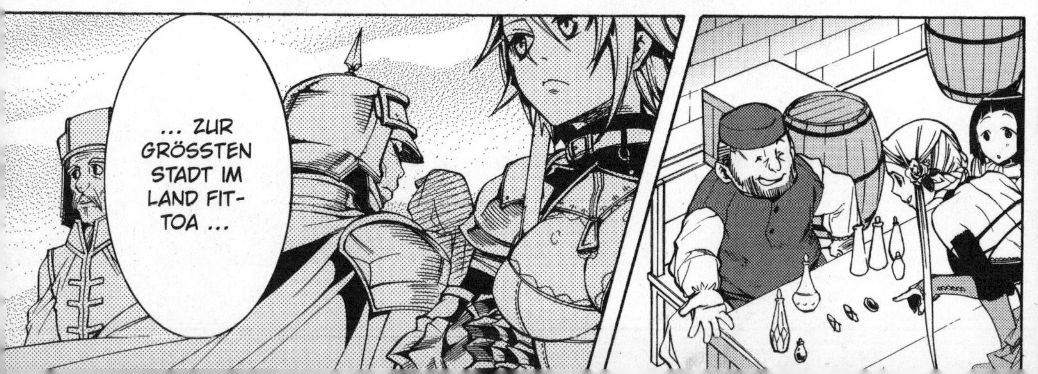
... ZUR GRÖSSTEN STADT IM LAND FITTOA ...

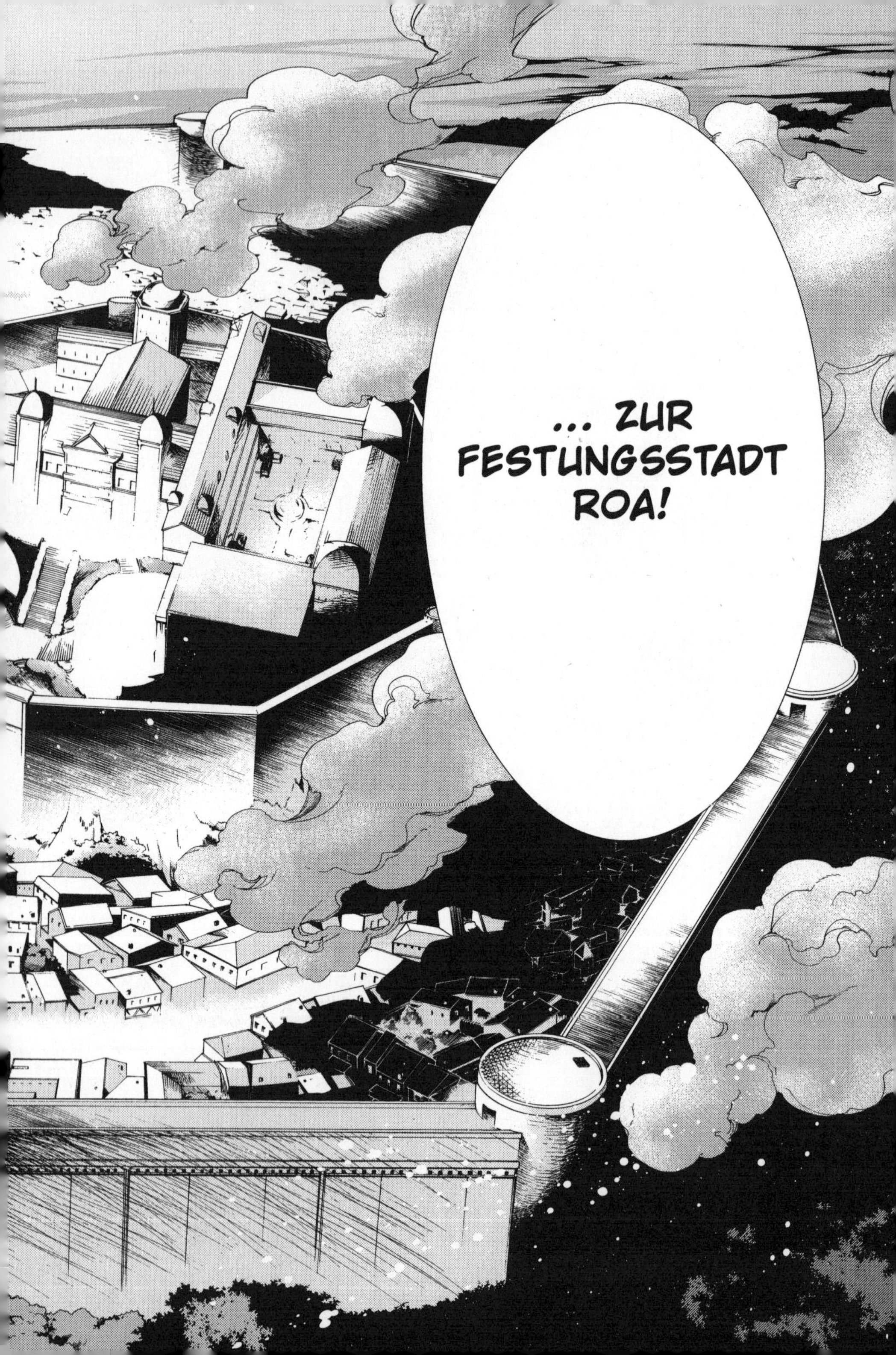
... ZUR FESTUNGSSTADT ROA!

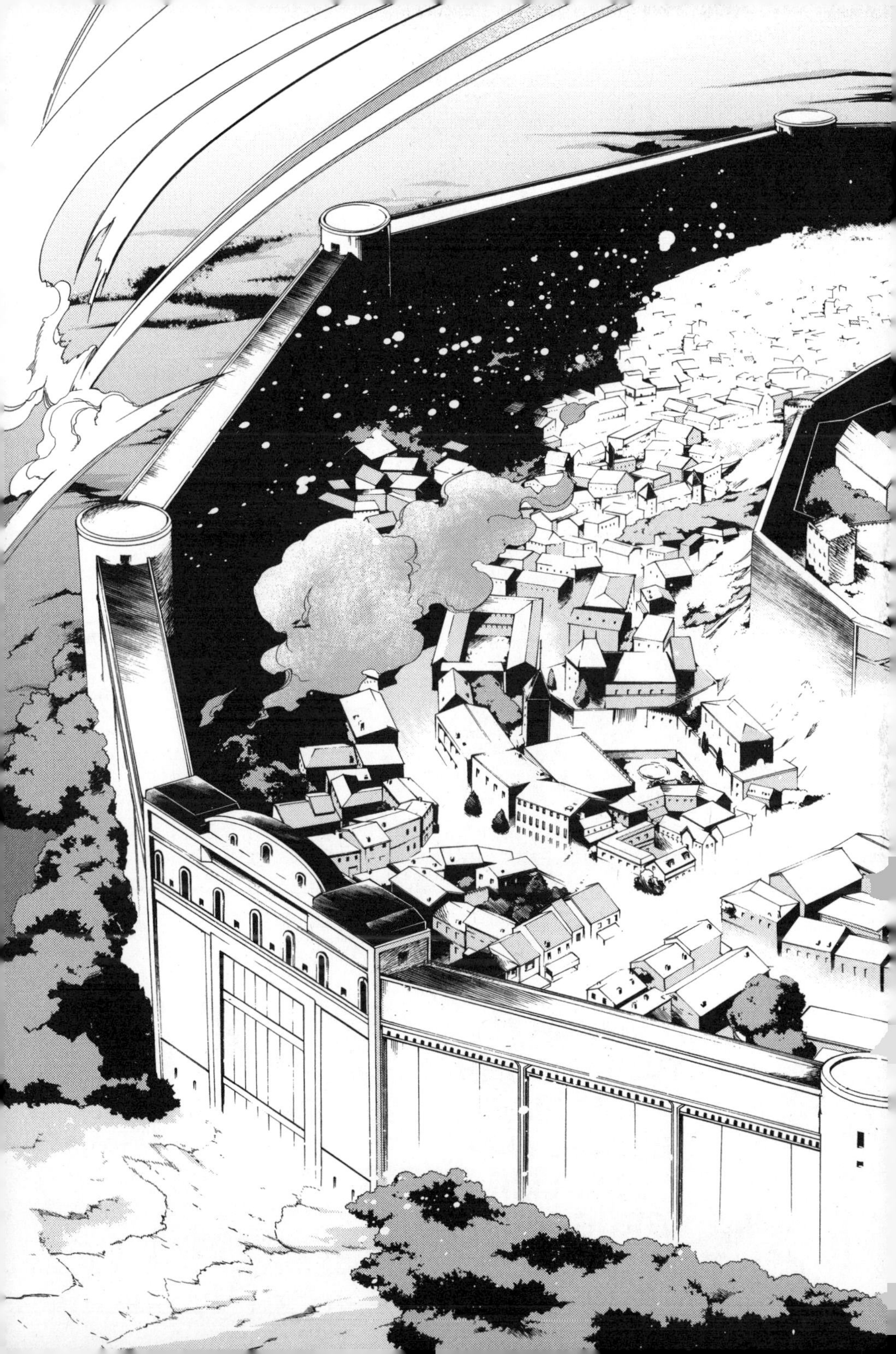

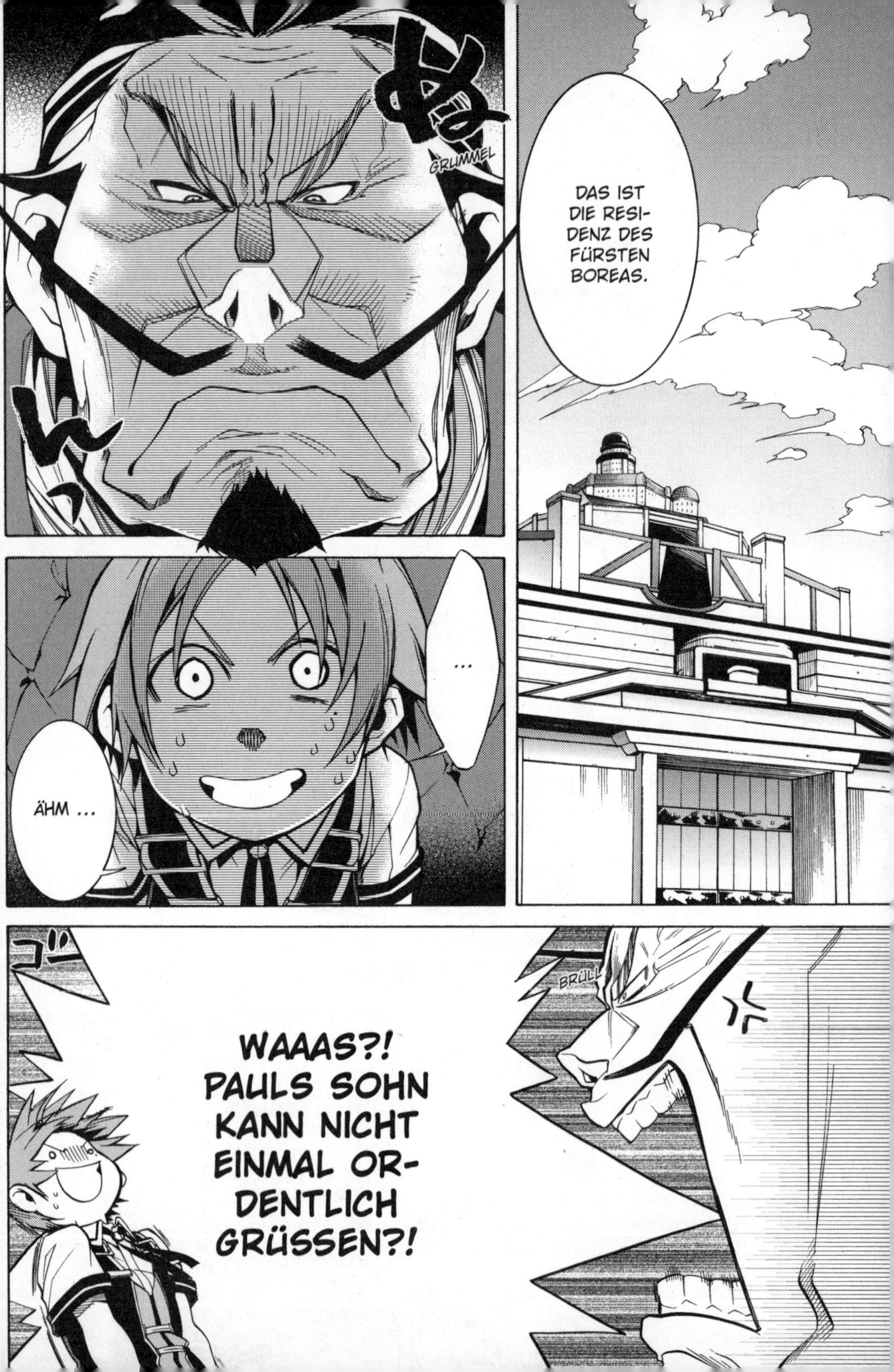

DAS IST DIE RESIDENZ DES FÜRSTEN BOREAS.

GRUMMEL

...

ÄHM ...

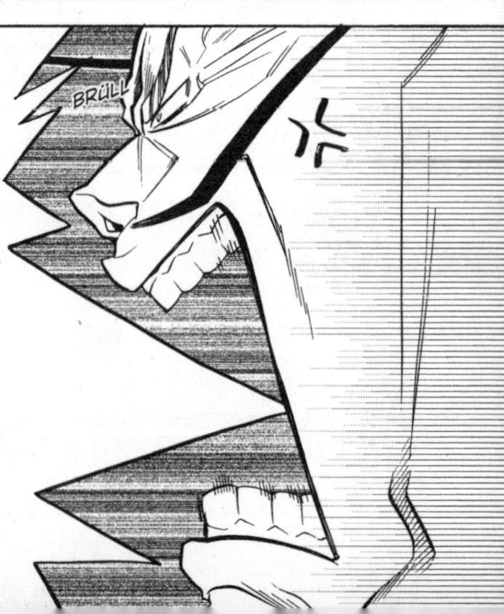

WAAAS?! PAULS SOHN KANN NICHT EINMAL ORDENTLICH GRÜSSEN?!

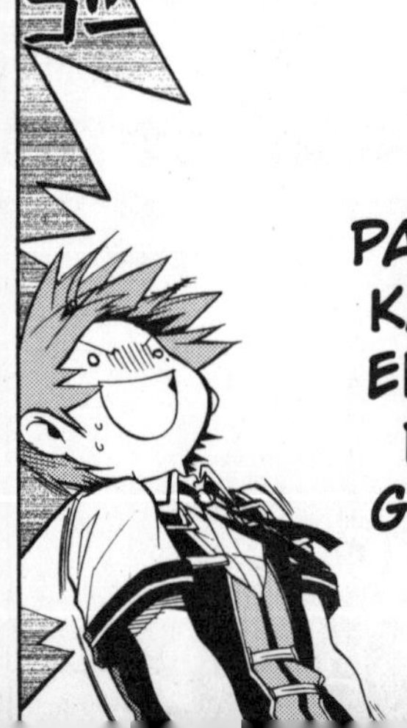

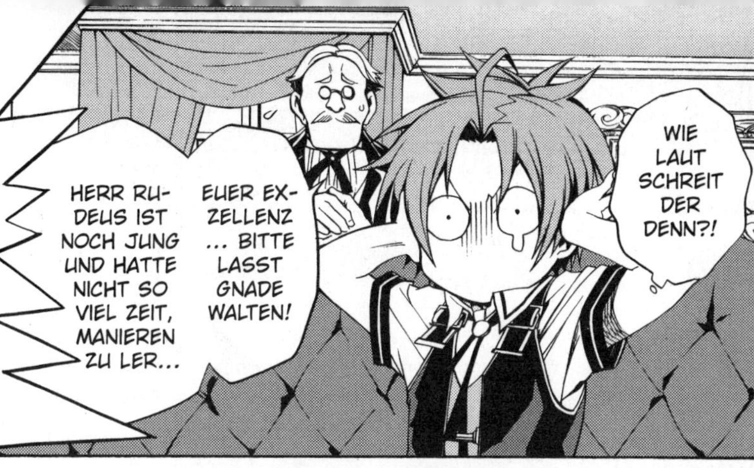
WIE LAUT SCHREIT DER DENN?!
EUER EXZELLENZ ... BITTE LASST GNADE WALTEN!
HERR RUDEUS IST NOCH JUNG UND HATTE NICHT SO VIEL ZEIT, MANIEREN ZU LER...

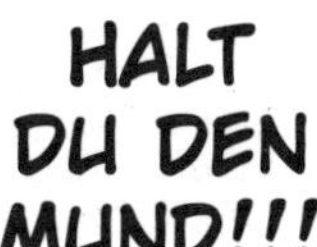
HALT DU DEN MUND!!!

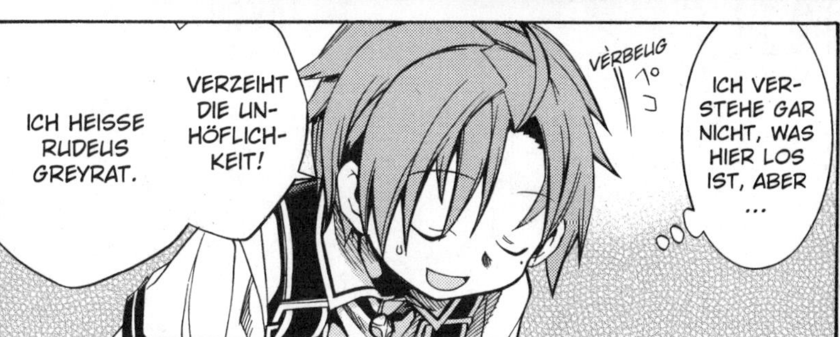
ICH VERSTEHE GAR NICHT, WAS HIER LOS IST, ABER ...
VERBEUG
VERZEIHT DIE UNHÖFLICHKEIT!
ICH HEISSE RUDEUS GREYRAT.

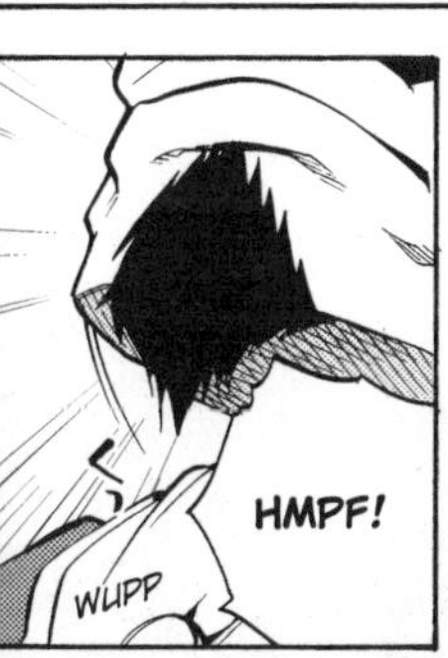
HMPF!
WUPP

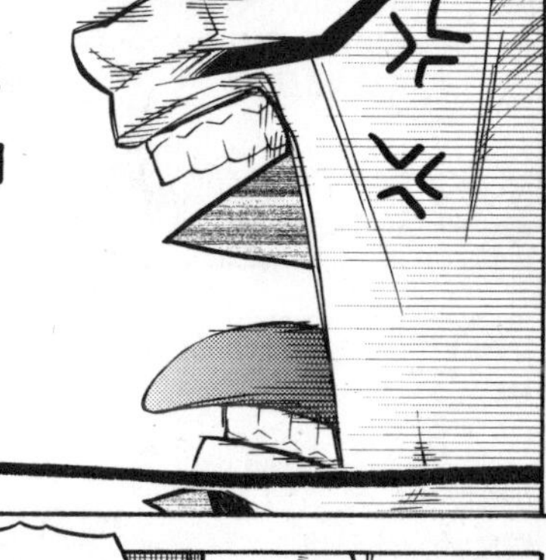
SOLLTE DAS EIN GRUSS SEIN?! HAT PAUL SEINEM SOHN NICHT MAL BEIGEBRACHT, WIE MAN ORDENTLICH GRÜSST?!

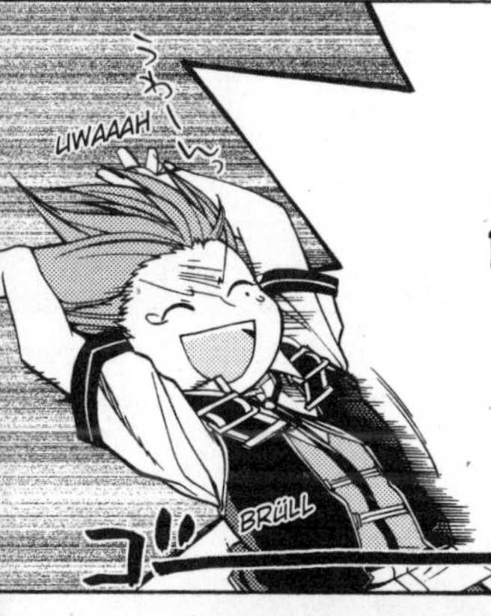
UWAAAH
BRÜLL

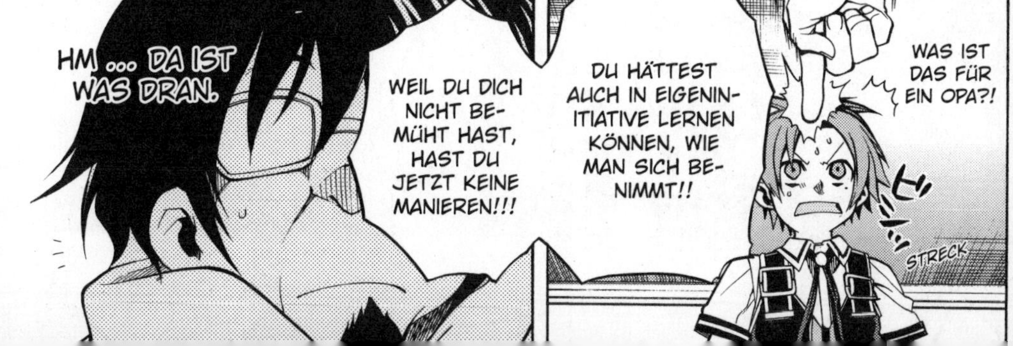
WAS IST DAS FÜR EIN OPA?!
STRECK
DU HÄTTEST AUCH IN EIGENINITIATIVE LERNEN KÖNNEN, WIE MAN SICH BENIMMT!!
WEIL DU DICH NICHT BEMÜHT HAST, HAST DU JETZT KEINE MANIEREN!!!
HM ... DA IST WAS DRAN.

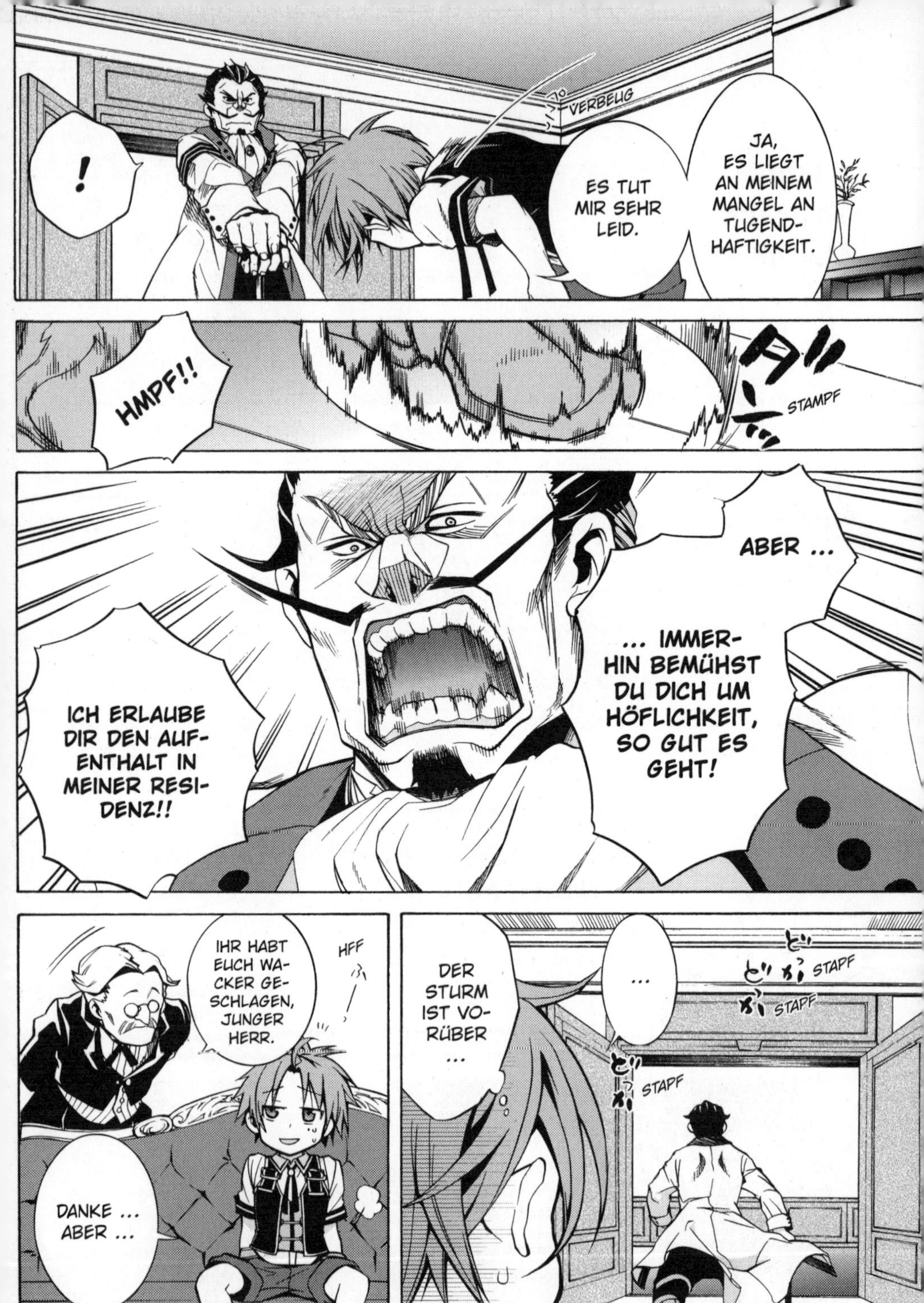
JA, ES LIEGT AN MEINEM MANGEL AN TUGEND-HAFTIGKEIT.
VERBEUG
ES TUT MIR SEHR LEID.
!
STAMPF
HMPF!!
ABER ...
... IMMER-HIN BEMÜHST DU DICH UM HÖFLICHKEIT, SO GUT ES GEHT!
ICH ERLAUBE DIR DEN AUF-ENTHALT IN MEINER RESI-DENZ!!
STAPF
STAPF
STAPF
...
DER STURM IST VO-RÜBER ...
HFF
IHR HABT EUCH WA-CKER GE-SCHLAGEN, JUNGER HERR.
DANKE ... ABER ...

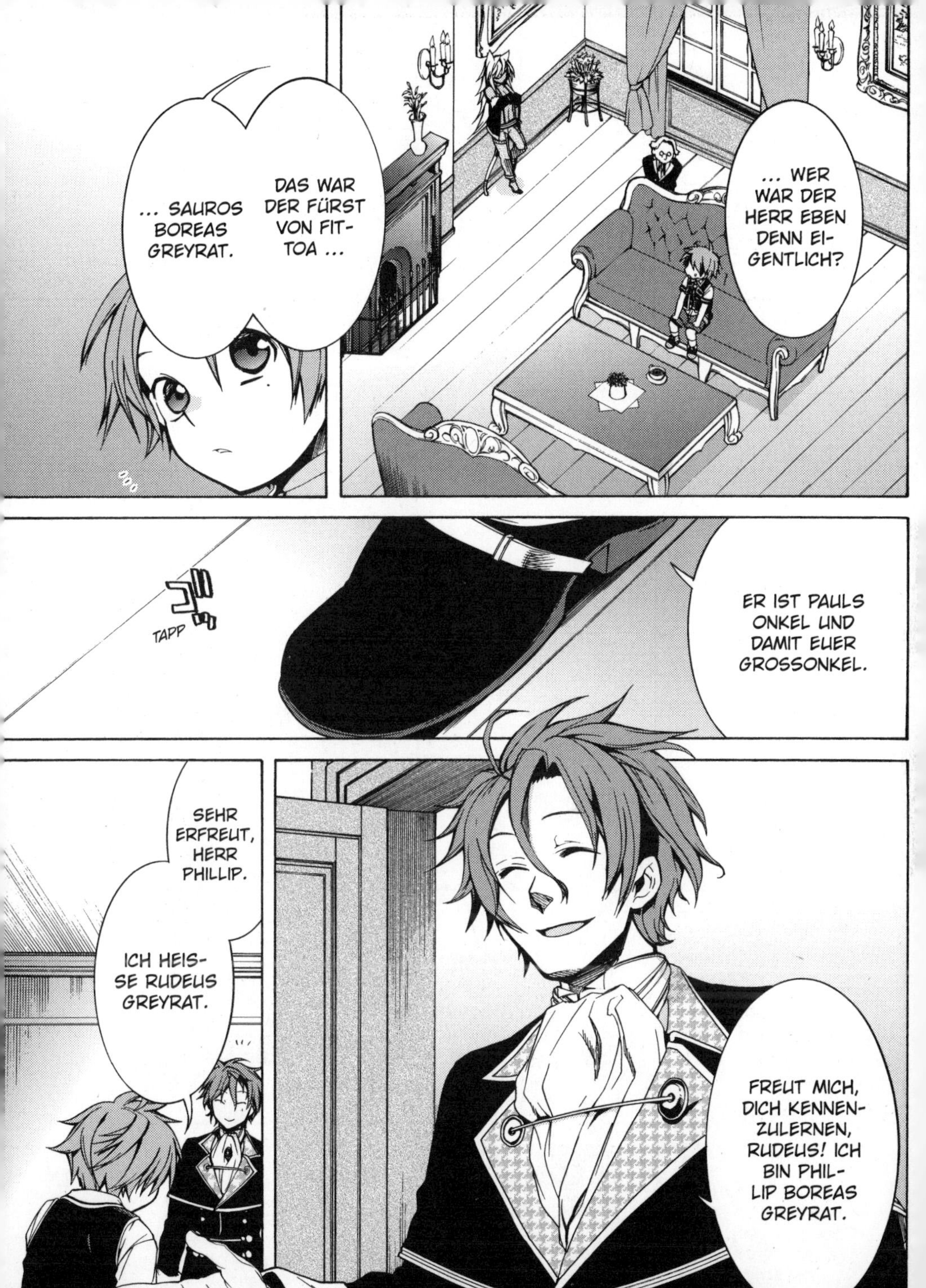
... WER WAR DER HERR EBEN DENN EIGENTLICH?
DAS WAR DER FÜRST VON FITTOA ...
... SAUROS BOREAS GREYRAT.
TAPP
ER IST PAULS ONKEL UND DAMIT EUER GROSSONKEL.
FREUT MICH, DICH KENNENZULERNEN, RUDEUS! ICH BIN PHILLIP BOREAS GREYRAT.
SEHR ERFREUT, HERR PHILLIP.
ICH HEISSE RUDEUS GREYRAT.

BEI DEINER ART ZU GRÜS-SEN IST MEIN VATER AUSGERAS-TET, NICHT WAHR?
BEIM ADELS-GRUSS LEGT MAN DIE RECHTE HAND AN DIE BRUST.
SO?
JA, GENAU!
NICHT, DASS DEIN GRUSS VOR-HIN SCHLECHT WAR, ABER …
HM?

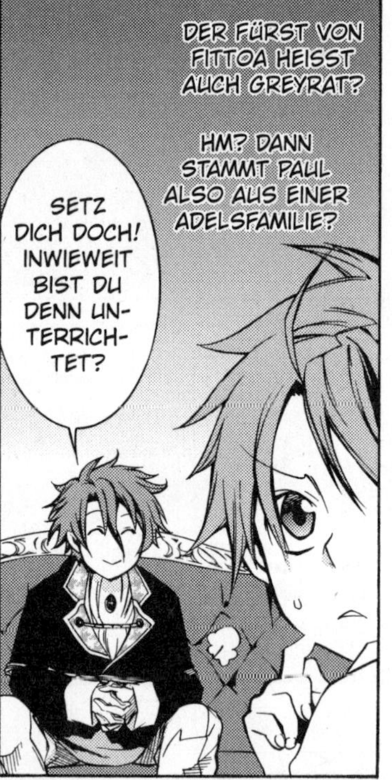
DER FÜRST VON FITTOA HEISST AUCH GREYRAT?
HM? DANN STAMMT PAUL ALSO AUS EINER ADELSFAMILIE?
SETZ DICH DOCH! INWIEWEIT BIST DU DENN UN-TERRICH-TET?

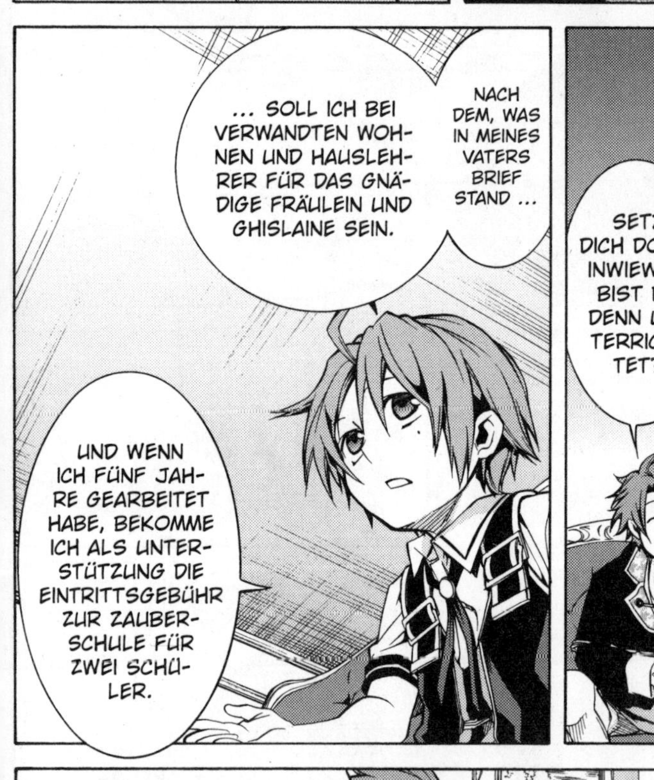
NACH DEM, WAS IN MEINES VATERS BRIEF STAND …
… SOLL ICH BEI VERWANDTEN WOH-NEN UND HAUSLEH-RER FÜR DAS GNÄ-DIGE FRÄULEIN UND GHISLAINE SEIN.
UND WENN ICH FÜNF JAH-RE GEARBEITET HABE, BEKOMME ICH ALS UNTER-STÜTZUNG DIE EINTRITTSGEBÜHR ZUR ZAUBER-SCHULE FÜR ZWEI SCHÜ-LER.

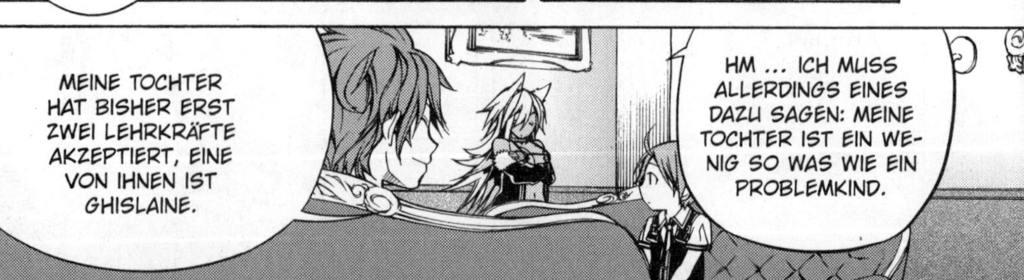
HM … ICH MUSS ALLERDINGS EINES DAZU SAGEN: MEINE TOCHTER IST EIN WE-NIG SO WAS WIE EIN PROBLEMKIND.
MEINE TOCHTER HAT BISHER ERST ZWEI LEHRKRÄFTE AKZEPTIERT, EINE VON IHNEN IST GHISLAINE.

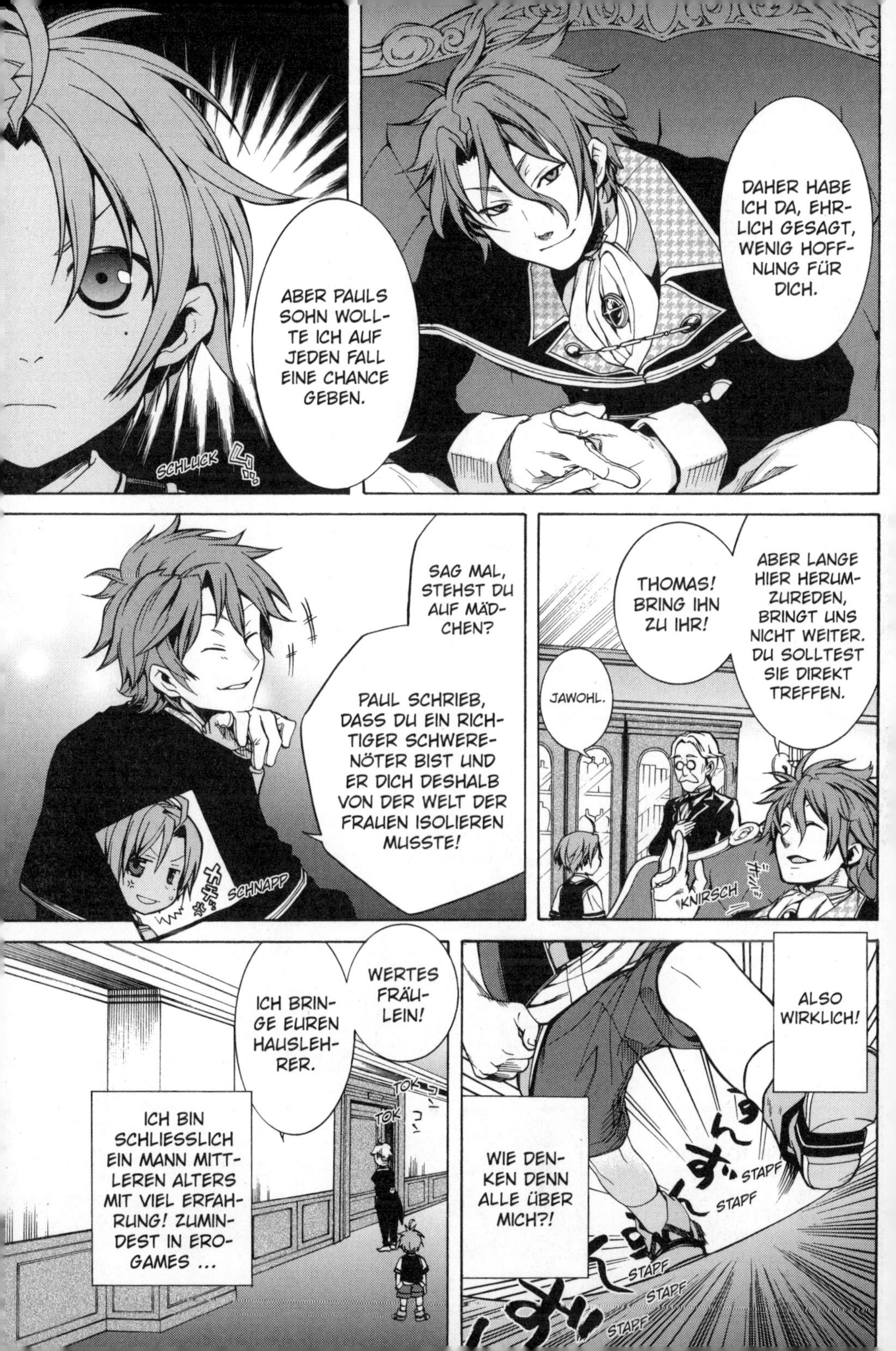

DAHER HABE ICH DA, EHRLICH GESAGT, WENIG HOFFNUNG FÜR DICH.

ABER PAULS SOHN WOLLTE ICH AUF JEDEN FALL EINE CHANCE GEBEN.

SCHLUCK

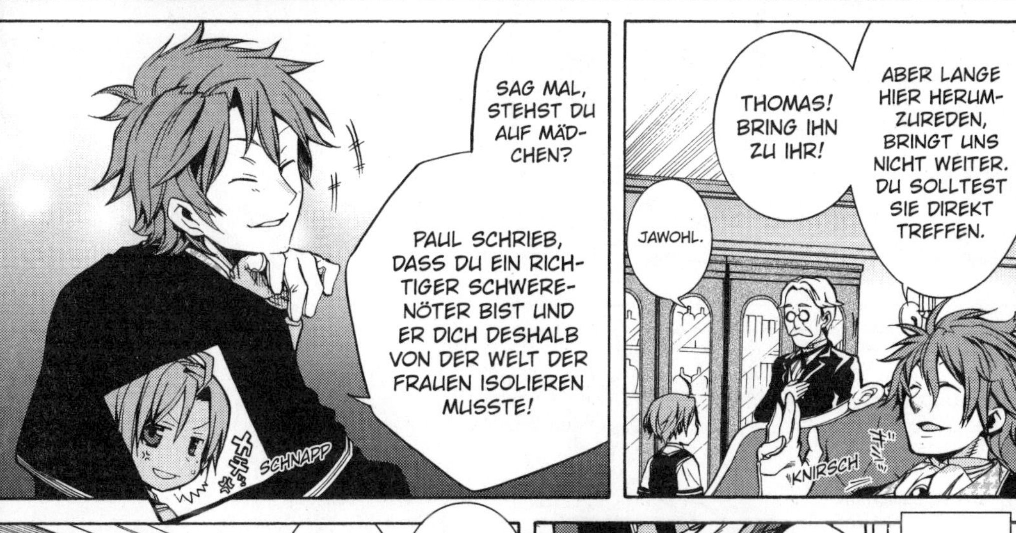

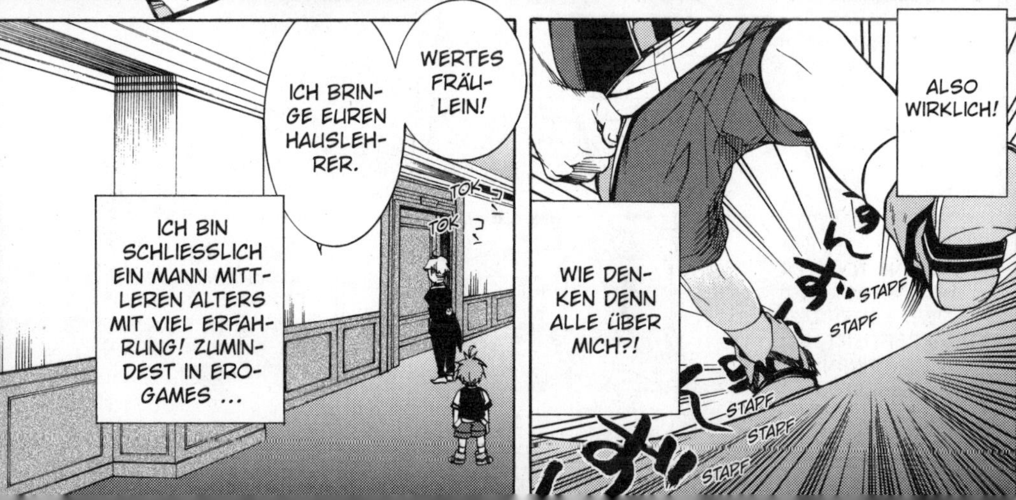

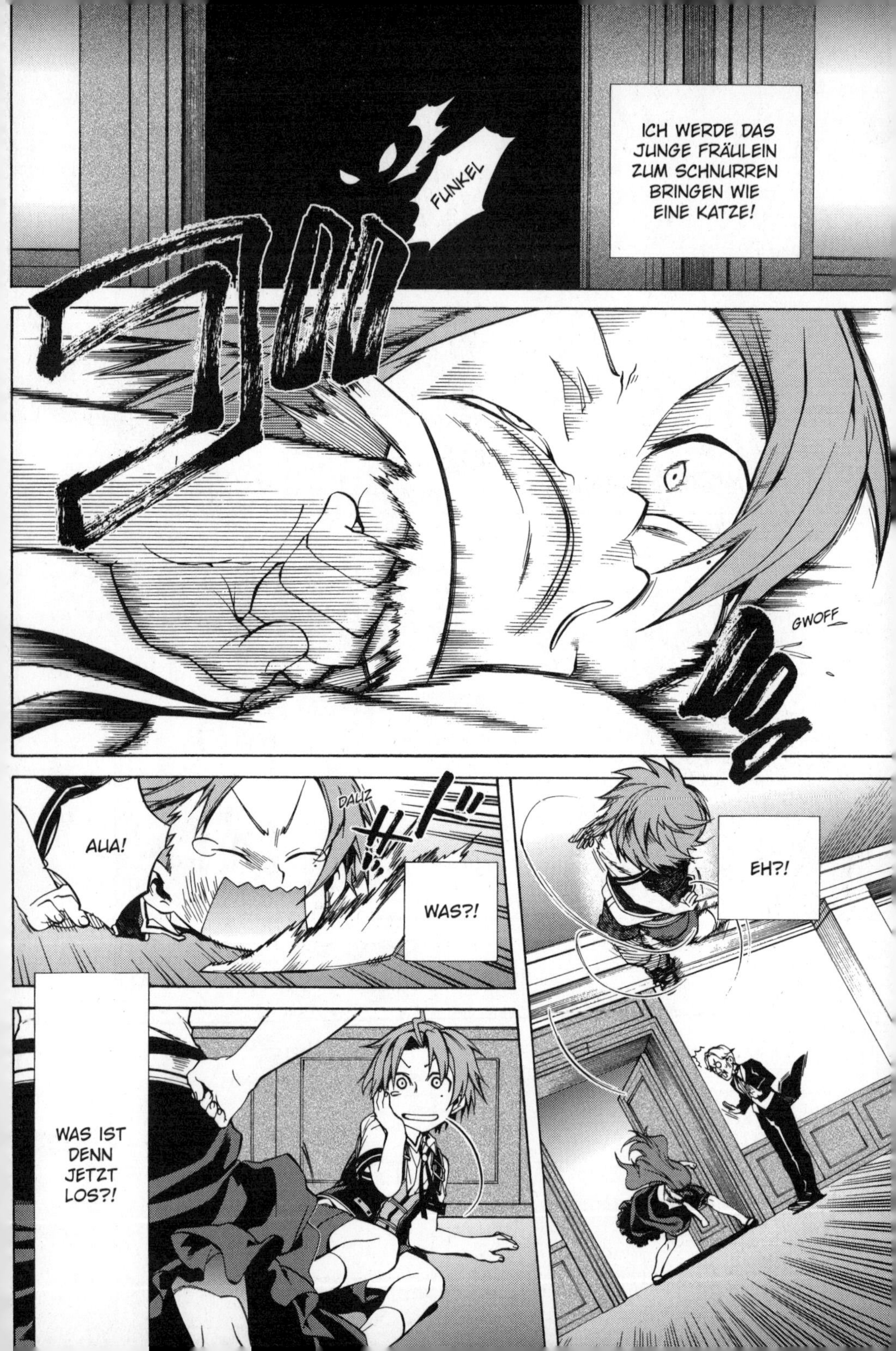

ICH WERDE DAS JUNGE FRÄULEIN ZUM SCHNURREN BRINGEN WIE EINE KATZE!
FUNKEL
GWOFF
EH?!
DAUZ
WAS?!
AUA!
WAS IST DENN JETZT LOS?!

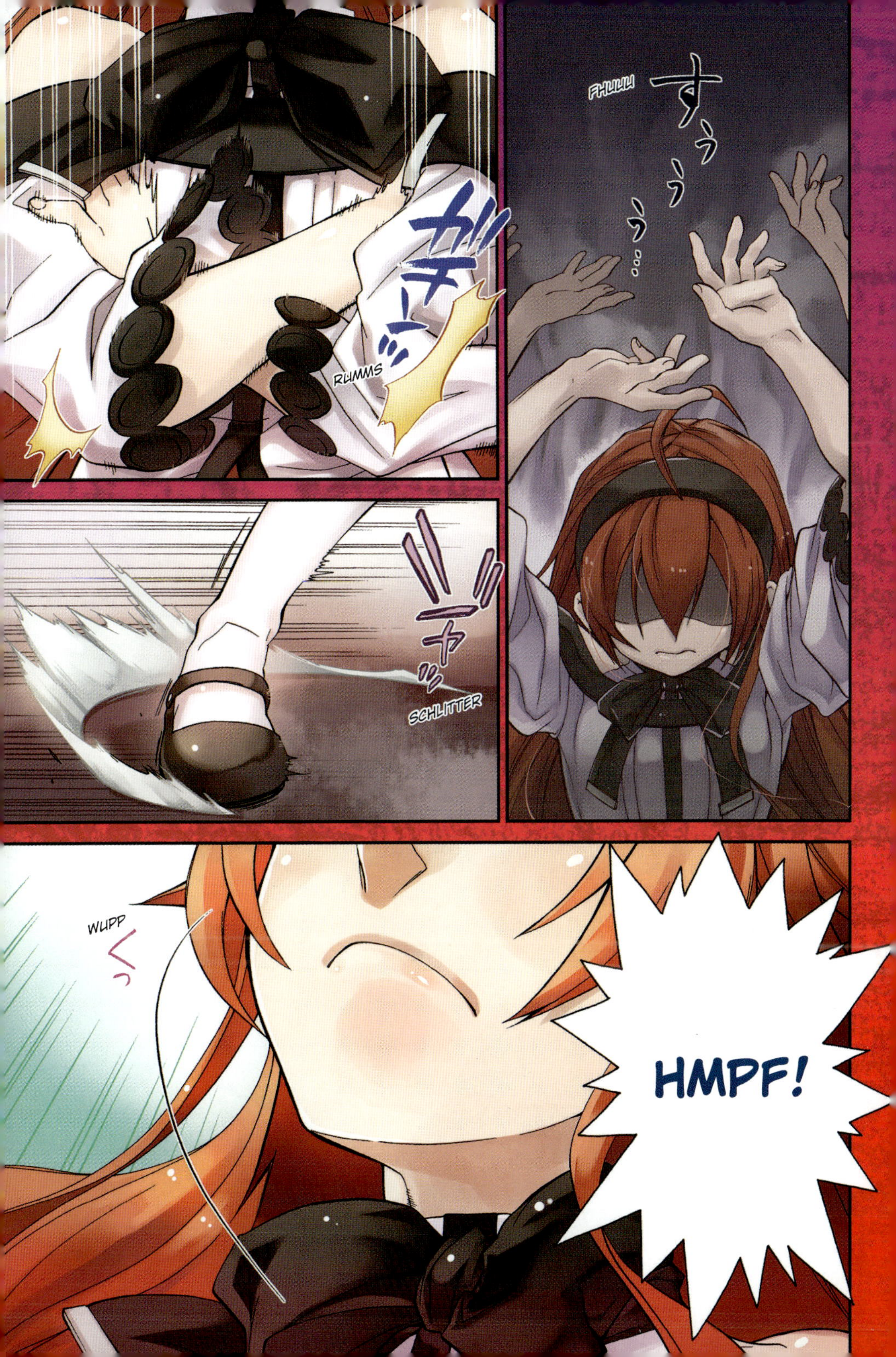
FHUUU
すううう…
ガチーッ
RUMMS
ズザッ
SCHLITTER
WUPP
くっ
HMPF!

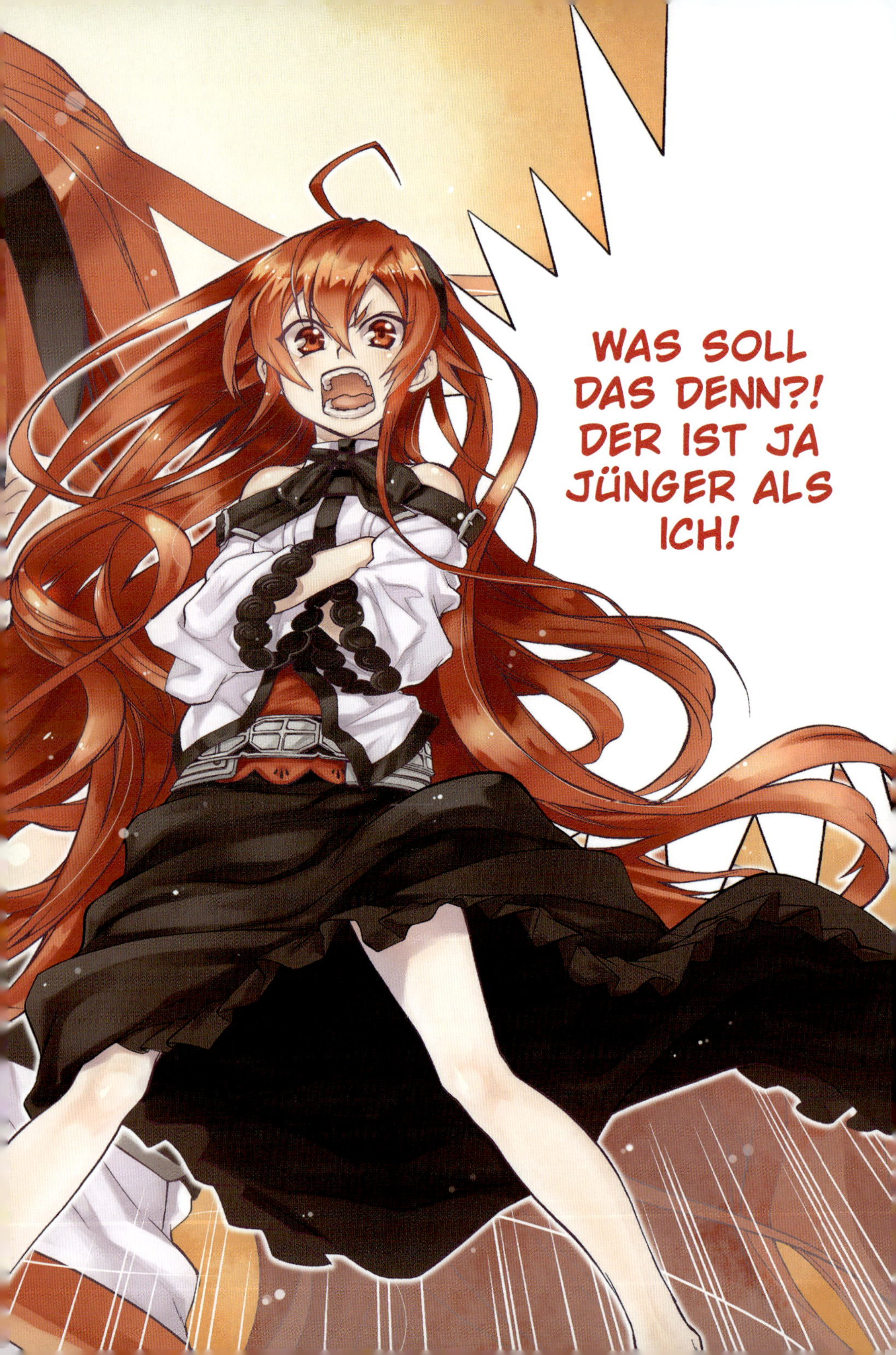
WAS SOLL DAS DENN?! DER IST JA JÜNGER ALS ICH!

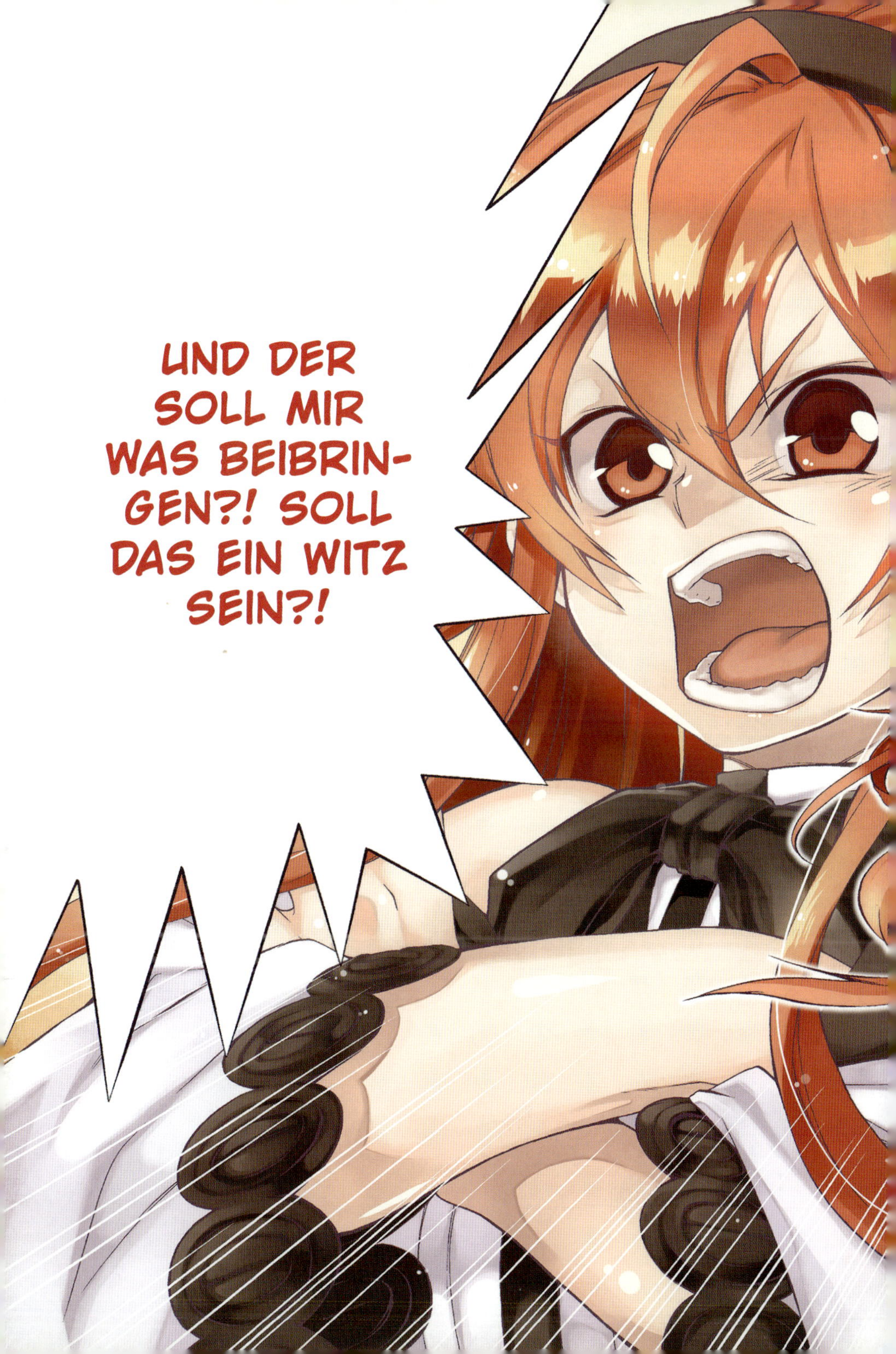
UND DER SOLL MIR WAS BEIBRINGEN?! SOLL DAS EIN WITZ SEIN?!

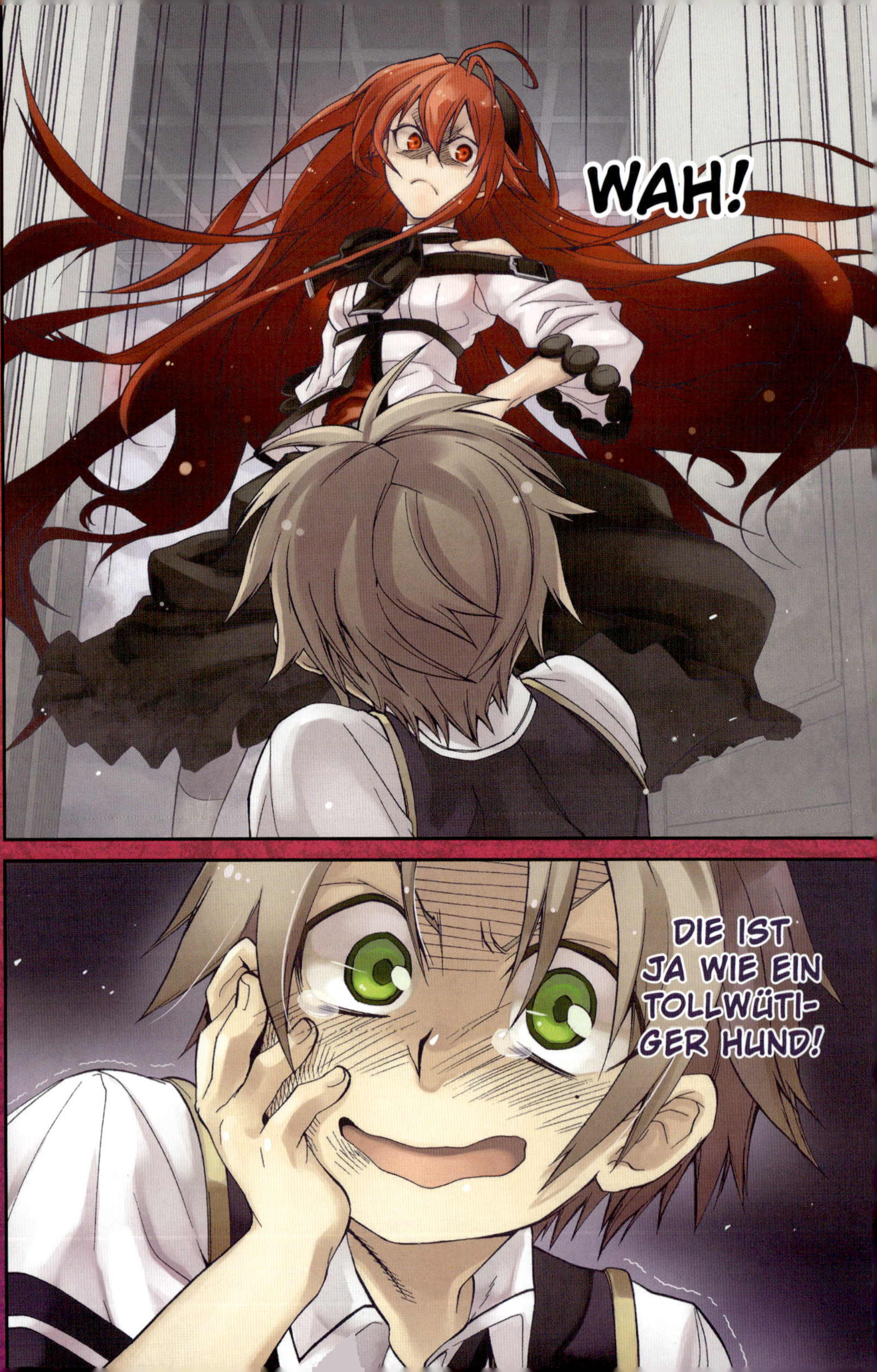

WAH!
DIE IST JA WIE EIN TOLLWÜTI-GER HUND!

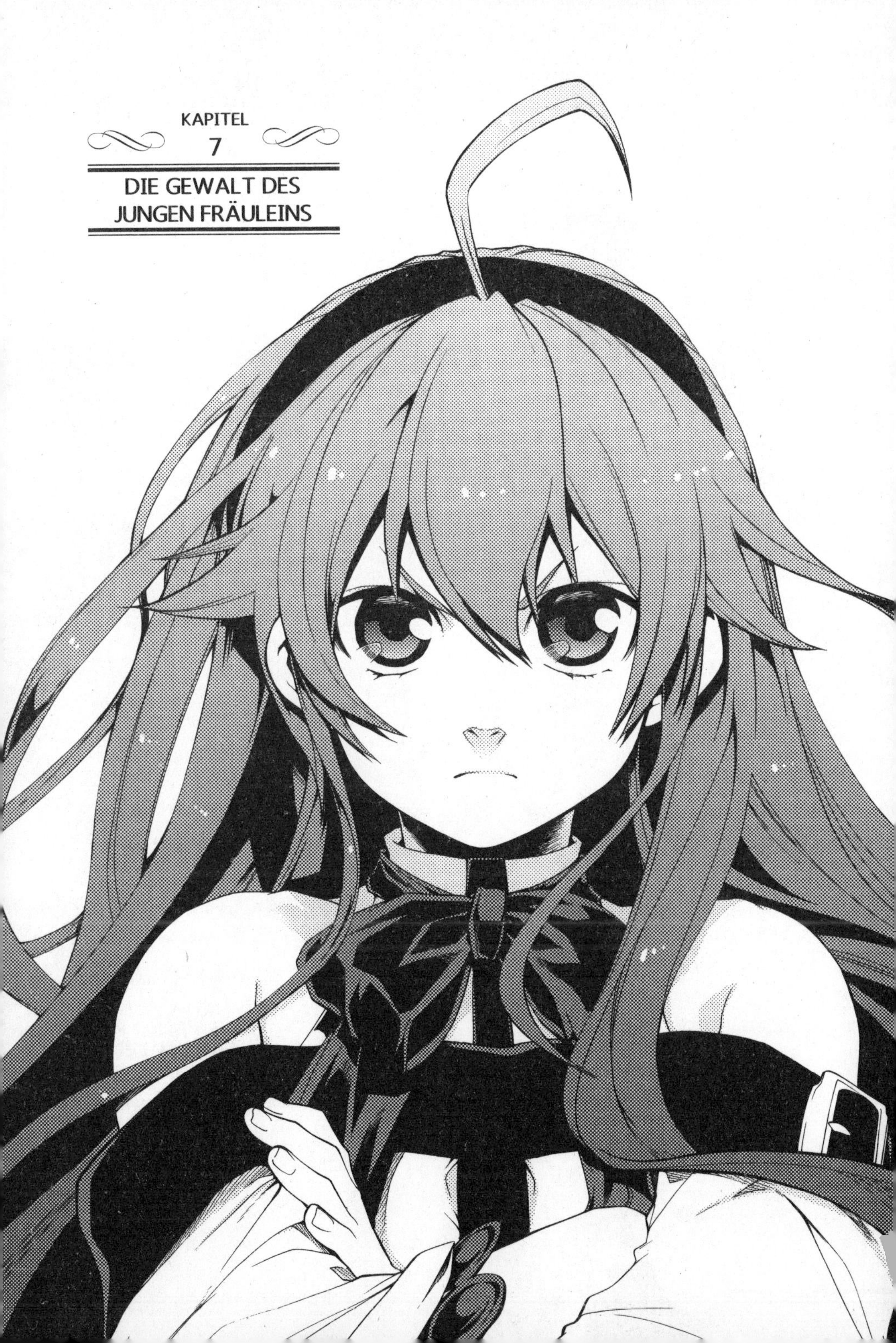
KAPITEL
7
DIE GEWALT DES
JUNGEN FRÄULEINS

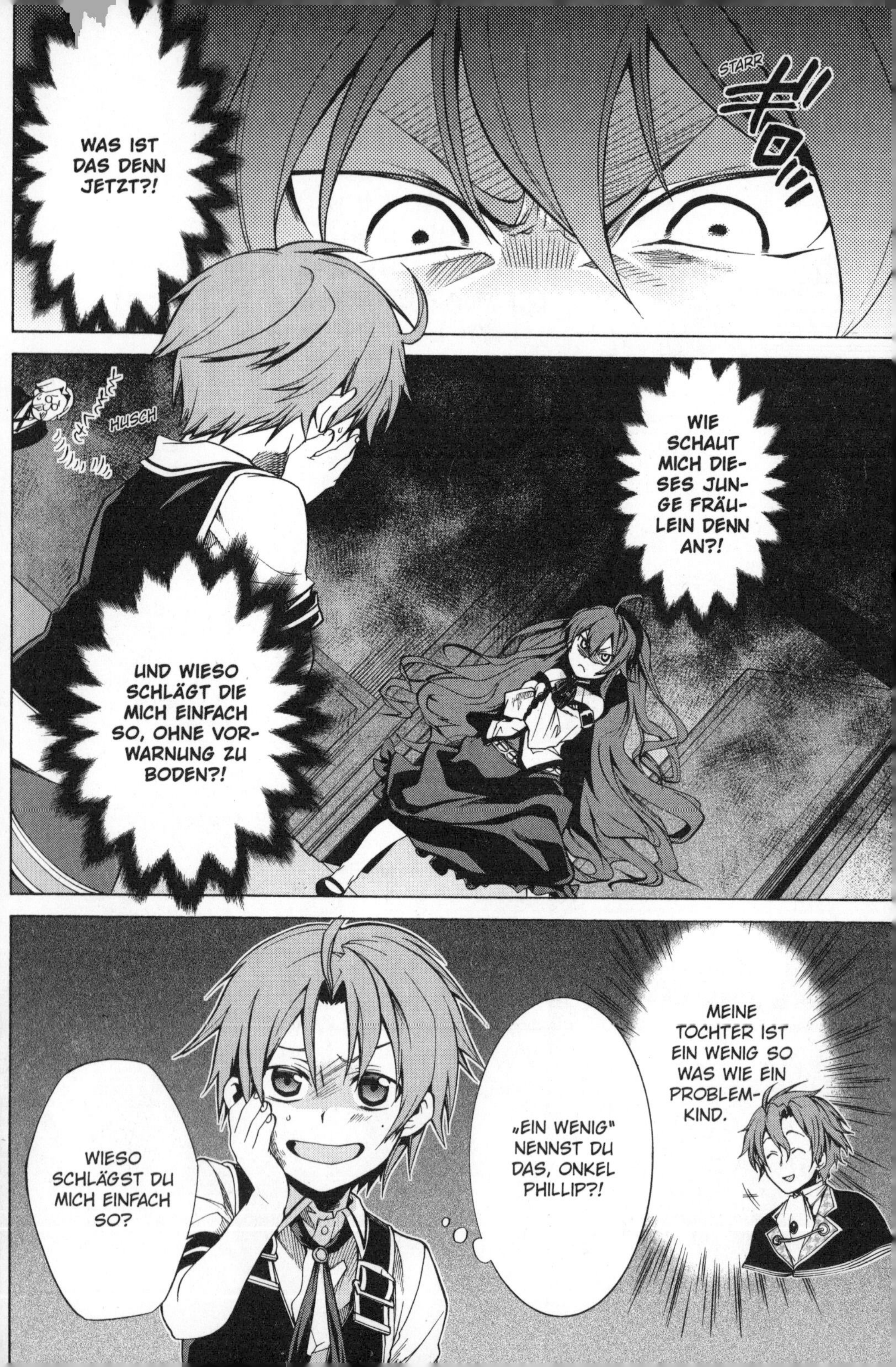

STARR

WAS IST DAS DENN JETZT?!

WIE SCHAUT MICH DIESES JUNGE FRÄULEIN DENN AN?!

HUSCH

UND WIESO SCHLÄGT DIE MICH EINFACH SO, OHNE VORWARNUNG ZU BODEN?!

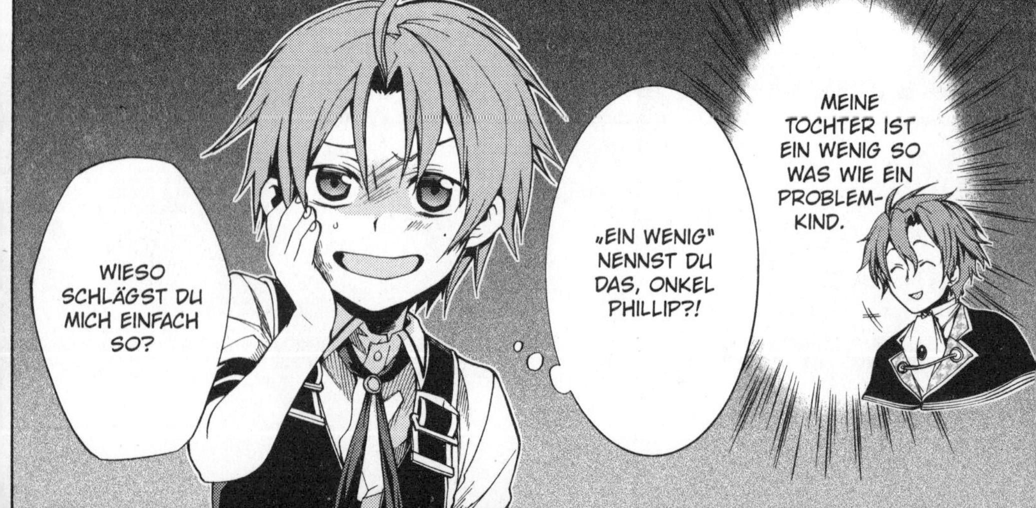

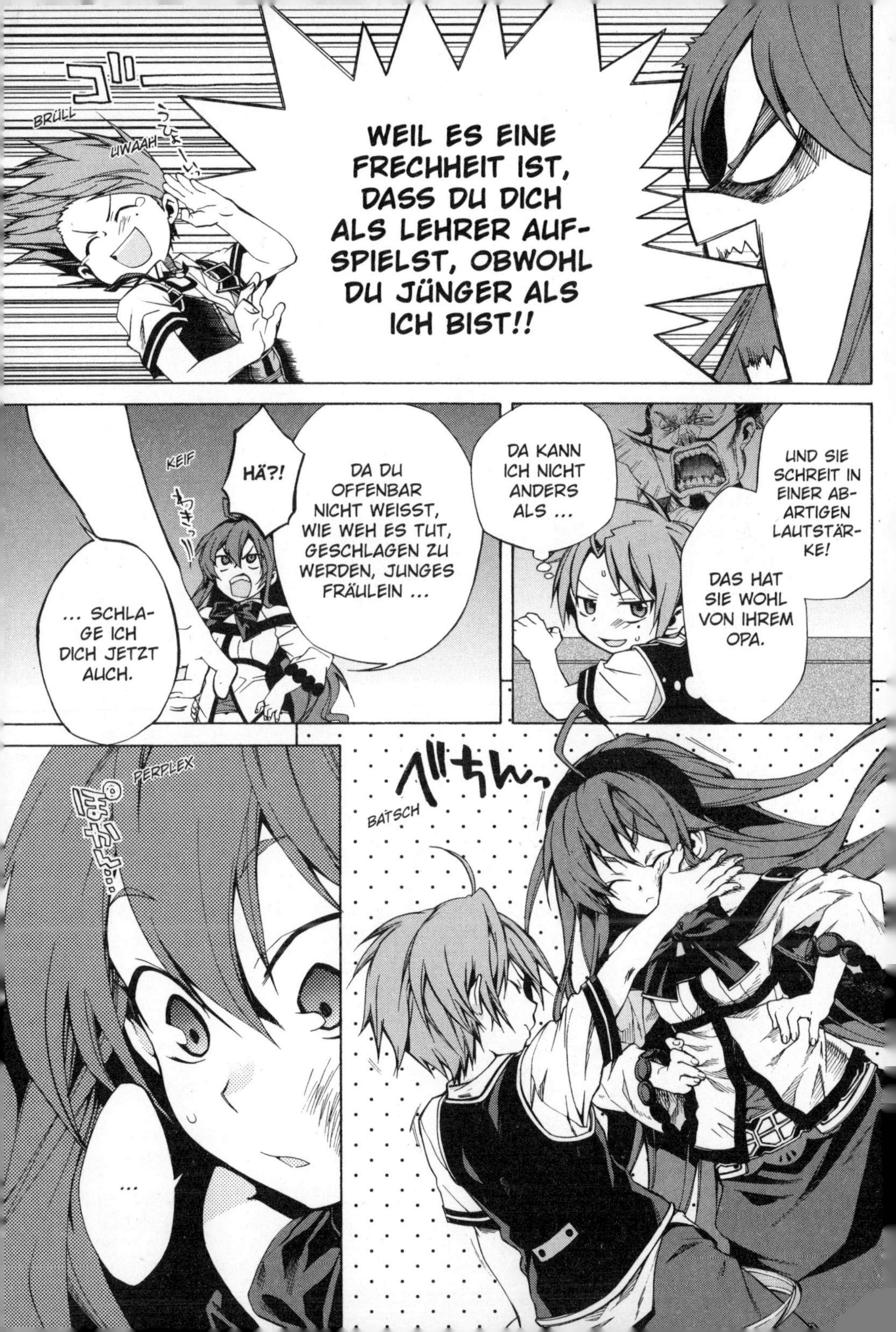

BRÜLL

UWAAH

WEIL ES EINE FRECHHEIT IST, DASS DU DICH ALS LEHRER AUFSPIELST, OBWOHL DU JÜNGER ALS ICH BIST!!

UND SIE SCHREIT IN EINER ABARTIGEN LAUTSTÄRKE!

DAS HAT SIE WOHL VON IHREM OPA.

DA KANN ICH NICHT ANDERS ALS ...

DA DU OFFENBAR NICHT WEISST, WIE WEH ES TUT, GESCHLAGEN ZU WERDEN, JUNGES FRÄULEIN ...

HÄ?!

KEIF

... SCHLAGE ICH DICH JETZT AUCH.

BATSCH

PERPLEX

...

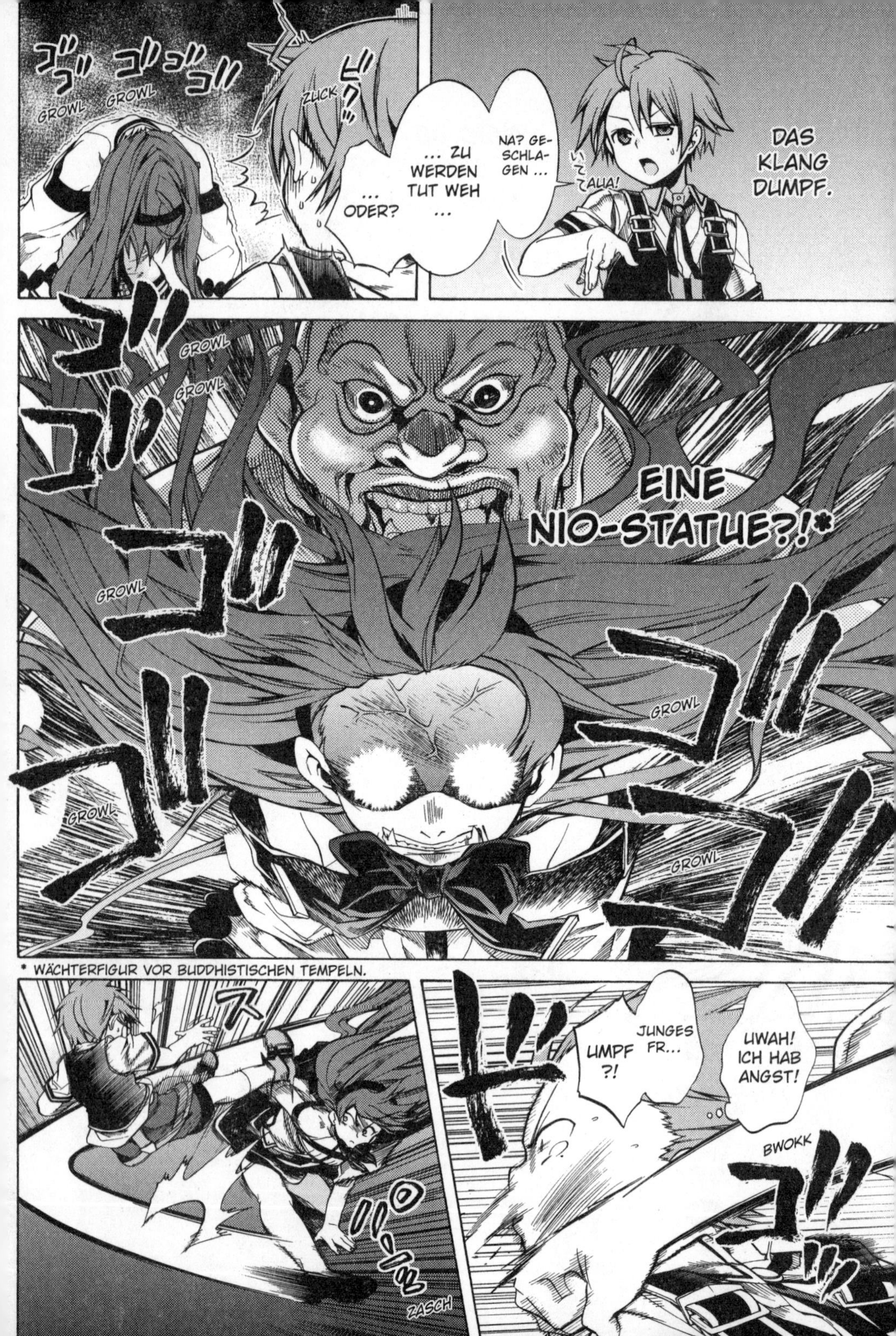

* WÄCHTERFIGUR VOR BUDDHISTISCHEN TEMPELN.

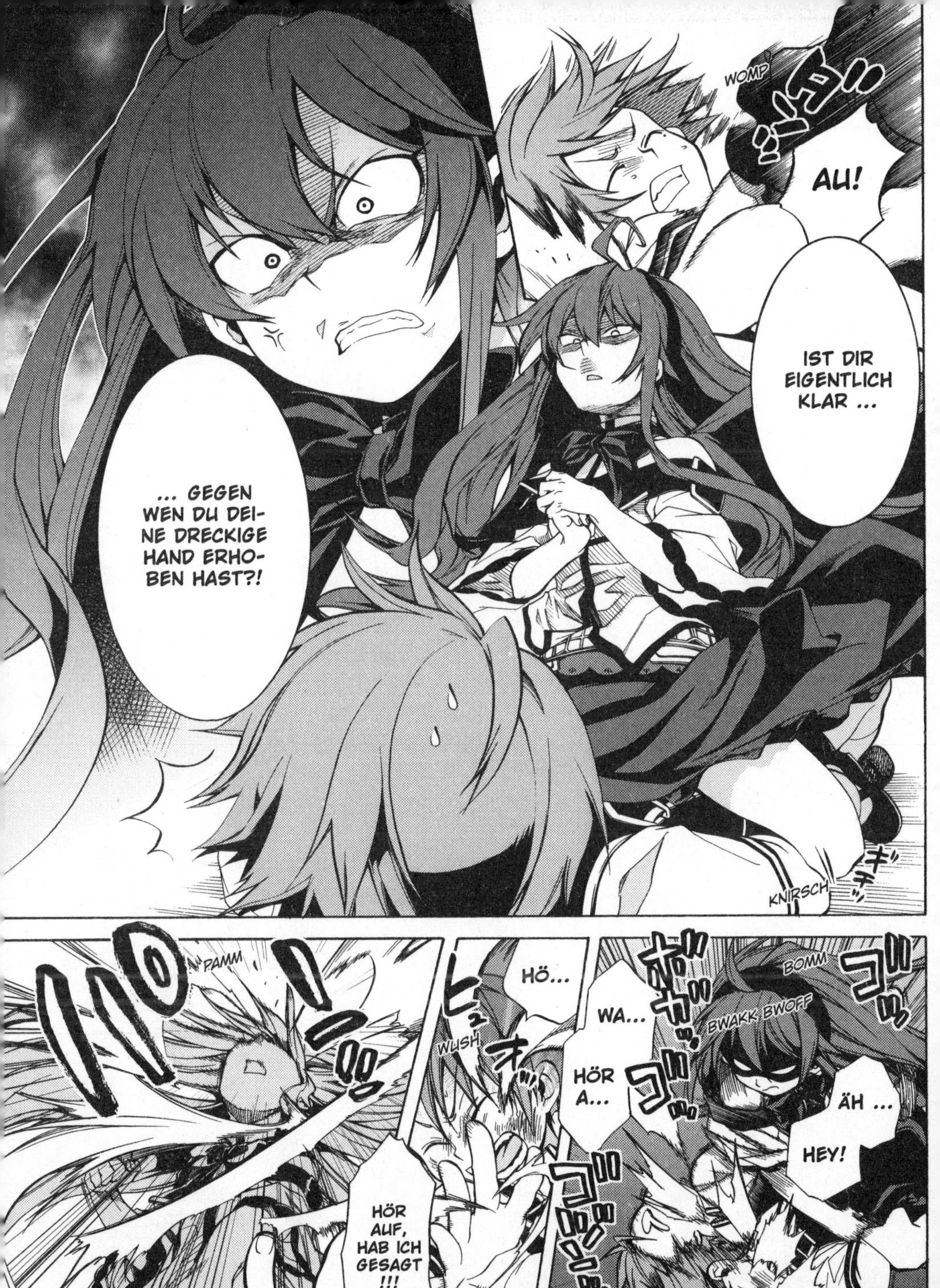

WOMP
AU!
IST DIR EIGENTLICH KLAR ...
... GEGEN WEN DU DEINE DRECKIGE HAND ERHOBEN HAST?!
KNIRSCH
BOMM
BWAKK BWOFF
ÄH ...
HEY!
BUFF BONK
HÖ...
WA...
HÖR A...
WUSH
PAMM
HÖR AUF, HAB ICH GESAGT!!!

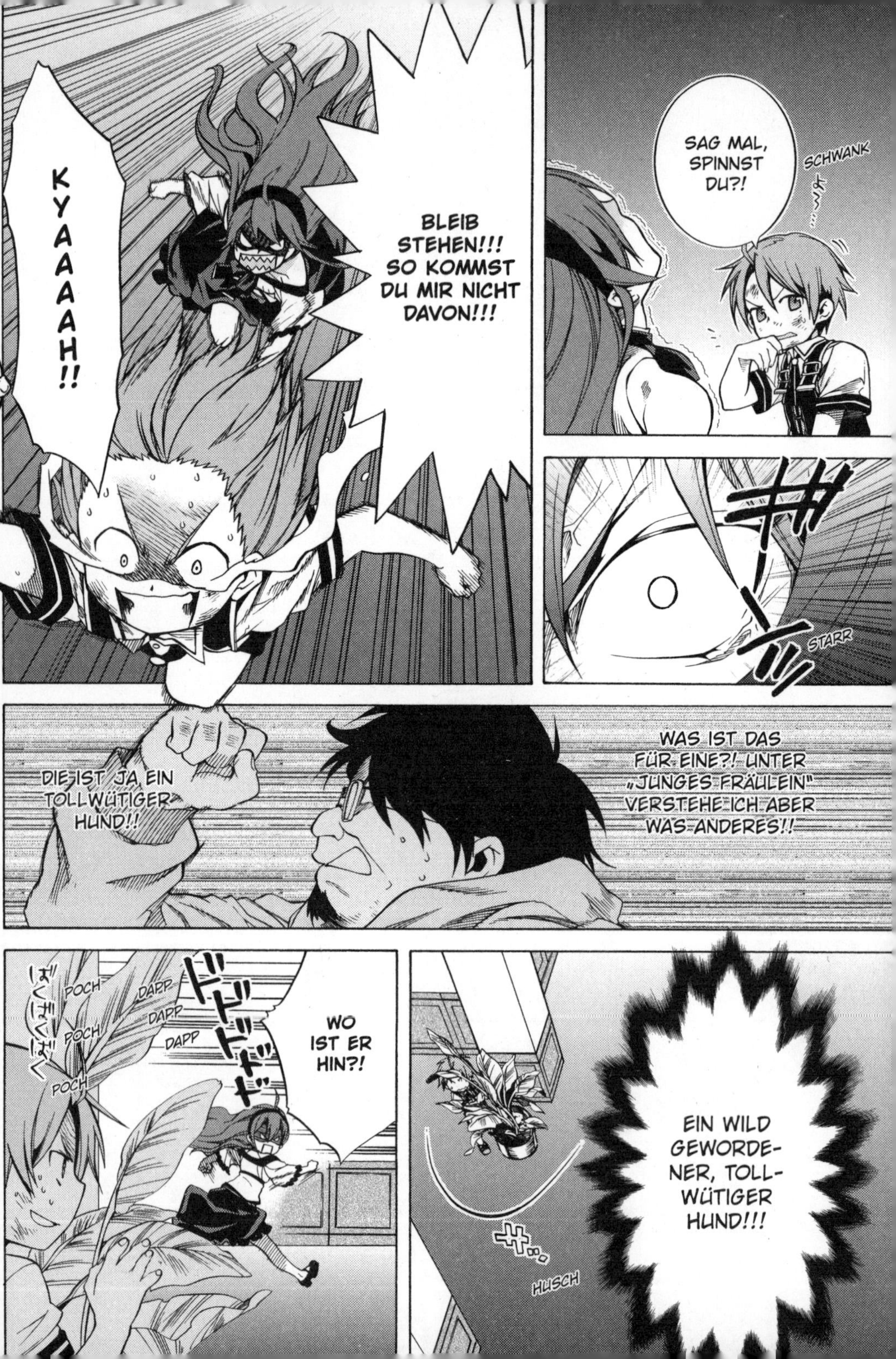

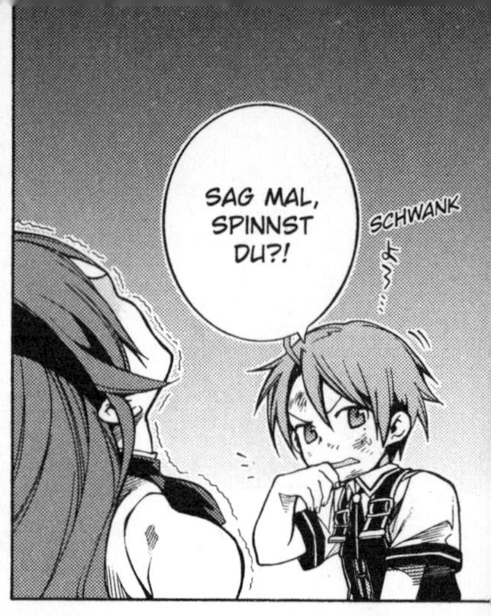

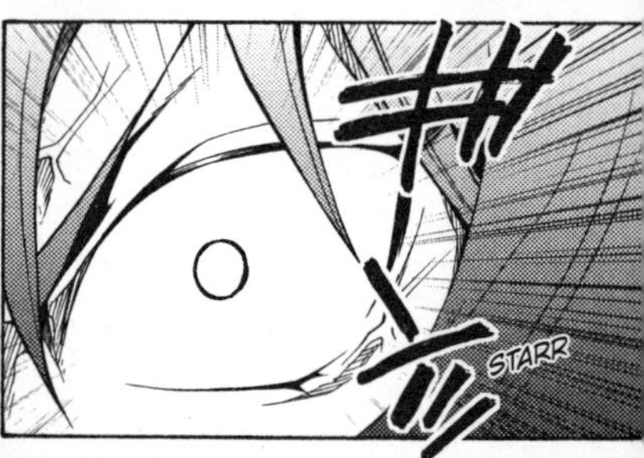

BLEIB STEHEN!!! SO KOMMST DU MIR NICHT DAVON!!!

KYAAAAAH!!

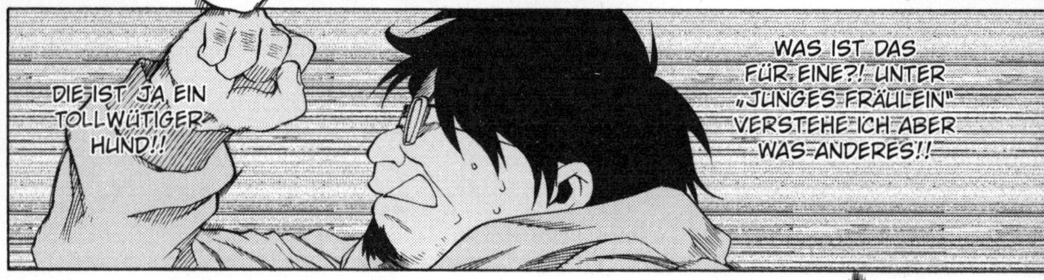

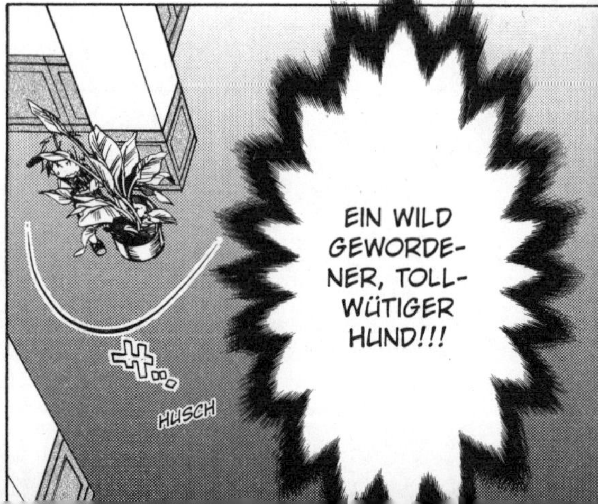

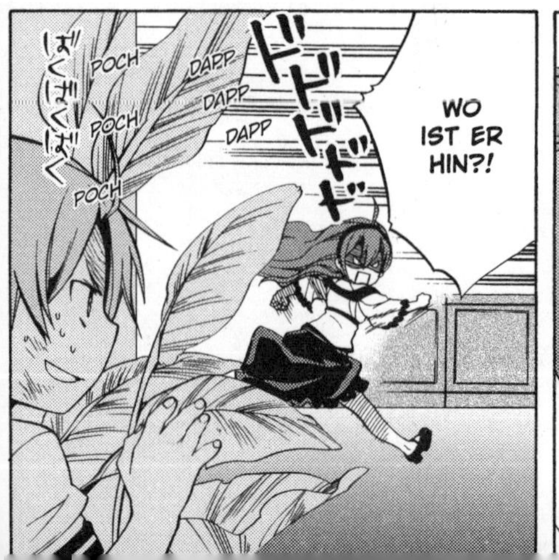

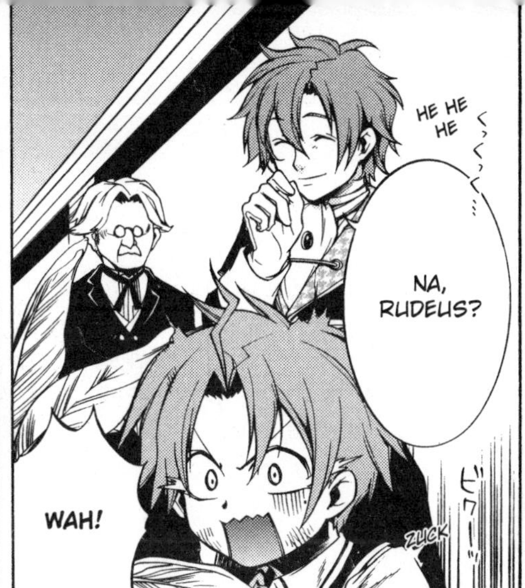
HE HE HE
NA, RUDEUS?
WAH!
ZUCK

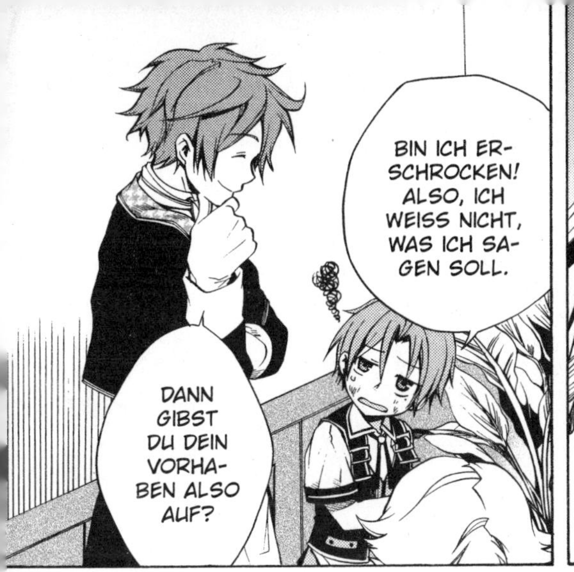
BIN ICH ER-SCHROCKEN! ALSO, ICH WEISS NICHT, WAS ICH SA-GEN SOLL.
DANN GIBST DU DEIN VORHA-BEN ALSO AUF?

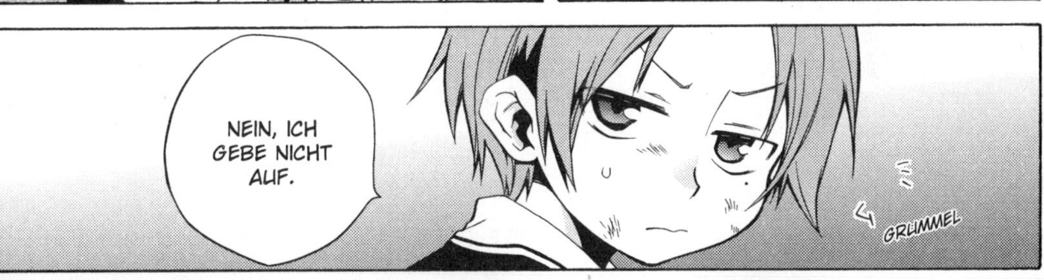
NEIN, ICH GEBE NICHT AUF.
GRUMMEL

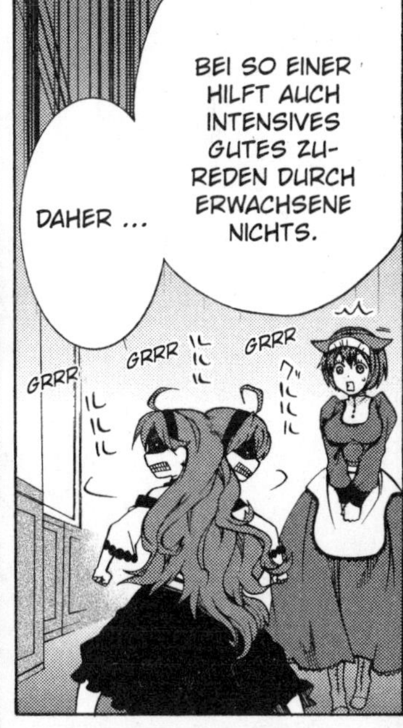
BEI SO EINER HILFT AUCH INTENSIVES GUTES ZU-REDEN DURCH ERWACHSENE NICHTS.
DAHER …
GRRR
GRRR
GRRR

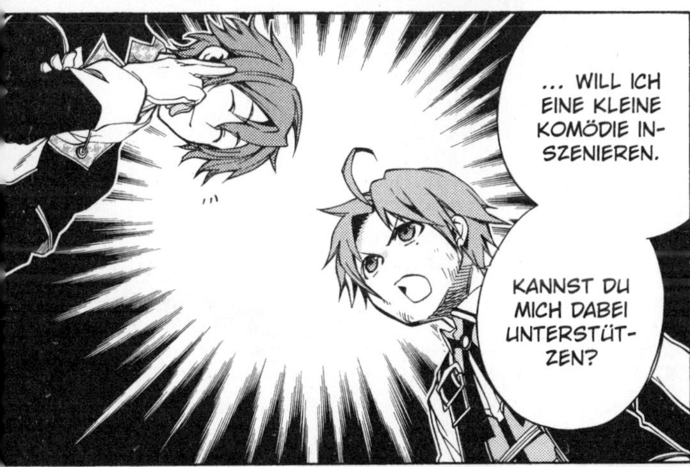
… WILL ICH EINE KLEINE KOMÖDIE IN-SZENIEREN.
KANNST DU MICH DABEI UNTERSTÜT-ZEN?

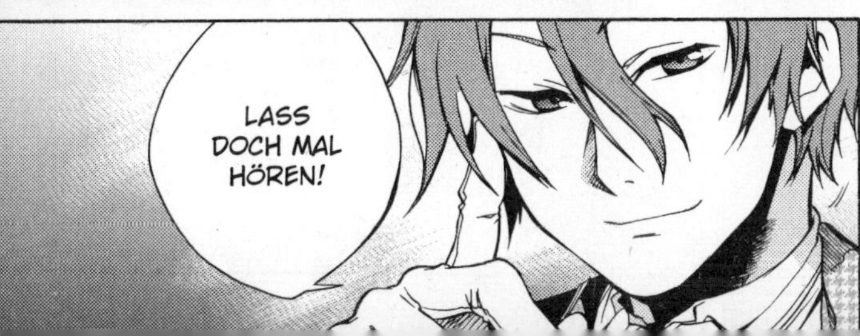
LASS DOCH MAL HÖREN!

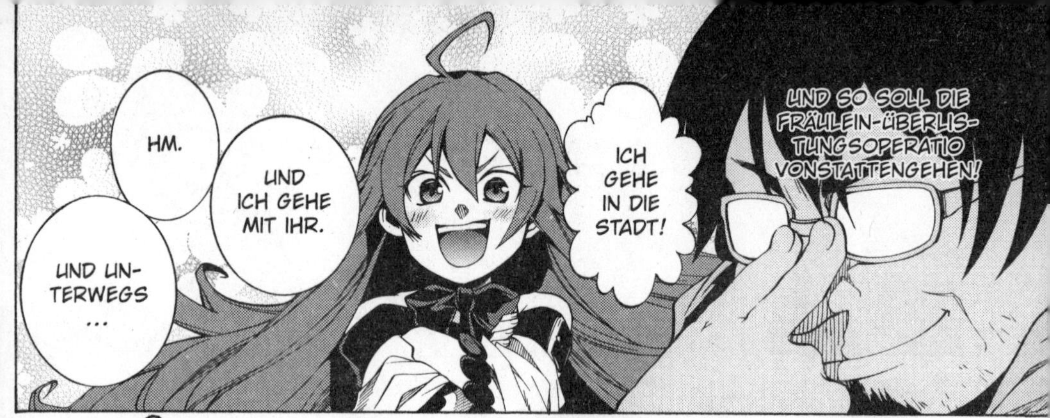
UND SO SOLL DIE FRÄULEIN-ÜBERLISTUNGSOPERATIO VONSTATTENGEHEN!
ICH GEHE IN DIE STADT!
UND ICH GEHE MIT IHR.
HM.
UND UNTERWEGS ...

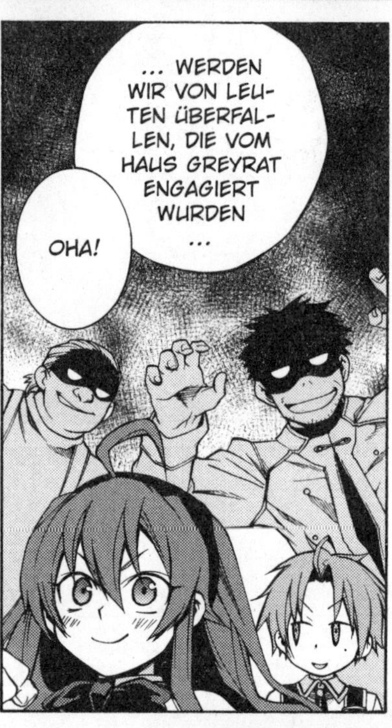
... WERDEN WIR VON LEUTEN ÜBERFALLEN, DIE VOM HAUS GREYRAT ENGAGIERT WURDEN ...
OHA!

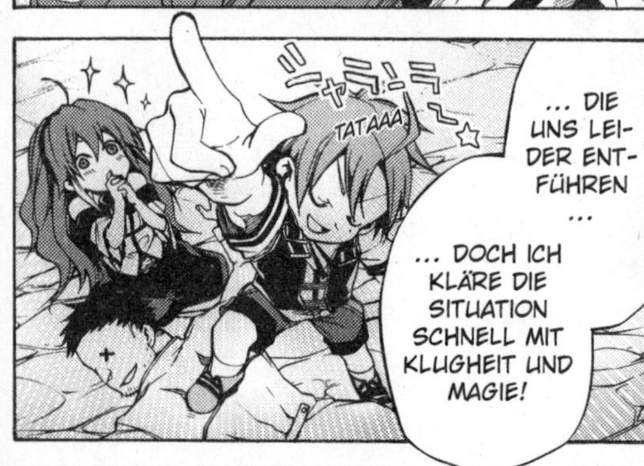
TATAAA!
... DIE UNS LEIDER ENTFÜHREN ...
... DOCH ICH KLÄRE DIE SITUATION SCHNELL MIT KLUGHEIT UND MAGIE!

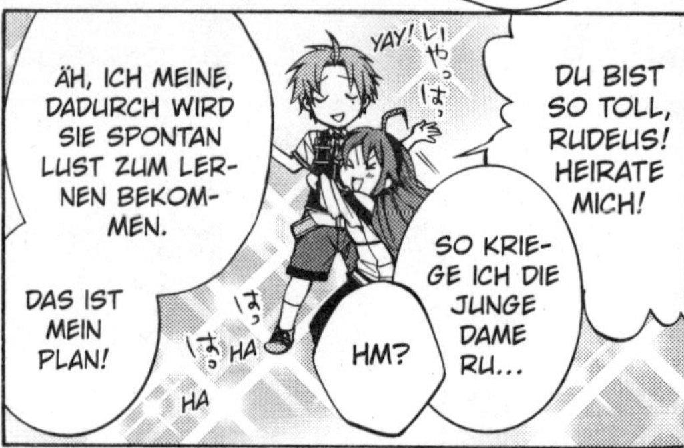
DU BIST SO TOLL, RUDEUS! HEIRATE MICH!
YAY!
SO KRIEGE ICH DIE JUNGE DAME RU...
HM?
ÄH, ICH MEINE, DADURCH WIRD SIE SPONTAN LUST ZUM LERNEN BEKOMMEN.
DAS IST MEIN PLAN!
HA
HA

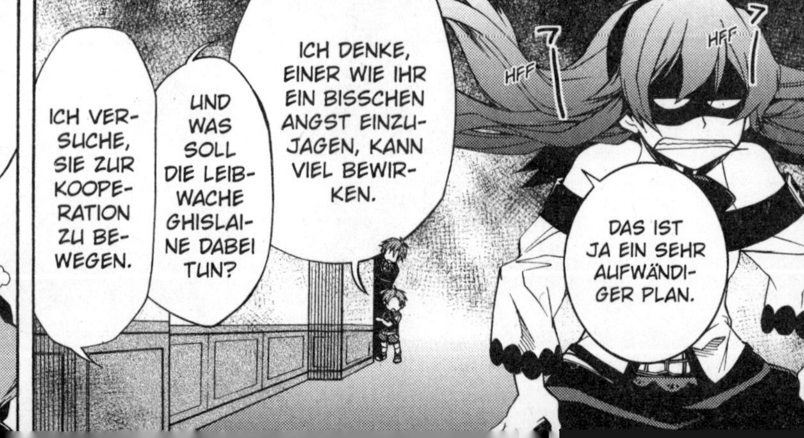
HFF
HFF
DAS IST JA EIN SEHR AUFWÄNDIGER PLAN.
ICH DENKE, EINER WIE IHR EIN BISSCHEN ANGST EINZUJAGEN, KANN VIEL BEWIRKEN.
UND WAS SOLL DIE LEIBWACHE GHISLAINE DABEI TUN?
ICH VERSUCHE, SIE ZUR KOOPERATION ZU BEWEGEN.

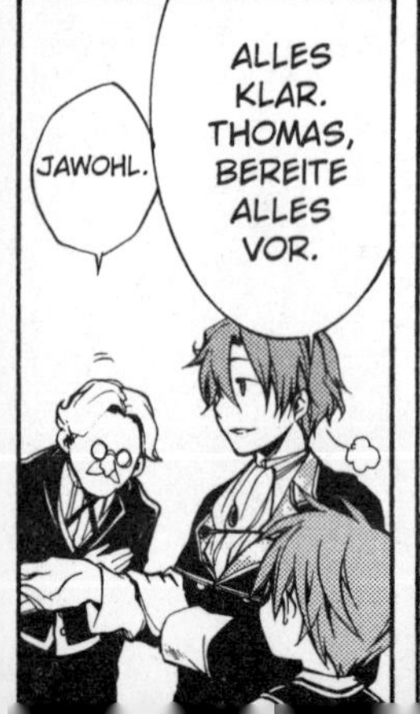
ALLES KLAR. THOMAS, BEREITE ALLES VOR.
JAWOHL.

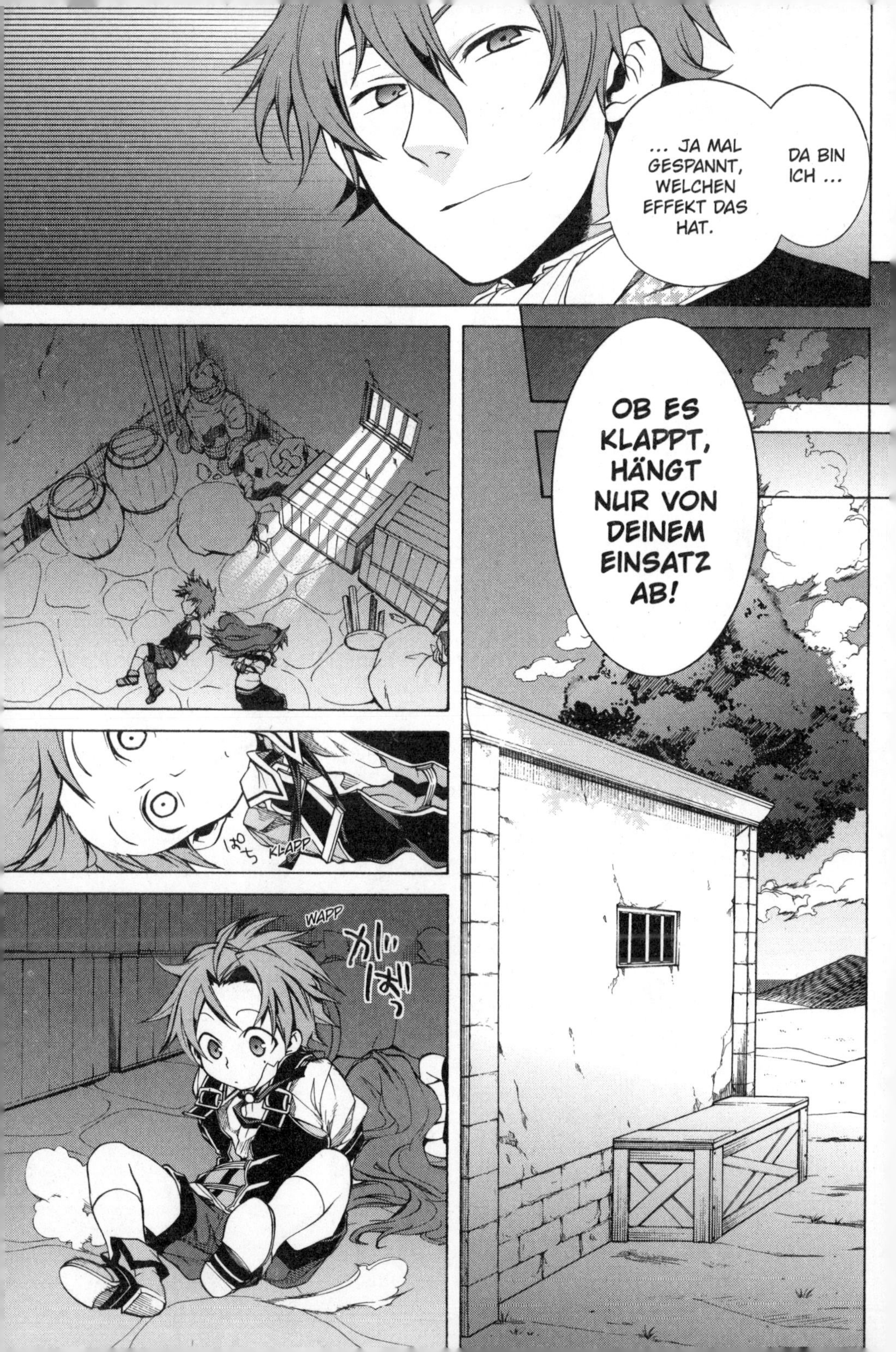

DA BIN ICH …

… JA MAL GESPANNT, WELCHEN EFFEKT DAS HAT.

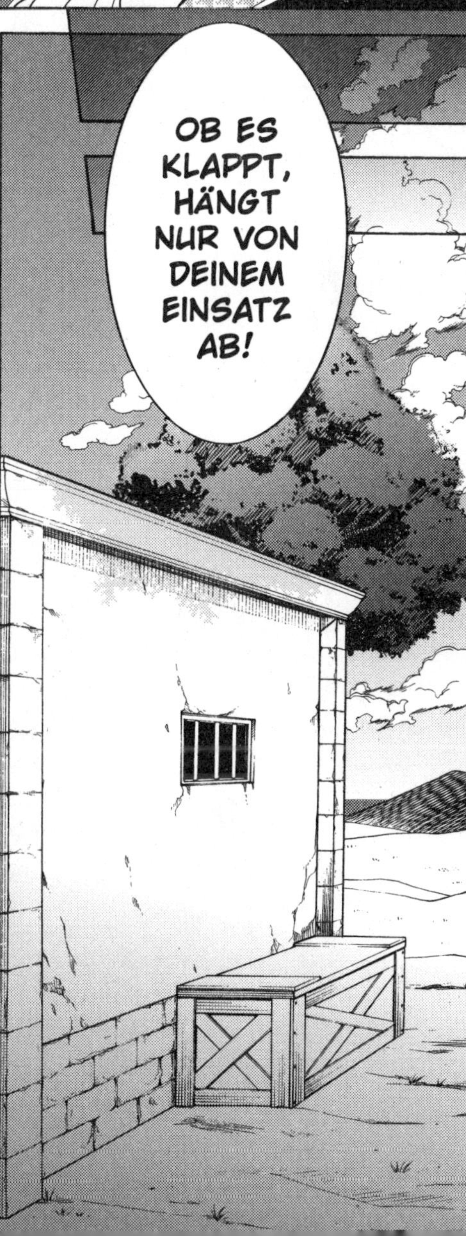

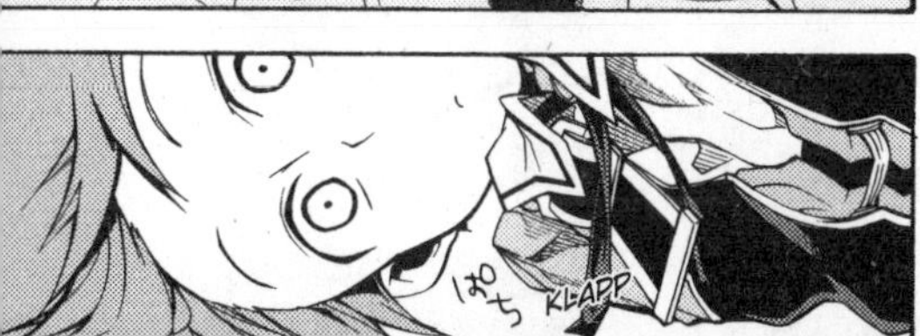

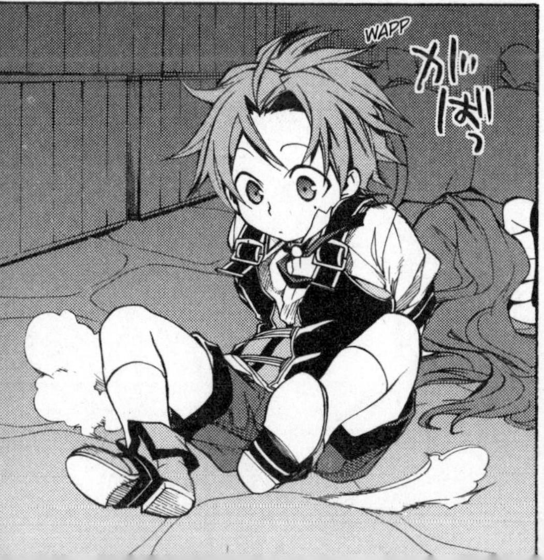

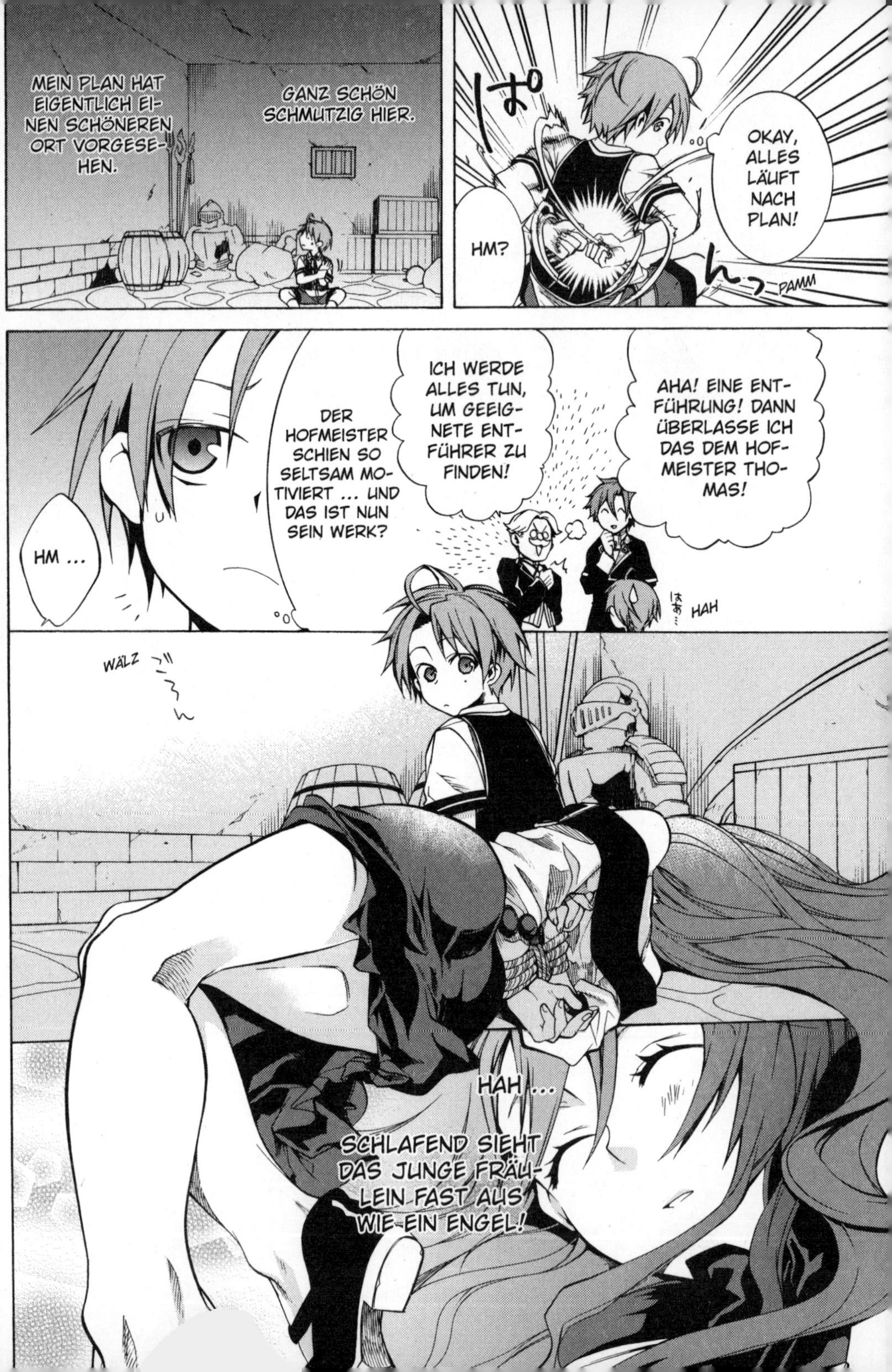

OKAY, ALLES LÄUFT NACH PLAN!

ぱ

HM?

ん PAMM

GANZ SCHÖN SCHMUTZIG HIER.

MEIN PLAN HAT EIGENTLICH EI-NEN SCHÖNEREN ORT VORGESE-HEN.

AHA! EINE ENT-FÜHRUNG! DANN ÜBERLASSE ICH DAS DEM HOF-MEISTER THO-MAS!

ICH WERDE ALLES TUN, UM GEEIG-NETE ENT-FÜHRER ZU FINDEN!

はぁ HAH

DER HOFMEISTER SCHIEN SO SELTSAM MO-TIVIERT ... UND DAS IST NUN SEIN WERK?

HM ...

WÄLZ ごろん

HAH ...

SCHLAFEND SIEHT DAS JUNGE FRÄU-LEIN FAST AUS WIE EIN ENGEL!

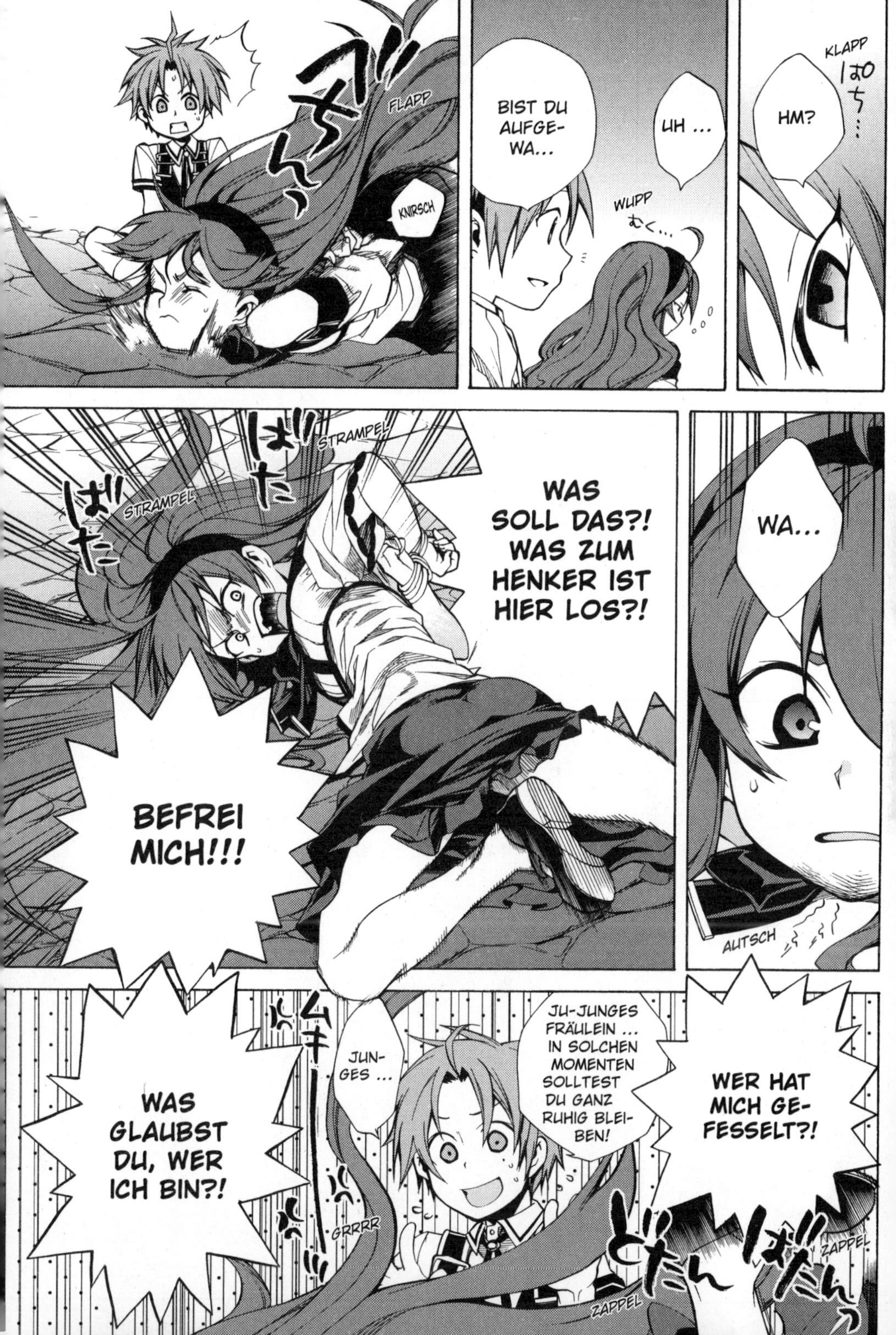
KLAPP
ぱち…
HM?
BIST DU AUFGE-WA…
UH …
WUPP
むく…
FLAPP
KNIRSCH
WA…
AUTSCH
WAS SOLL DAS?! WAS ZUM HENKER IST HIER LOS?!
STRAMPEL
STRAMPEL
BEFREI MICH!!!
WER HAT MICH GE-FESSELT?!
ZAPPEL
ZAPPEL
JU-JUNGES FRÄULEIN … IN SOLCHEN MOMENTEN SOLLTEST DU GANZ RUHIG BLEI-BEN!
JUN-GES …
GRRRR
WAS GLAUBST DU, WER ICH BIN?!

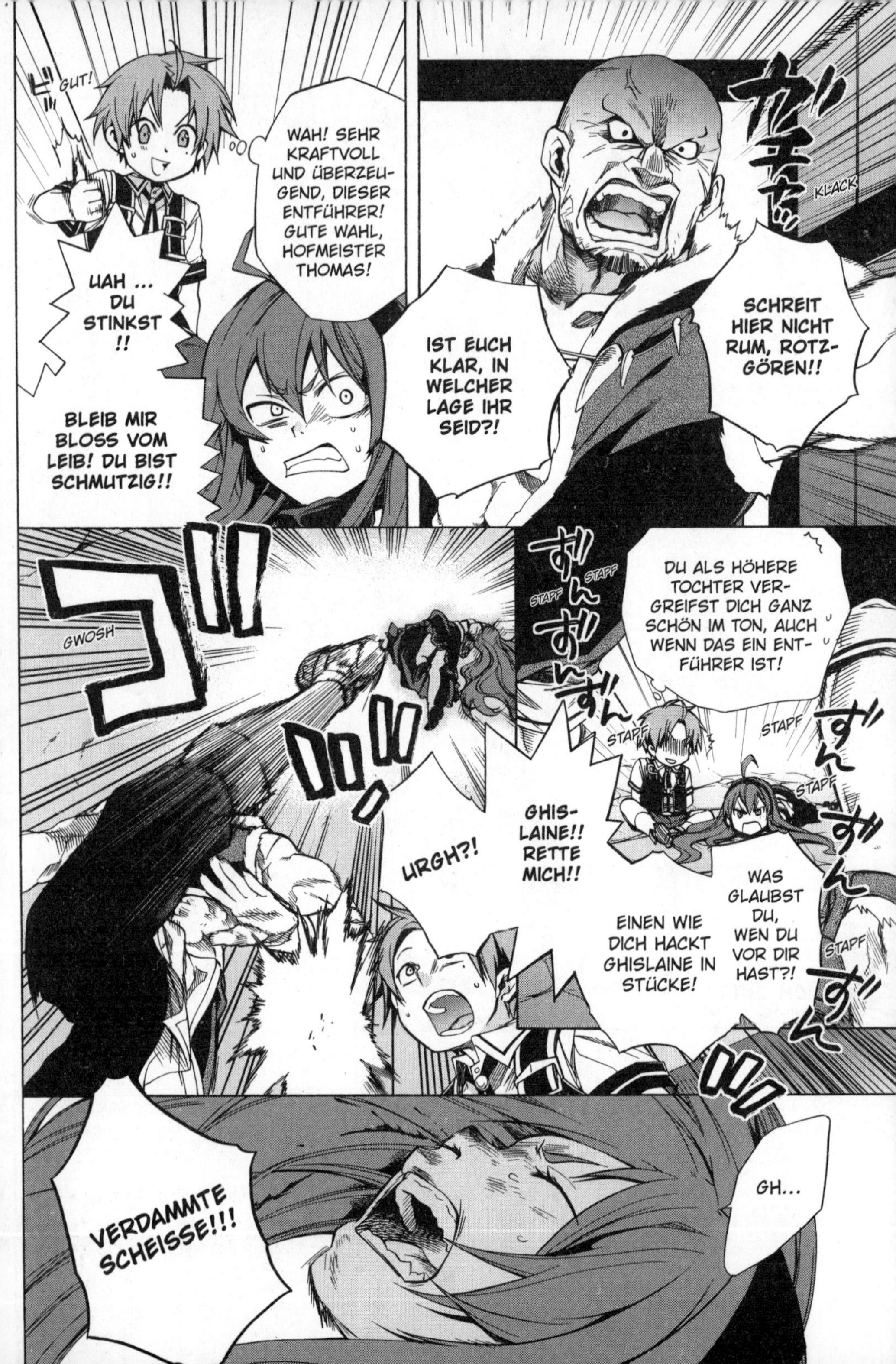
KLACK
SCHREIT HIER NICHT RUM, ROTZGÖREN!!
IST EUCH KLAR, IN WELCHER LAGE IHR SEID?!
WAH! SEHR KRAFTVOLL UND ÜBERZEUGEND, DIESER ENTFÜHRER! GUTE WAHL, HOFMEISTER THOMAS!
GUT!
UAH ... DU STINKST!!
BLEIB MIR BLOSS VOM LEIB! DU BIST SCHMUTZIG!!
STAPF
STAPF
DU ALS HÖHERE TOCHTER VERGREIFST DICH GANZ SCHÖN IM TON, AUCH WENN DAS EIN ENTFÜHRER IST!
STAPF
STAPF
STAPF
WAS GLAUBST DU, WEN DU VOR DIR HAST?!
STAPF
EINEN WIE DICH HACKT GHISLAINE IN STÜCKE!
GHISLAINE!! RETTE MICH!!
URGH?!
GWOSH
GH...
VERDAMMTE SCHEISSE!!!

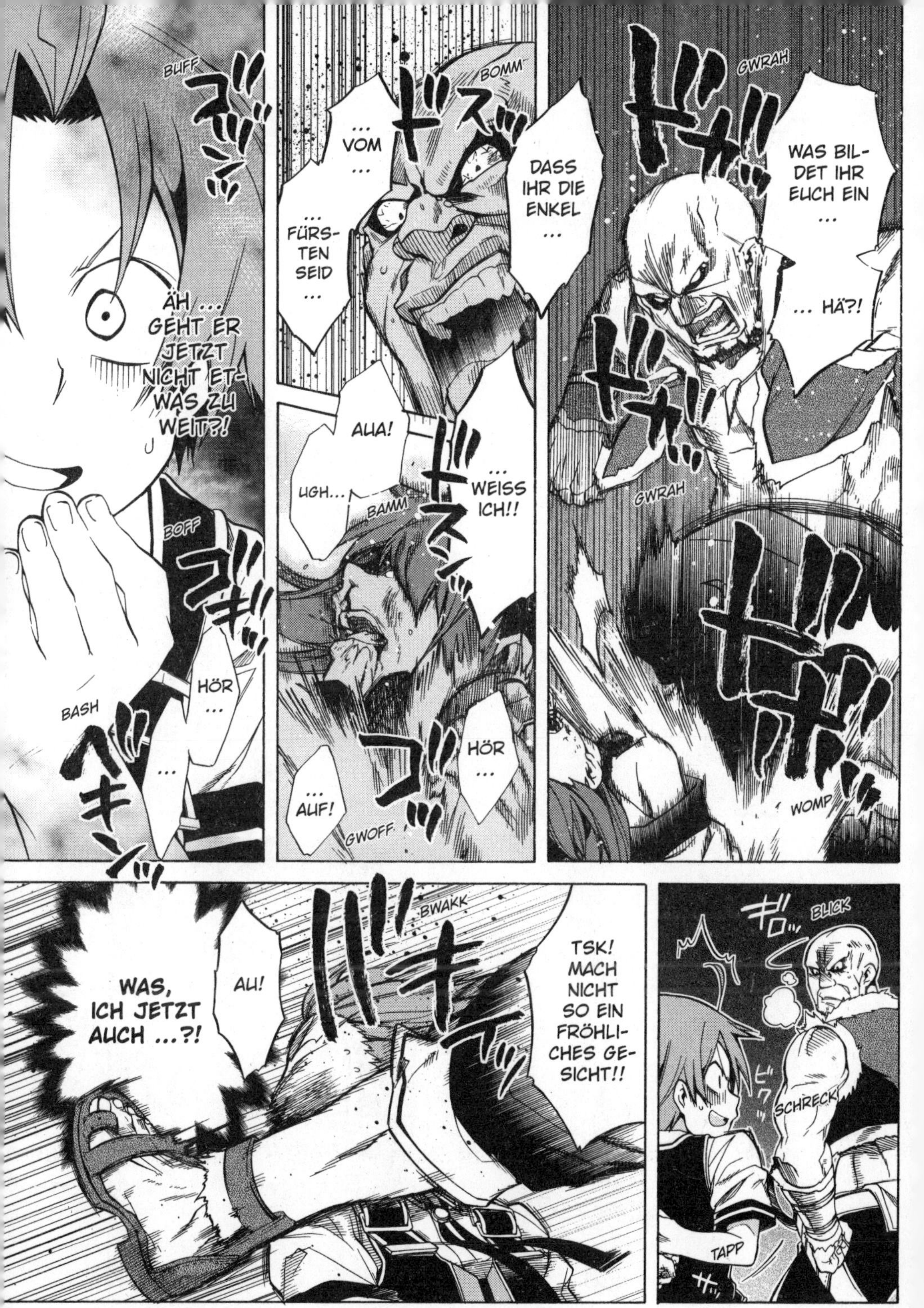

WAS BILDET IHR EUCH EIN ...
GWRAH
... HÄ?!
GWRAH
WOMP
DASS IHR DIE ENKEL ...
BOMM
... VOM ...
... FÜRSTEN SEID ...
AUA!
UGH...
... WEISS ICH!!
BAMM
HÖR ...
... AUF!
GWOFF
BUFF
ÄH ... GEHT ER JETZT NICHT ETWAS ZU WEIT?!
BOFF
HÖR ...
...
BASH

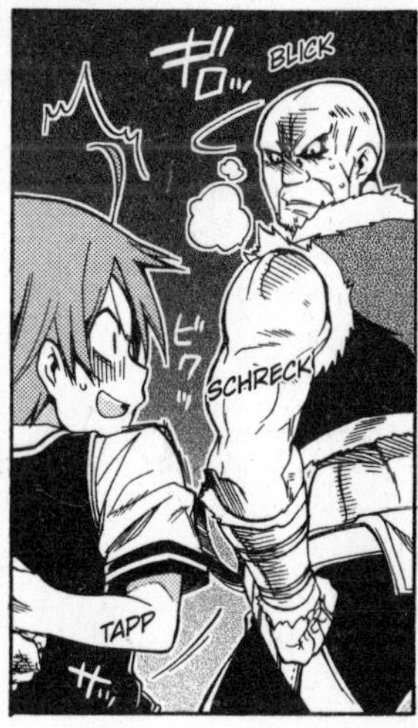

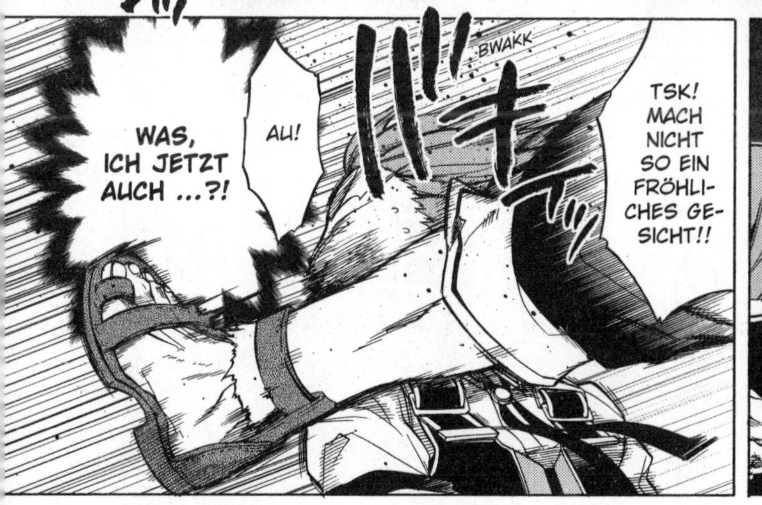

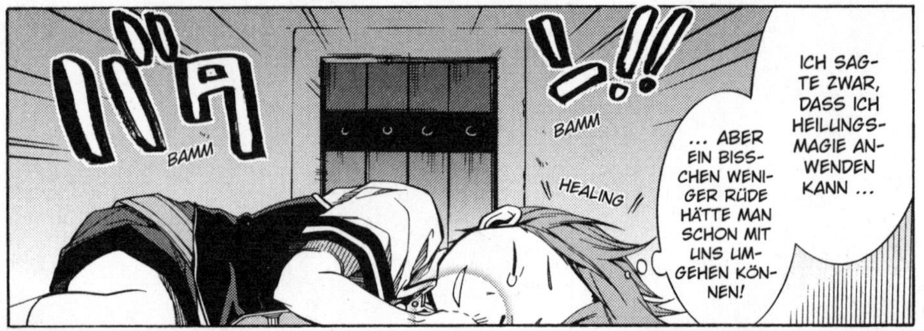

ICH SAGTE ZWAR, DASS ICH HEILUNGSMAGIE ANWENDEN KANN ...
... ABER EIN BISSCHEN WENIGER RÜDE HÄTTE MAN SCHON MIT UNS UMGEHEN KÖNNEN!
BAMM
HEALING
BAMM

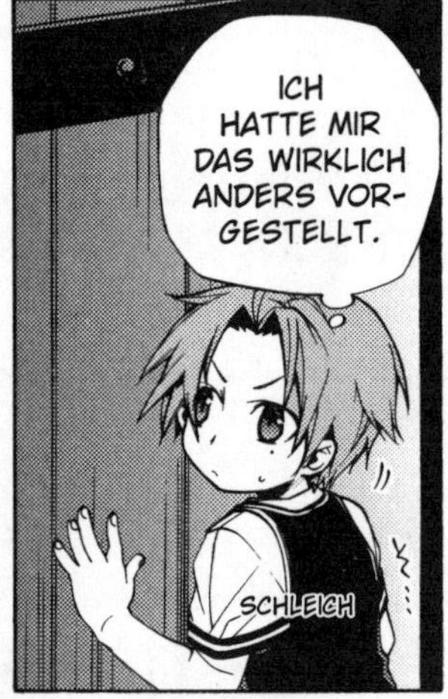

ICH HATTE MIR DAS WIRKLICH ANDERS VORGESTELLT.
SCHLEICH

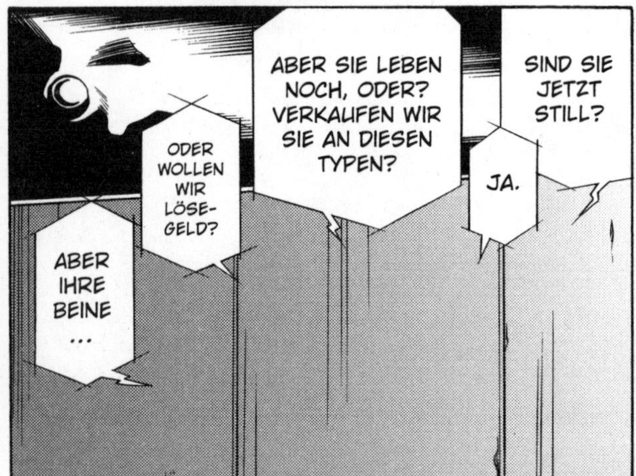

SIND SIE JETZT STILL?
JA.
ABER SIE LEBEN NOCH, ODER? VERKAUFEN WIR SIE AN DIESEN TYPEN?
ODER WOLLEN WIR LÖSEGELD?
ABER IHRE BEINE ...

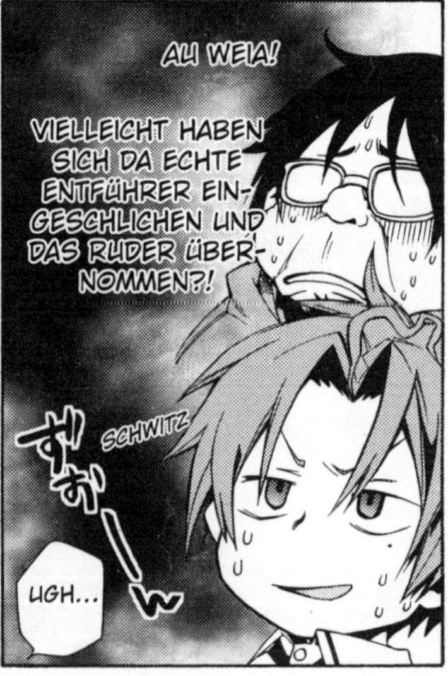

AU WEIA!
VIELLEICHT HABEN SICH DA ECHTE ENTFÜHRER EINGESCHLICHEN UND DAS RUDER ÜBERNOMMEN?!
SCHWITZ
UGH...

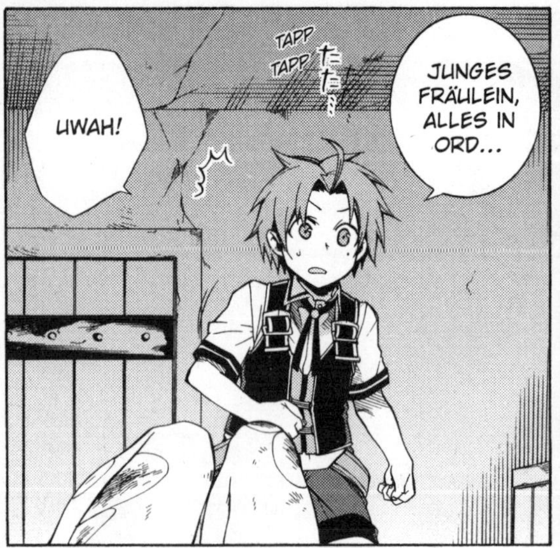

JUNGES FRÄULEIN, ALLES IN ORD...
TAPP TAPP
UWAH!

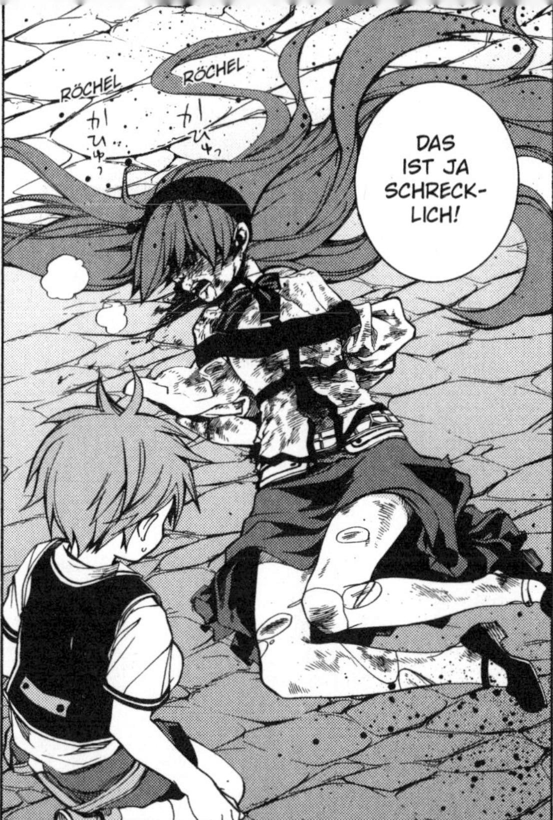
RÖCHEL
RÖCHEL
DAS IST JA SCHRECK-LICH!

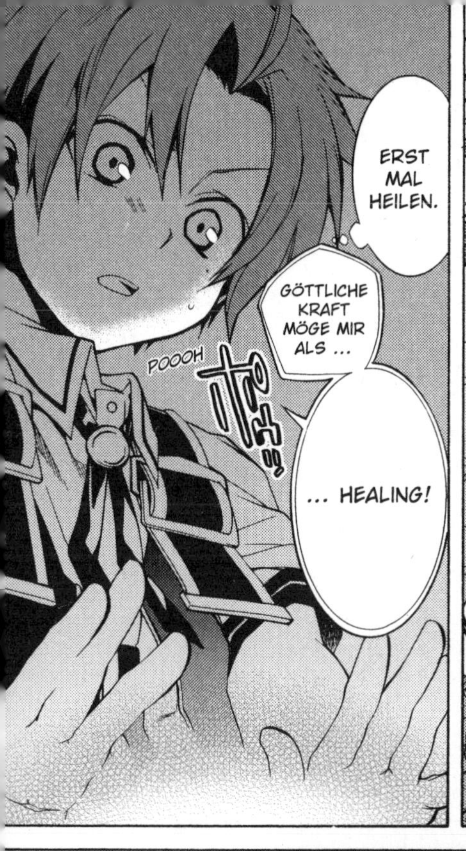
ERST MAL HEILEN.
GÖTTLICHE KRAFT MÖGE MIR ALS …
POOOH
… HEALING!

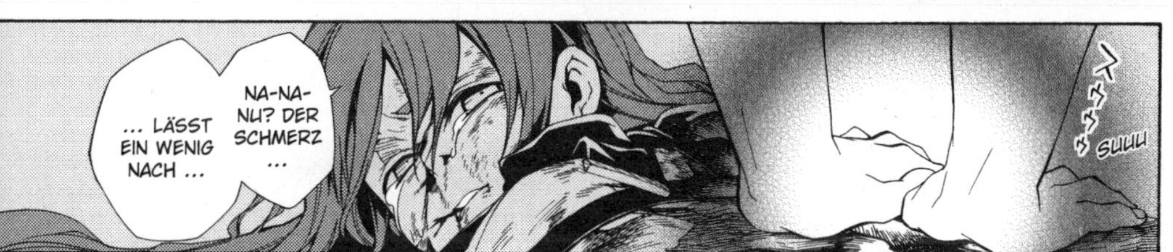
SUUU
NA-NANU? DER SCHMERZ …
… LÄSST EIN WENIG NACH …

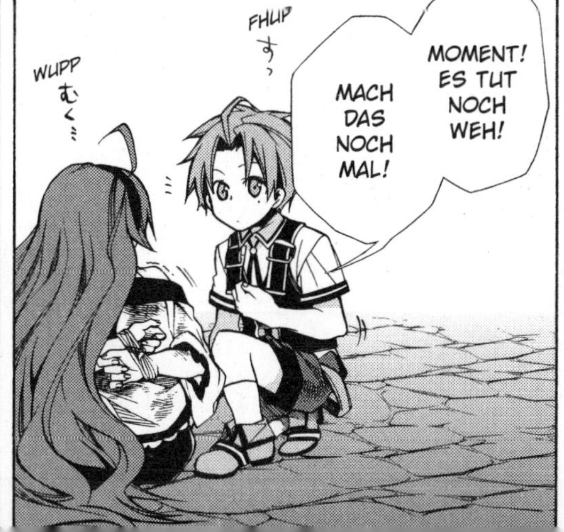
FHUP
WUPP
MOMENT! ES TUT NOCH WEH!
MACH DAS NOCH MAL!

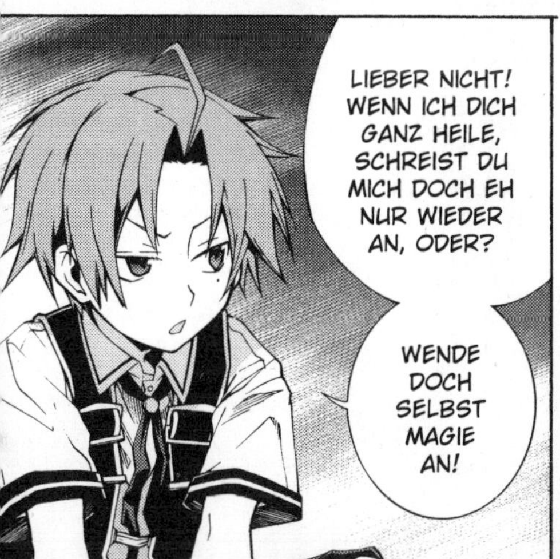
LIEBER NICHT! WENN ICH DICH GANZ HEILE, SCHREIST DU MICH DOCH EH NUR WIEDER AN, ODER?
WENDE DOCH SELBST MAGIE AN!

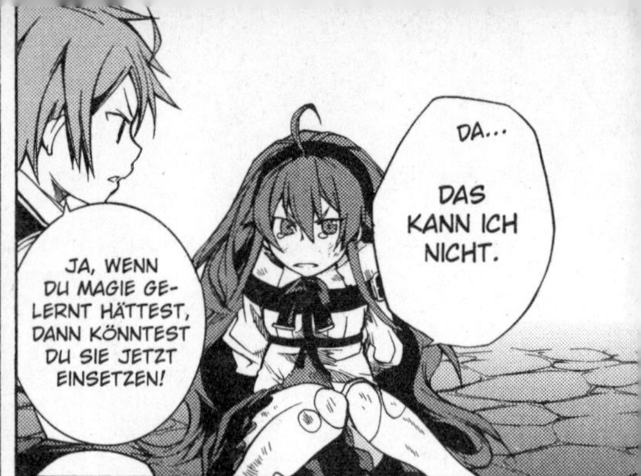
DA...
DAS KANN ICH NICHT.
JA, WENN DU MAGIE GELERNT HÄTTEST, DANN KÖNNTEST DU SIE JETZT EINSETZEN!

GRRR
WIE BI...
STECH
AUA!

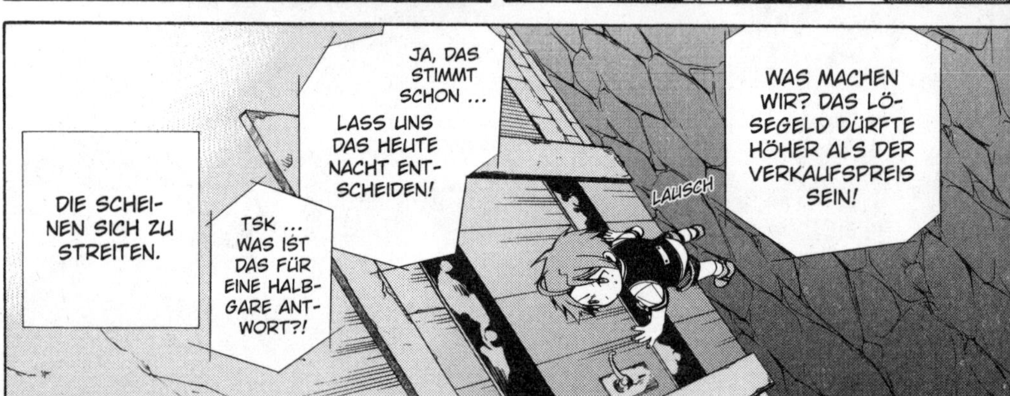
WAS MACHEN WIR? DAS LÖSEGELD DÜRFTE HÖHER ALS DER VERKAUFSPREIS SEIN!
LAUSCH
JA, DAS STIMMT SCHON ...
LASS UNS DAS HEUTE NACHT ENTSCHEIDEN!
TSK ... WAS IST DAS FÜR EINE HALBGARE ANTWORT?!
DIE SCHEINEN SICH ZU STREITEN.

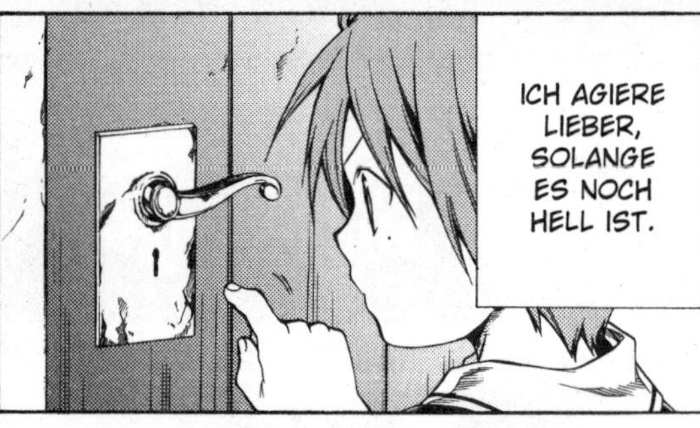
ICH AGIERE LIEBER, SOLANGE ES NOCH HELL IST.

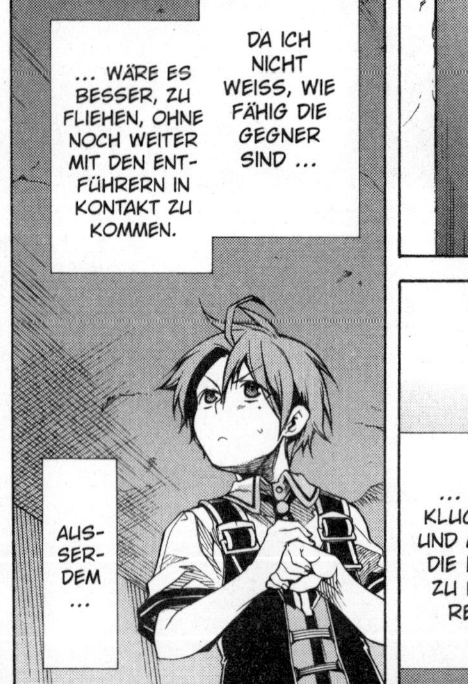
DA ICH NICHT WEISS, WIE FÄHIG DIE GEGNER SIND ...
... WÄRE ES BESSER, ZU FLIEHEN, OHNE NOCH WEITER MIT DEN ENTFÜHRERN IN KONTAKT ZU KOMMEN.
AUSSERDEM ...

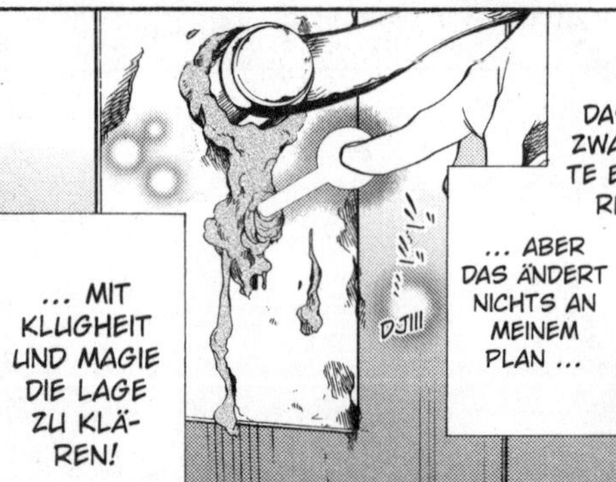
DAS SIND ZWAR ECHTE ENTFÜHRER ...
... ABER DAS ÄNDERT NICHTS AN MEINEM PLAN ...
... MIT KLUGHEIT UND MAGIE DIE LAGE ZU KLÄREN!
DJIII

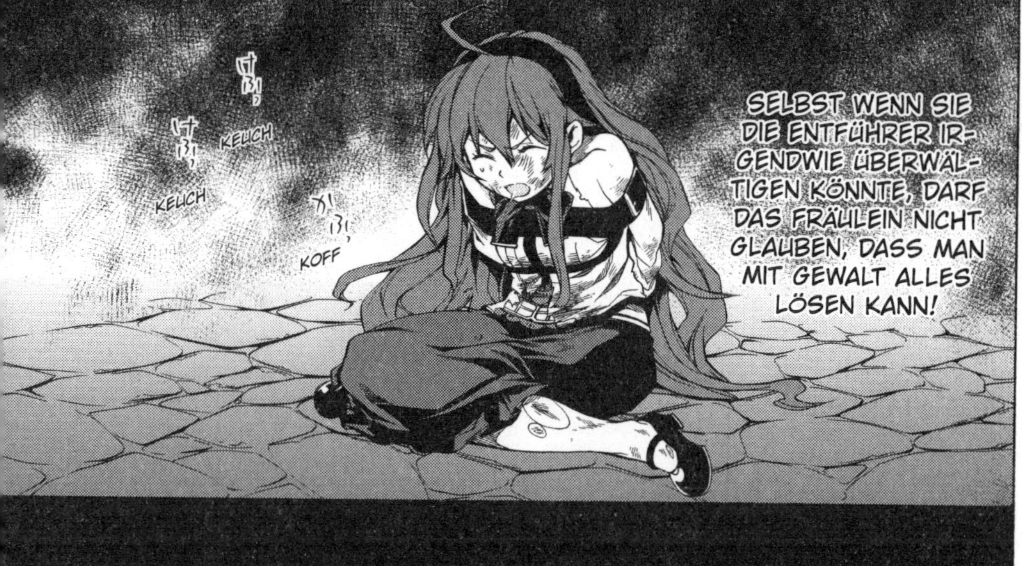

ICH MUSS DAFÜR SORGEN, DASS SIE ...

... SICH MACHTLOS FÜHLT!

JUNGES FRÄULEIN ...

ANSCHEINEND HEGEN DIE SCHURKEN, DIE UNS ENTFÜHRT HABEN, EINEN GROLL GEGEN DEN FÜRST.

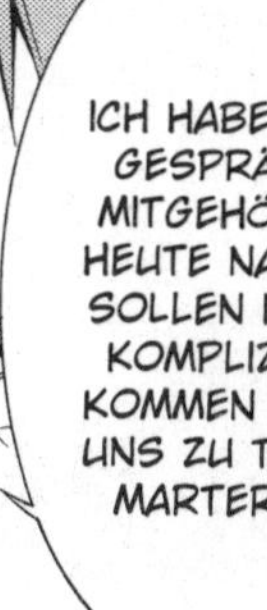

ビクッ
ZUCK

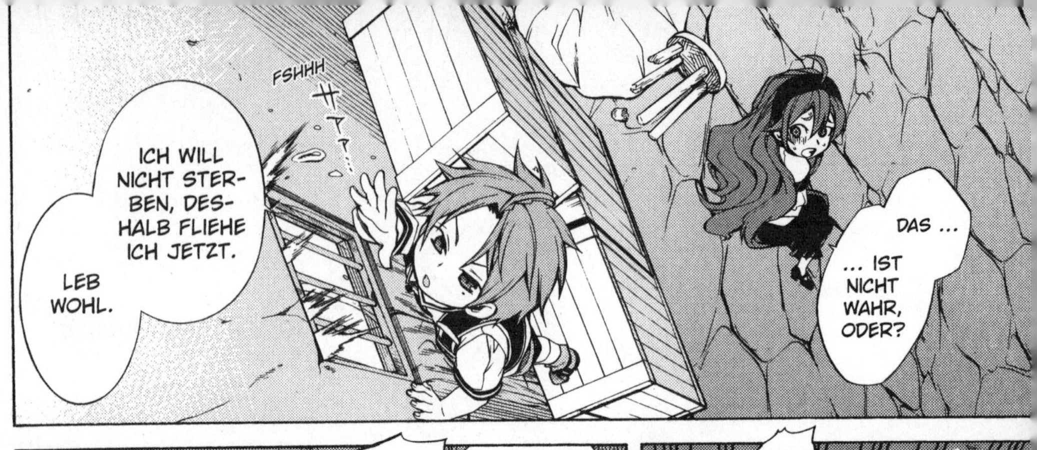
DAS …
… IST NICHT WAHR, ODER?
FSHHH
ICH WILL NICHT STERBEN, DESHALB FLIEHE ICH JETZT.
LEB WOHL.

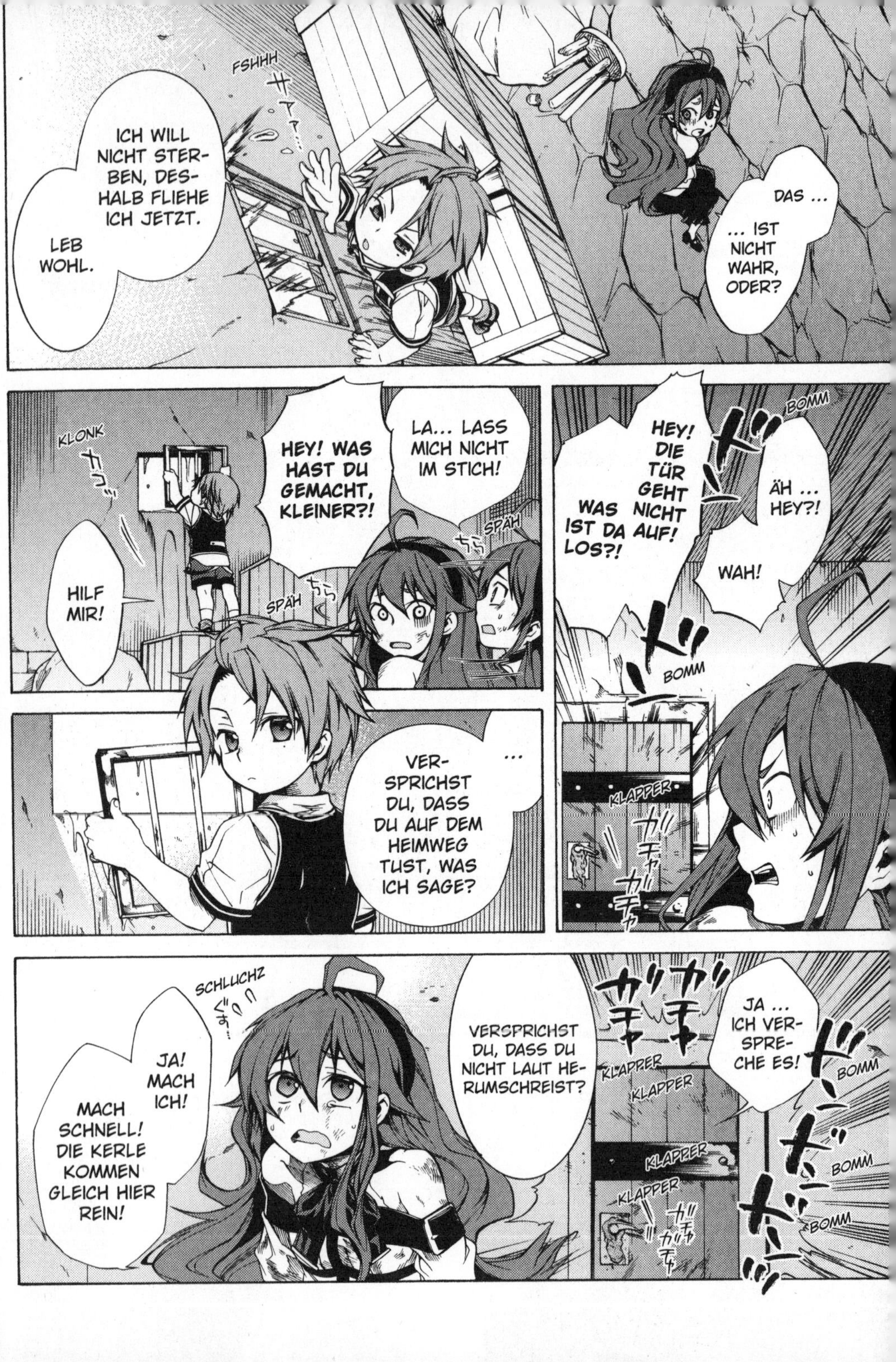

BOMM
ÄH … HEY?!
WAH!
HEY! DIE TÜR GEHT NICHT AUF!
WAS IST DA LOS?!
BOMM
LA… LASS MICH NICHT IM STICH!
HEY! WAS HAST DU GEMACHT, KLEINER?!
SPÄH
SPÄH
KLONK
HILF MIR!
KLAPPER
…
VERSPRICHST DU, DASS DU AUF DEM HEIMWEG TUST, WAS ICH SAGE?

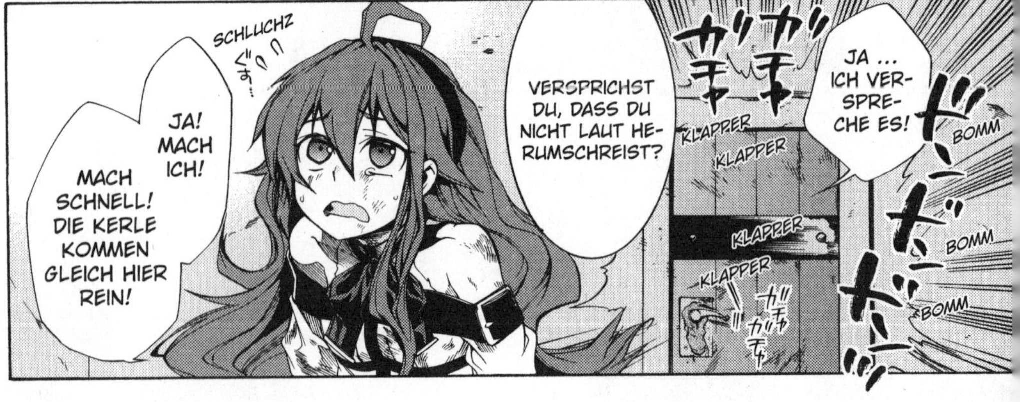
JA … ICH VERSPRECHE ES!
BOMM
BOMM
BOMM
KLAPPER
KLAPPER
KLAPPER
KLAPPER
VERSPRICHST DU, DASS DU NICHT LAUT HERUMSCHREIST?
SCHLUCHZ
JA! MACH ICH!
MACH SCHNELL! DIE KERLE KOMMEN GLEICH HIER REIN!

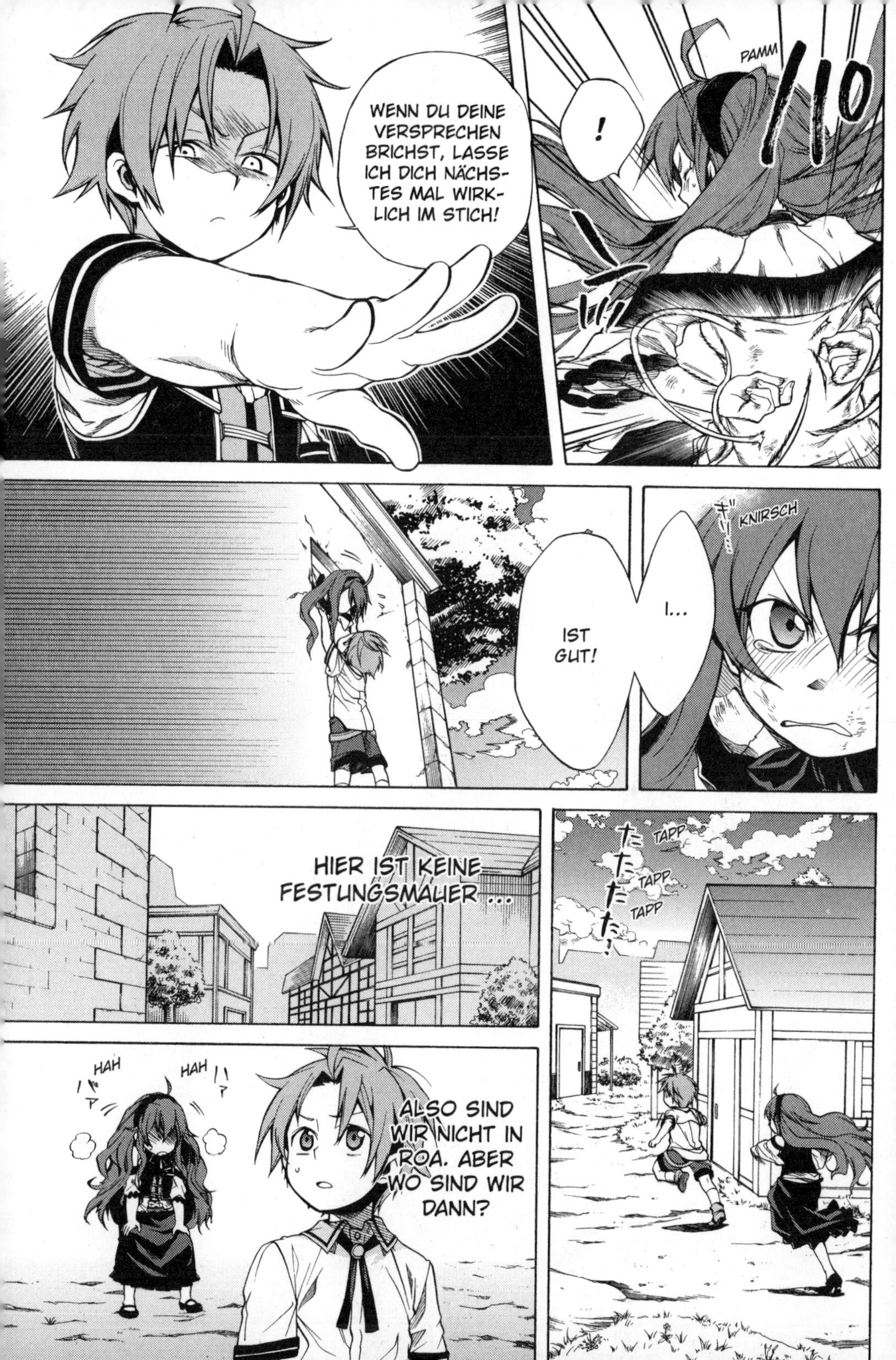
PAMM
!
WENN DU DEINE VERSPRECHEN BRICHST, LASSE ICH DICH NÄCHSTES MAL WIRKLICH IM STICH!
KNIRSCH
I...
IST GUT!
TAPP
TAPP
TAPP
HIER IST KEINE FESTUNGSMAUER ...
HAH
HAH
ALSO SIND WIR NICHT IN ROA. ABER WO SIND WIR DANN?

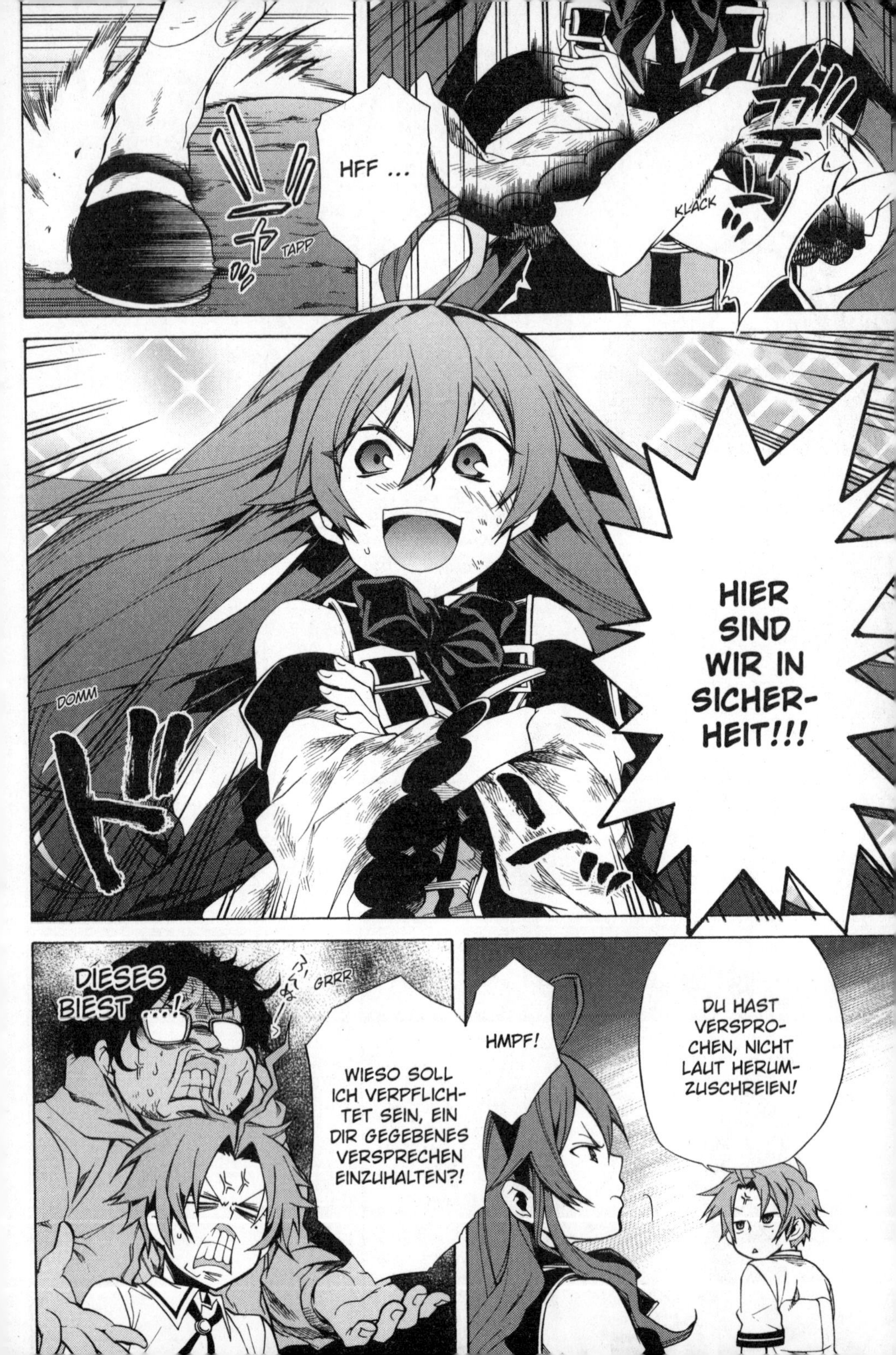
KLACK
HFF ...
TAPP
HIER SIND WIR IN SICHER-HEIT!!!
DOMM
DU HAST VERSPRO-CHEN, NICHT LAUT HERUM-ZUSCHREIEN!
HMPF!
WIESO SOLL ICH VERPFLICH-TET SEIN, EIN DIR GEGEBENES VERSPRECHEN EINZUHALTEN?!
DIESES BIEST
GRRR

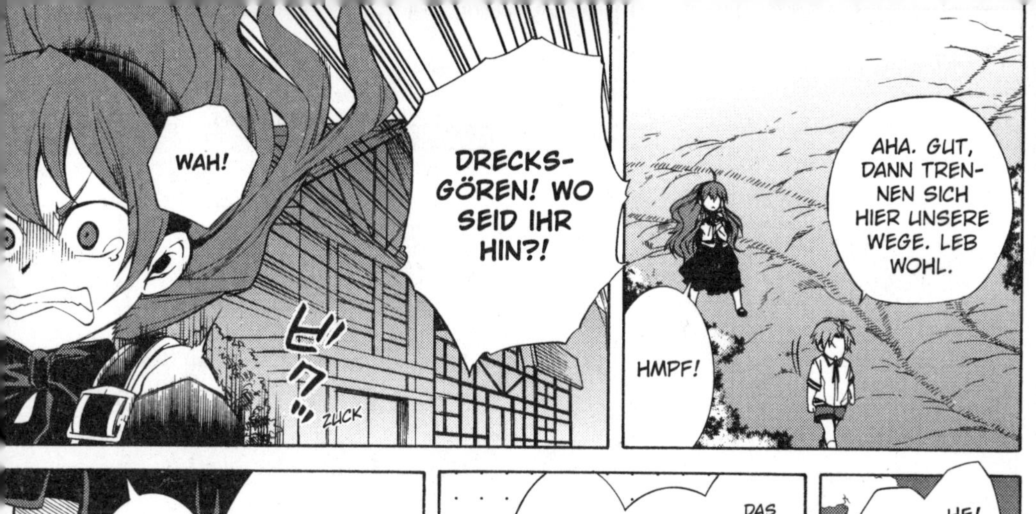
AHA. GUT, DANN TRENNEN SICH HIER UNSERE WEGE. LEB WOHL.
HMPF!
DRECKSGÖREN! WO SEID IHR HIN?!
WAH!
ZUCK

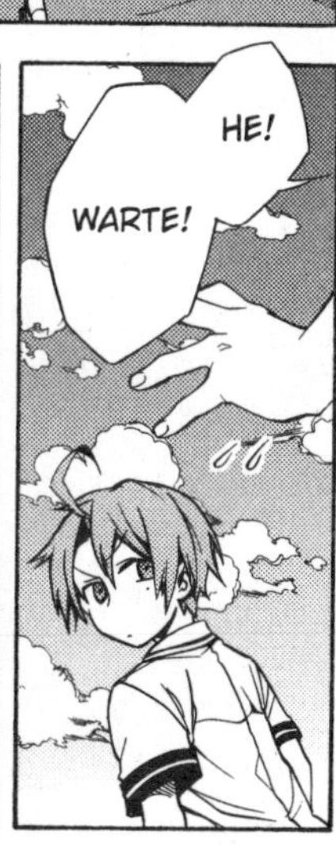
HE!
WARTE!

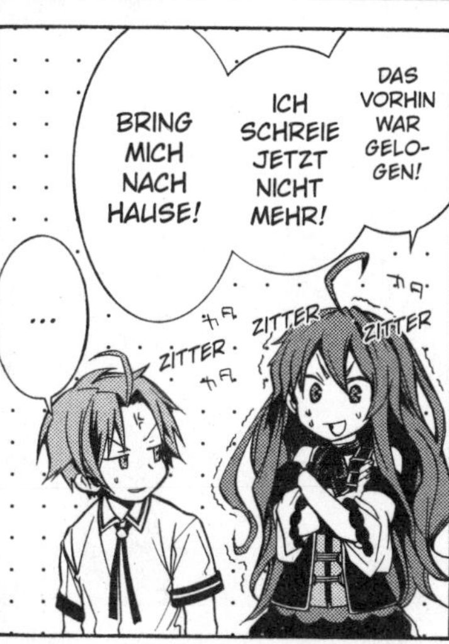
DAS VORHIN WAR GELOGEN!
ICH SCHREIE JETZT NICHT MEHR!
BRING MICH NACH HAUSE!
...
ZITTER
ZITTER
ZITTER

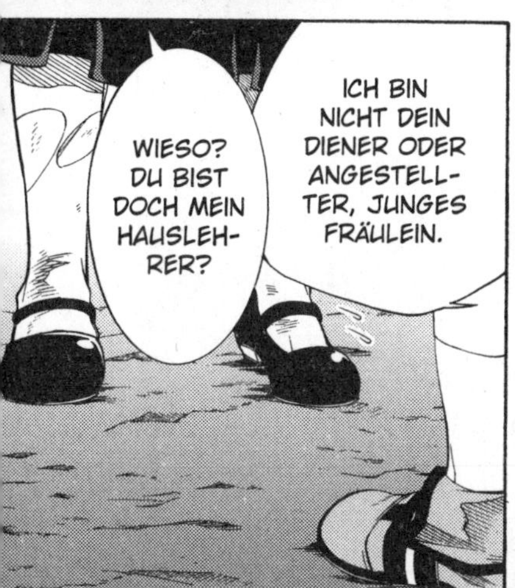
ICH BIN NICHT DEIN DIENER ODER ANGESTELLTER, JUNGES FRÄULEIN.
WIESO? DU BIST DOCH MEIN HAUSLEHRER?

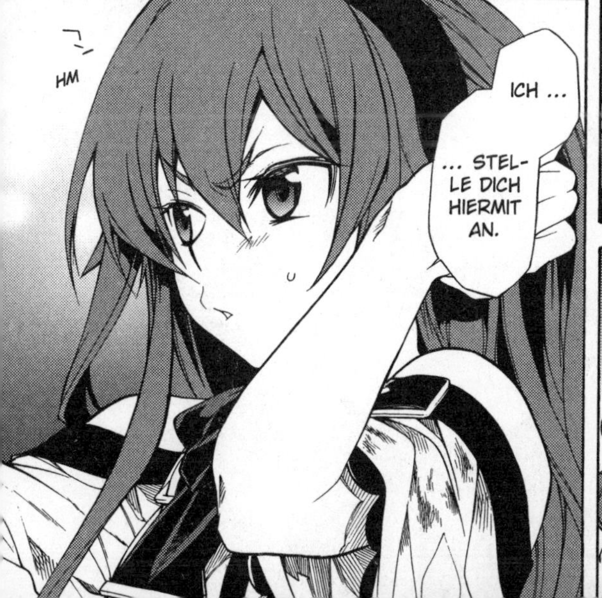
HM
ICH ...
... STELLE DICH HIERMIT AN.

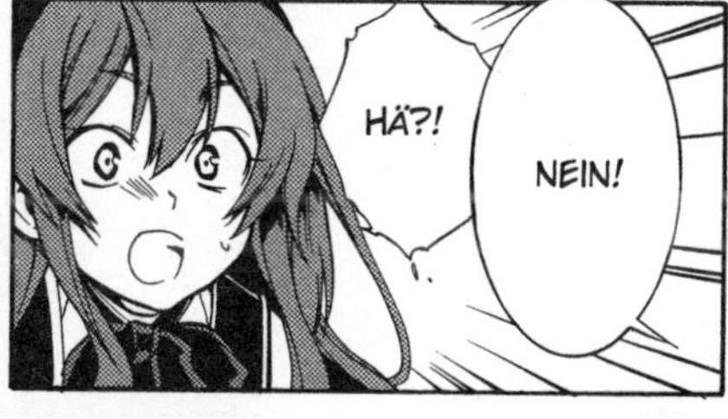
HÄ?!
NEIN!

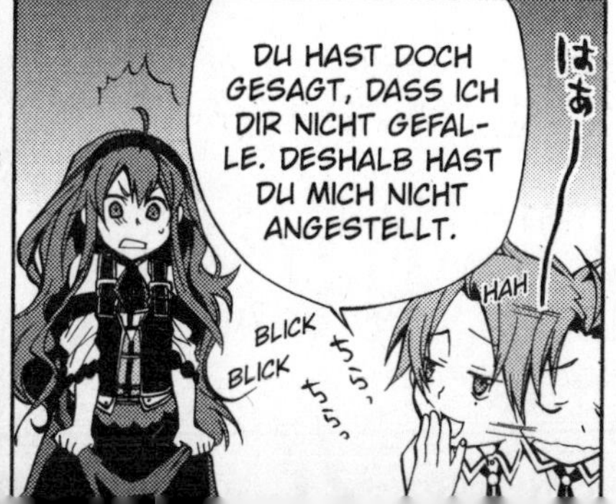
DU HAST DOCH GESAGT, DASS ICH DIR NICHT GEFALLE. DESHALB HAST DU MICH NICHT ANGESTELLT.
HAH
BLICK
BLICK

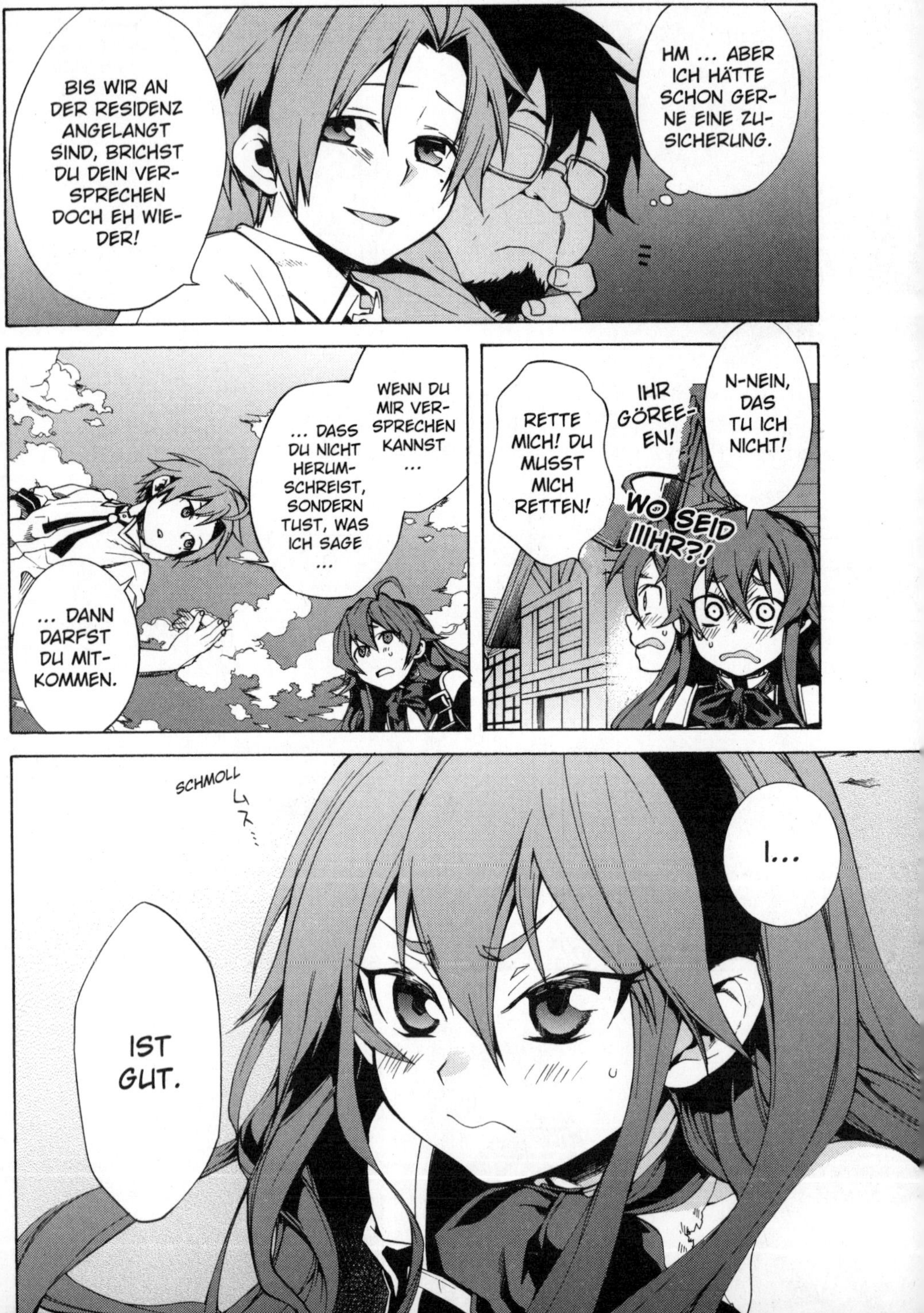

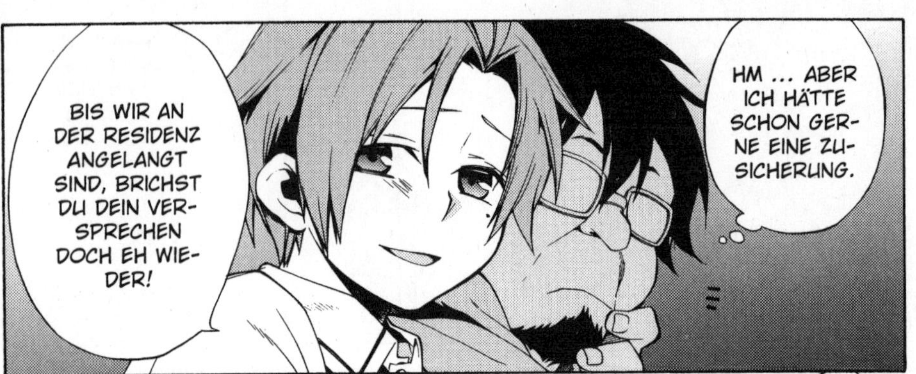

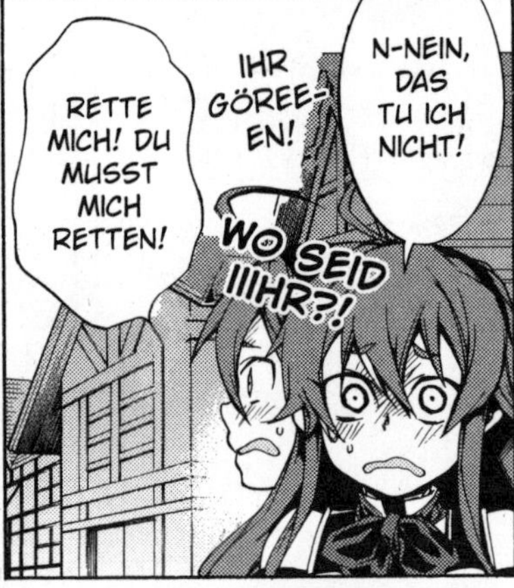

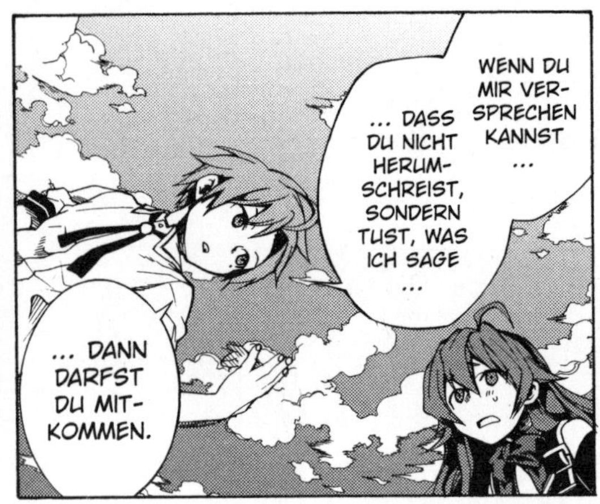

SCHMOLL ムス…

I...

IST GUT.

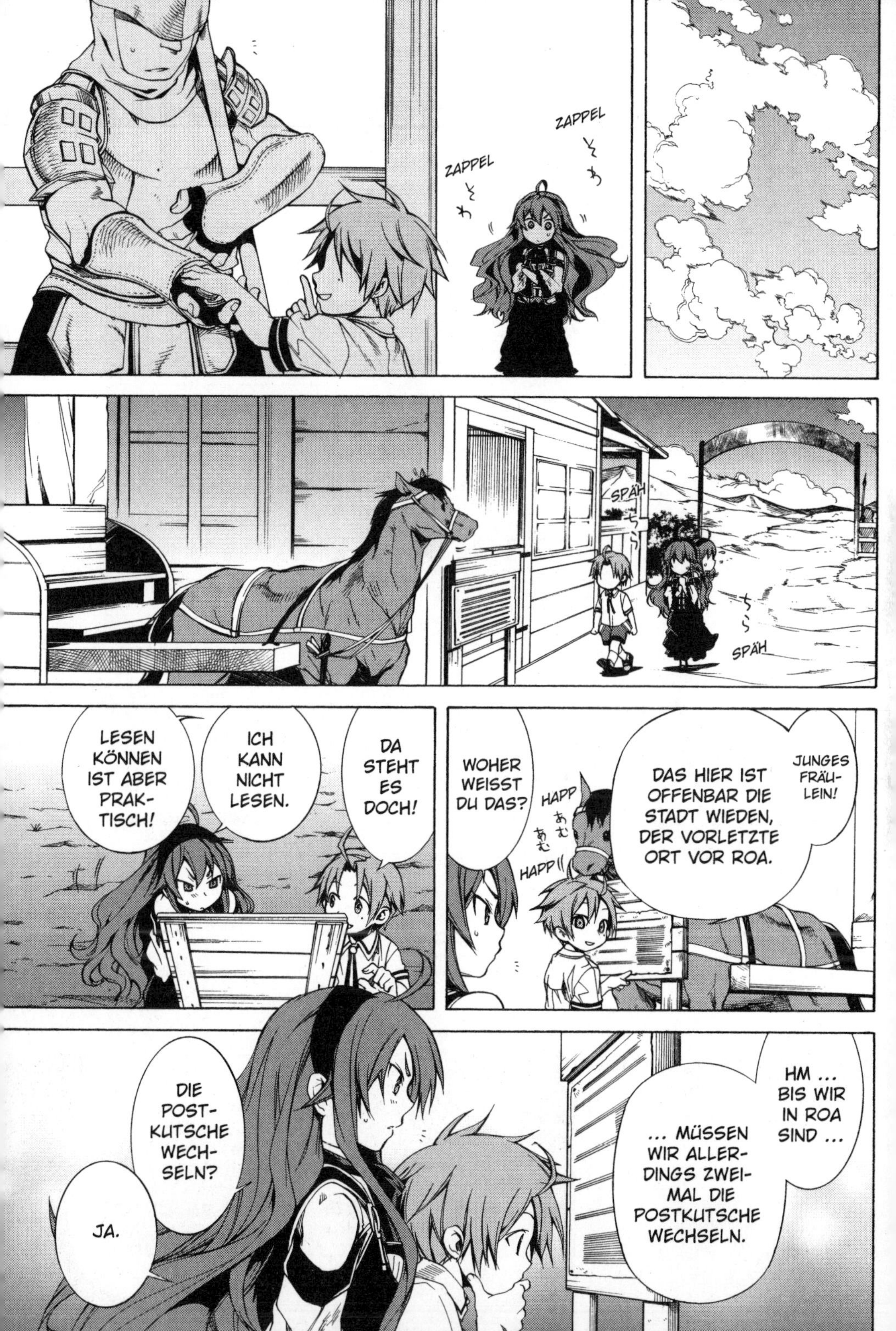
ZAPPEL
ZAPPEL
SPÄH
SPÄH
JUNGES FRÄULEIN!
DAS HIER IST OFFENBAR DIE STADT WIEDEN, DER VORLETZTE ORT VOR ROA.
HAPP
HAPP
WOHER WEISST DU DAS?
DA STEHT ES DOCH!
ICH KANN NICHT LESEN.
LESEN KÖNNEN IST ABER PRAKTISCH!
HM … BIS WIR IN ROA SIND …
… MÜSSEN WIR ALLERDINGS ZWEIMAL DIE POSTKUTSCHE WECHSELN.
DIE POSTKUTSCHE WECHSELN?
JA.

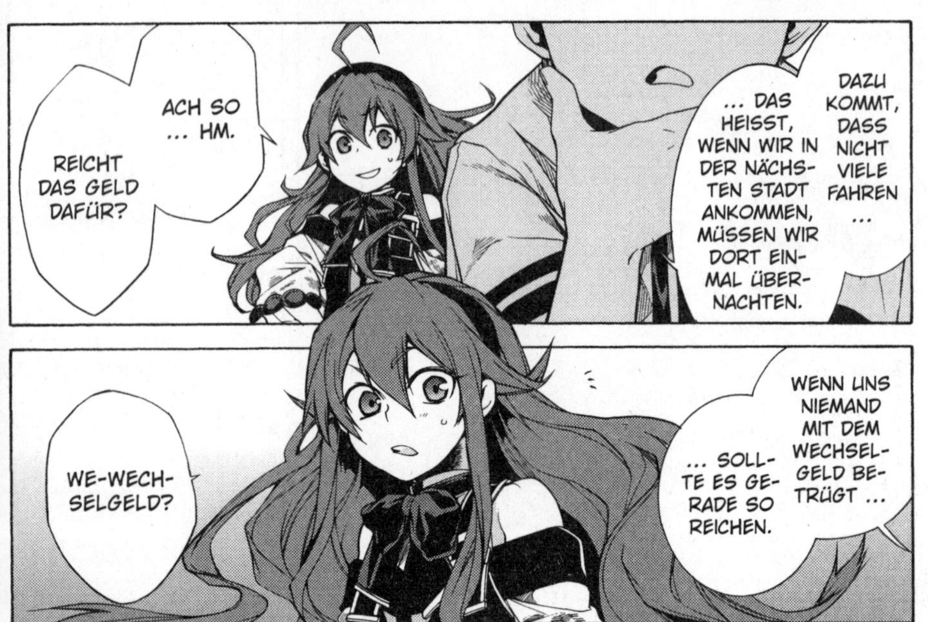
DAZU KOMMT, DASS NICHT VIELE FAHREN …
… DAS HEISST, WENN WIR IN DER NÄCHS-TEN STADT ANKOMMEN, MÜSSEN WIR DORT EIN-MAL ÜBER-NACHTEN.
ACH SO … HM.
REICHT DAS GELD DAFÜR?

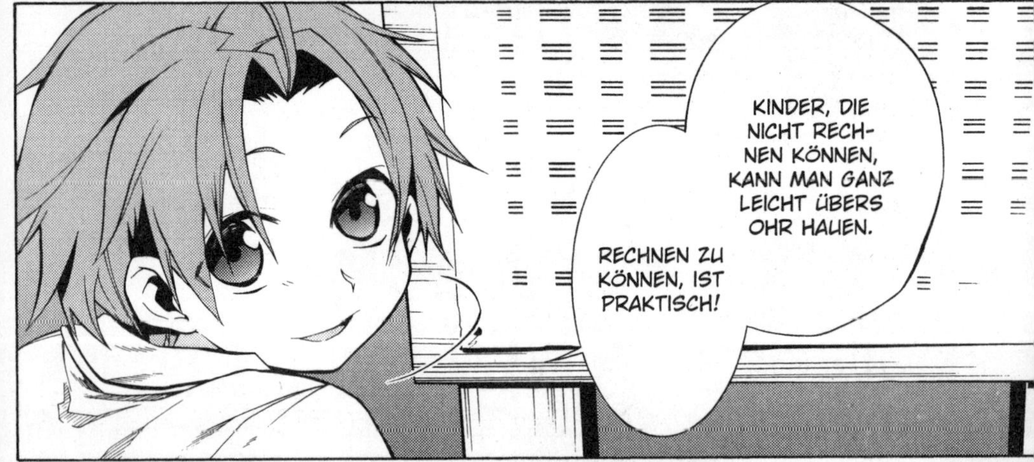
WENN UNS NIEMAND MIT DEM WECHSEL-GELD BE-TRÜGT …
… SOLL-TE ES GE-RADE SO REICHEN.
WE-WECH-SELGELD?
KINDER, DIE NICHT RECH-NEN KÖNNEN, KANN MAN GANZ LEICHT ÜBERS OHR HAUEN.
RECHNEN ZU KÖNNEN, IST PRAKTISCH!

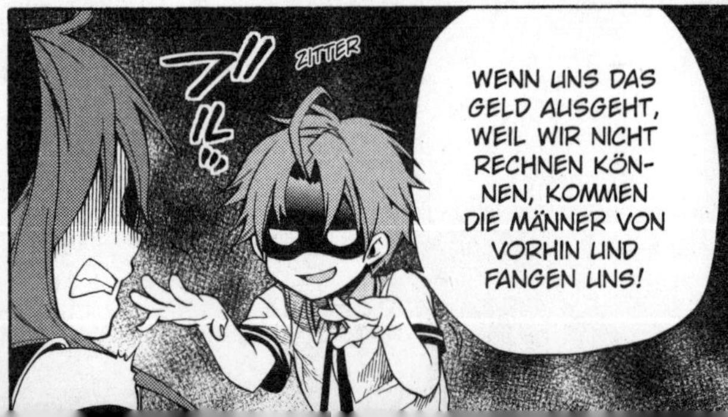
WENN UNS DAS GELD AUSGEHT, WEIL WIR NICHT RECHNEN KÖN-NEN, KOMMEN DIE MÄNNER VON VORHIN UND FANGEN UNS!
ZITTER

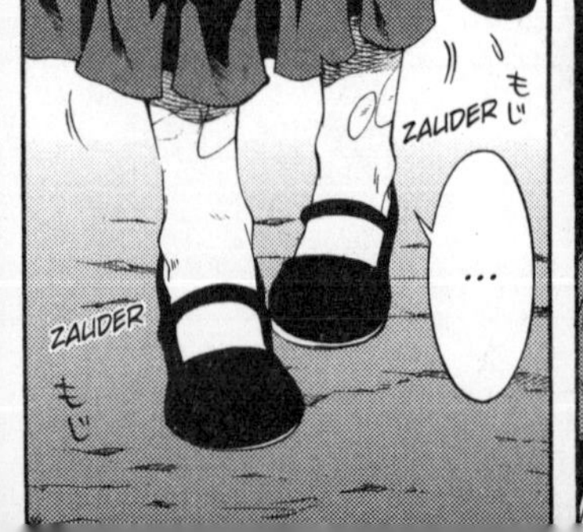
ZAUDER
…
ZAUDER

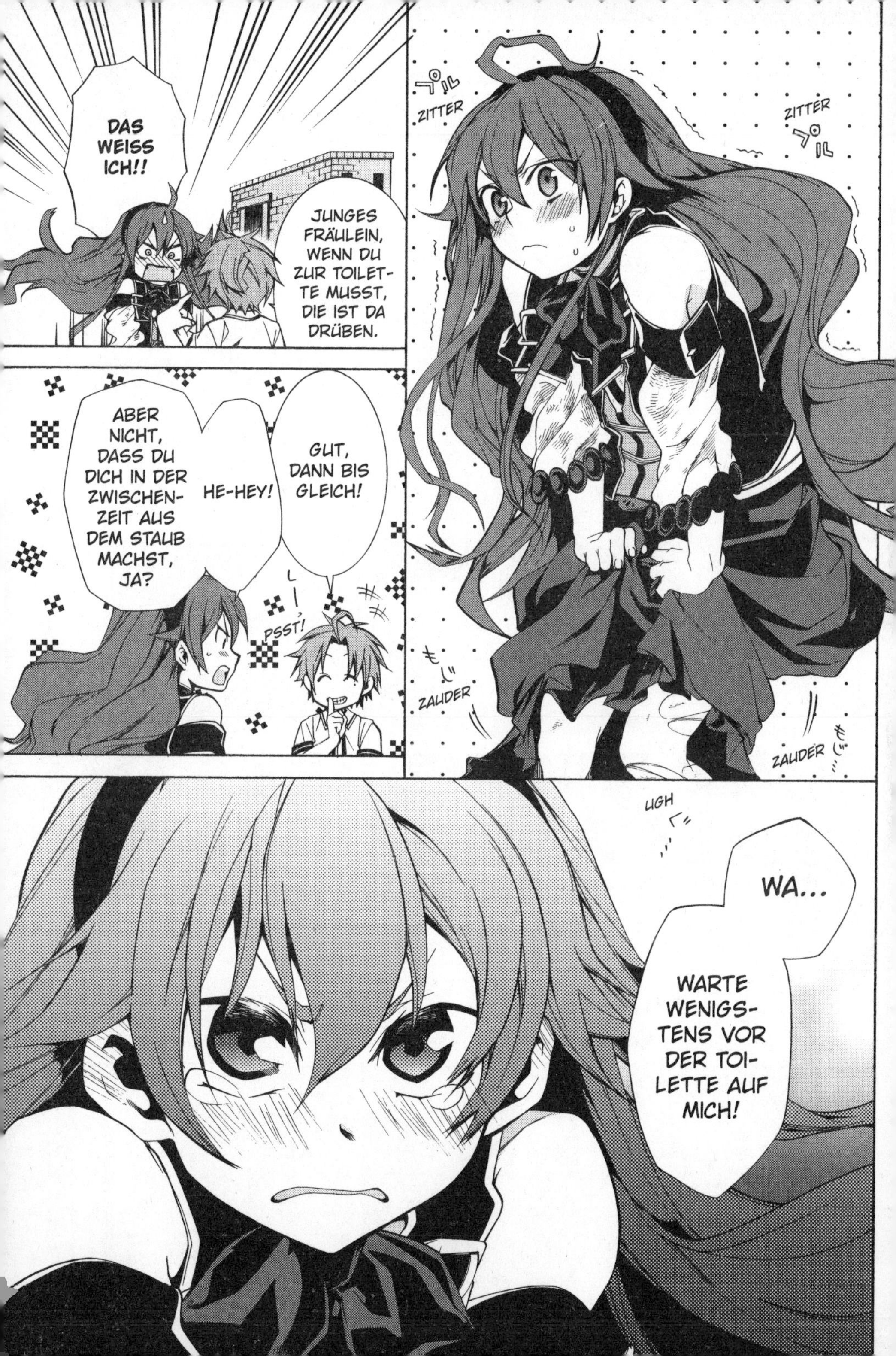
ZITTER
ZITTER
JUNGES FRÄULEIN, WENN DU ZUR TOILETTE MUSST, DIE IST DA DRÜBEN.
DAS WEISS ICH!!
ZAUDER
ZAUDER
GUT, DANN BIS GLEICH!
HE-HEY!
ABER NICHT, DASS DU DICH IN DER ZWISCHENZEIT AUS DEM STAUB MACHST, JA?
PSST!
UGH
WA...
WARTE WENIGSTENS VOR DER TOILETTE AUF MICH!

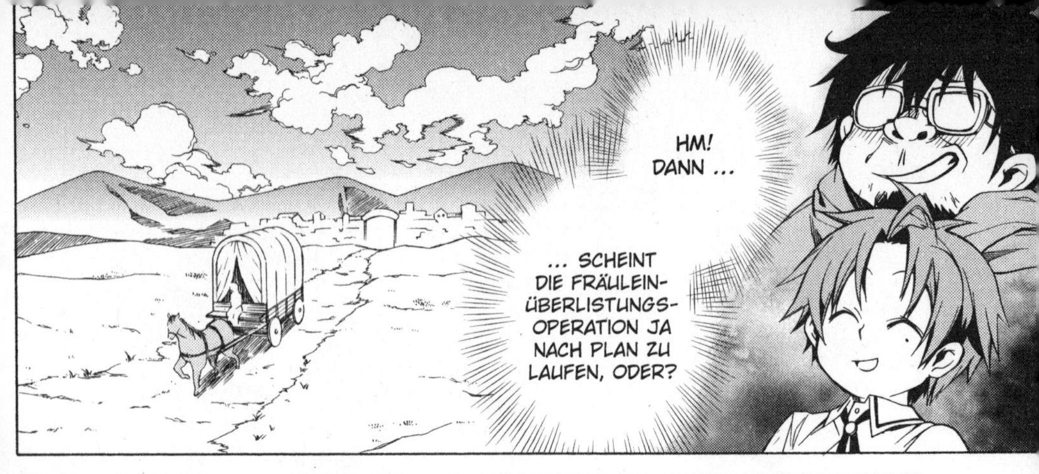
HM! DANN ...
... SCHEINT DIE FRÄULEIN-ÜBERLISTUNGS-OPERATION JA NACH PLAN ZU LAUFEN, ODER?

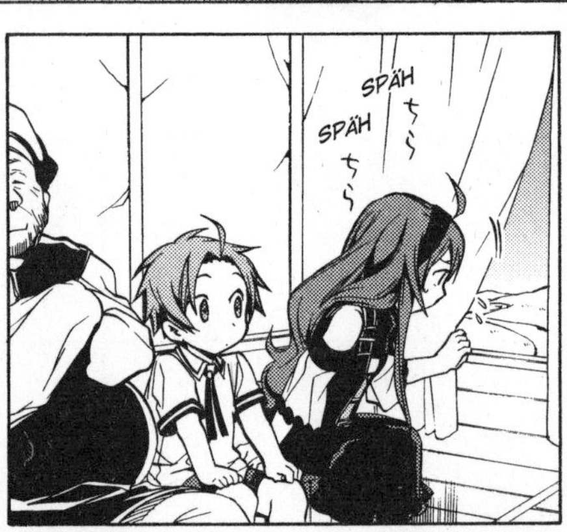
SPÄH
SPÄH

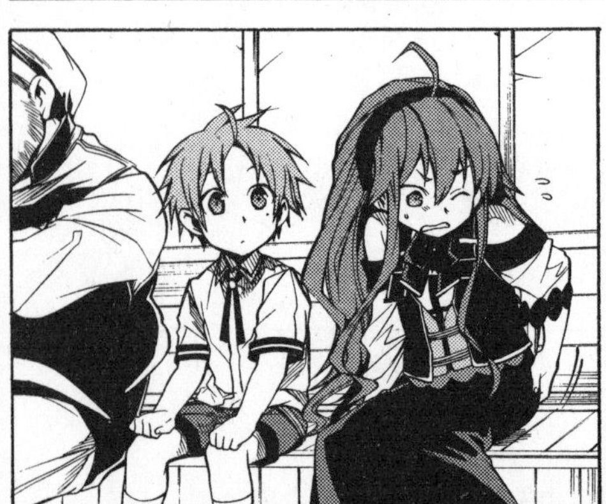

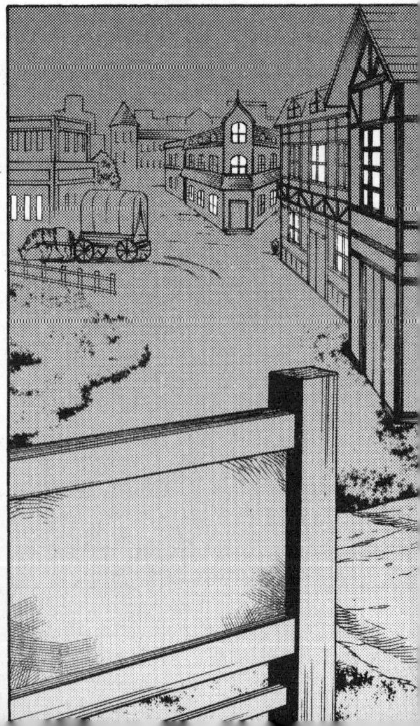

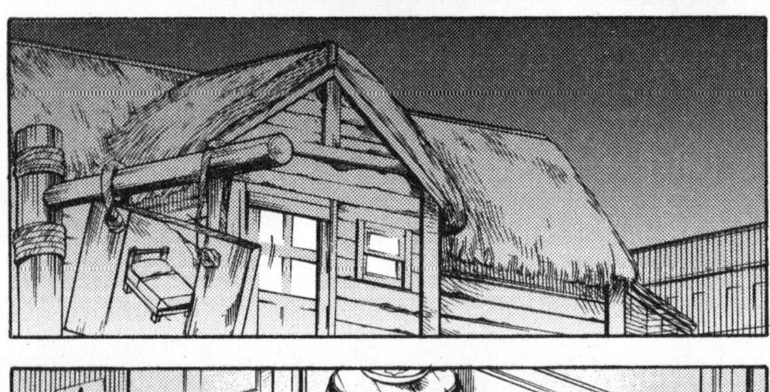

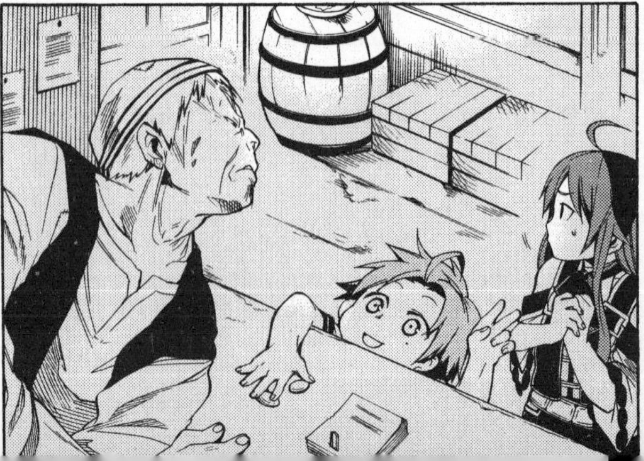

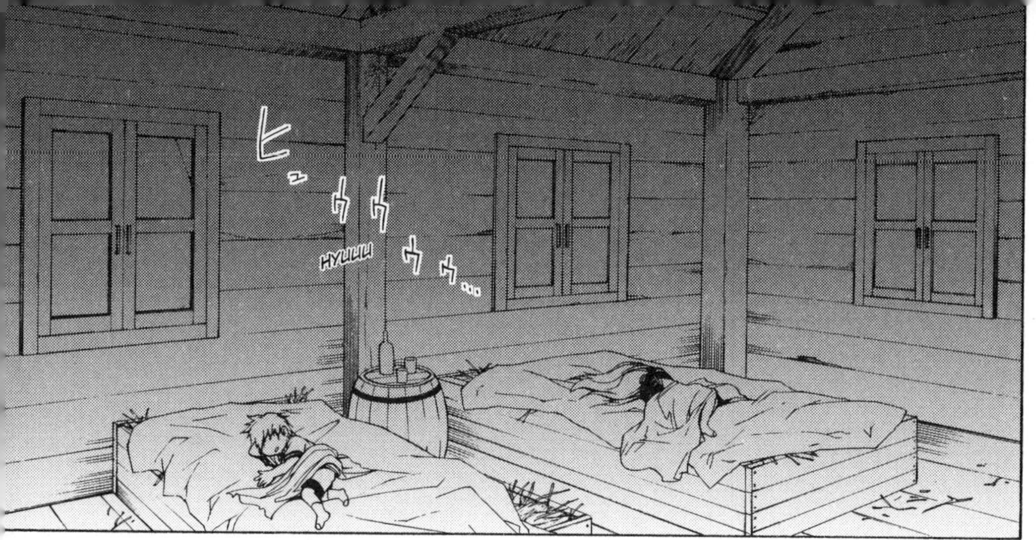
HYUUUU

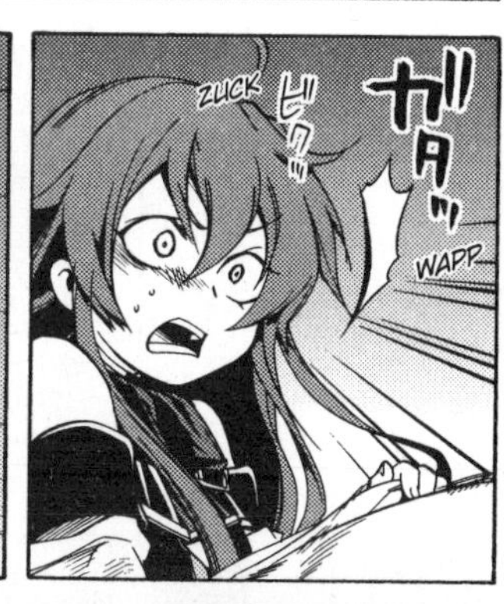
ZUCK
WAPP

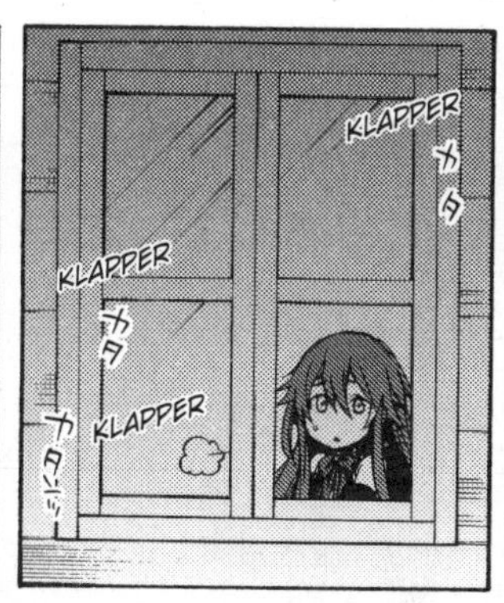
KLAPPER
KLAPPER
KLAPPER

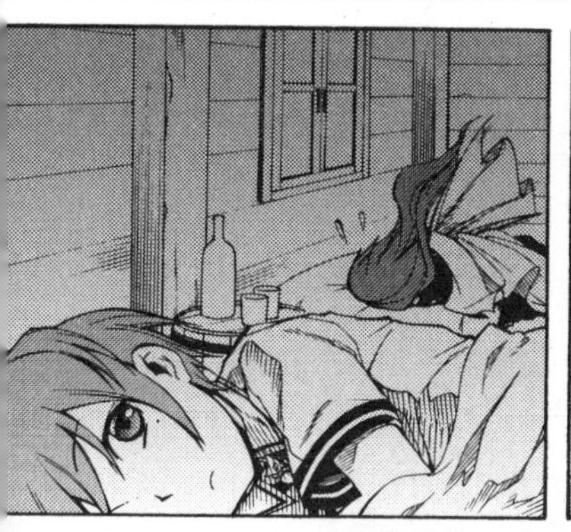

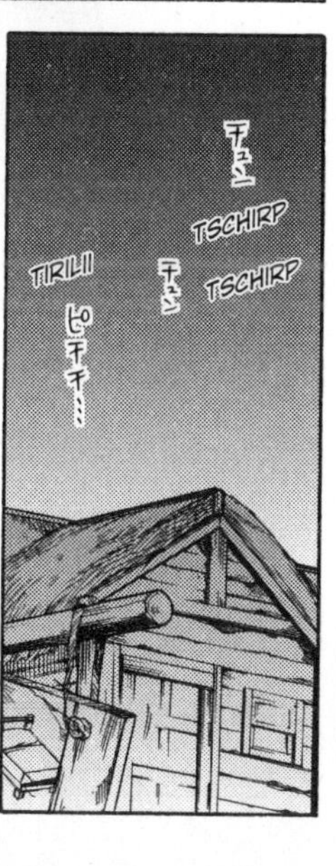
TSCHIRP
TSCHIRP
TIRILII

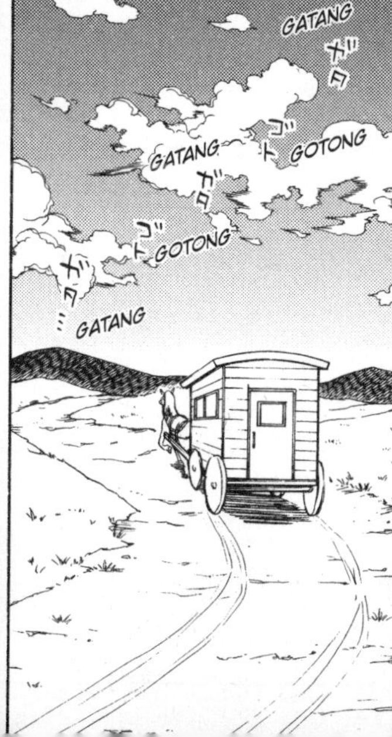
GATANG
GOTONG
GATANG
GOTONG
GATANG

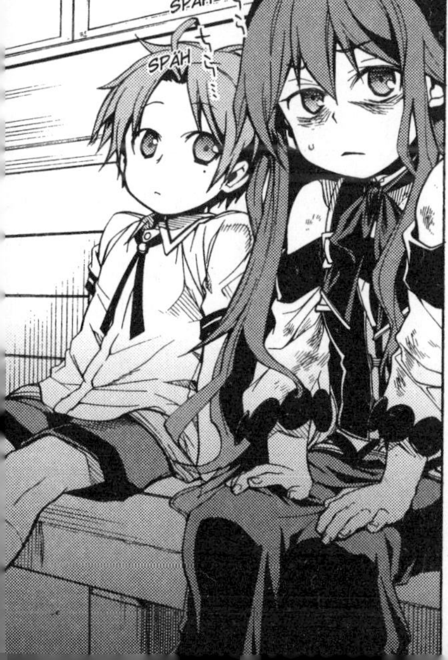
SPÄH
SPÄH

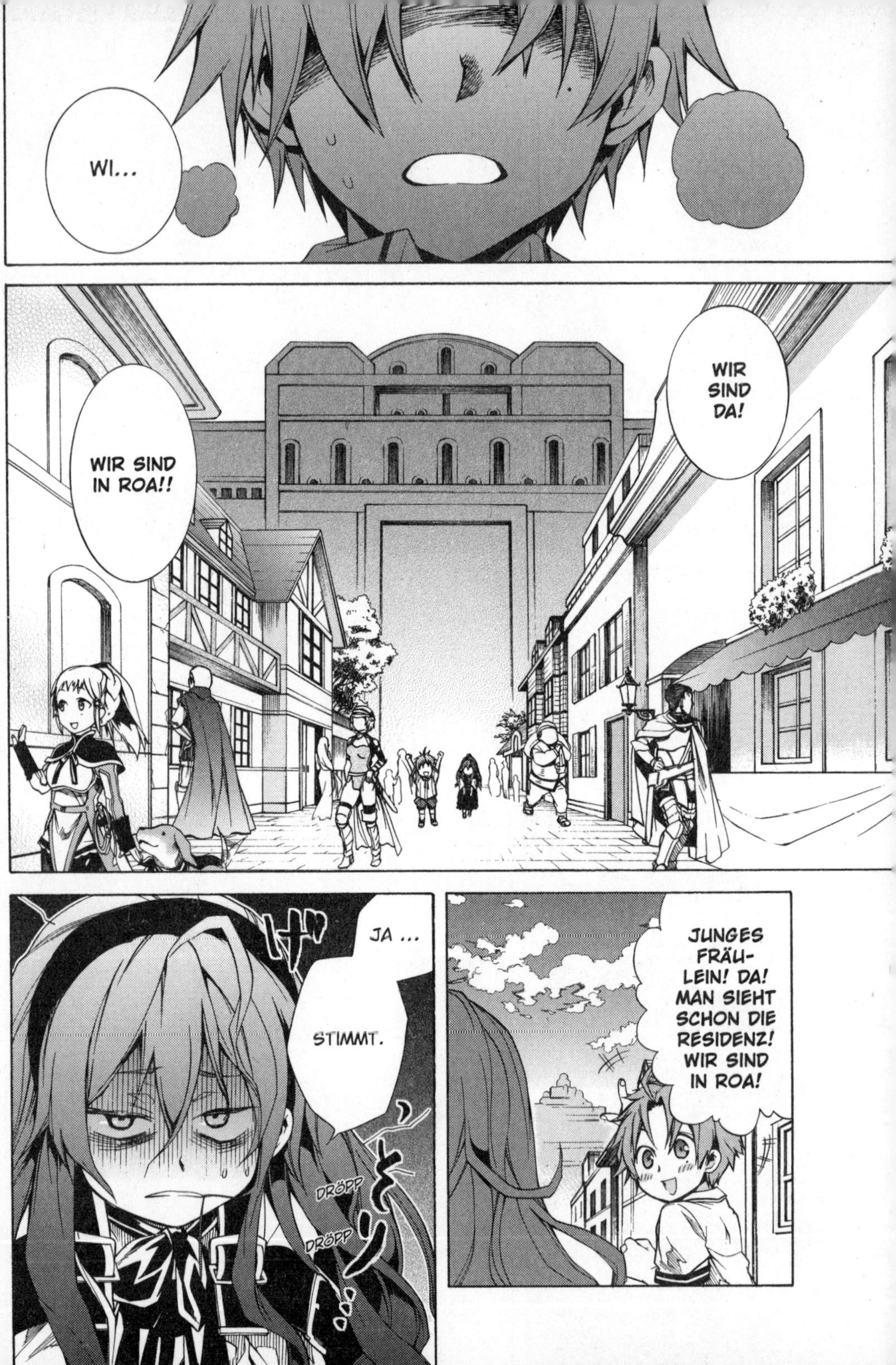

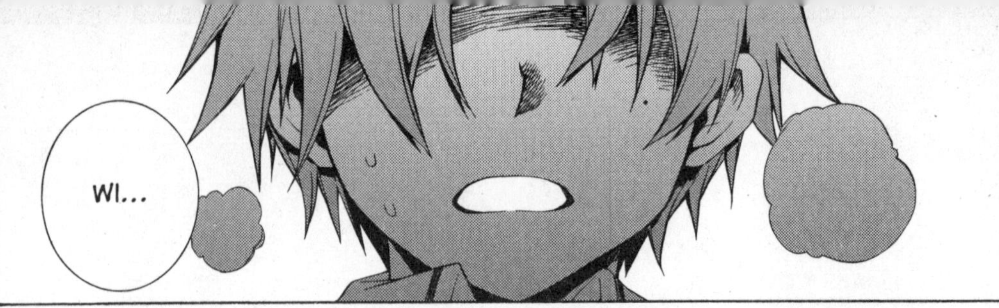

WIR SIND DA!

WIR SIND IN ROA!!

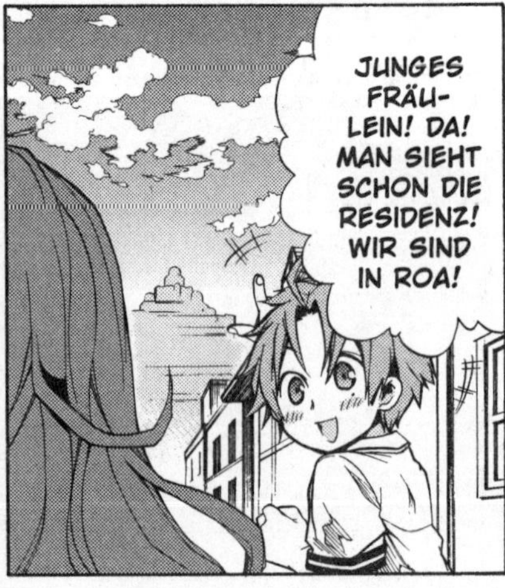

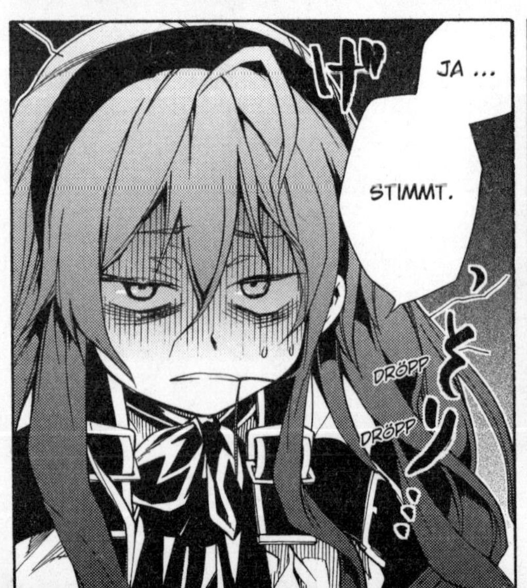

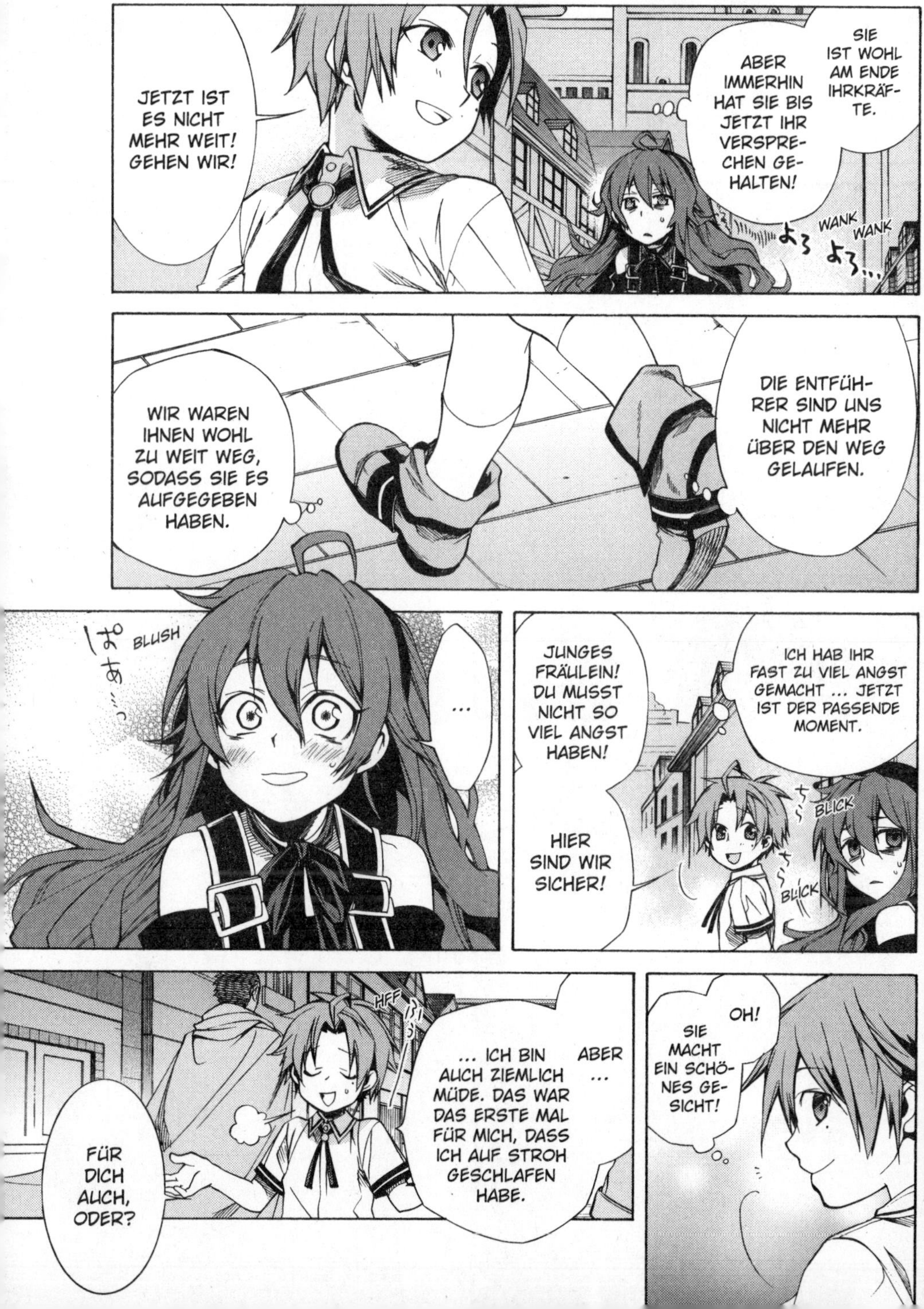

SIE IST WOHL AM ENDE IHRKRÄFTE.
ABER IMMERHIN HAT SIE BIS JETZT IHR VERSPRECHEN GEHALTEN!
WANK WANK
JETZT IST ES NICHT MEHR WEIT! GEHEN WIR!
DIE ENTFÜHRER SIND UNS NICHT MEHR ÜBER DEN WEG GELAUFEN.
WIR WAREN IHNEN WOHL ZU WEIT WEG, SODASS SIE ES AUFGEGEBEN HABEN.
ICH HAB IHR FAST ZU VIEL ANGST GEMACHT ... JETZT IST DER PASSENDE MOMENT.
BLICK BLICK
JUNGES FRÄULEIN! DU MUSST NICHT SO VIEL ANGST HABEN!
HIER SIND WIR SICHER!
...
BLUSH

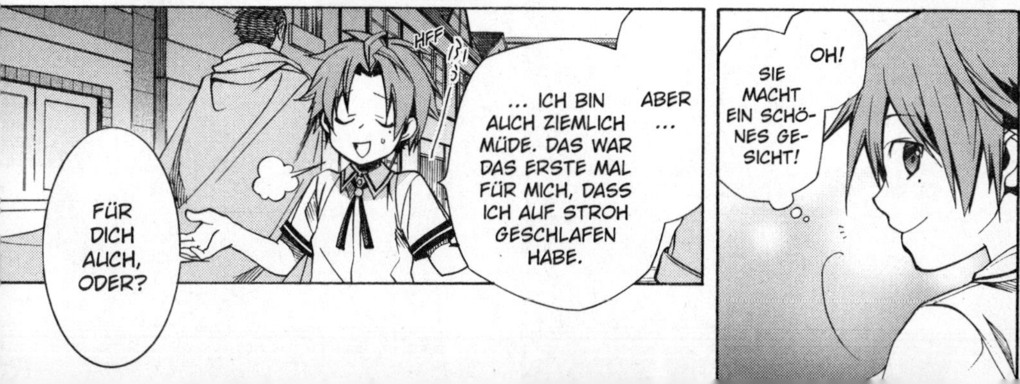

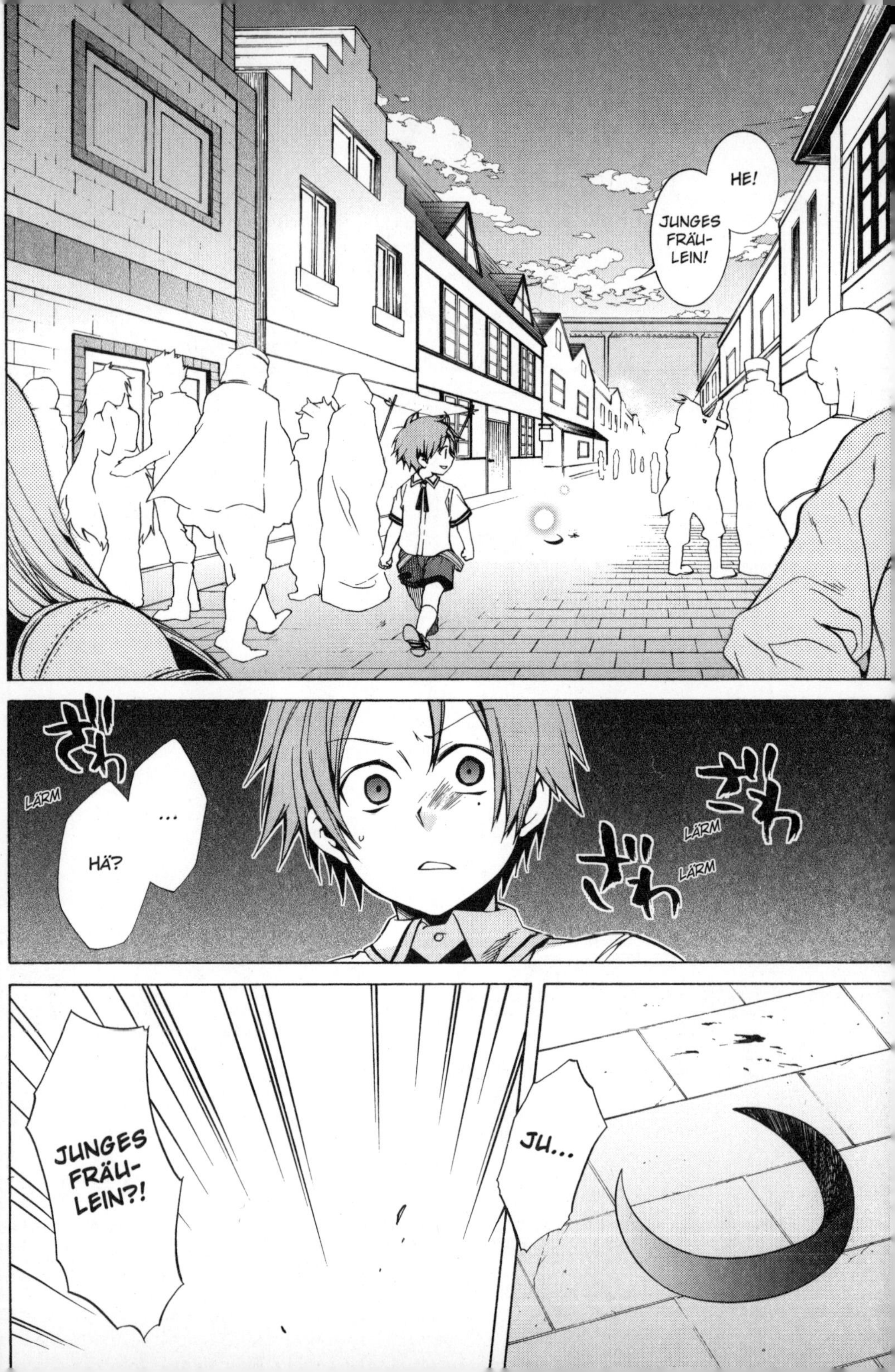

HE!
JUNGES FRÄU-LEIN!

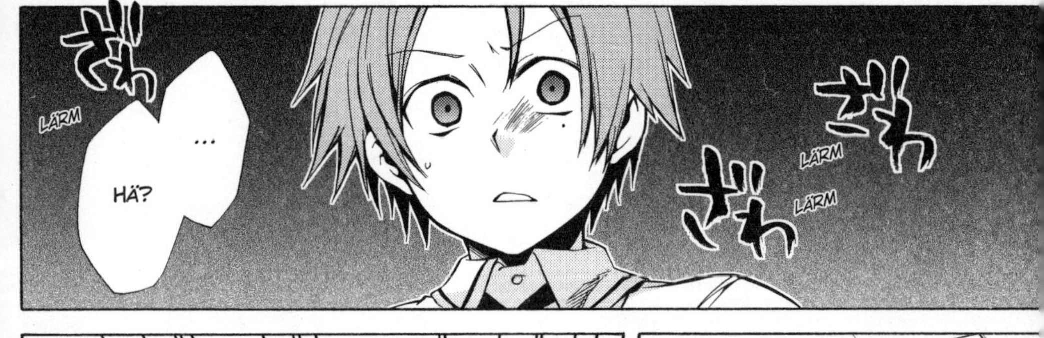

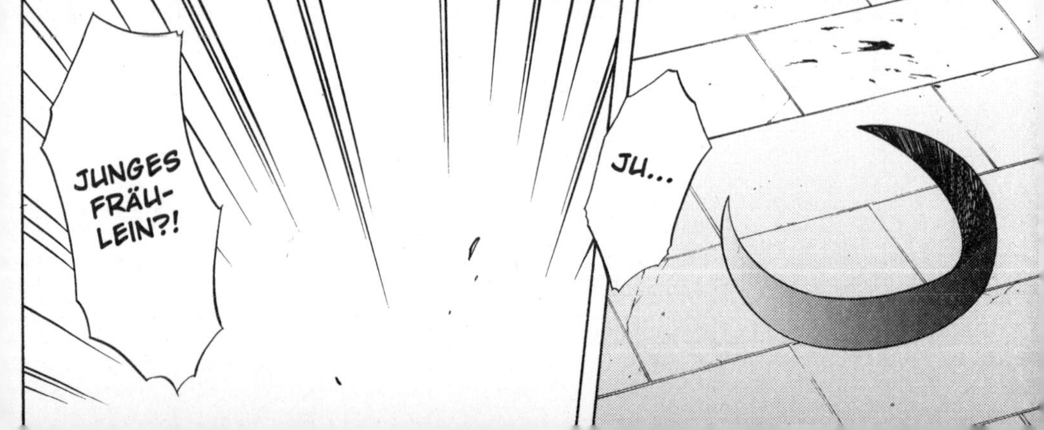

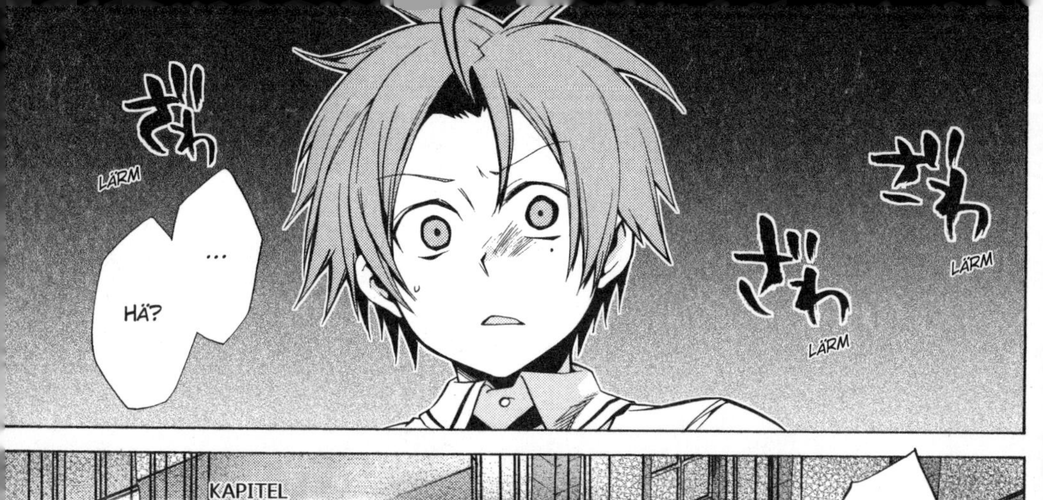

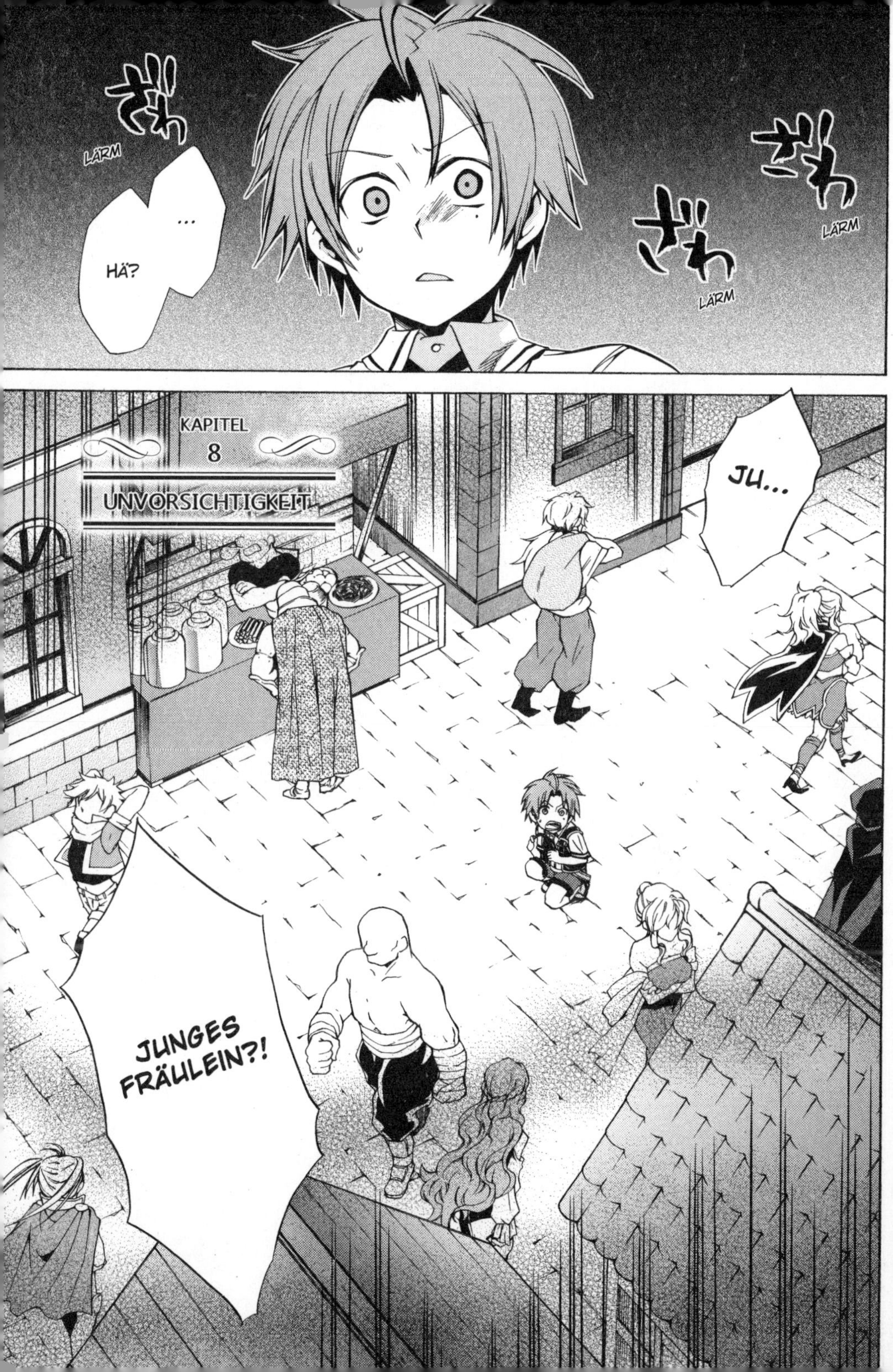

KAPITEL 8

UNVORSICHTIGKEIT

JU...

JUNGES FRÄULEIN?!

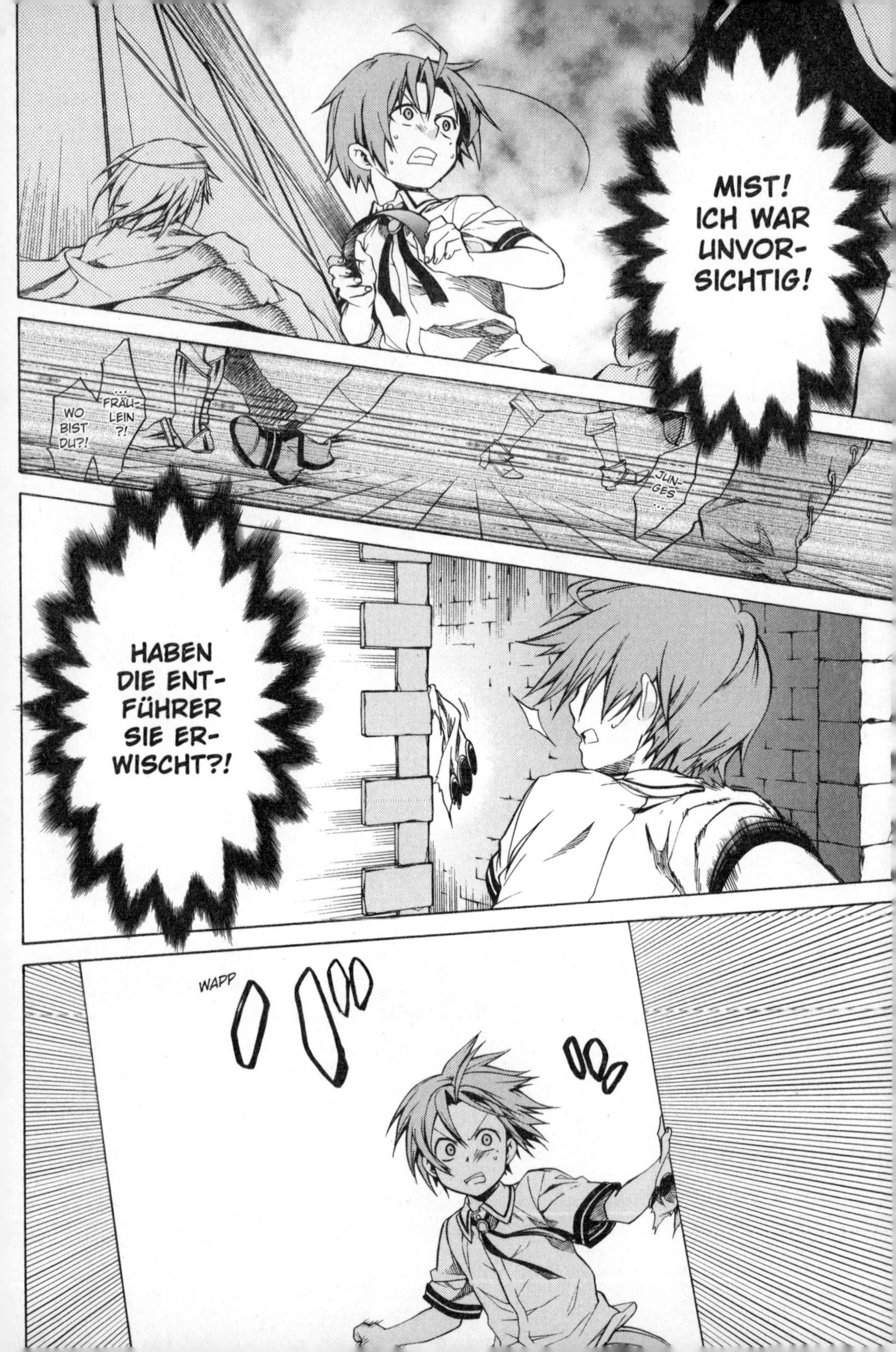
MIST! ICH WAR UNVOR-SICHTIG!
JUN-GES ...
... FRÄU-LEIN ?!
WO BIST DU?!
HABEN DIE ENT-FÜHRER SIE ER-WISCHT?!
WAPP

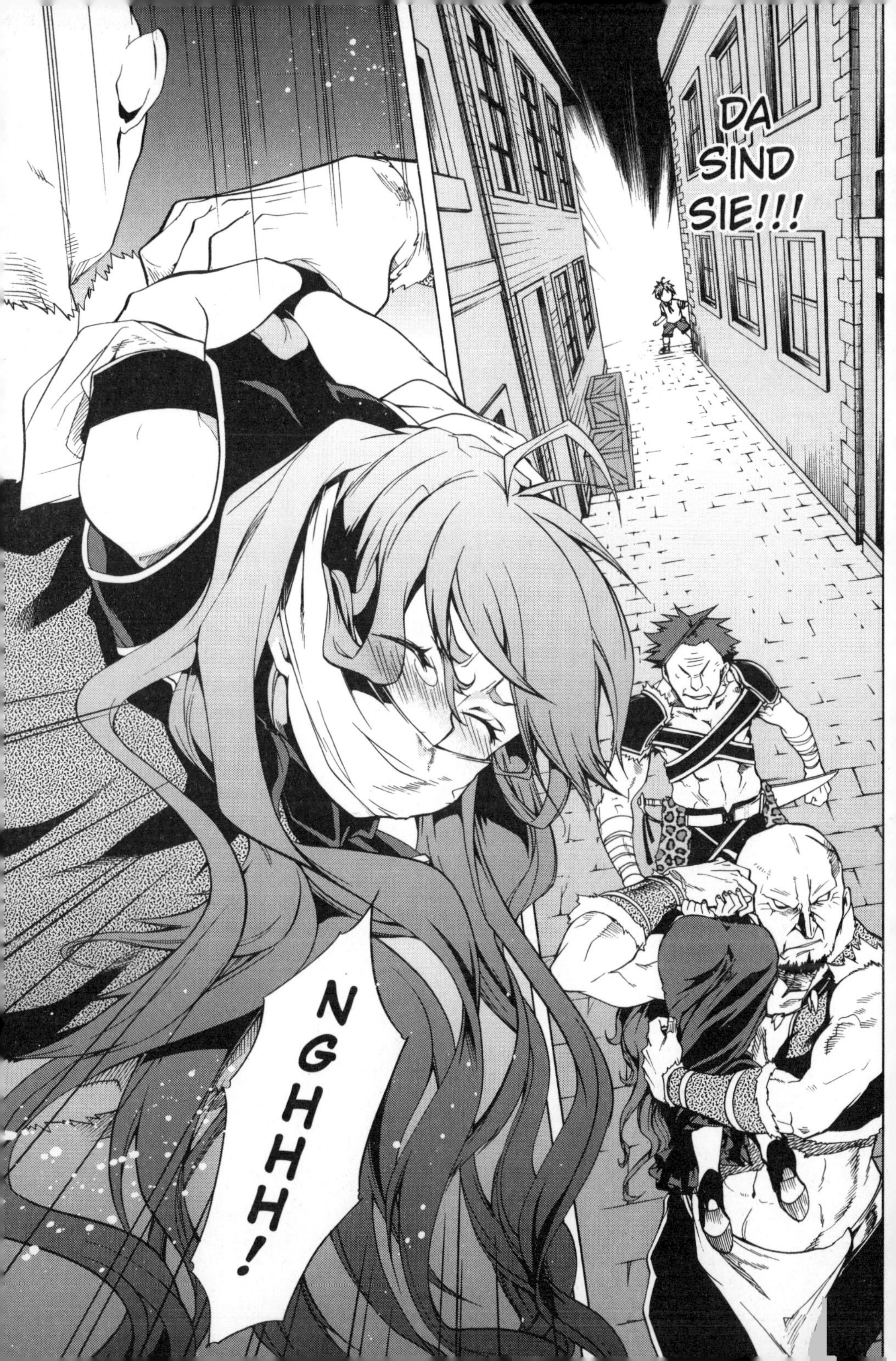
DA SIND SIE!!!
NGHHH!

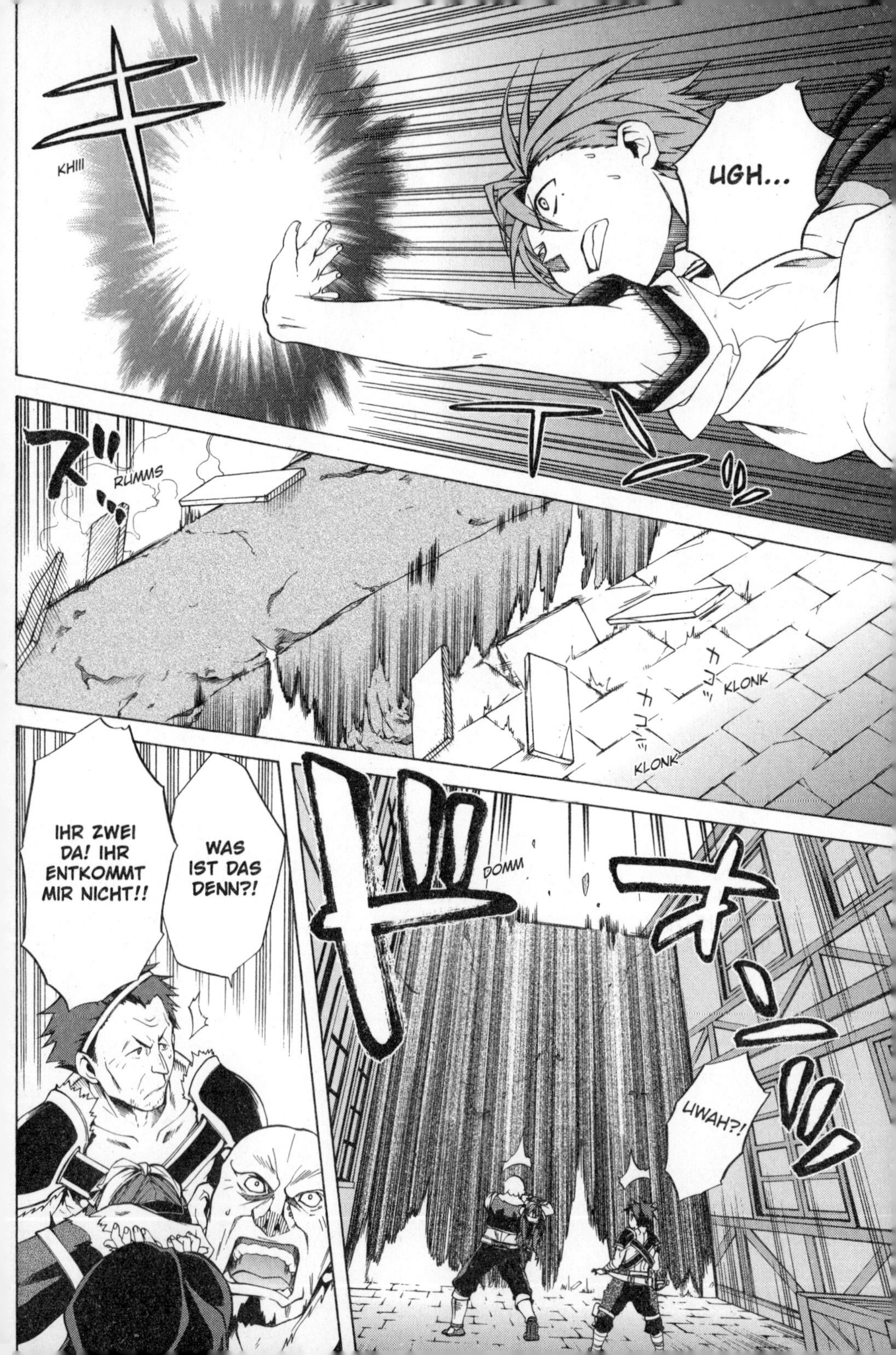
KHIII
UGH...
RUMMS
KLONK
KLONK
DOMM
UWAH?!
WAS IST DAS DENN?!
IHR ZWEI DA! IHR ENTKOMMT MIR NICHT!!

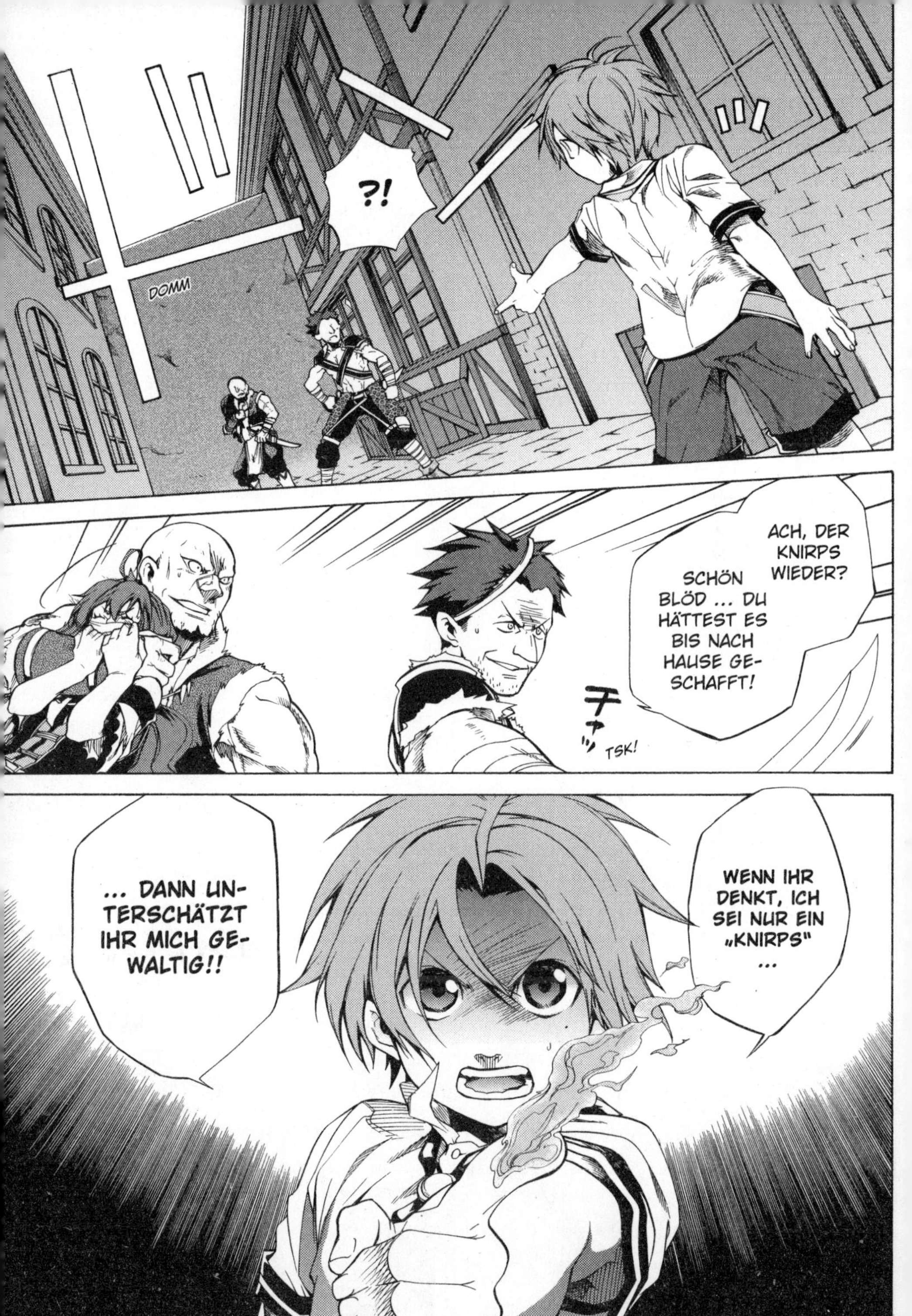
?!
DOMM
ACH, DER KNIRPS WIEDER?
SCHÖN BLÖD ... DU HÄTTEST ES BIS NACH HAUSE GESCHAFFT!
TSK!
WENN IHR DENKT, ICH SEI NUR EIN „KNIRPS“ ...
... DANN UNTERSCHÄTZT IHR MICH GEWALTIG!!

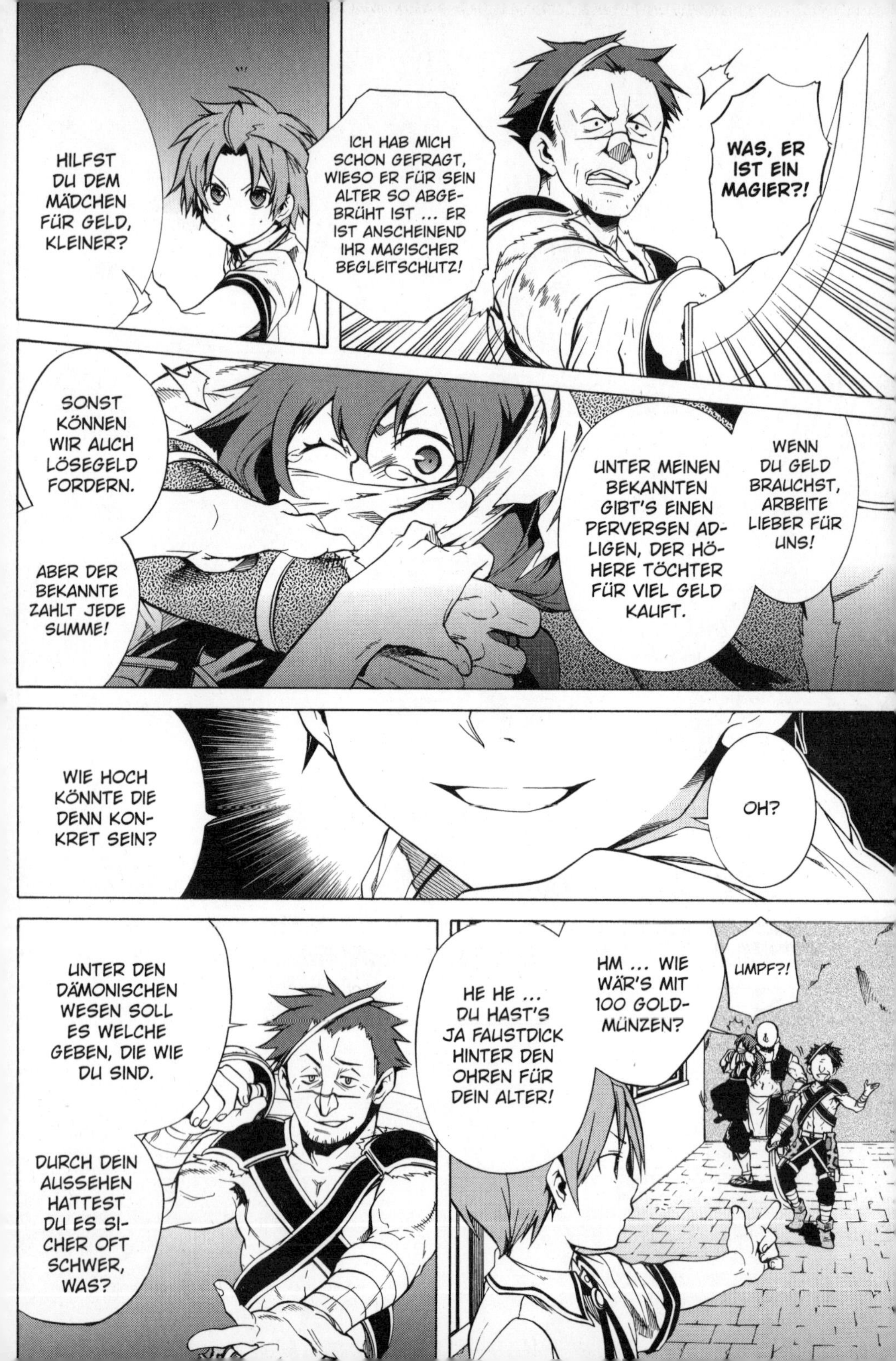
WAS, ER IST EIN MAGIER?!
ICH HAB MICH SCHON GEFRAGT, WIESO ER FÜR SEIN ALTER SO ABGEBRÜHT IST … ER IST ANSCHEINEND IHR MAGISCHER BEGLEITSCHUTZ!
HILFST DU DEM MÄDCHEN FÜR GELD, KLEINER?
WENN DU GELD BRAUCHST, ARBEITE LIEBER FÜR UNS!
UNTER MEINEN BEKANNTEN GIBT'S EINEN PERVERSEN ADLIGEN, DER HÖHERE TÖCHTER FÜR VIEL GELD KAUFT.
SONST KÖNNEN WIR AUCH LÖSEGELD FORDERN.
ABER DER BEKANNTE ZAHLT JEDE SUMME!
OH?
WIE HOCH KÖNNTE DIE DENN KONKRET SEIN?
UMPF?!
HM … WIE WÄR'S MIT 100 GOLDMÜNZEN?
HE HE … DU HAST'S JA FAUSTDICK HINTER DEN OHREN FÜR DEIN ALTER!
UNTER DEN DÄMONISCHEN WESEN SOLL ES WELCHE GEBEN, DIE WIE DU SIND.
DURCH DEIN AUSSEHEN HATTEST DU ES SICHER OFT SCHWER, WAS?

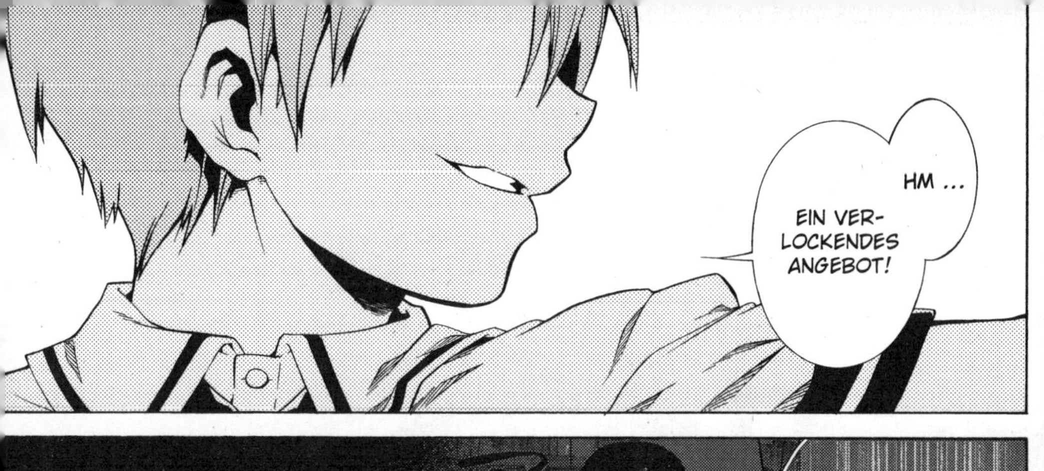

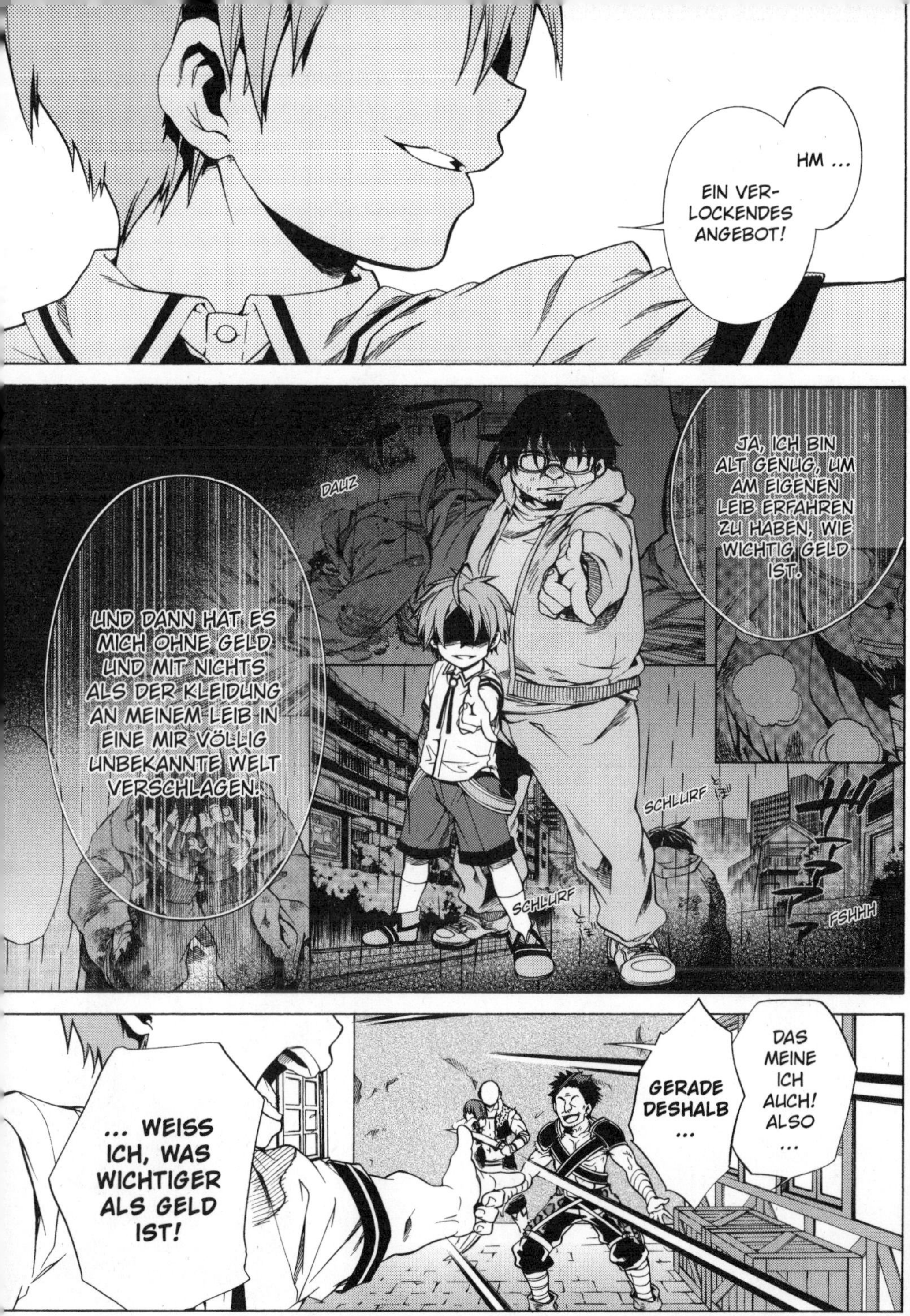

JA, ICH BIN ALT GENUG, UM AM EIGENEN LEIB ERFAHREN ZU HABEN, WIE WICHTIG GELD IST.
UND DANN HAT ES MICH OHNE GELD UND MIT NICHTS ALS DER KLEIDUNG AN MEINEM LEIB IN EINE MIR VÖLLIG UNBEKANNTE WELT VERSCHLAGEN.
DAUZ
SCHLURF
SCHLURF
FSHHH

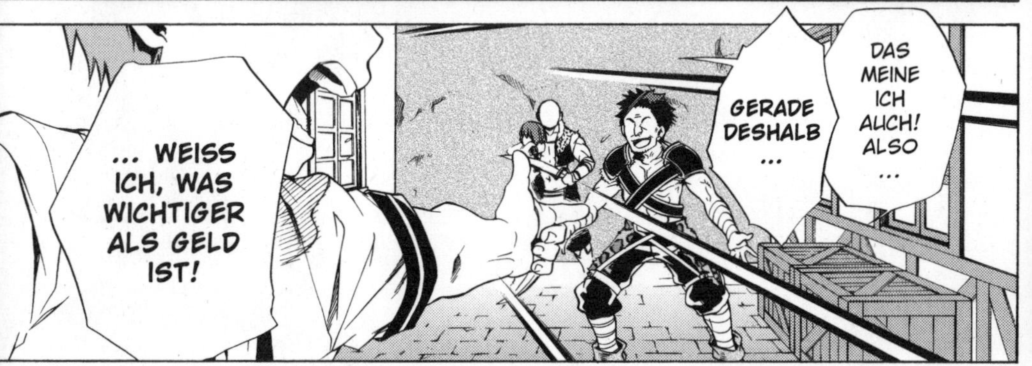

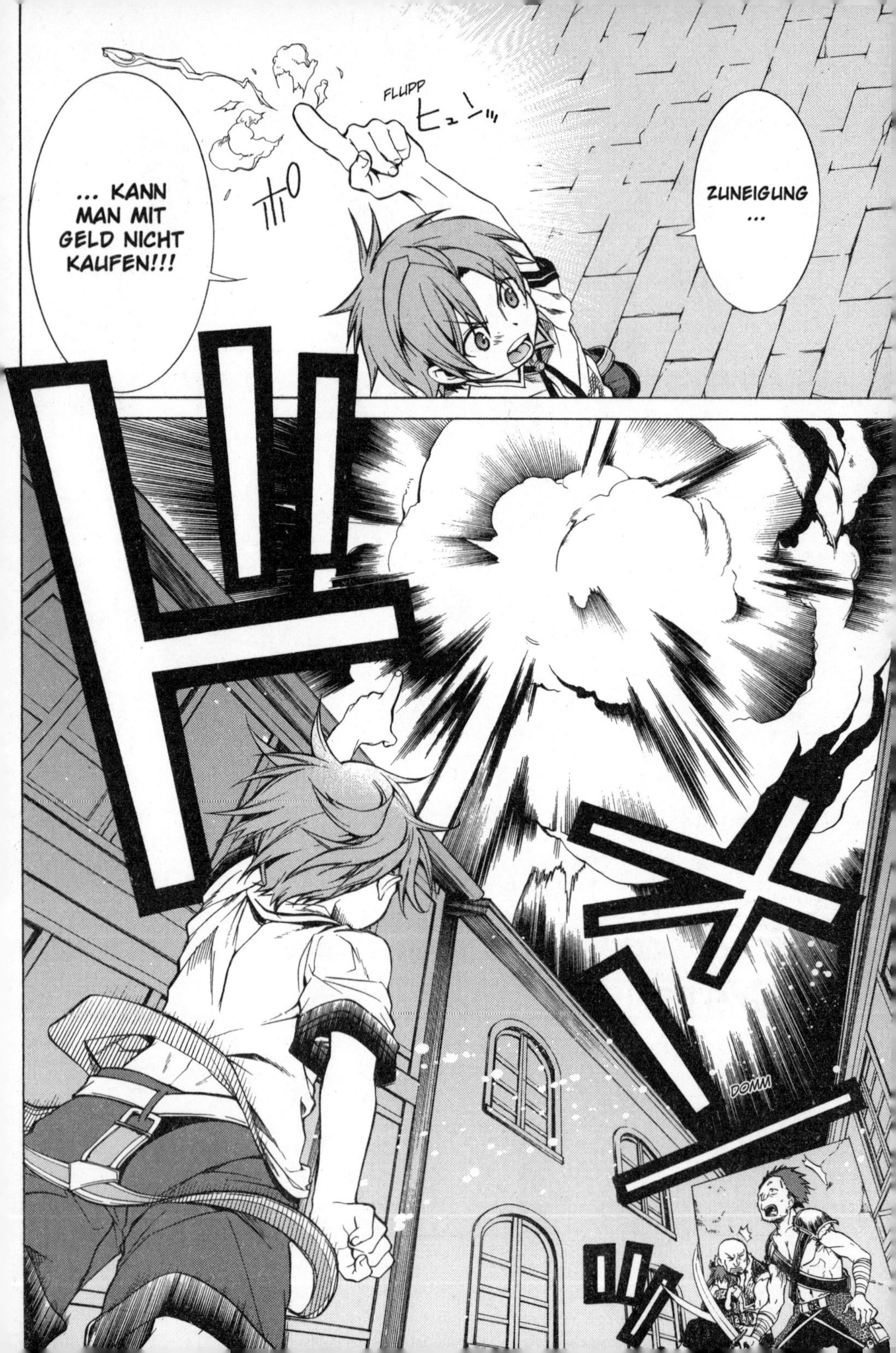
ZUNEIGUNG ...
FLUPP
... KANN MAN MIT GELD NICHT KAUFEN!!!
DOMM

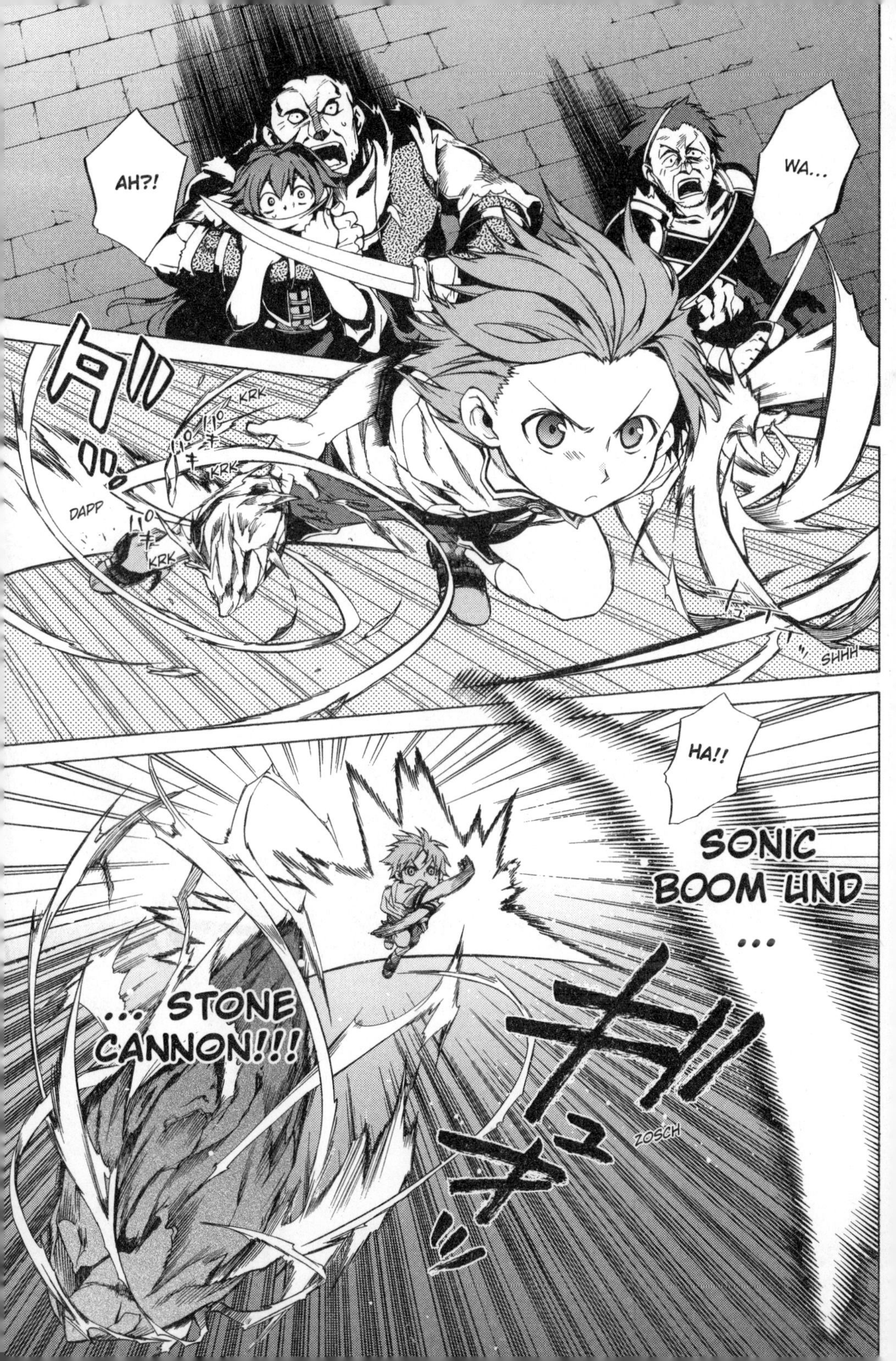
WA...
AH?!
SHHH
KRK
KRK
KRK
DAPP
HA!!
SONIC BOOM UND ...
ZOSCH
... STONE CANNON!!!

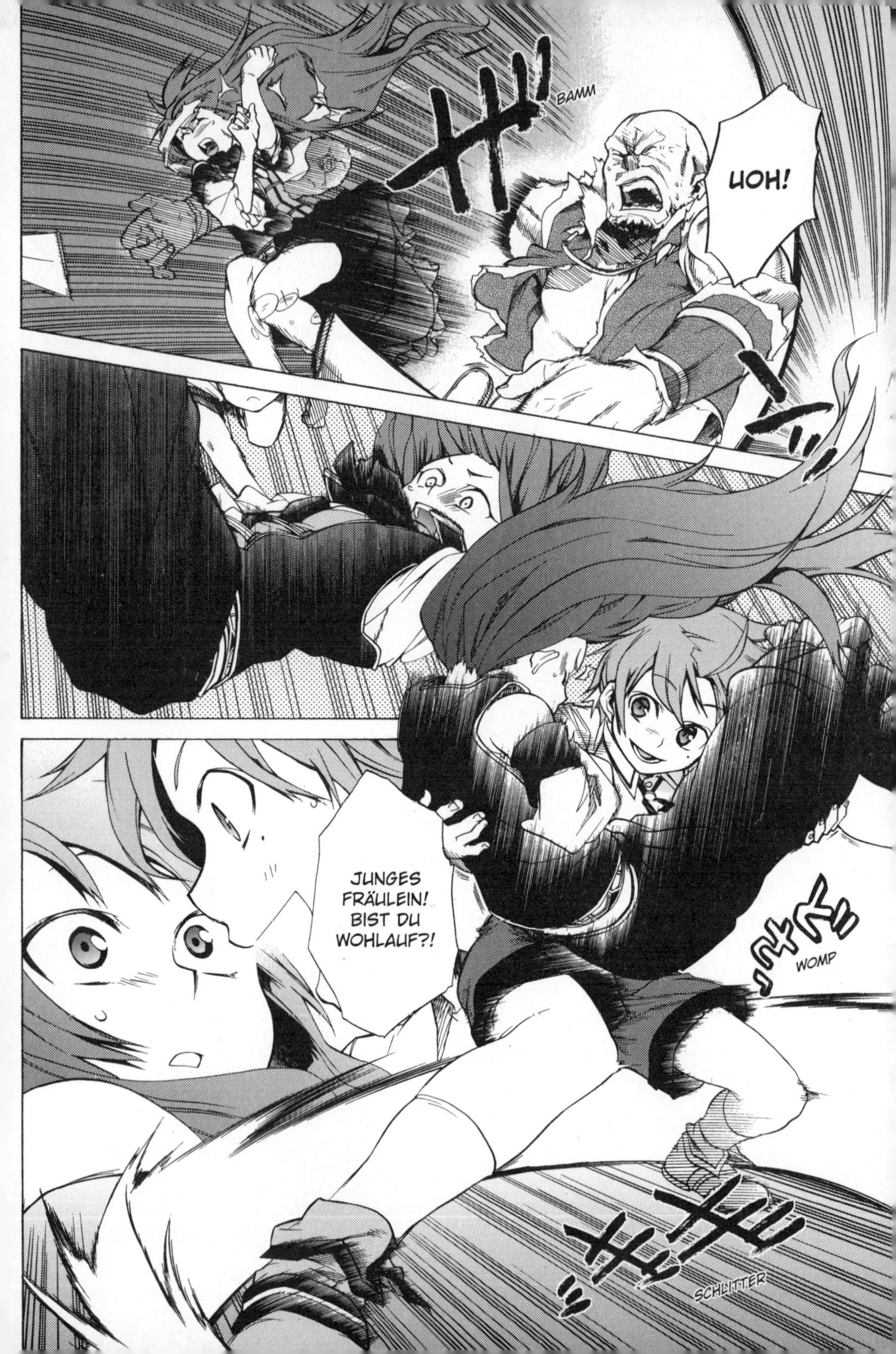
BAMM
UOH!
JUNGES FRÄULEIN! BIST DU WOHLAUF?!
WOMP
SCHLITTER

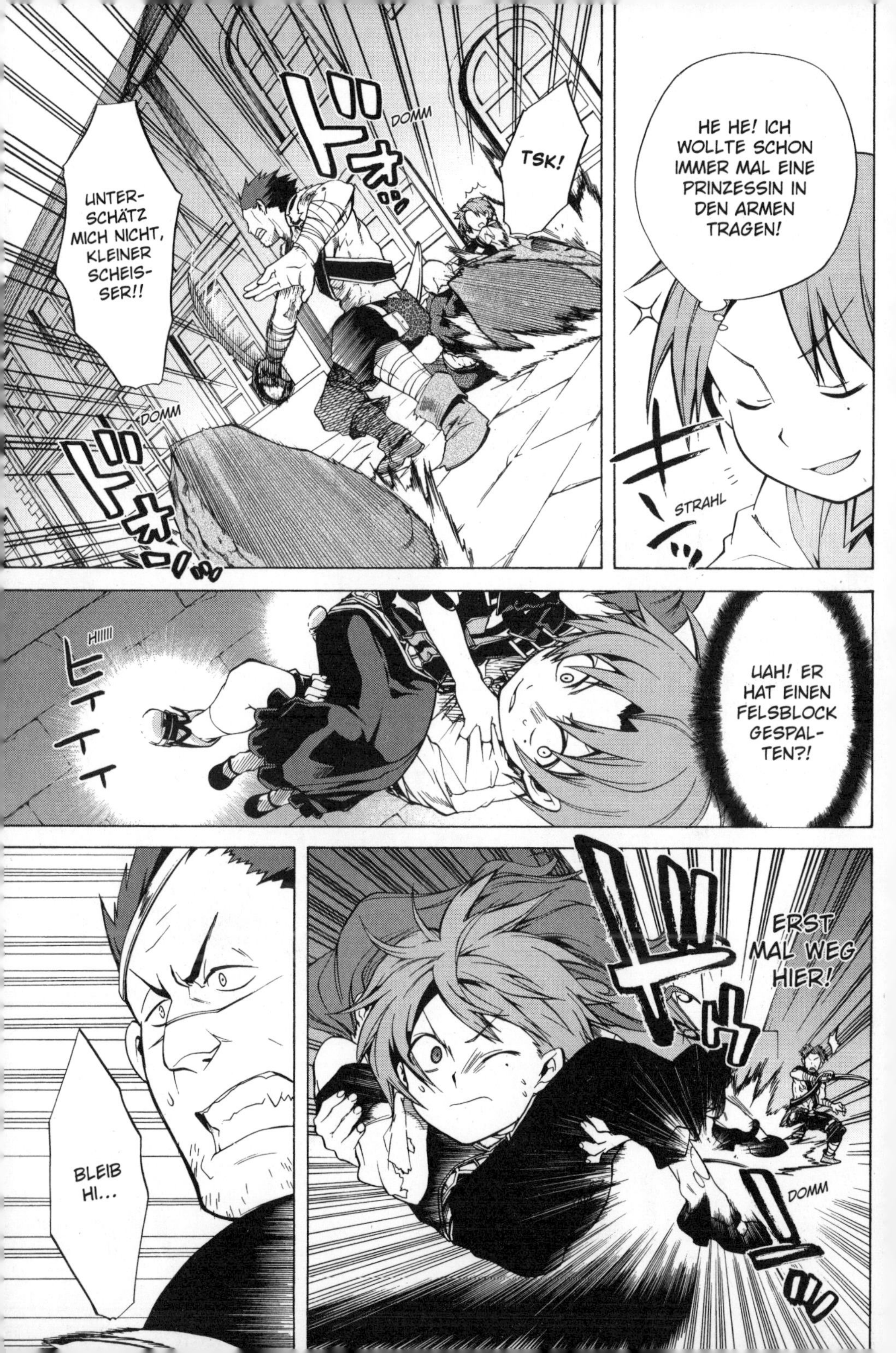

HE HE! ICH WOLLTE SCHON IMMER MAL EINE PRINZESSIN IN DEN ARMEN TRAGEN!
STRAHL
TSK!
DOMM
UNTERSCHÄTZ MICH NICHT, KLEINER SCHEISSER!!
DOMM

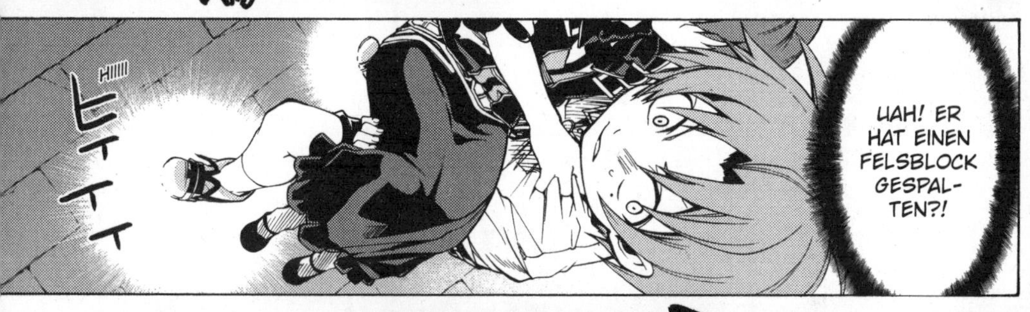

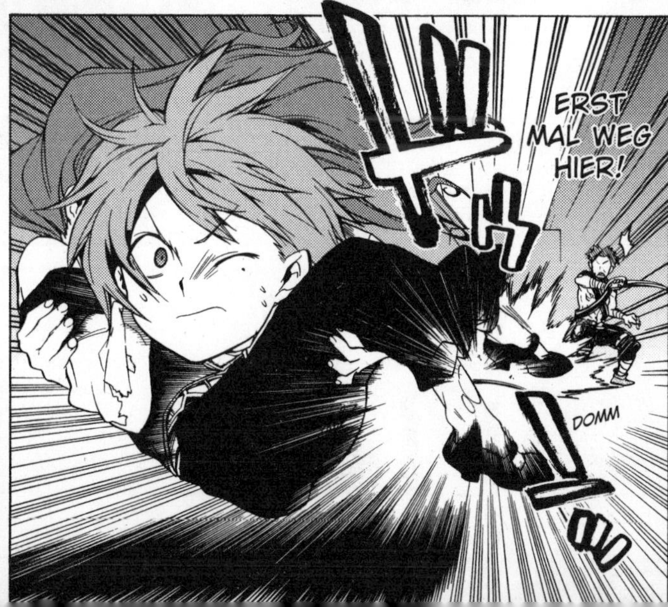

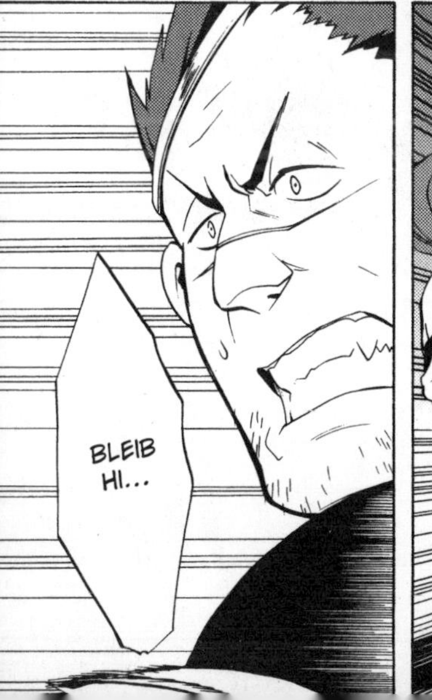

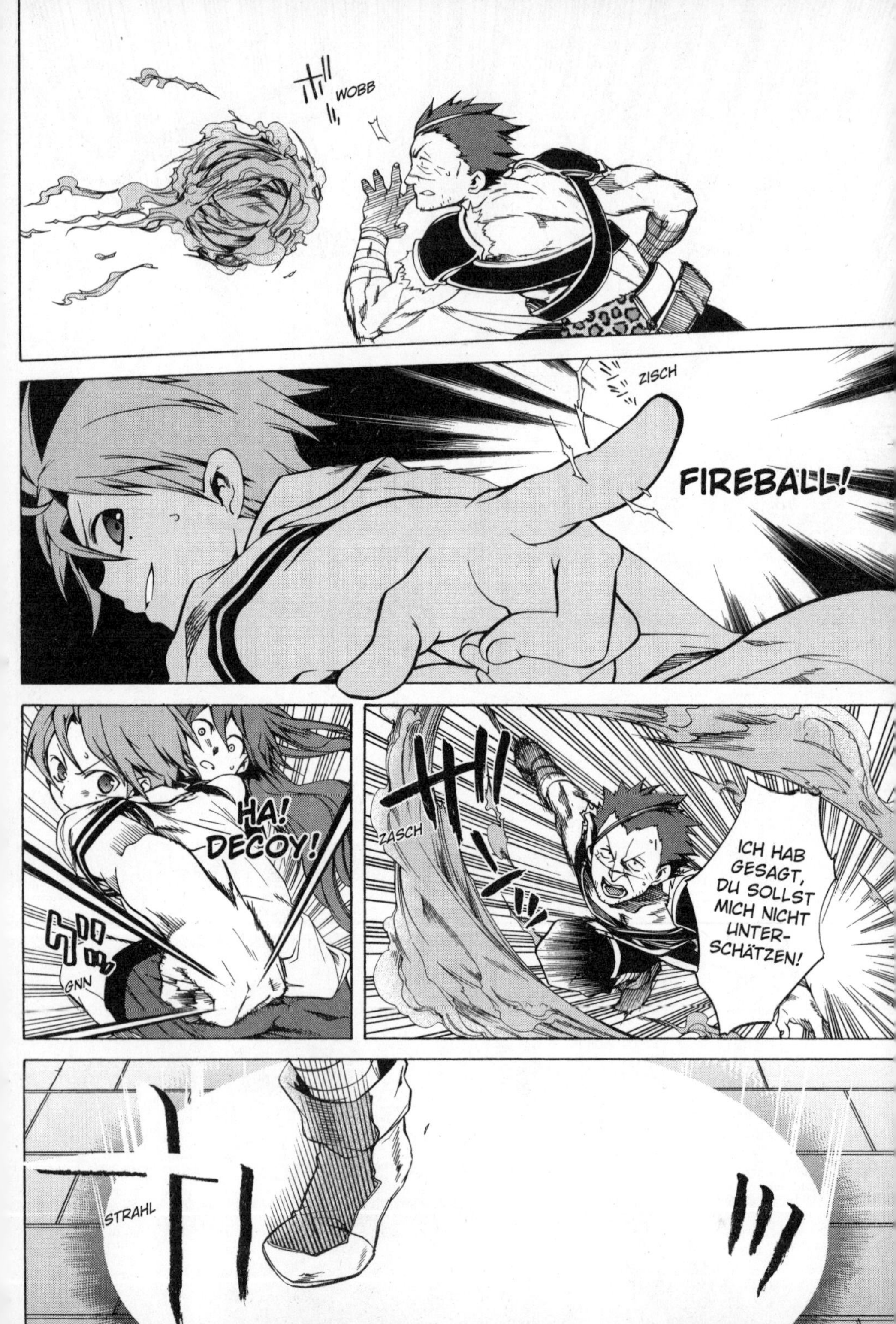
WOBB
ZISCH
FIREBALL!
HA! DECOY!
GNN
ZASCH
ICH HAB GESAGT, DU SOLLST MICH NICHT UNTERSCHÄTZEN!
STRAHL

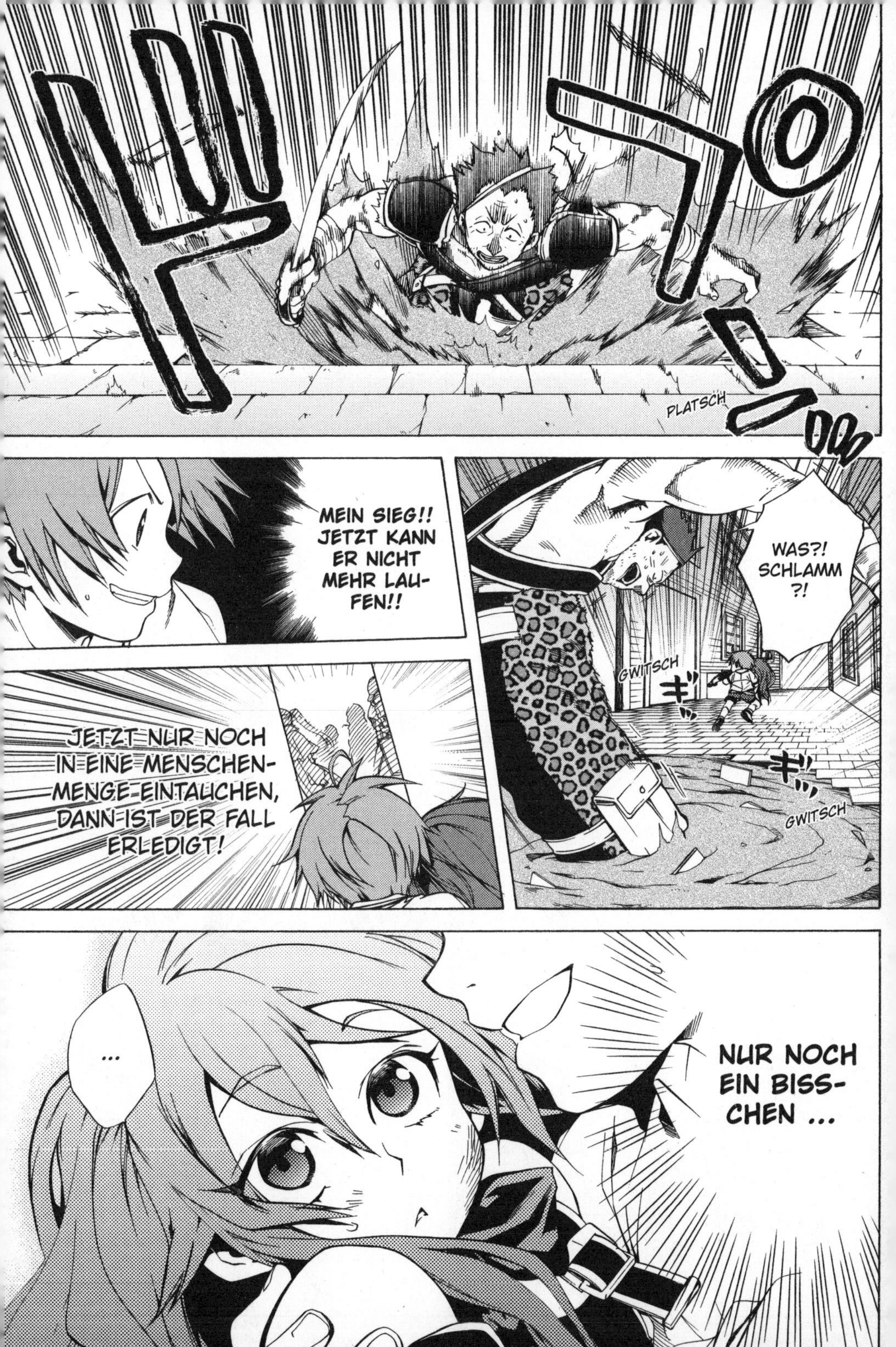
PLATSCH
MEIN SIEG!! JETZT KANN ER NICHT MEHR LAU-FEN!!
WAS?! SCHLAMM ?!
GWITSCH
GWITSCH
JETZT NUR NOCH IN EINE MENSCHEN-MENGE EINTAUCHEN, DANN IST DER FALL ERLEDIGT!
NUR NOCH EIN BISS-CHEN ...
...

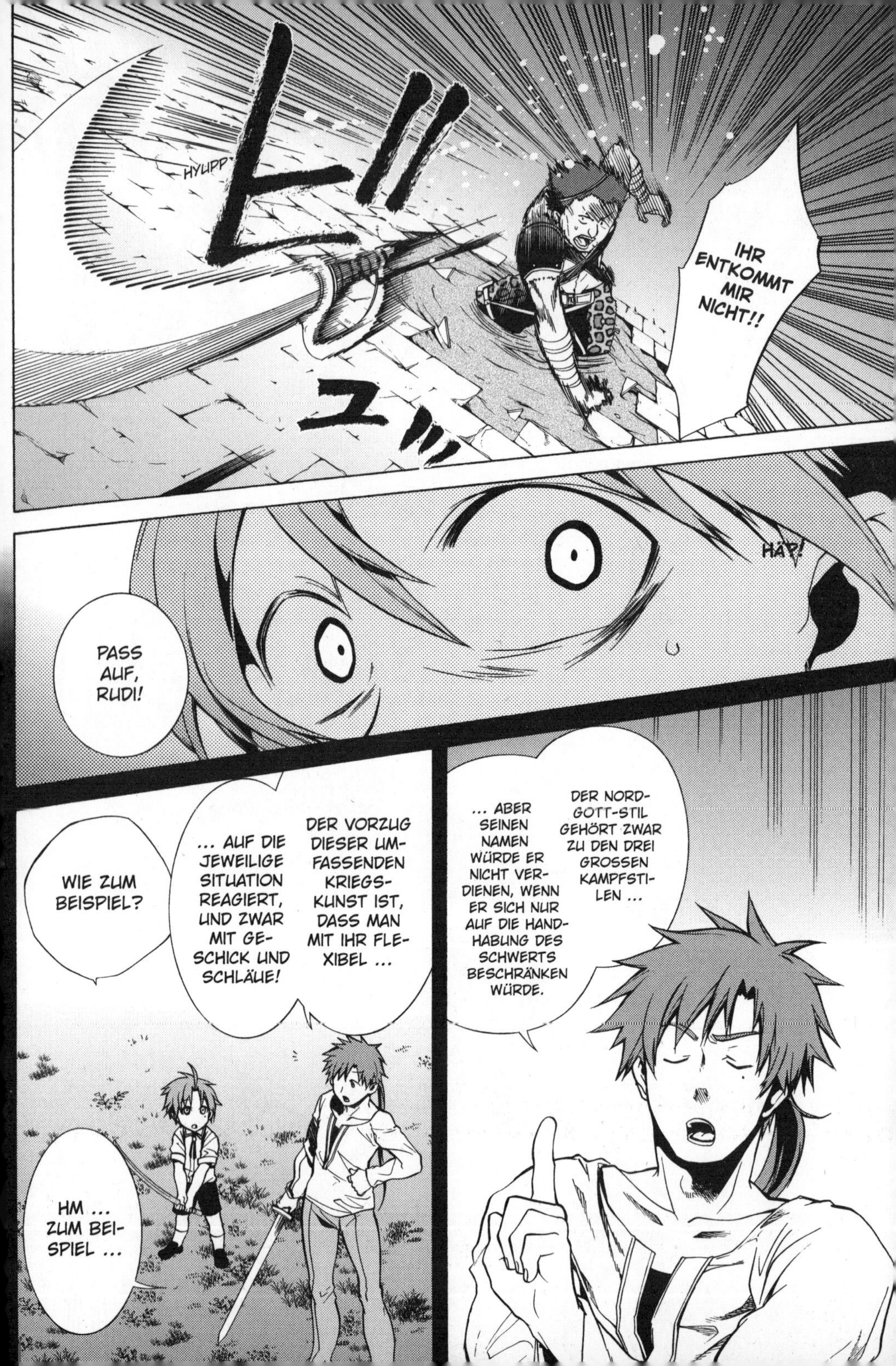
IHR ENTKOMMT MIR NICHT!!
HYUPP
HÄ?!
PASS AUF, RUDI!
DER NORD-GOTT-STIL GEHÖRT ZWAR ZU DEN DREI GROSSEN KAMPFSTILEN …
… ABER SEINEN NAMEN WÜRDE ER NICHT VERDIENEN, WENN ER SICH NUR AUF DIE HANDHABUNG DES SCHWERTS BESCHRÄNKEN WÜRDE.
DER VORZUG DIESER UMFASSENDEN KRIEGSKUNST IST, DASS MAN MIT IHR FLEXIBEL …
… AUF DIE JEWEILIGE SITUATION REAGIERT, UND ZWAR MIT GESCHICK UND SCHLÄUE!
WIE ZUM BEISPIEL?
HM … ZUM BEISPIEL …

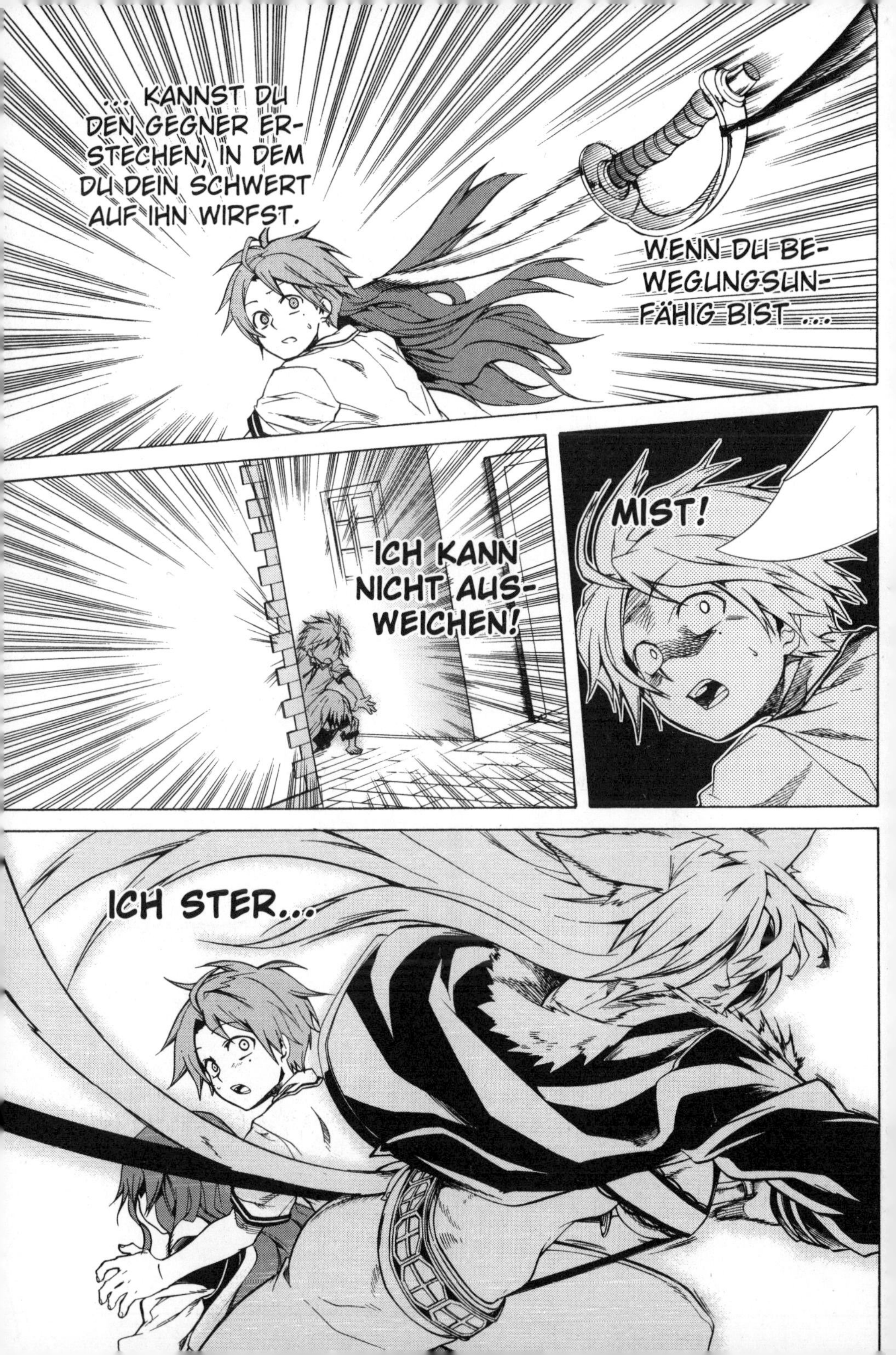

WENN DU BE-WEGUNGSUN-FÄHIG BIST ...

... KANNST DU DEN GEGNER ER-STECHEN, IN DEM DU DEIN SCHWERT AUF IHN WIRFST.

MIST!

ICH KANN NICHT AUS-WEICHEN!

ICH STER...

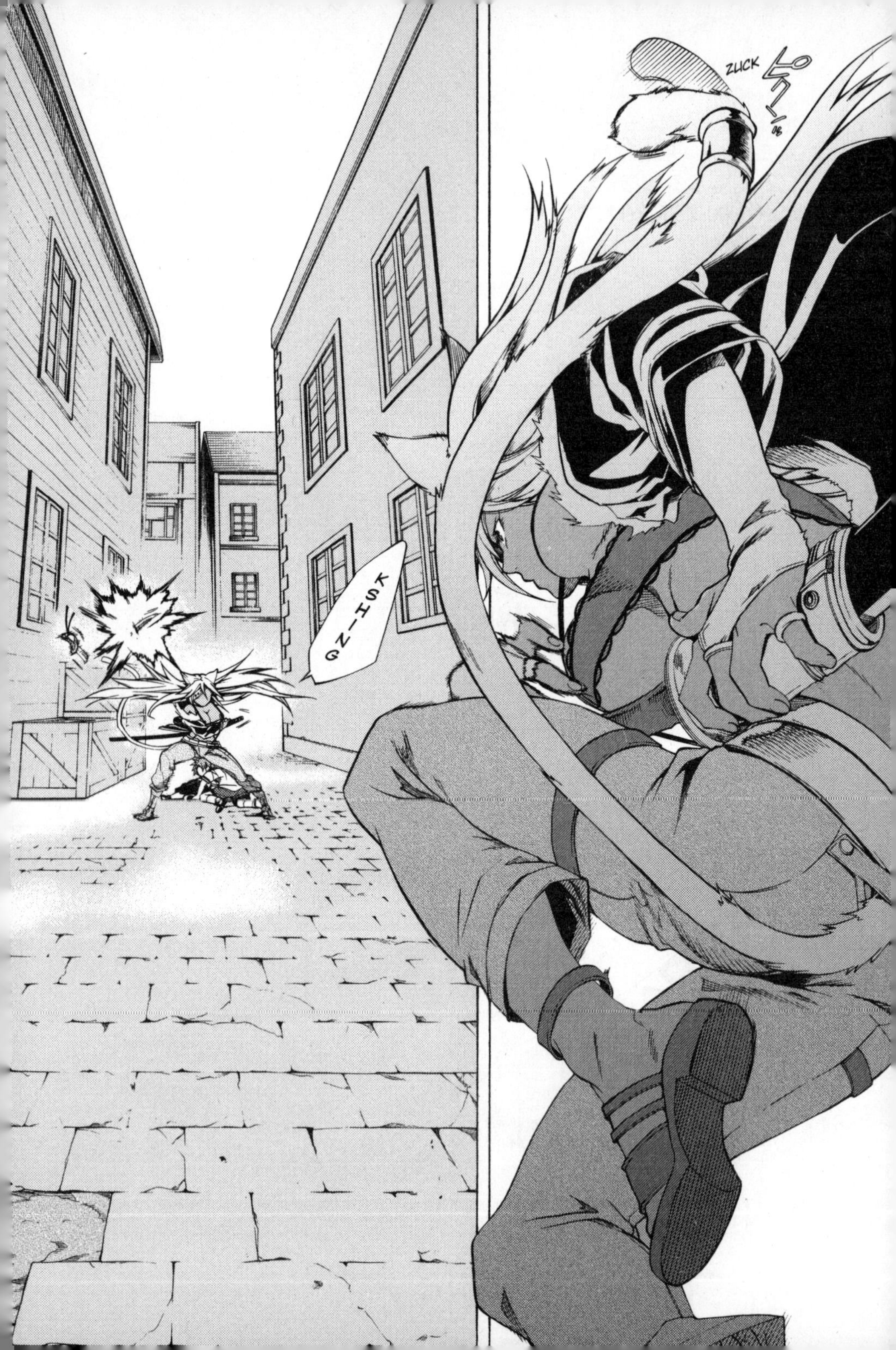
ZUCK
KSHING

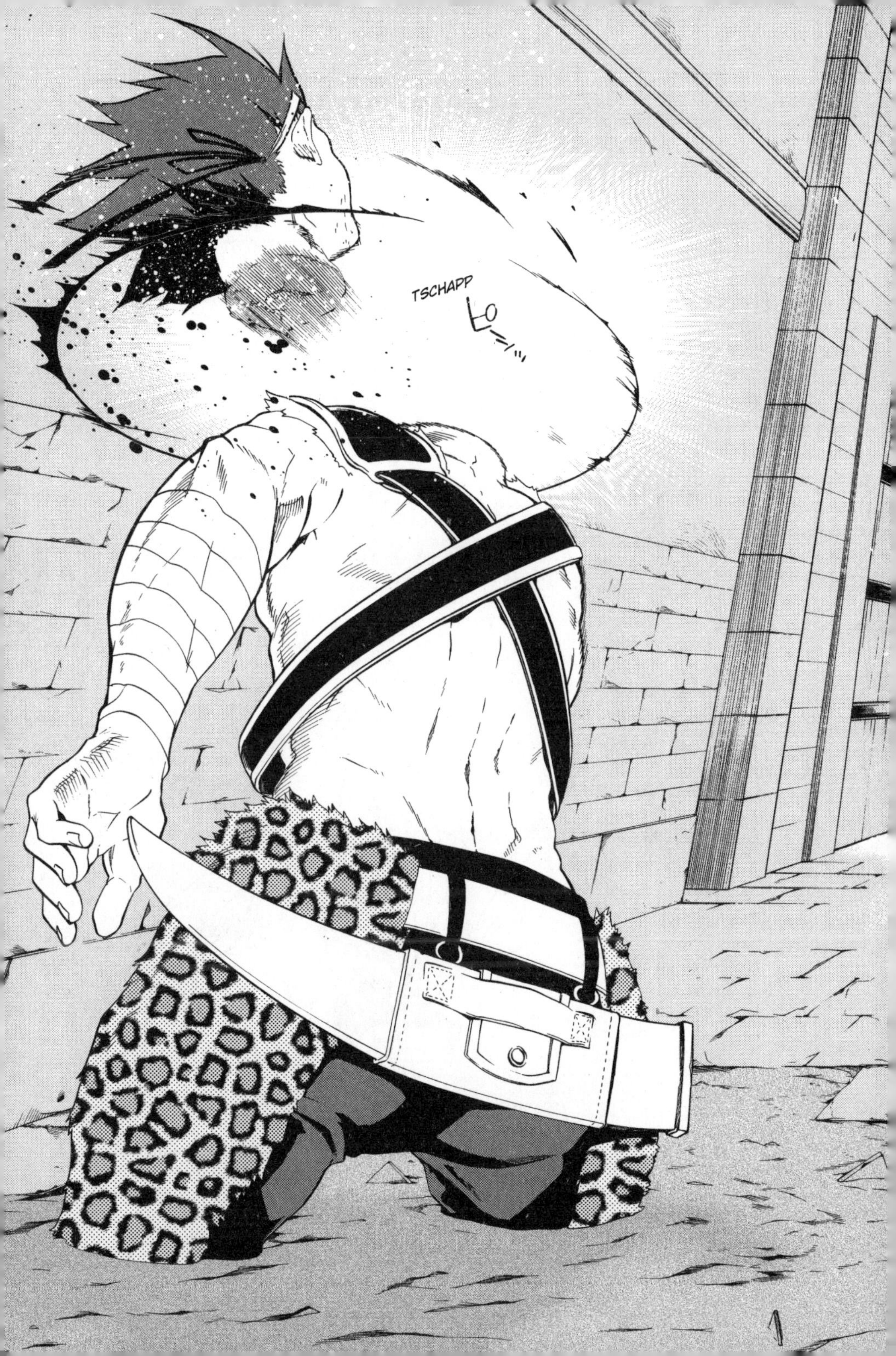
TSCHAPP

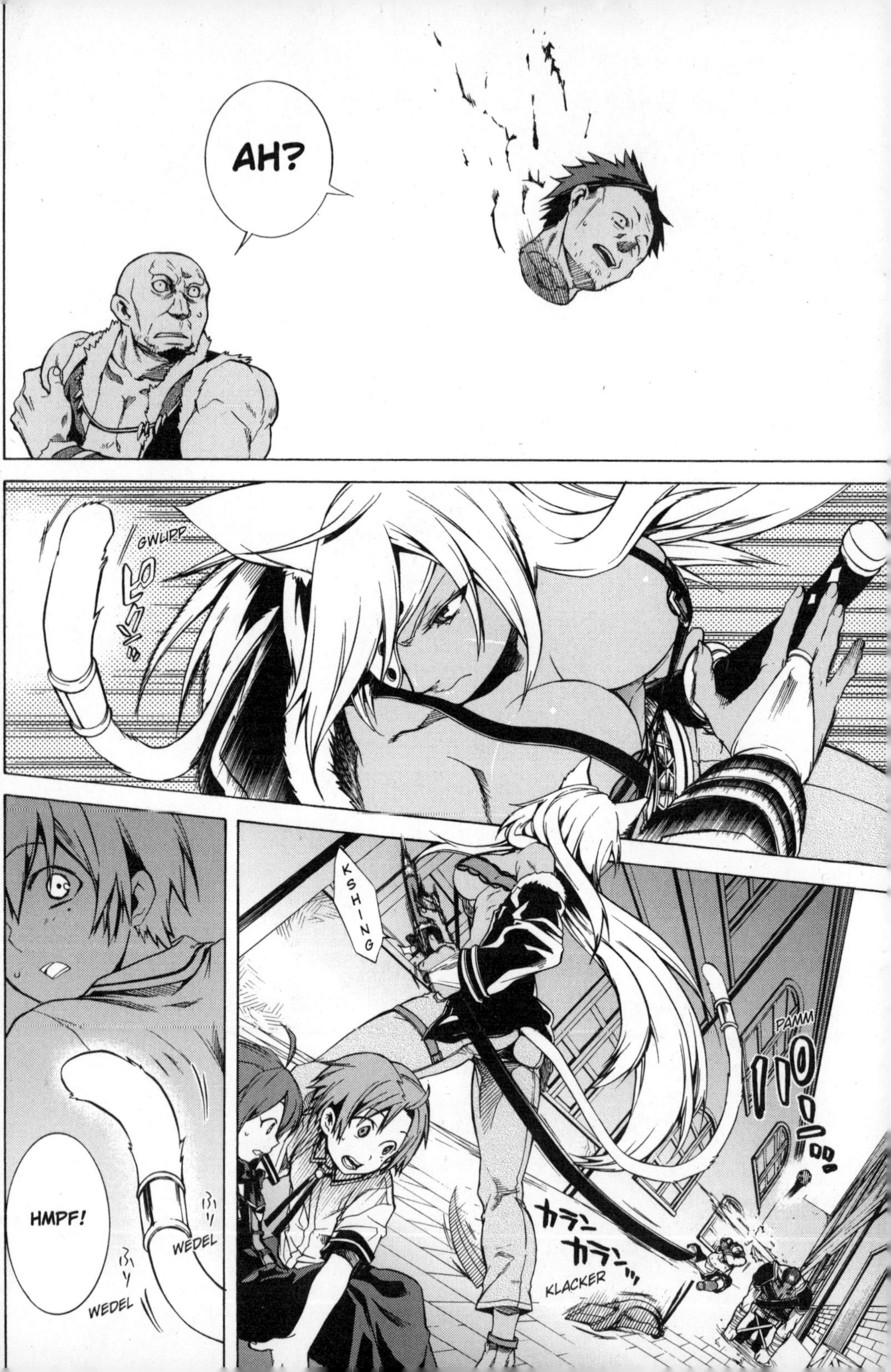

AH?

GWUPP
ピクッ

KSHING
PAMM
カラン
カランッ
KLACKER

HMPF!
ふり
WEDEL
ふり
WEDEL

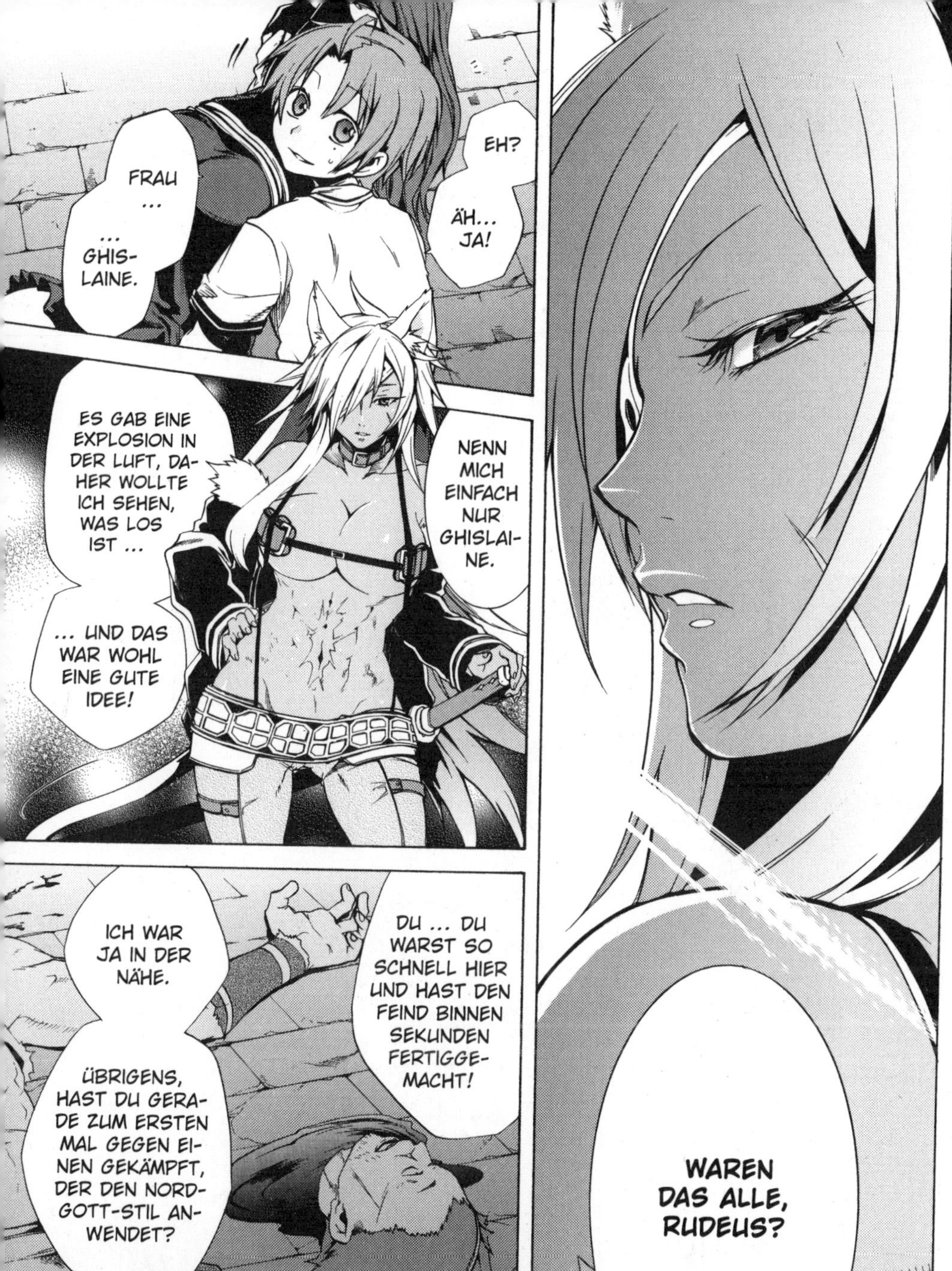
WAREN DAS ALLE, RUDEUS?
EH?
ÄH... JA!
FRAU ...
... GHISLAINE.
NENN MICH EINFACH NUR GHISLAINE.
ES GAB EINE EXPLOSION IN DER LUFT, DAHER WOLLTE ICH SEHEN, WAS LOS IST ...
... UND DAS WAR WOHL EINE GUTE IDEE!
DU ... DU WARST SO SCHNELL HIER UND HAST DEN FEIND BINNEN SEKUNDEN FERTIGGEMACHT!
ICH WAR JA IN DER NÄHE.
ÜBRIGENS, HAST DU GERADE ZUM ERSTEN MAL GEGEN EINEN GEKÄMPFT, DER DEN NORDGOTT-STIL ANWENDET?

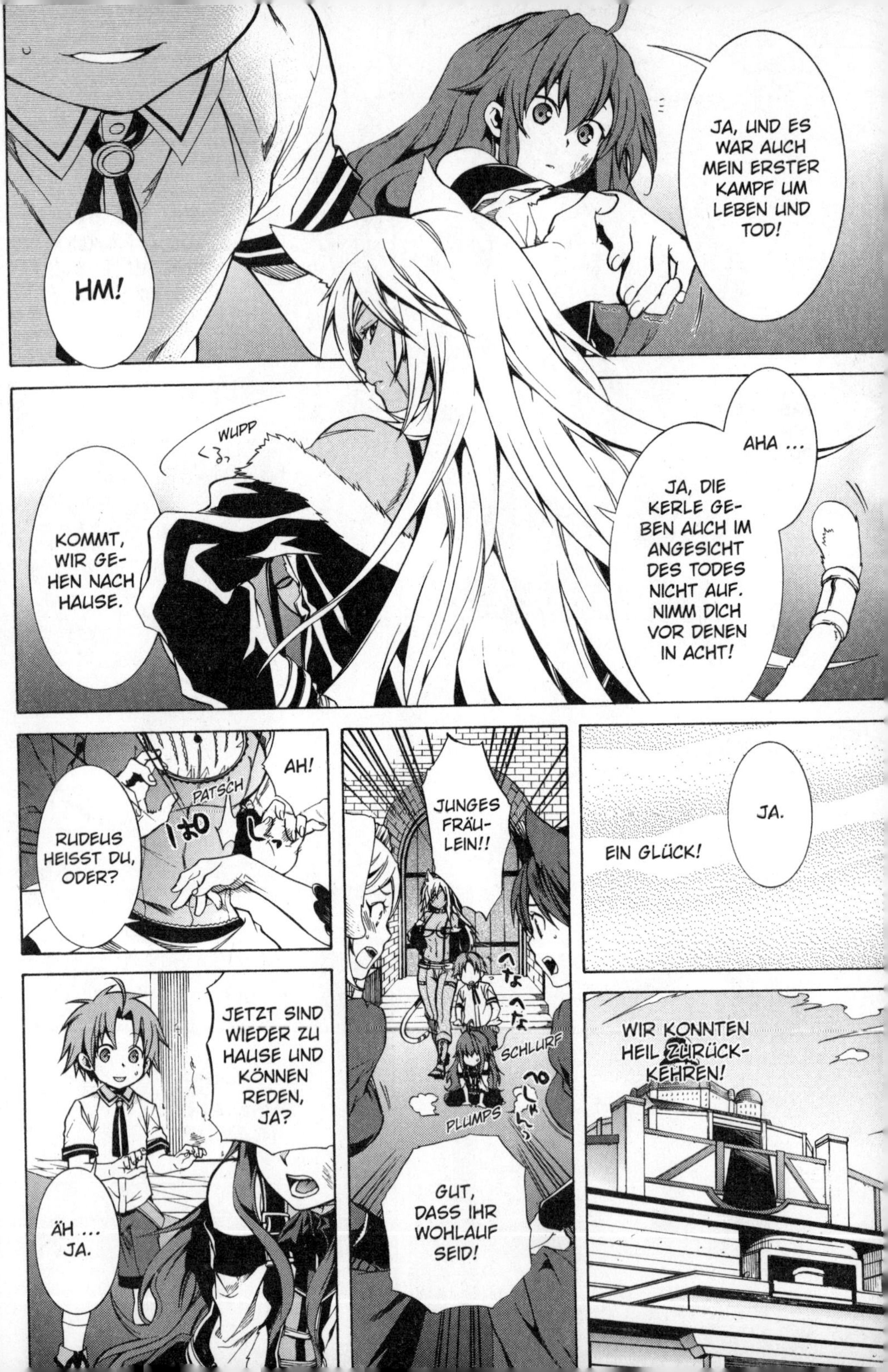

JA, UND ES WAR AUCH MEIN ERSTER KAMPF UM LEBEN UND TOD!

HM!

AHA ...

JA, DIE KERLE GEBEN AUCH IM ANGESICHT DES TODES NICHT AUF. NIMM DICH VOR DENEN IN ACHT!

WUPP

KOMMT, WIR GEHEN NACH HAUSE.

JA.

EIN GLÜCK!

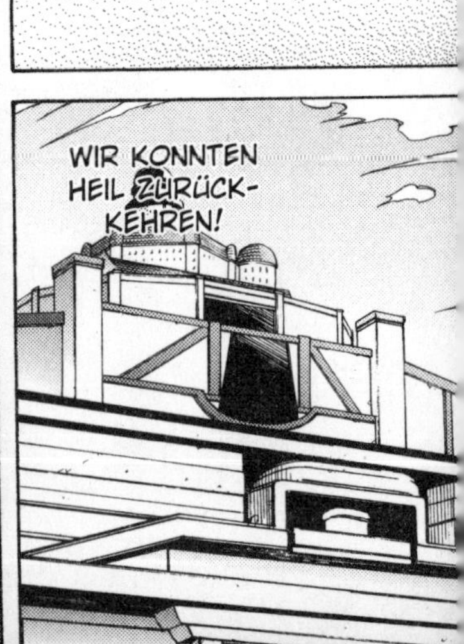

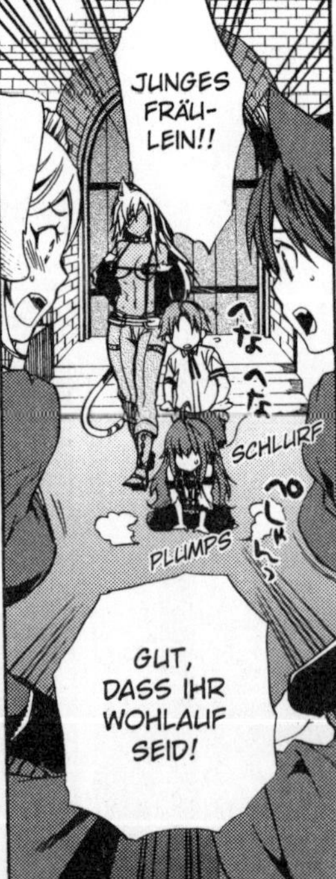

AH!

PATSCH

RUDEUS HEISST DU, ODER?

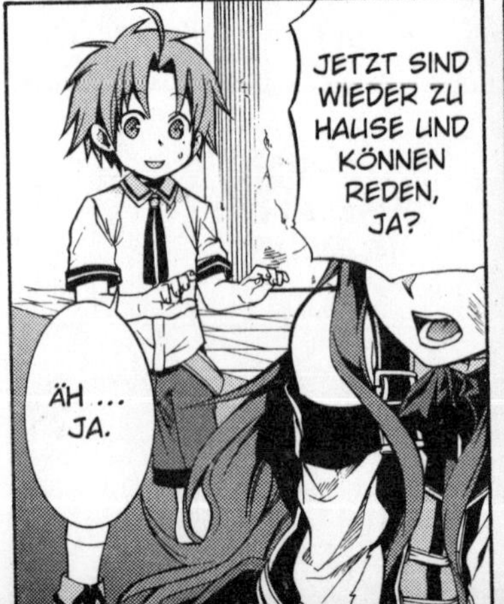

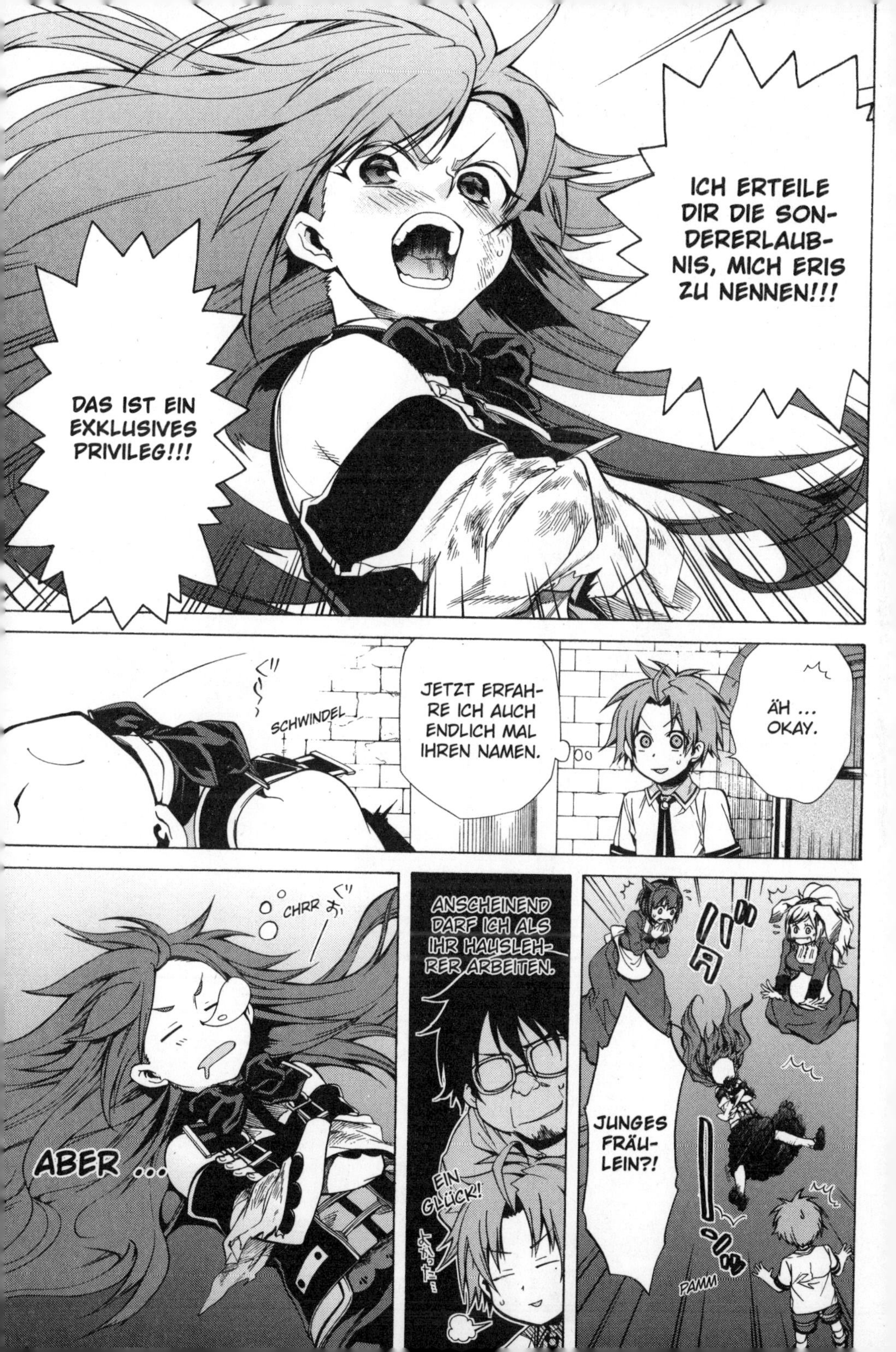

ICH ERTEILE DIR DIE SONDERERLAUBNIS, MICH ERIS ZU NENNEN!!!

DAS IST EIN EXKLUSIVES PRIVILEG!!!

ÄH ... OKAY.

JETZT ERFAHRE ICH AUCH ENDLICH MAL IHREN NAMEN.

SCHWINDEL

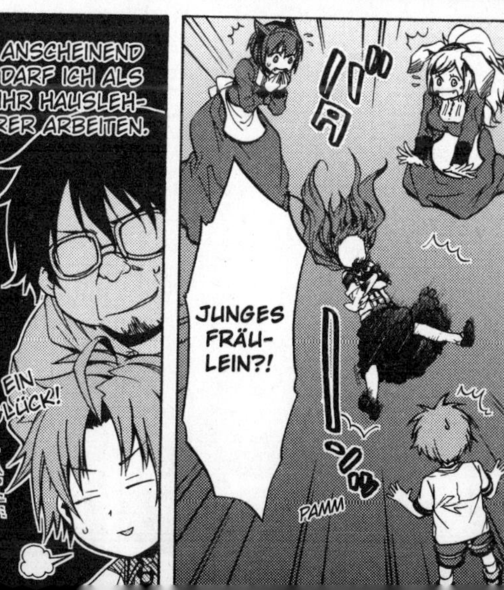

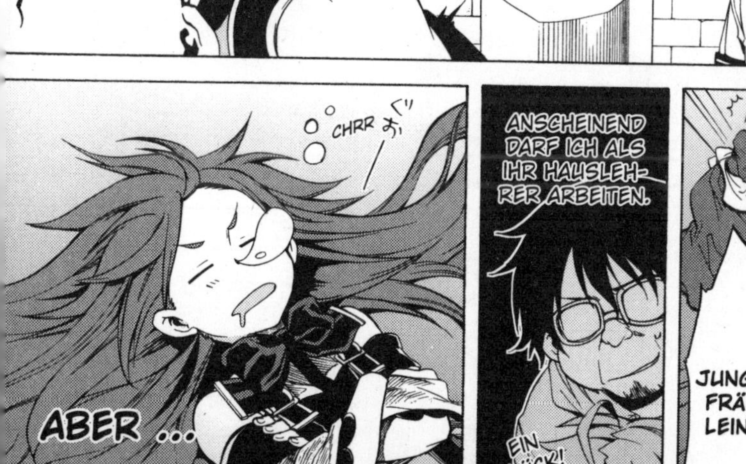

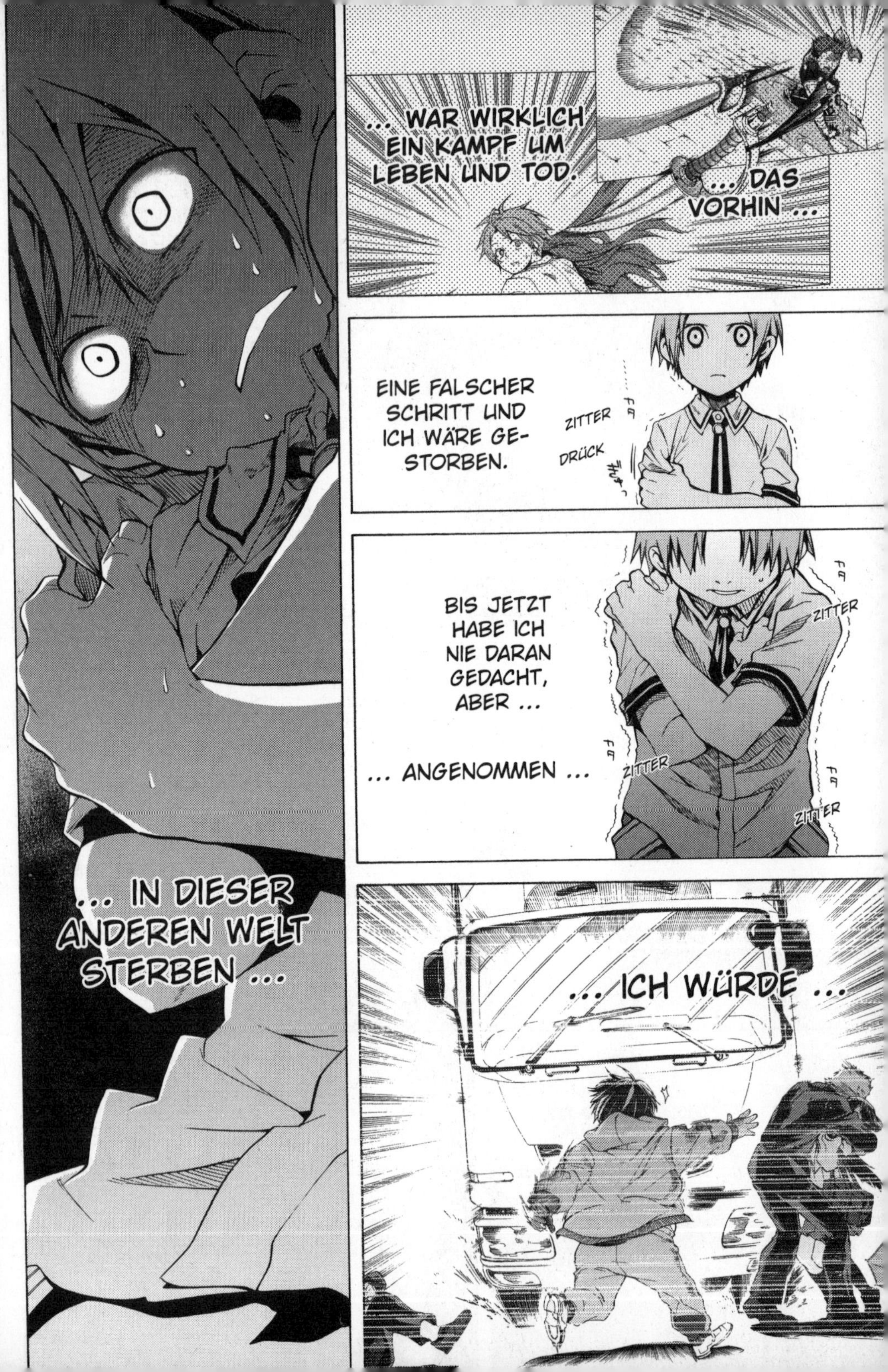

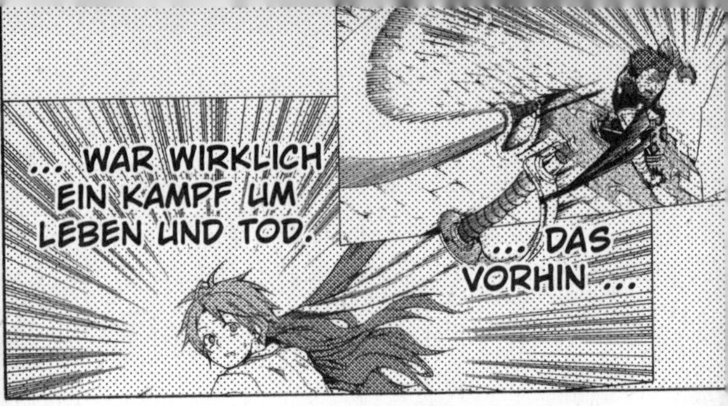

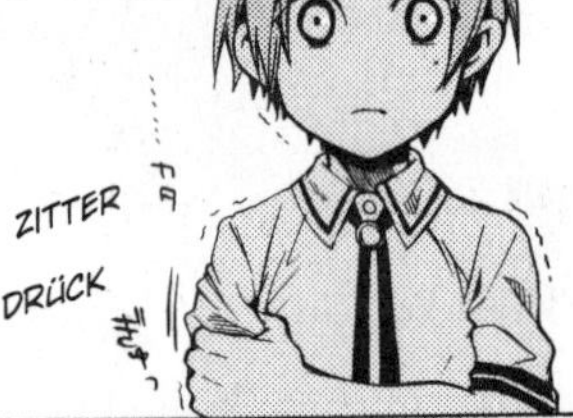

BIS JETZT HABE ICH NIE DARAN GEDACHT, ABER ...

ZITTER

... ANGENOMMEN ...

ZITTER

ZITTER

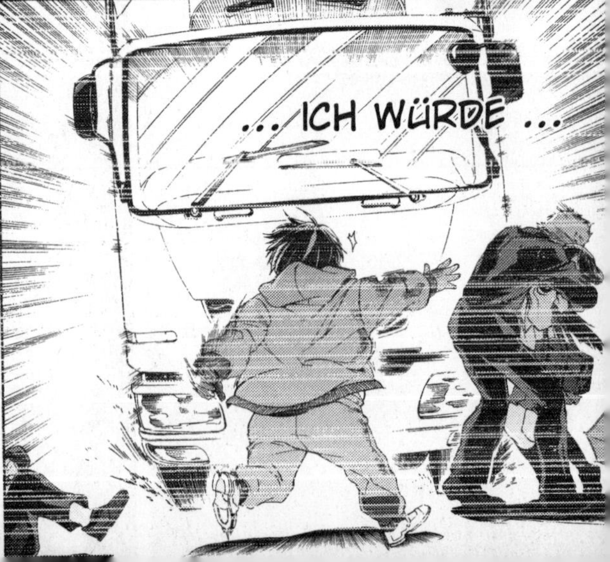

... IN DIESER ANDEREN WELT STERBEN ...

... WAS ...

... WÜRDE DANN
AUS MIR?

Mushoku Tensei

IN DIESER WELT MACH ICH ALLES ANDERS

KAPITEL

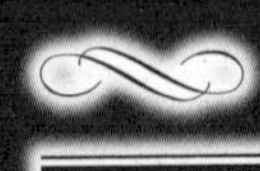

9

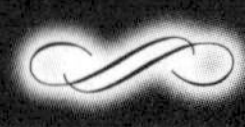

DIE BOREAS-KORREKTHEIT

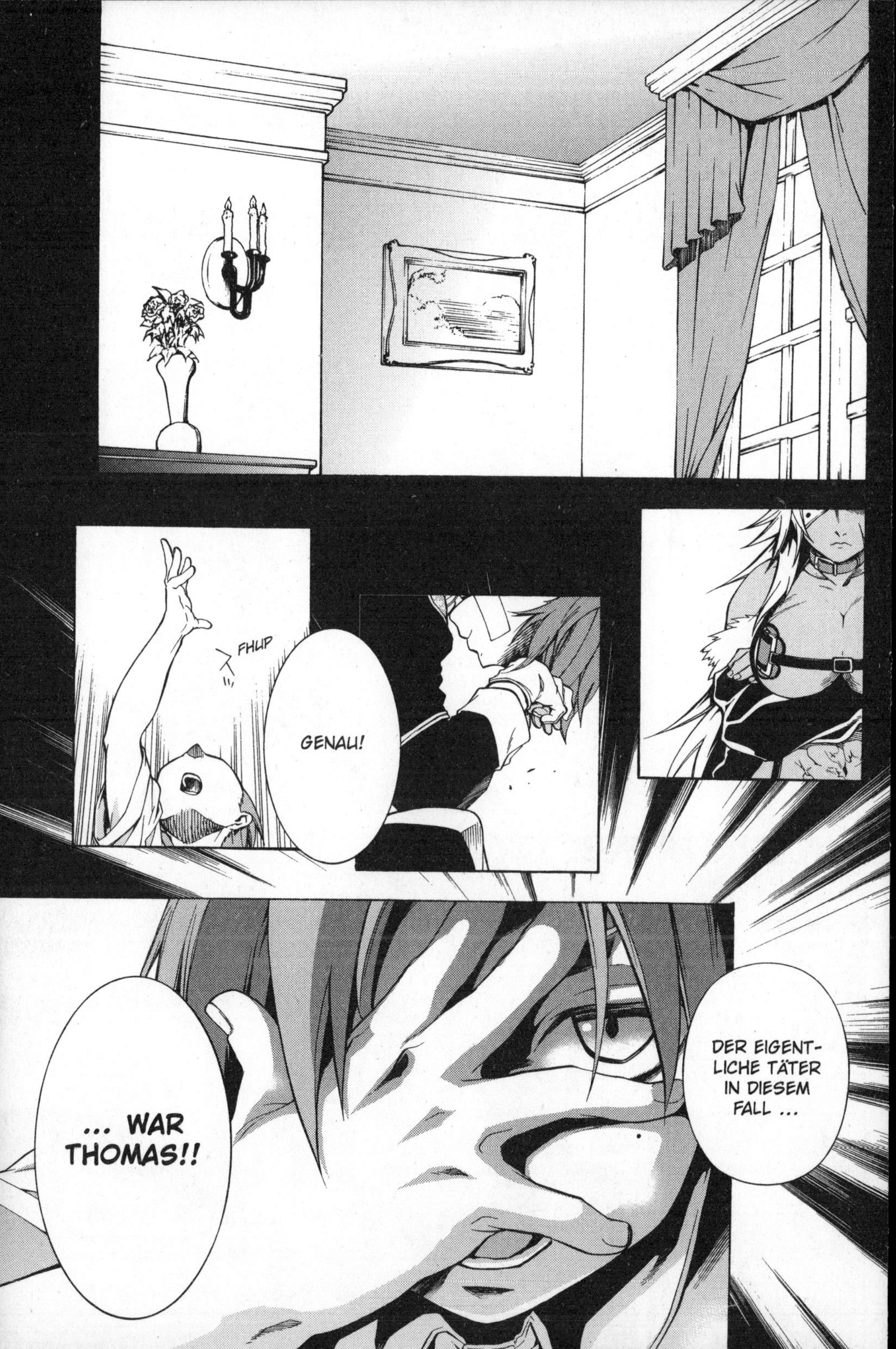
FHUP
GENAU!
DER EIGENT-LICHE TÄTER IN DIESEM FALL ...
... WAR THOMAS!!

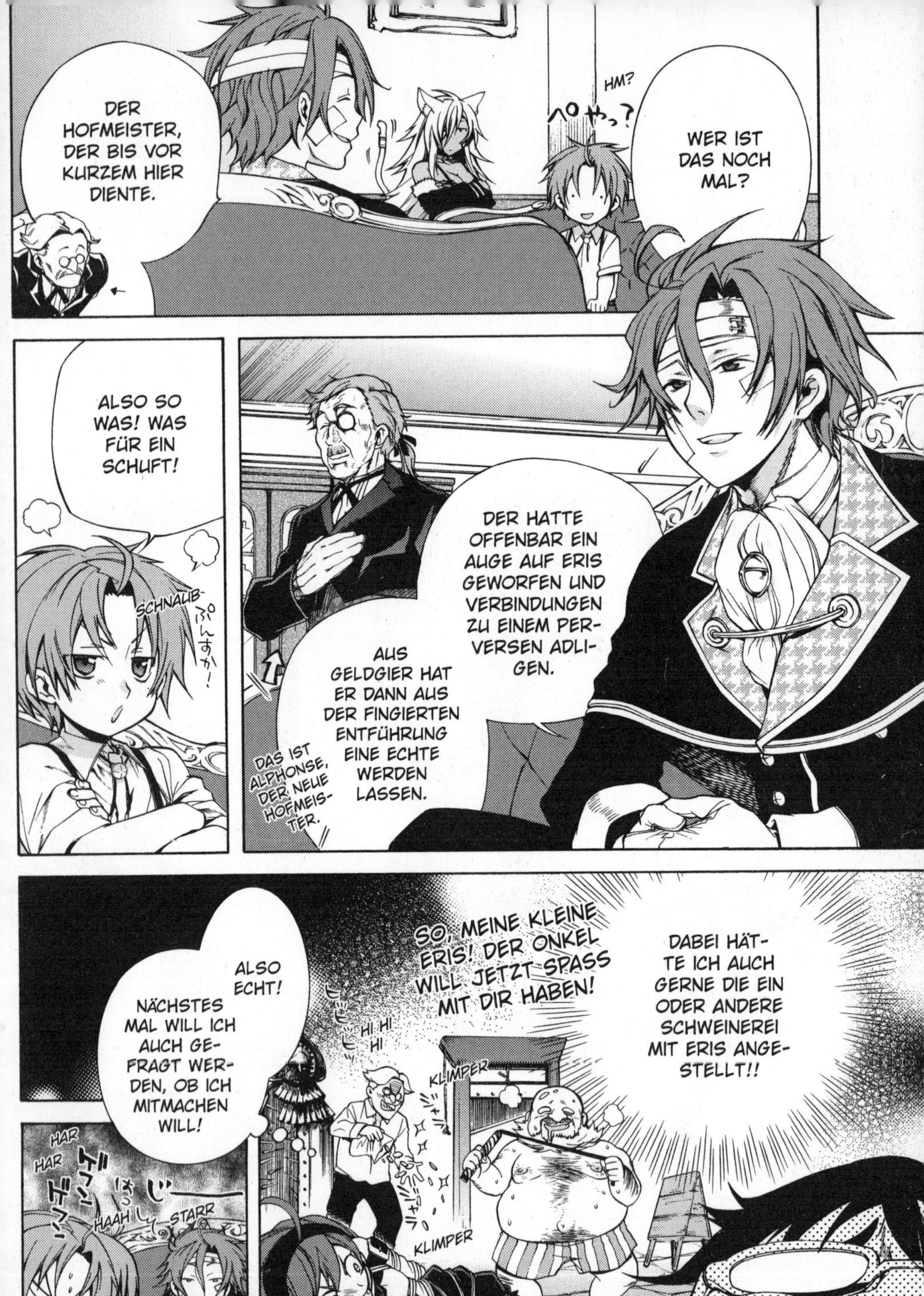
HM?
WER IST DAS NOCH MAL?
DER HOFMEISTER, DER BIS VOR KURZEM HIER DIENTE.
DER HATTE OFFENBAR EIN AUGE AUF ERIS GEWORFEN UND VERBINDUNGEN ZU EINEM PERVERSEN ADLIGEN.
AUS GELDGIER HAT ER DANN AUS DER FINGIERTEN ENTFÜHRUNG EINE ECHTE WERDEN LASSEN.
DAS IST ALPHONSE, DER NEUE HOFMEISTER.
ALSO SO WAS! WAS FÜR EIN SCHUFT!
SCHNAUB
DABEI HÄTTE ICH AUCH GERNE DIE EIN ODER ANDERE SCHWEINEREI MIT ERIS ANGESTELLT!!
SO, MEINE KLEINE ERIS! DER ONKEL WILL JETZT SPASS MIT DIR HABEN!
HI HI HI
KLIMPER
KLIMPER
ALSO ECHT! NÄCHSTES MAL WILL ICH AUCH GEFRAGT WERDEN, OB ICH MITMACHEN WILL!
HAR HAR
HAAH
STARR

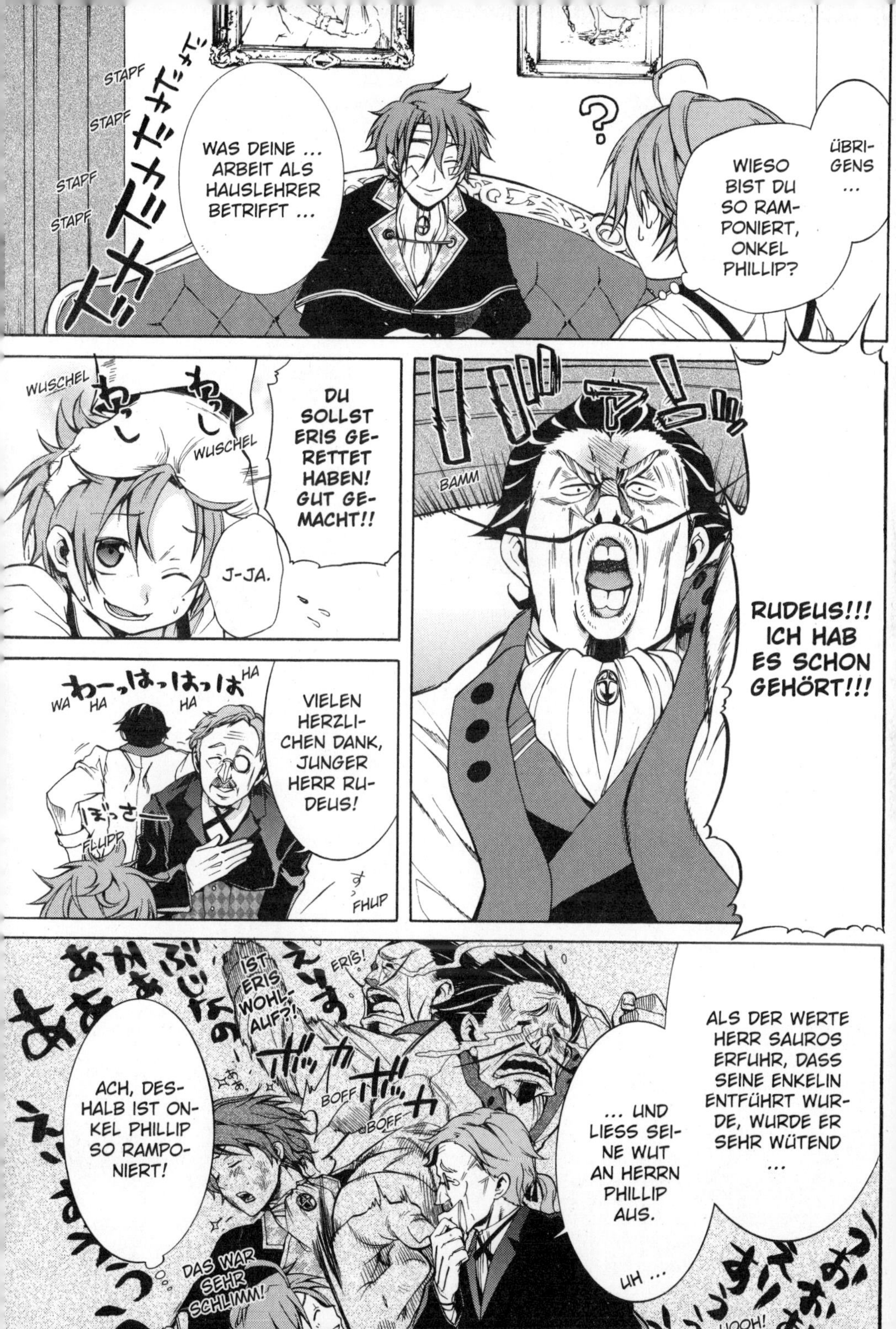
ÜBRIGENS ...
WIESO BIST DU SO RAMPONIERT, ONKEL PHILLIP?
?
WAS DEINE ... ARBEIT ALS HAUSLEHRER BETRIFFT ...
STAPF
STAPF
STAPF
STAPF
BAMM
RUDEUS!!! ICH HAB ES SCHON GEHÖRT!!!
DU SOLLST ERIS GERETTET HABEN! GUT GEMACHT!!
WUSCHEL
WUSCHEL
J-JA.
FHUP
VIELEN HERZLICHEN DANK, JUNGER HERR RUDEUS!
WA HA HA HA
FLUPP
ALS DER WERTE HERR SAUROS ERFUHR, DASS SEINE ENKELIN ENTFÜHRT WURDE, WURDE ER SEHR WÜTEND ...
... UND LIESS SEINE WUT AN HERRN PHILLIP AUS.
UH ...
UOOH! ERIIIIIS!
ERIS!
IST ERIS WOHLAUF?!
BOFF
BOFF
ACH, DESHALB IST ONKEL PHILLIP SO RAMPONIERT!
DAS WAR SEHR SCHLIMM!

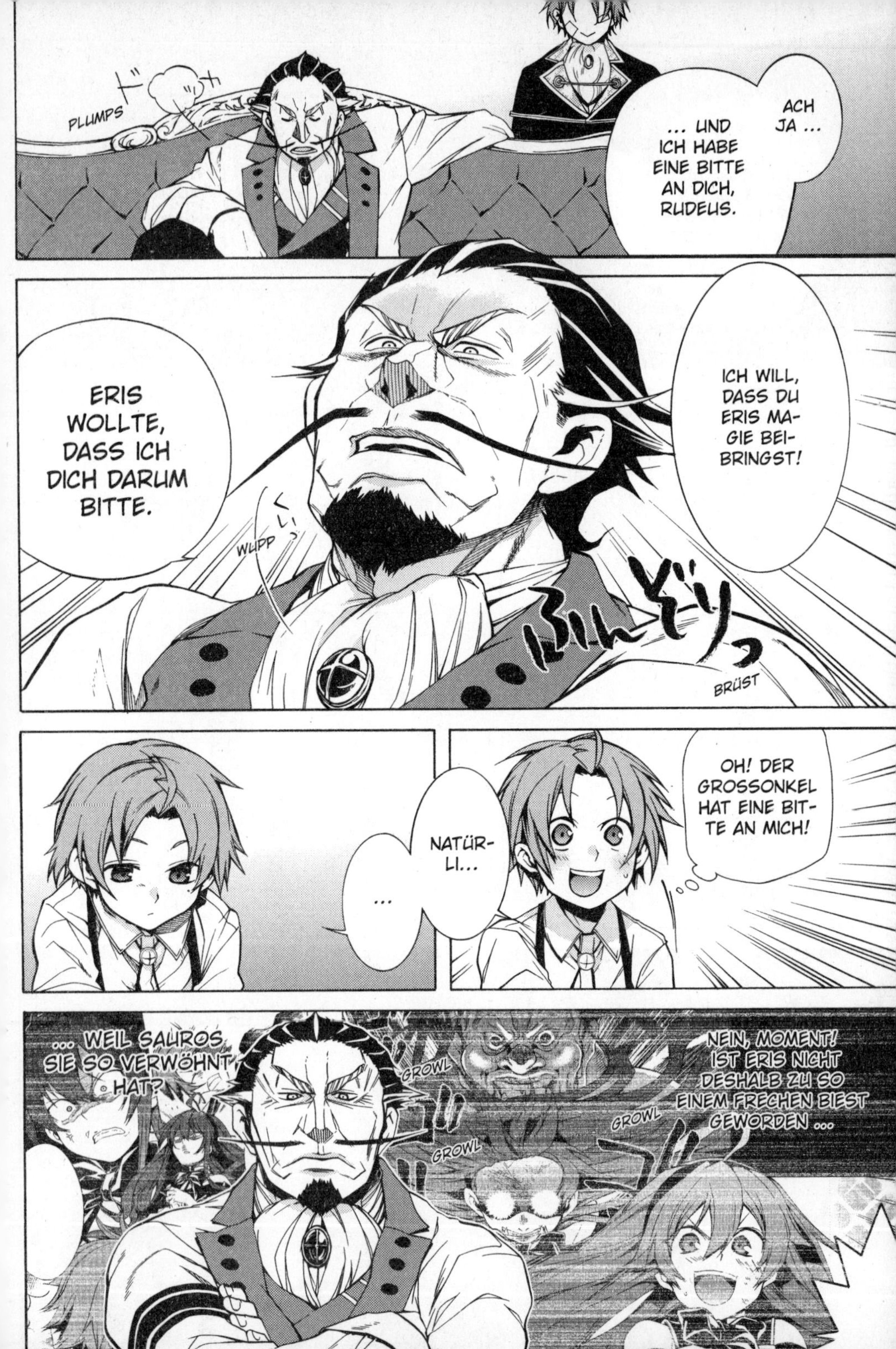
ACH JA …
… UND ICH HABE EINE BITTE AN DICH, RUDEUS.
ドッ
PLUMPS
ICH WILL, DASS DU ERIS MAGIE BEIBRINGST!
ふんぞりっ
BRÜST
ERIS WOLLTE, DASS ICH DICH DARUM BITTE.
くい
WUPP
OH! DER GROSSONKEL HAT EINE BITTE AN MICH!
NATÜRLI…
…
NEIN, MOMENT! IST ERIS NICHT DESHALB ZU SO EINEM FRECHEN BIEST GEWORDEN …
GROWL
GROWL
GROWL
… WEIL SAUROS SIE SO VERWÖHNT HAT?

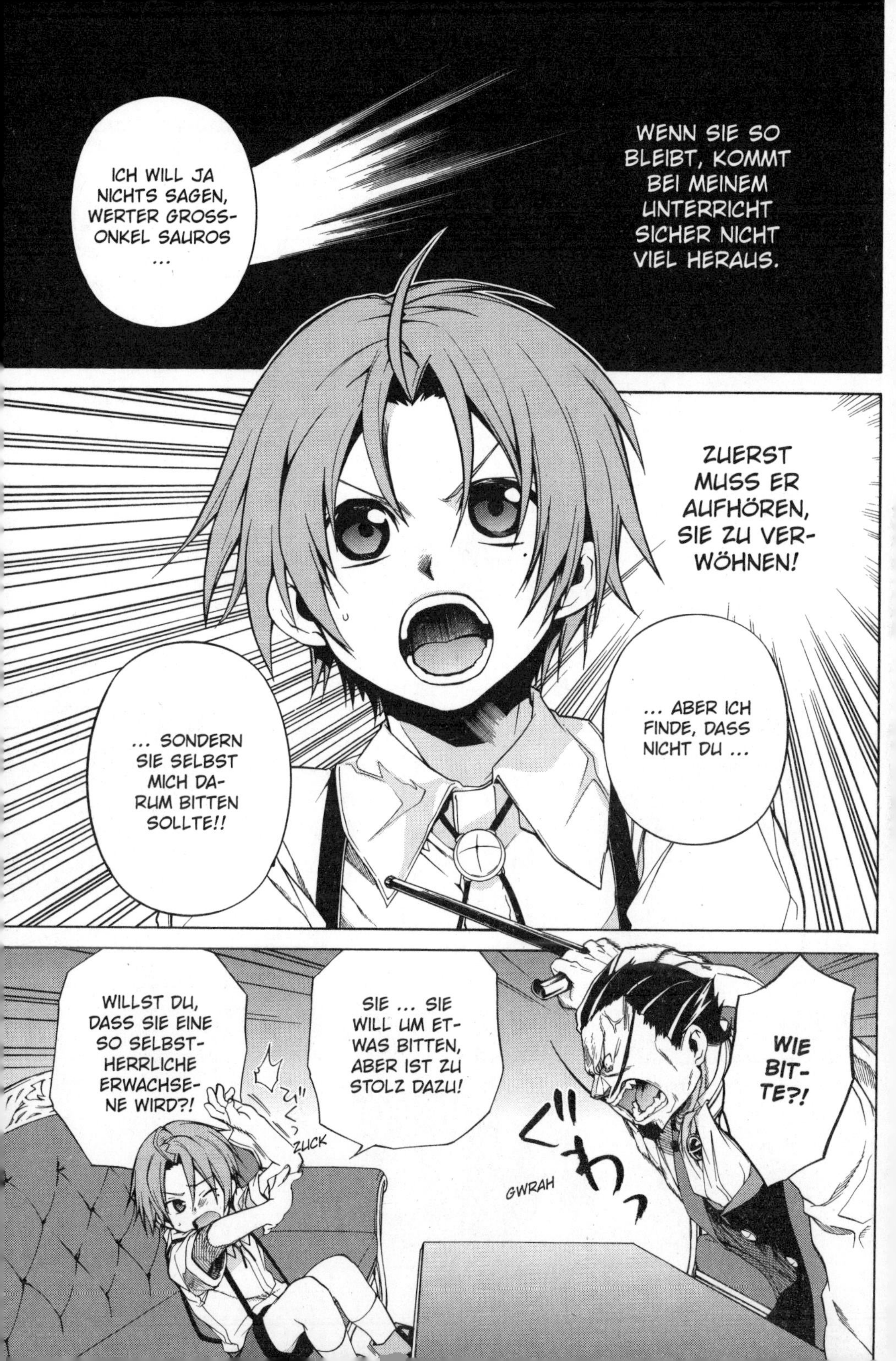
WENN SIE SO BLEIBT, KOMMT BEI MEINEM UNTERRICHT SICHER NICHT VIEL HERAUS.
ICH WILL JA NICHTS SAGEN, WERTER GROSS-ONKEL SAUROS …
ZUERST MUSS ER AUFHÖREN, SIE ZU VER-WÖHNEN!
… ABER ICH FINDE, DASS NICHT DU …
… SONDERN SIE SELBST MICH DA-RUM BITTEN SOLLTE!!
WIE BIT-TE?!
ぐわっ
GWRAH
SIE … SIE WILL UM ET-WAS BITTEN, ABER IST ZU STOLZ DAZU!
ZUCK
WILLST DU, DASS SIE EINE SO SELBST-HERRLICHE ERWACHSE-NE WIRD?!

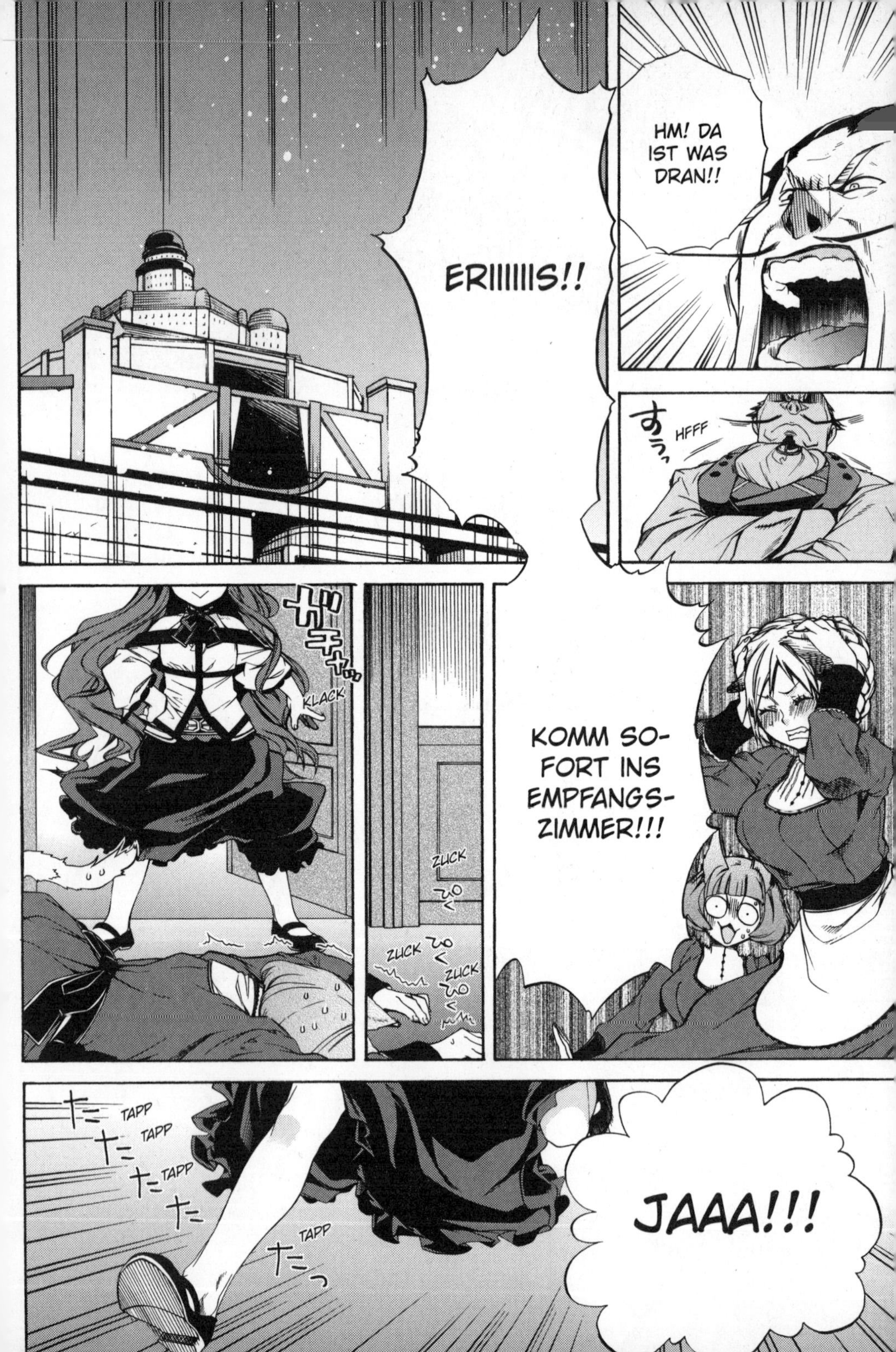
HM! DA IST WAS DRAN!!
ERIIIIIIS!!
HFFF
KOMM SOFORT INS EMPFANGSZIMMER!!!
KLACK
ZUCK
ZUCK
ZUCK
JAAA!!!
TAPP
TAPP
TAPP
TAPP

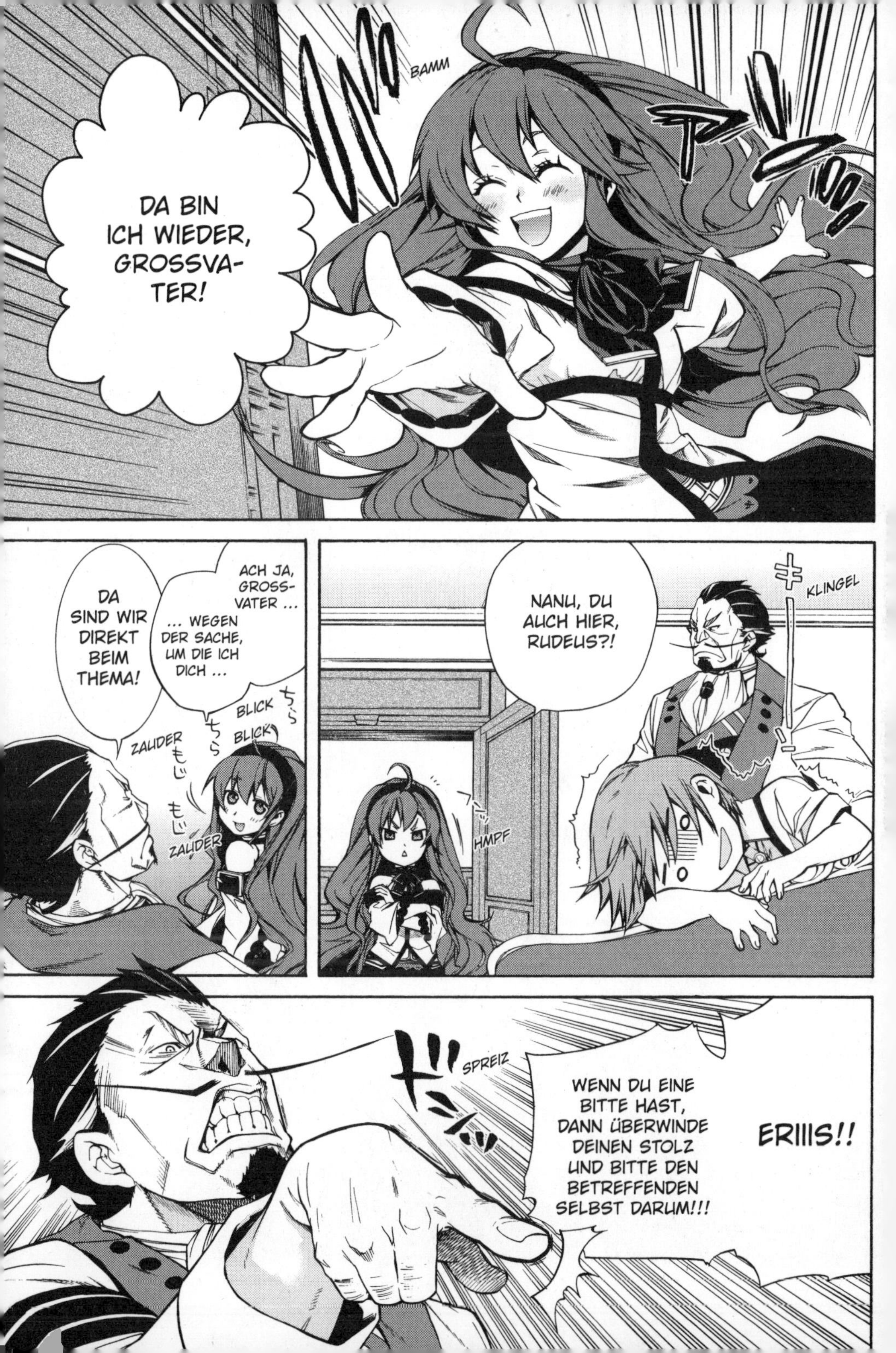

BAMM

DA BIN ICH WIEDER, GROSSVATER!

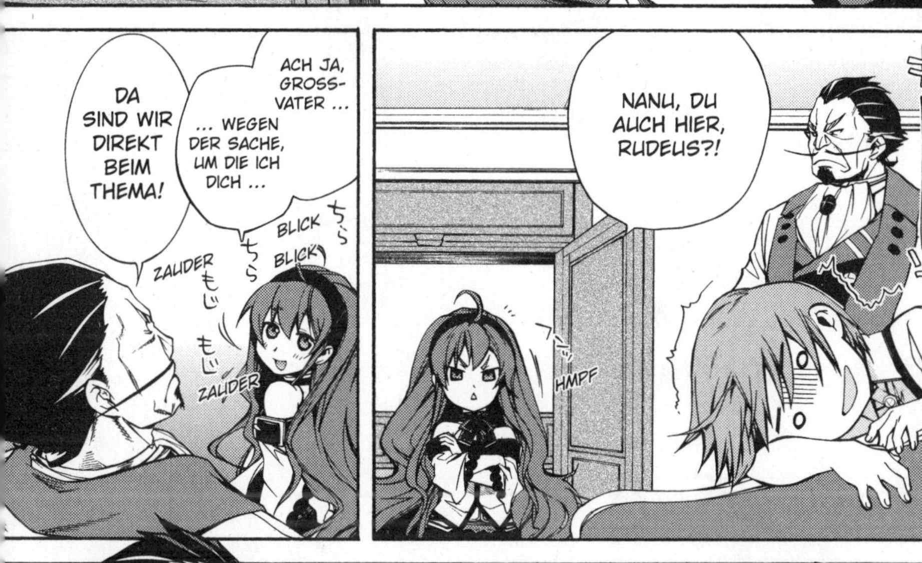

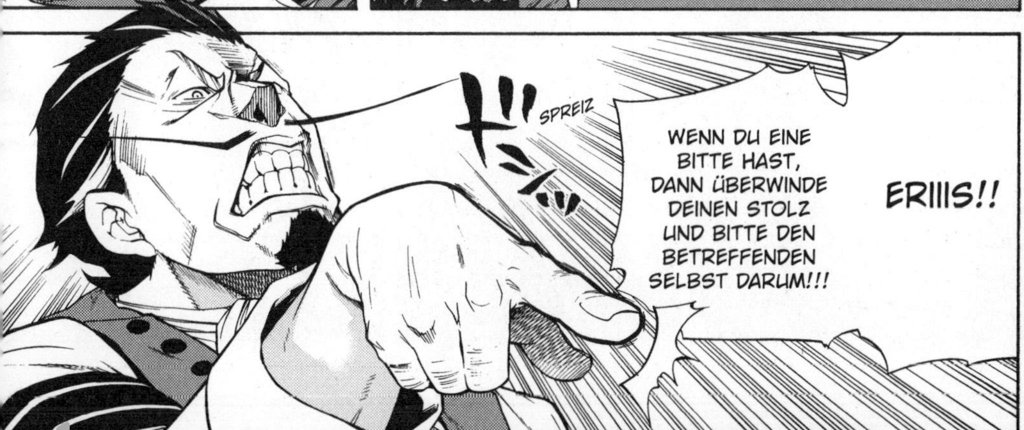

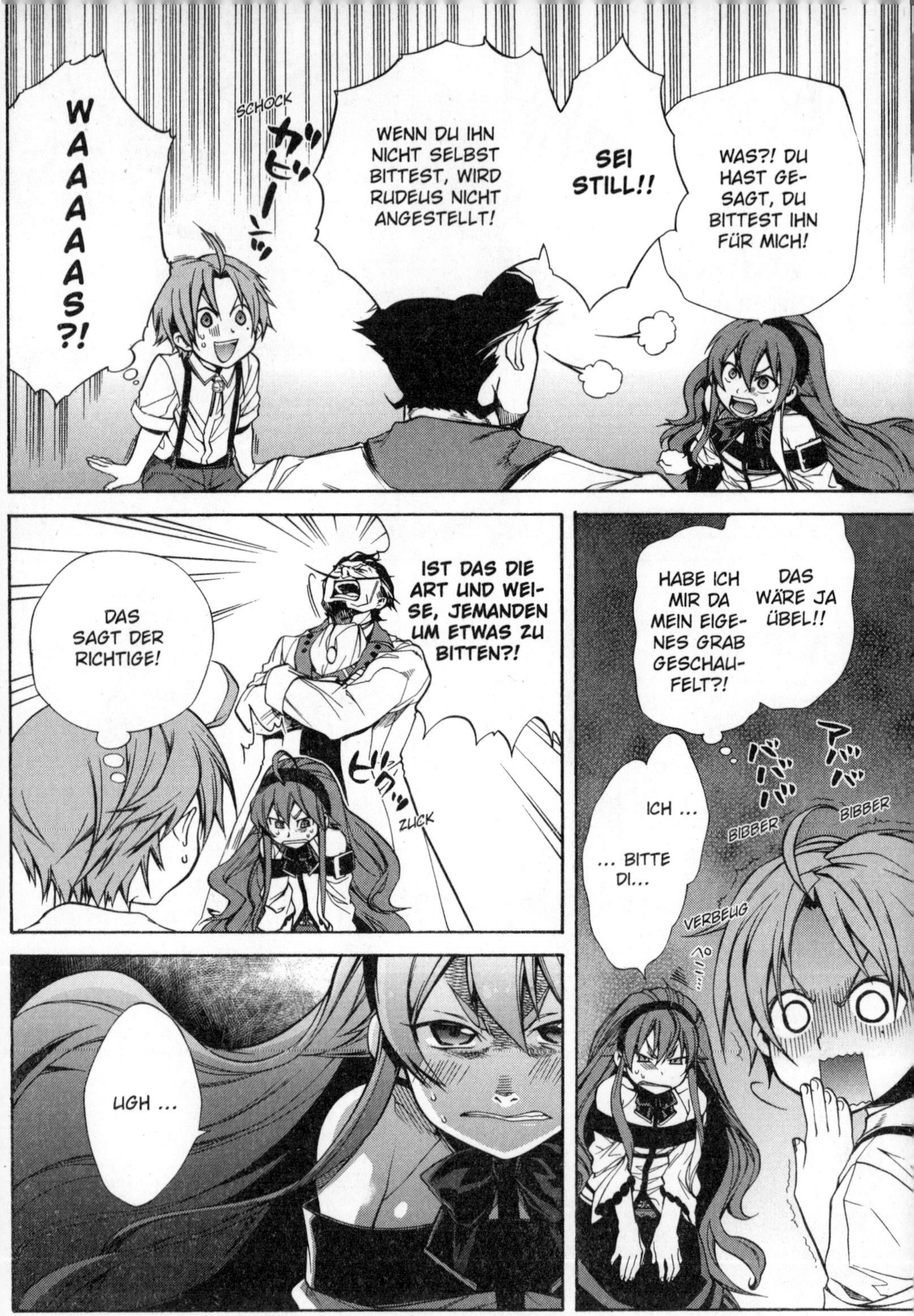

WAS?! DU HAST GESAGT, DU BITTEST IHN FÜR MICH!
SEI STILL!!
WENN DU IHN NICHT SELBST BITTEST, WIRD RUDEUS NICHT ANGESTELLT!
SCHOCK
WAAAAAAAS?!

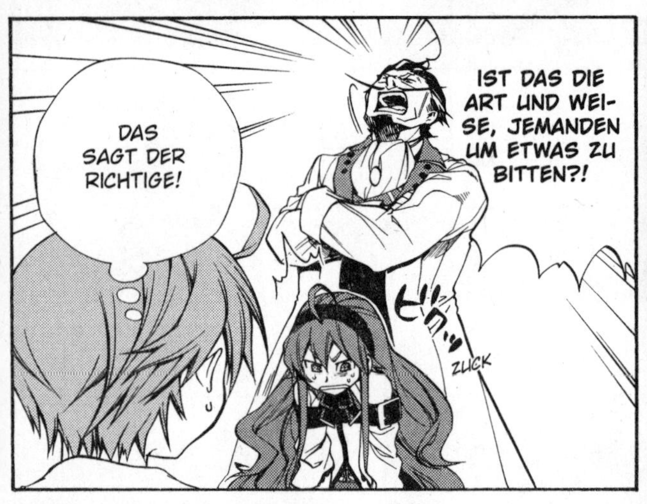

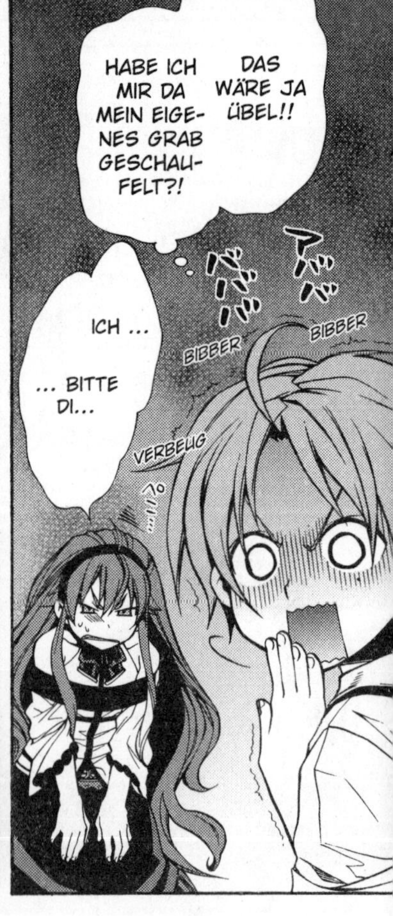

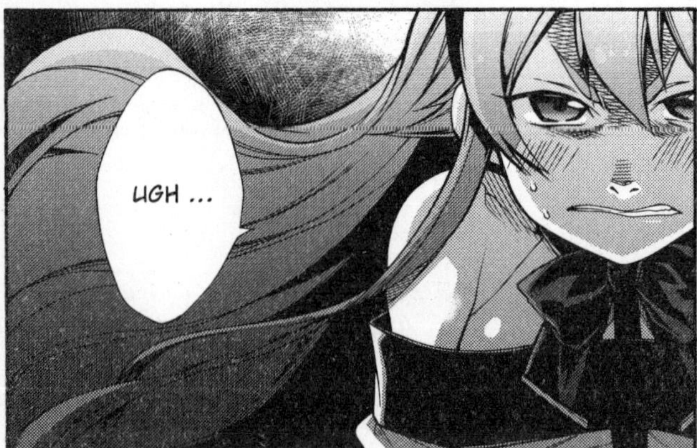

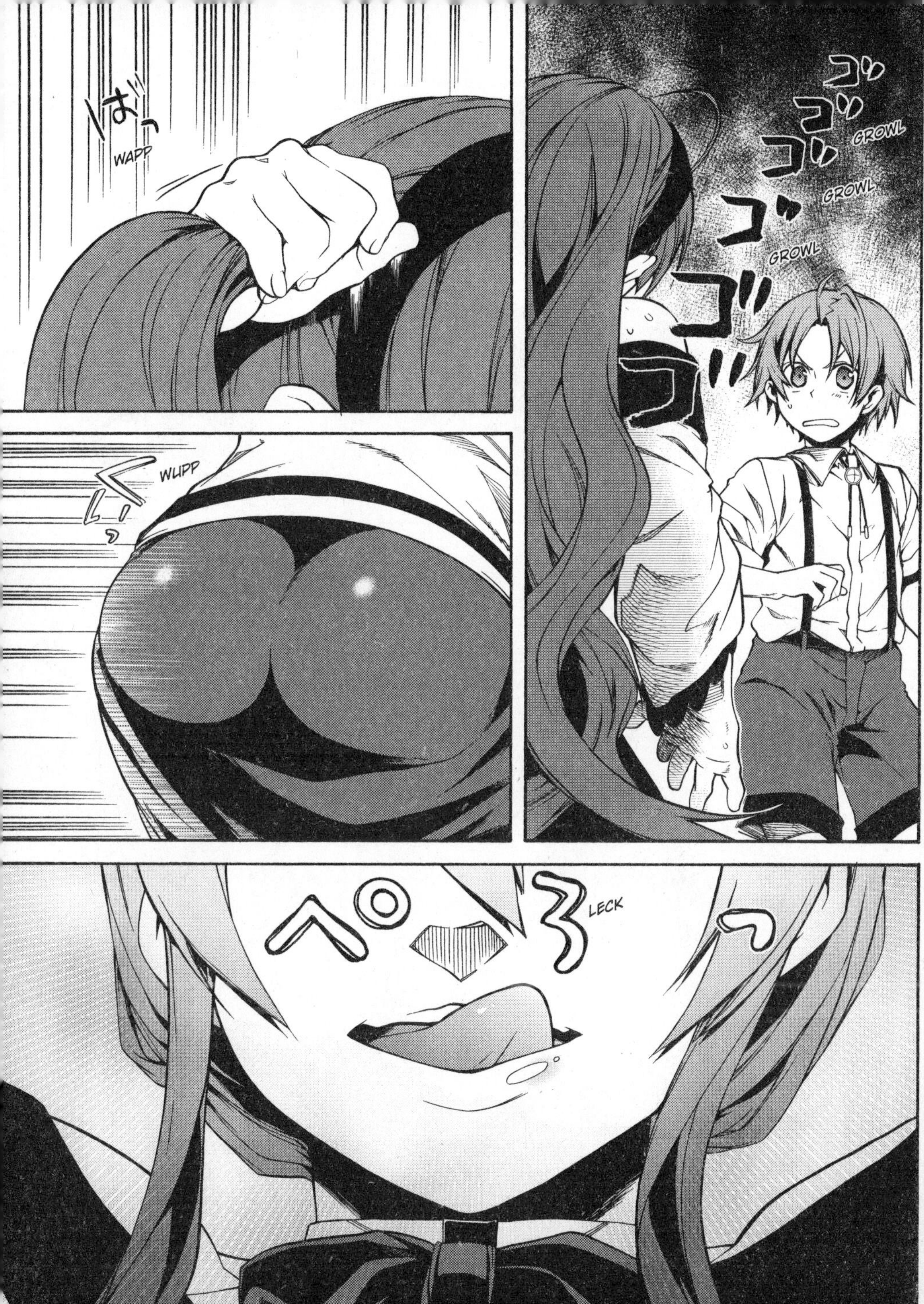

ゴッ
ゴッ
ゴッ
ゴ
ゴ
ゴ
GROWL
GROWL
GROWL
ばっ
WAPP
ぐむっ
WUPP
ぺろっ
LECK

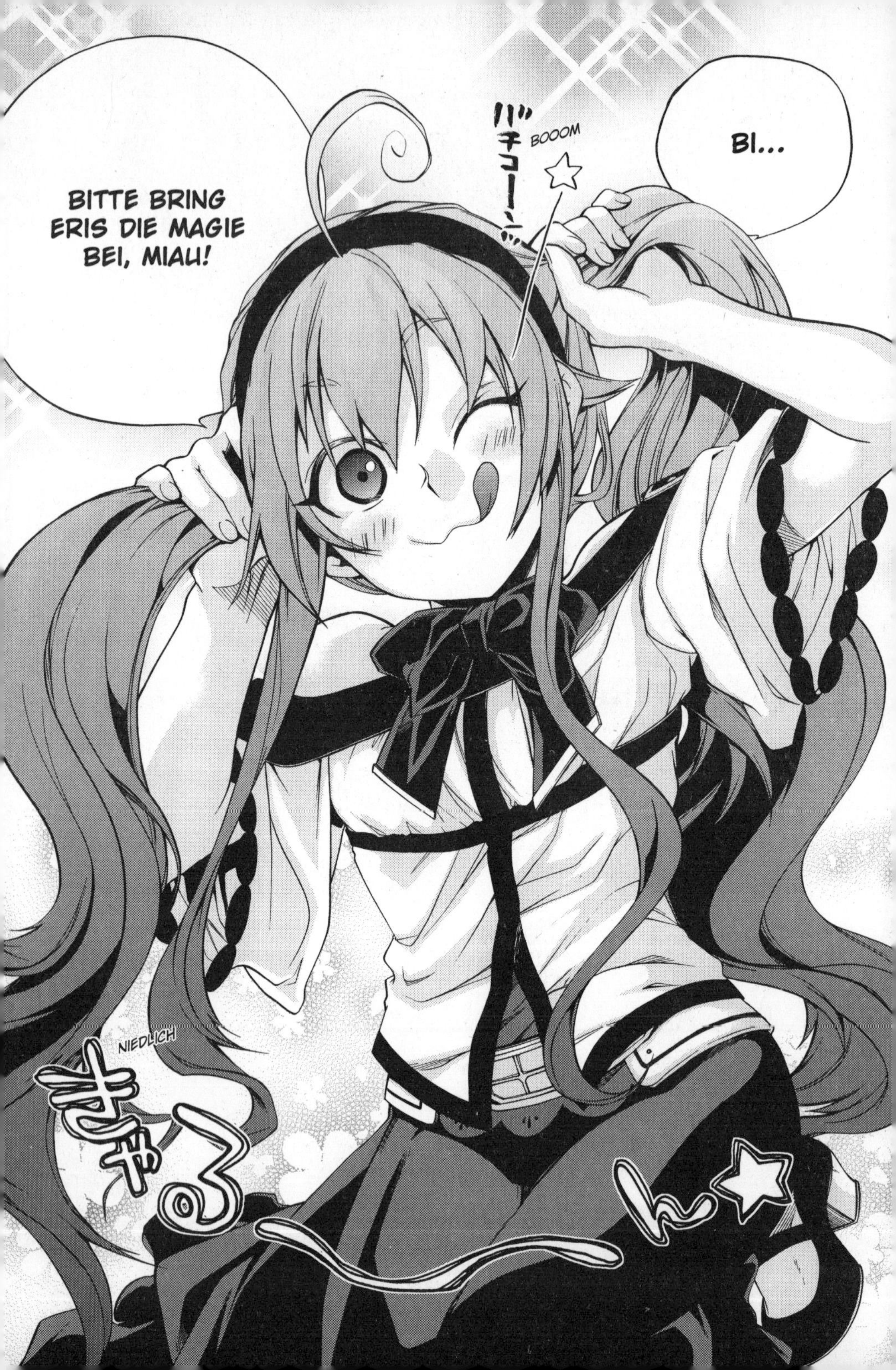
BI...
バチコーン
BOOOM
BITTE BRING ERIS DIE MAGIE BEI, MIAU!
NIEDLICH
きゃるーん☆

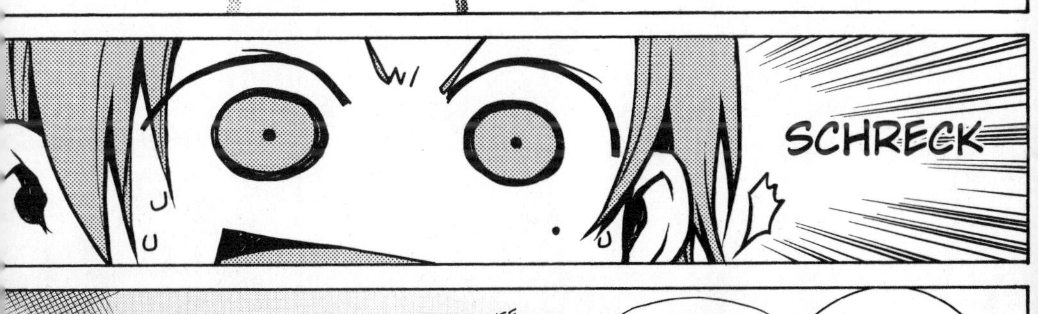
SCHRECK

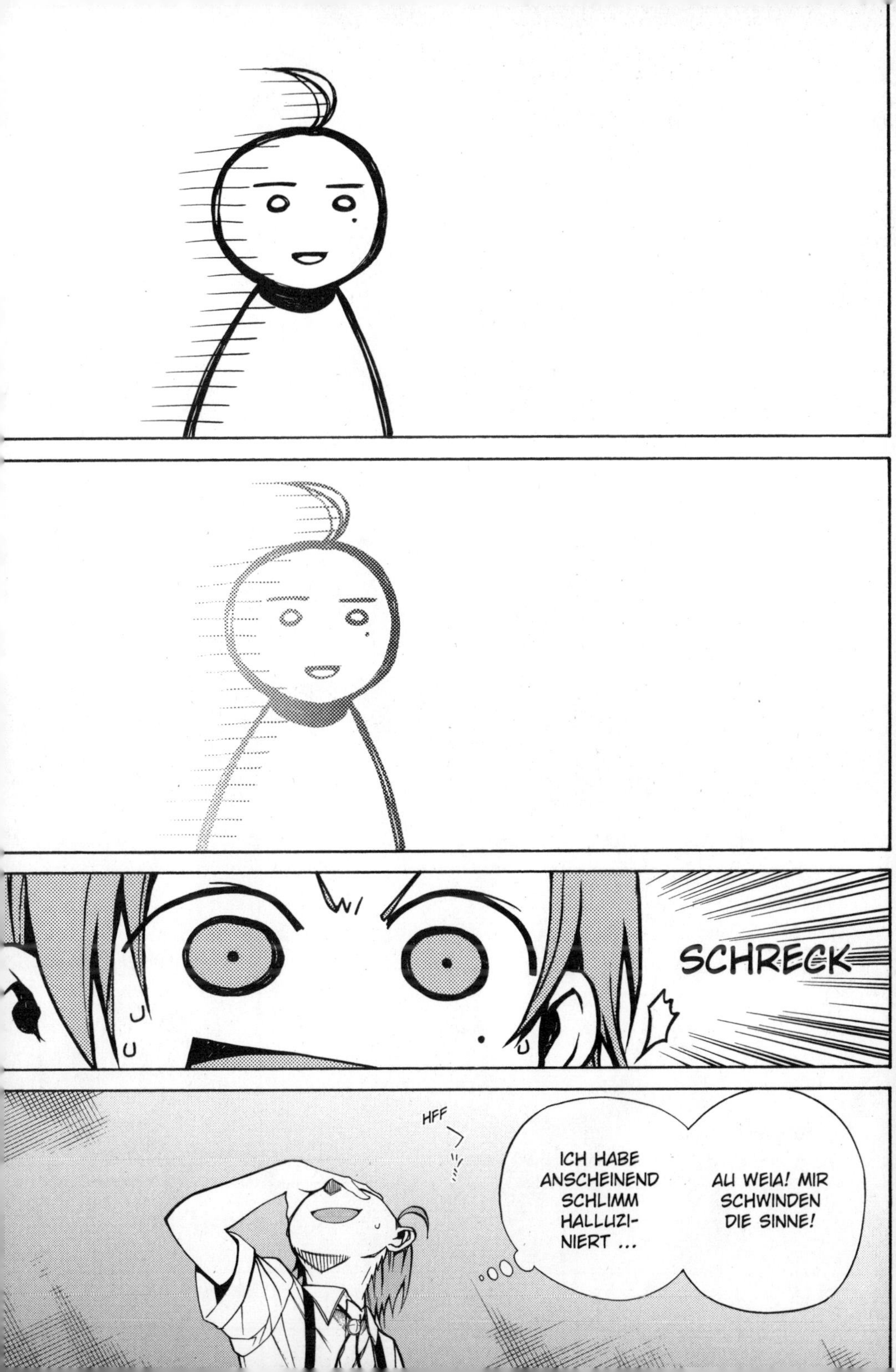

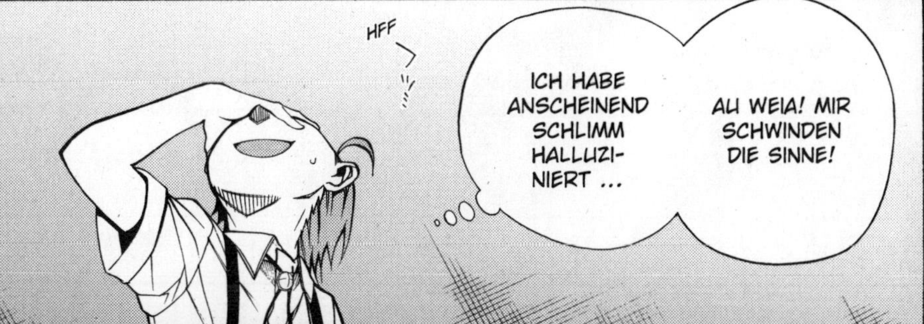
HFF
ICH HABE ANSCHEINEND SCHLIMM HALLUZI-NIERT ...
AU WEIA! MIR SCHWINDEN DIE SINNE!

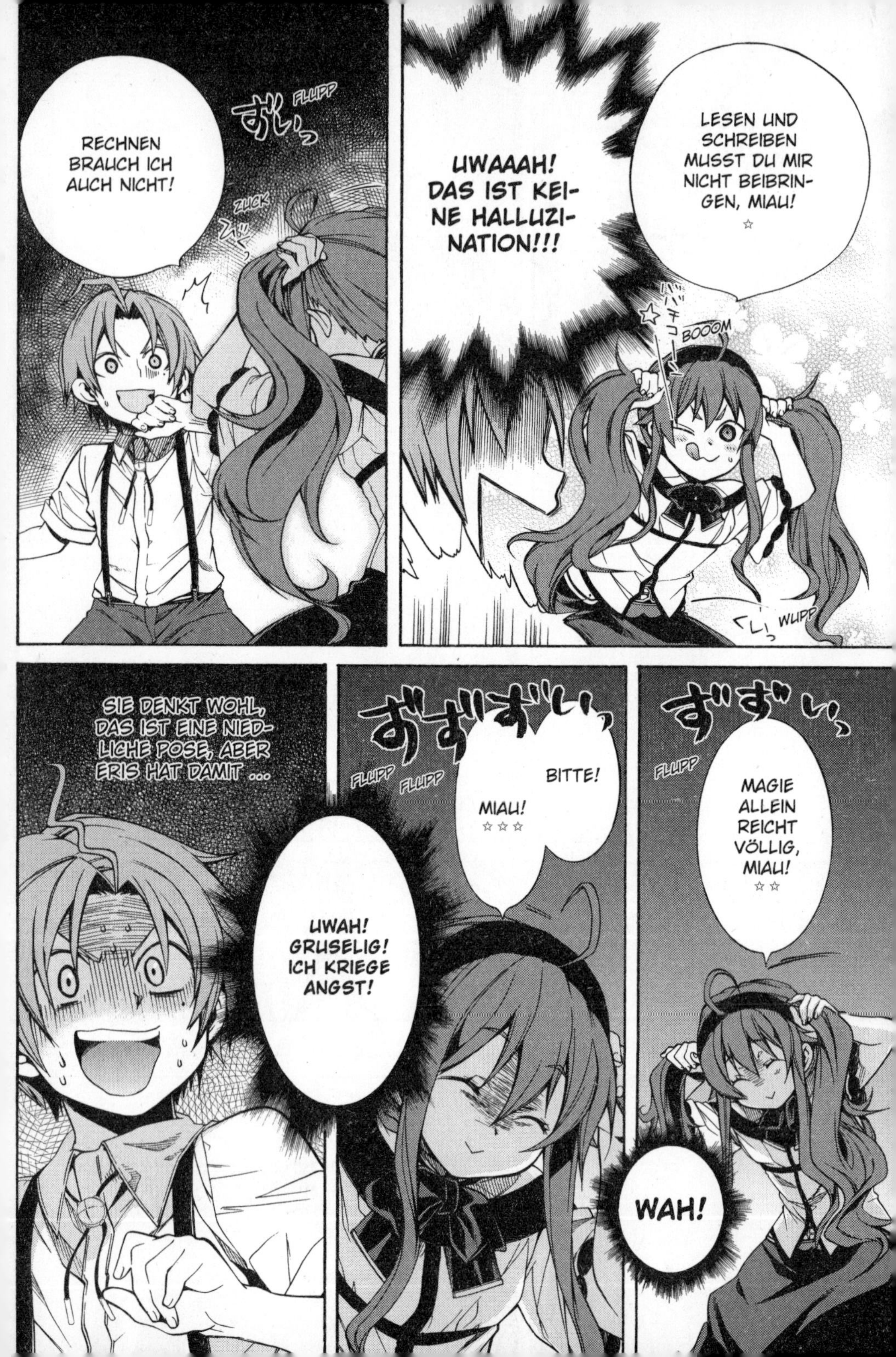

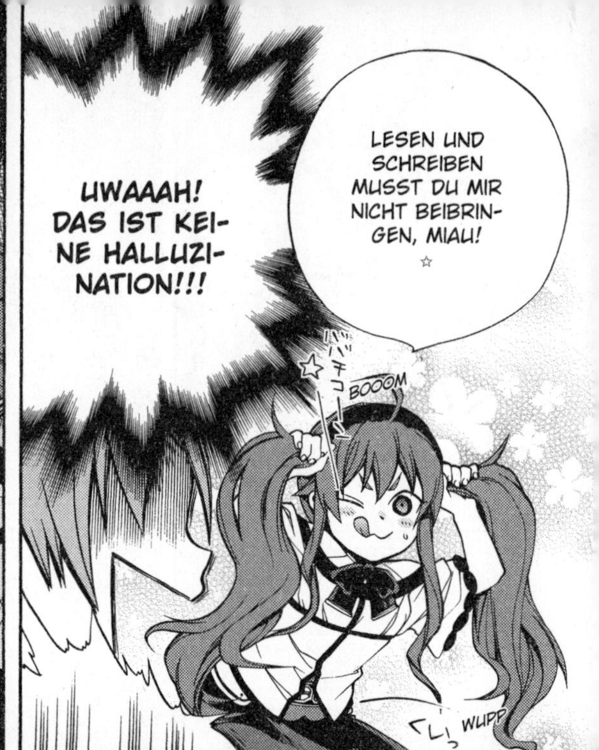

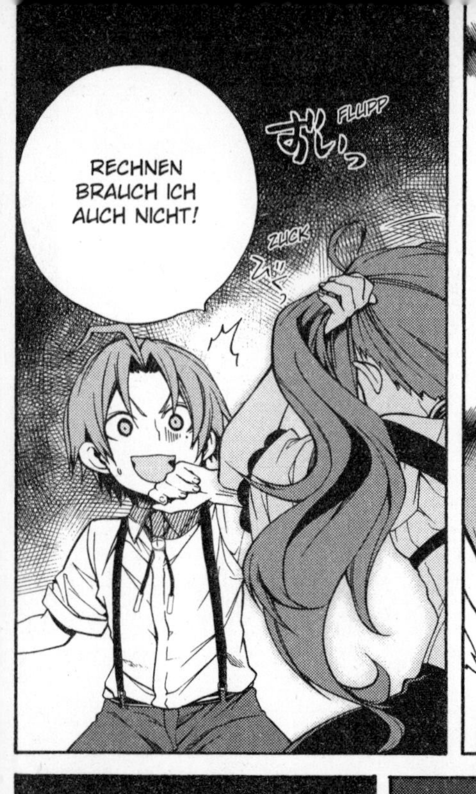

FLUPP
MAGIE ALLEIN REICHT VÖLLIG, MIAU! ☆☆
WAH!
FLUPP FLUPP
BITTE!
MIAU! ☆☆☆
UWAH! GRUSELIG! ICH KRIEGE ANGST!
SIE DENKT WOHL, DAS IST EINE NIEDLICHE POSE, ABER ERIS HAT DAMIT ...

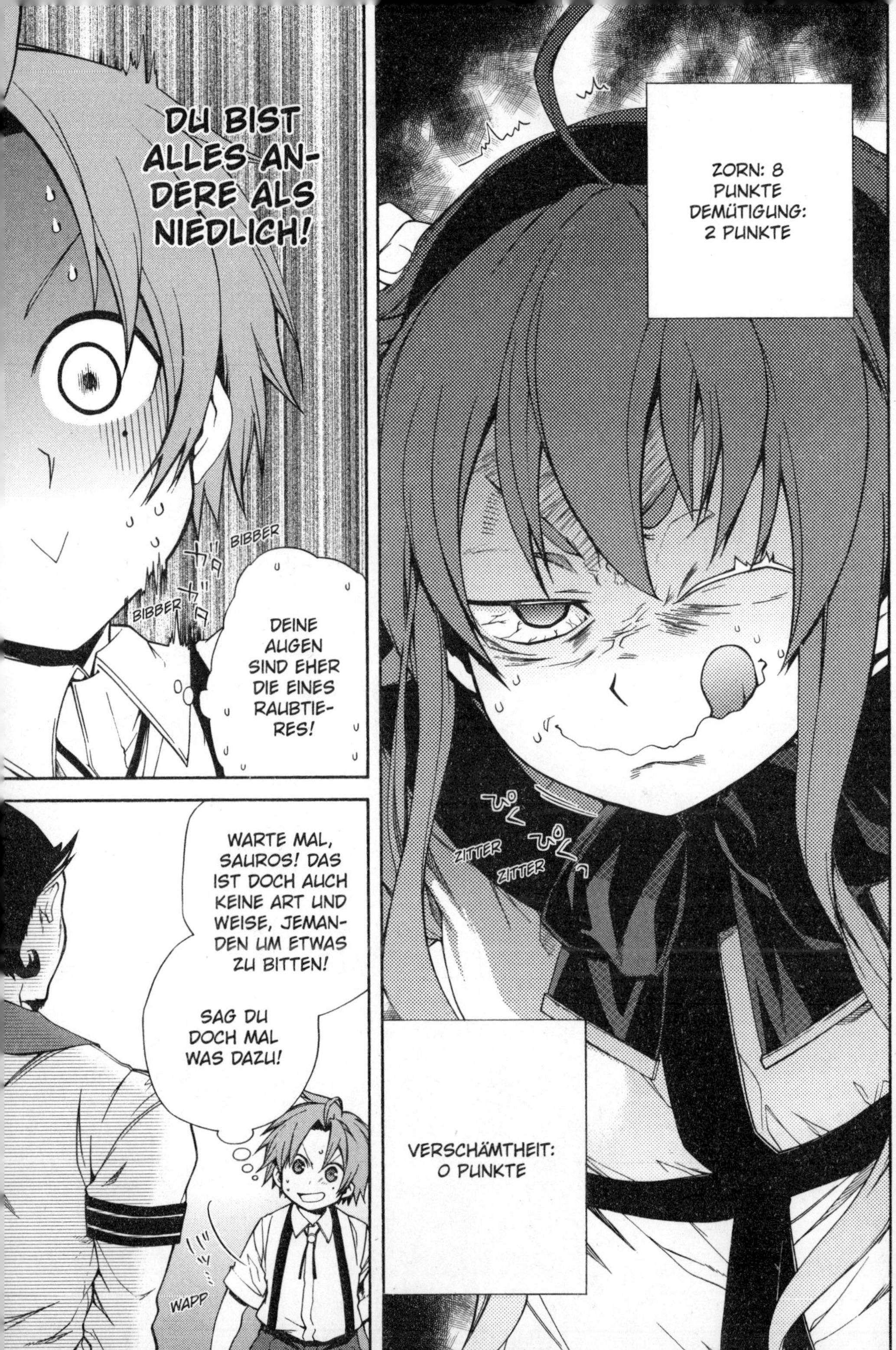
ZORN: 8 PUNKTE
DEMÜTIGUNG: 2 PUNKTE
ZITTER
ZITTER
VERSCHÄMTHEIT: 0 PUNKTE
DU BIST ALLES AN- DERE ALS NIEDLICH!
BIBBER
BIBBER
DEINE AUGEN SIND EHER DIE EINES RAUBTIE- RES!
WARTE MAL, SAUROS! DAS IST DOCH AUCH KEINE ART UND WEISE, JEMAN- DEN UM ETWAS ZU BITTEN!
SAG DU DOCH MAL WAS DAZU!
WAPP

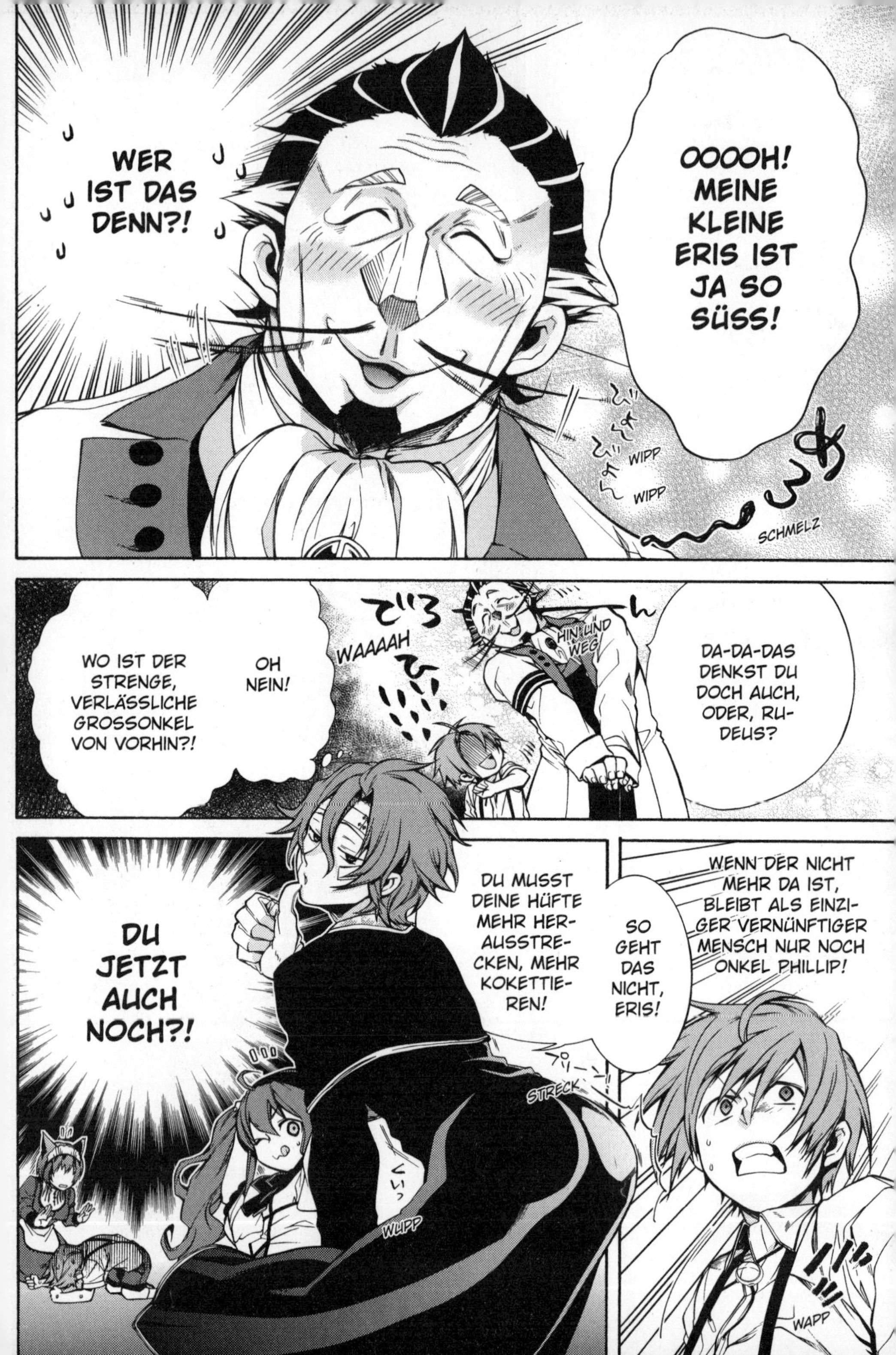
OOOOH! MEINE KLEINE ERIS IST JA SO SÜSS!
WER IST DAS DENN?!
WIPP
WIPP
SCHMELZ
DA-DA-DAS DENKST DU DOCH AUCH, ODER, RU-DEUS?
HIN UND WEG
WAAAAH
OH NEIN!
WO IST DER STRENGE, VERLÄSSLICHE GROSSONKEL VON VORHIN?!
WENN DER NICHT MEHR DA IST, BLEIBT ALS EINZI-GER VERNÜNFTIGER MENSCH NUR NOCH ONKEL PHILLIP!
SO GEHT DAS NICHT, ERIS!
DU MUSST DEINE HÜFTE MEHR HER-AUSSTRE-CKEN, MEHR KOKETTIE-REN!
DU JETZT AUCH NOCH?!
STRECK
WUPP
WAPP

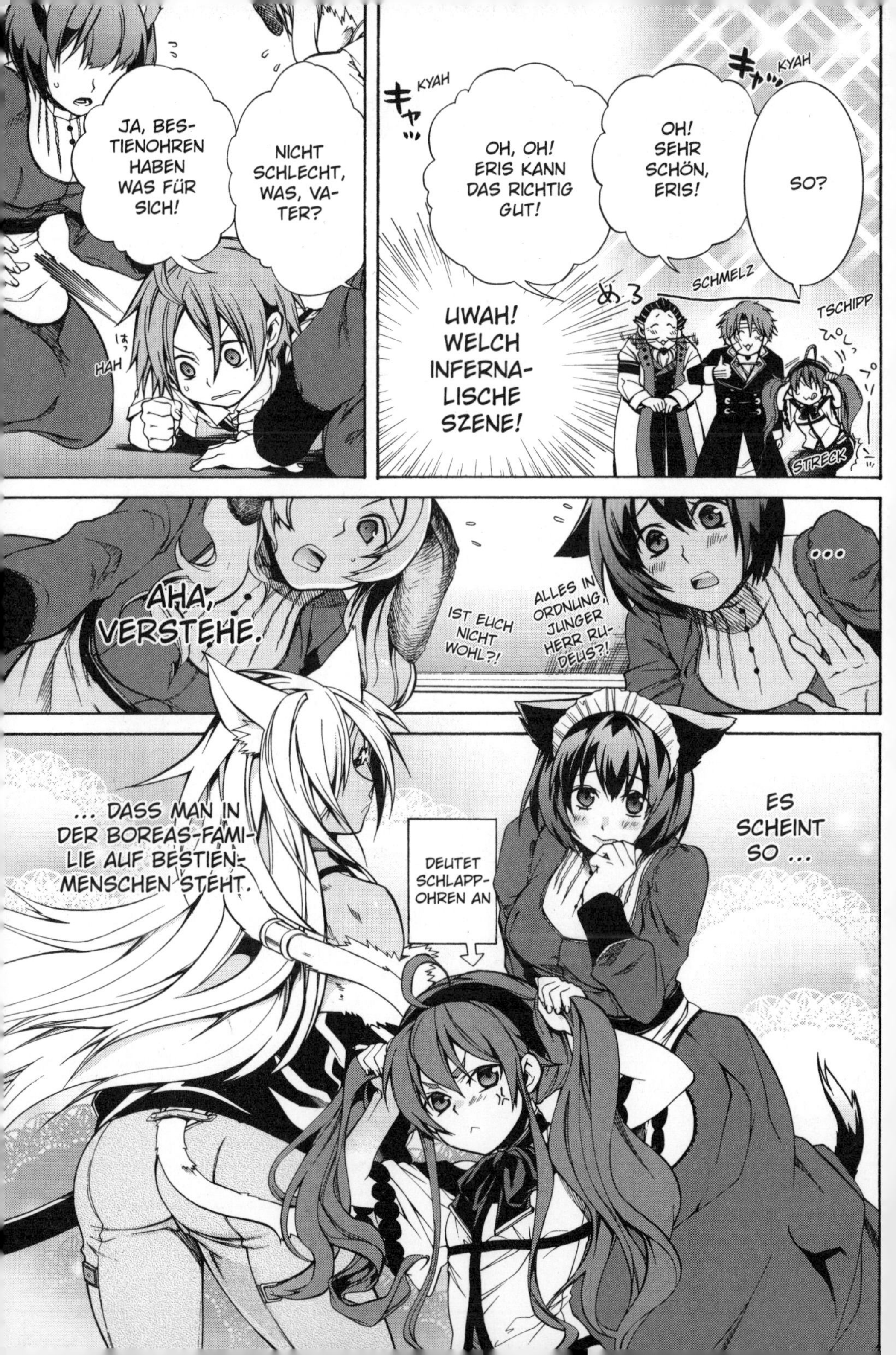

KYAH

SO?

OH! SEHR SCHÖN, ERIS!

KYAH

OH, OH! ERIS KANN DAS RICHTIG GUT!

SCHMELZ

TSCHIPP

STRECK

UWAH! WELCH INFERNALISCHE SZENE!

NICHT SCHLECHT, WAS, VATER?

JA, BESTIENOHREN HABEN WAS FÜR SICH!

HAH

...

ALLES IN ORDNUNG, JUNGER HERR RUDEUS?!

IST EUCH NICHT WOHL?!

AHA, VERSTEHE.

ES SCHEINT SO ...

DEUTET SCHLAPPOHREN AN

... DASS MAN IN DER BOREAS-FAMILIE AUF BESTIENMENSCHEN STEHT.

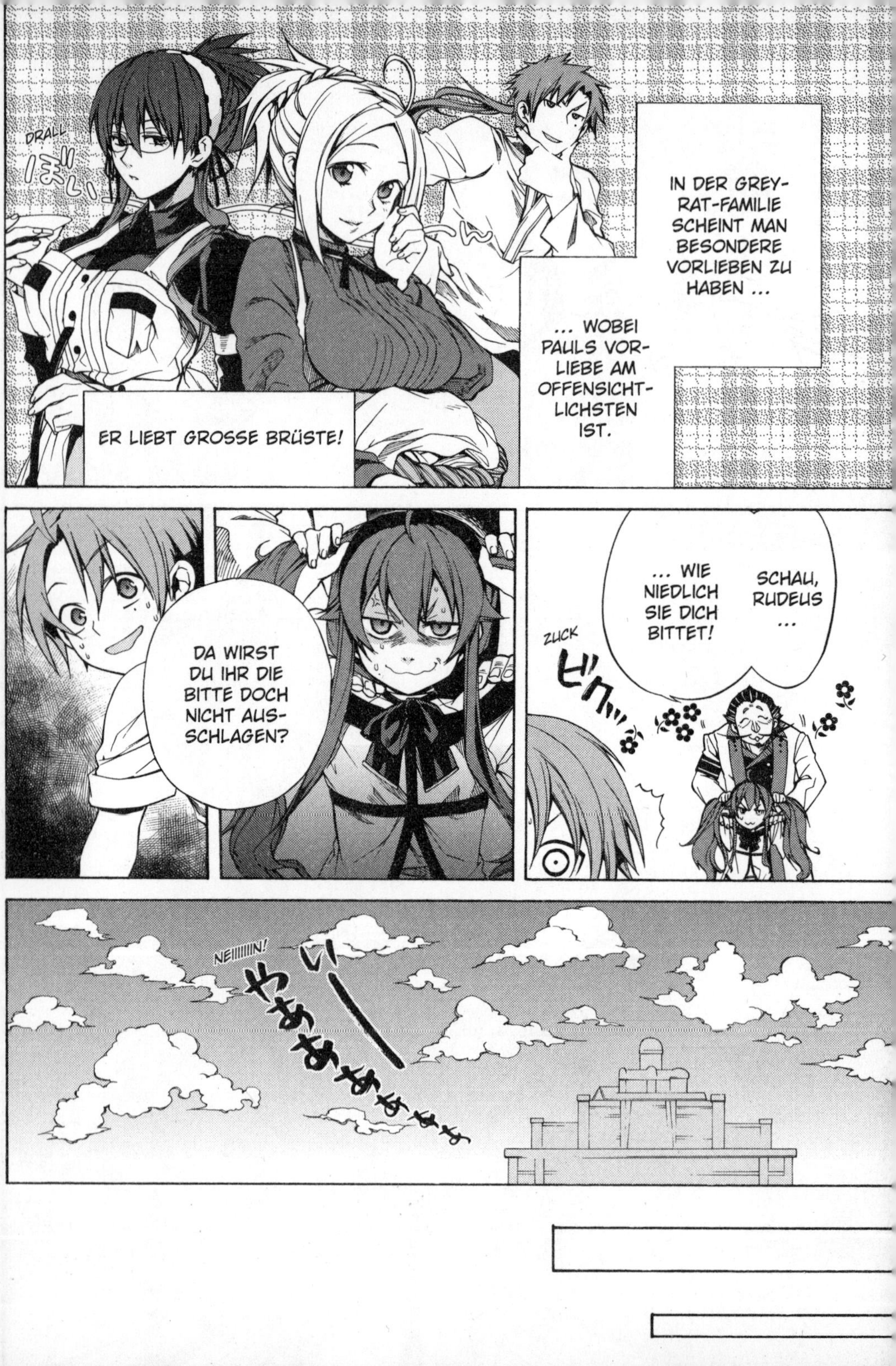

IN DER GREY-RAT-FAMILIE SCHEINT MAN BESONDERE VORLIEBEN ZU HABEN …

… WOBEI PAULS VORLIEBE AM OFFENSICHTLICHSTEN IST.

DRALL

ER LIEBT GROSSE BRÜSTE!

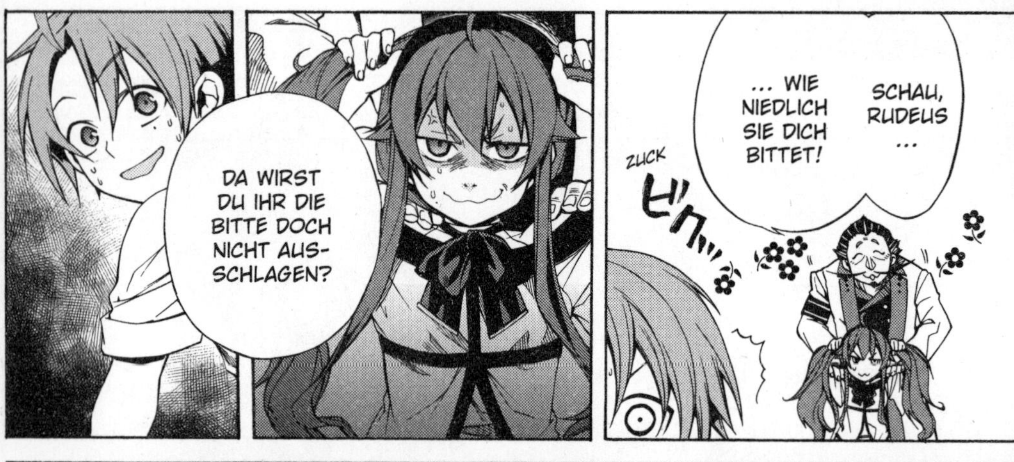

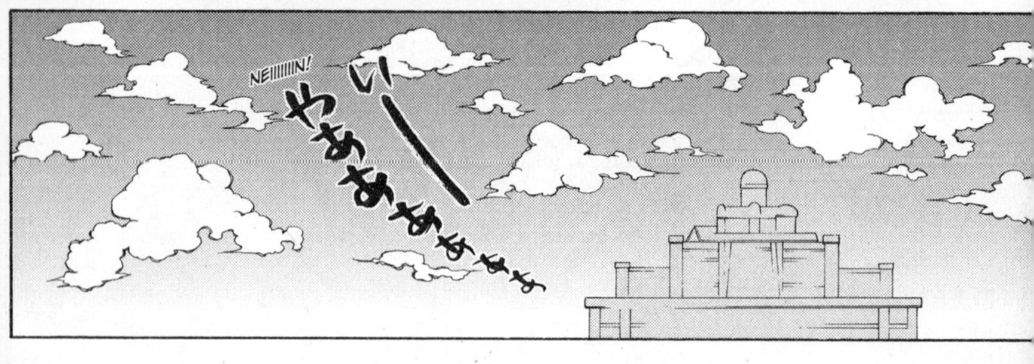

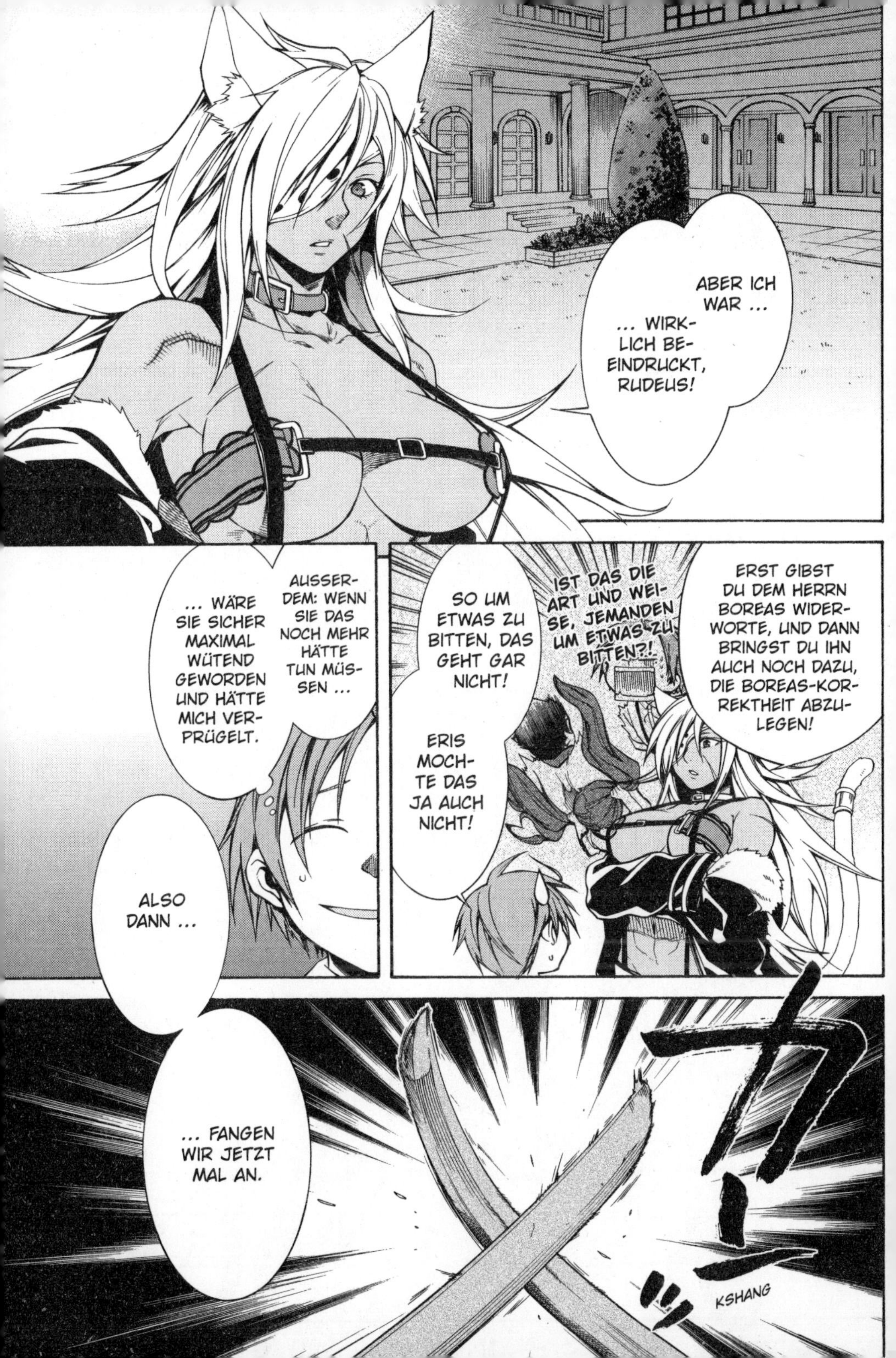
ABER ICH WAR …
… WIRKLICH BEEINDRUCKT, RUDEUS!
ERST GIBST DU DEM HERRN BOREAS WIDERWORTE, UND DANN BRINGST DU IHN AUCH NOCH DAZU, DIE BOREAS-KORREKTHEIT ABZULEGEN!
IST DAS DIE ART UND WEISE, JEMANDEN UM ETWAS ZU BITTEN?!
SO UM ETWAS ZU BITTEN, DAS GEHT GAR NICHT!
ERIS MOCHTE DAS JA AUCH NICHT!
AUSSERDEM: WENN SIE DAS NOCH MEHR HÄTTE TUN MÜSSEN …
… WÄRE SIE SICHER MAXIMAL WÜTEND GEWORDEN UND HÄTTE MICH VERPRÜGELT.
ALSO DANN …
… FANGEN WIR JETZT MAL AN.
KSHANG

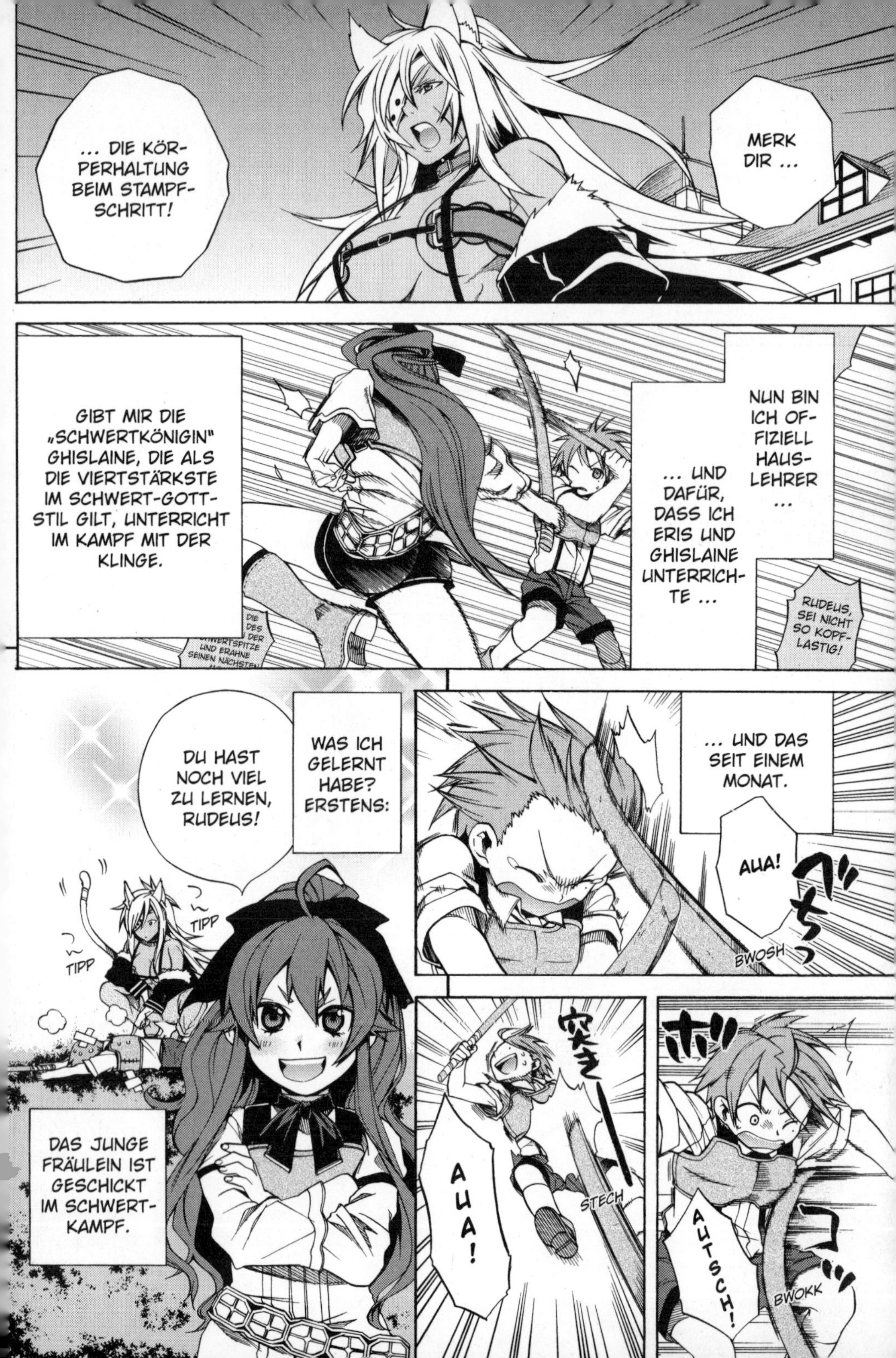
MERK DIR ...
... DIE KÖRPERHALTUNG BEIM STAMPFSCHRITT!
NUN BIN ICH OFFIZIELL HAUSLEHRER ...
... UND DAFÜR, DASS ICH ERIS UND GHISLAINE UNTERRICHTE ...
RUDEUS, SEI NICHT SO KOPFLASTIG!
GIBT MIR DIE „SCHWERTKÖNIGIN“ GHISLAINE, DIE ALS DIE VIERTSTÄRKSTE IM SCHWERT-GOTT-STIL GILT, UNTERRICHT IM KAMPF MIT DER KLINGE.
DIE DES DER
SCHWERTSPITZE UND ERAHNE SEINEN NÄCHSTEN
... UND DAS SEIT EINEM MONAT.
AUA!
BWOSH
WAS ICH GELERNT HABE? ERSTENS:
DU HAST NOCH VIEL ZU LERNEN, RUDEUS!
TIPP
TIPP
AUTSCH!
BWOKK
突き
STECH
AUA!
DAS JUNGE FRÄULEIN IST GESCHICKT IM SCHWERTKAMPF.

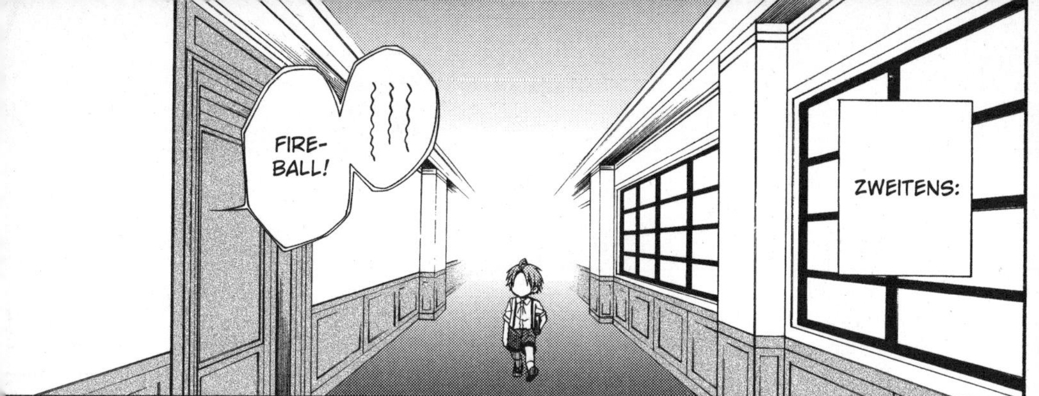
ZWEITENS:
FIRE-BALL!

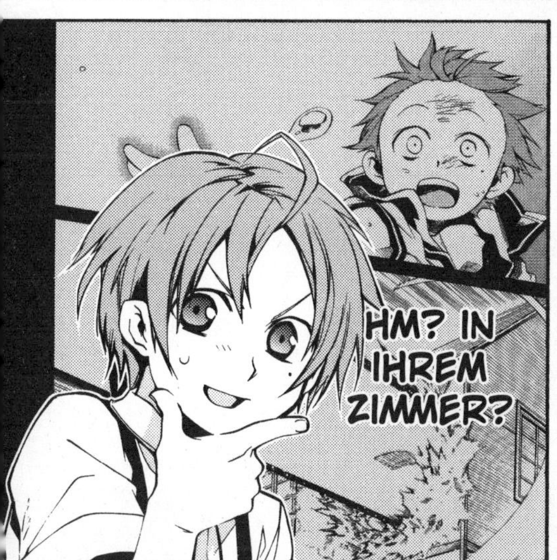
HM? IN IHREM ZIMMER?

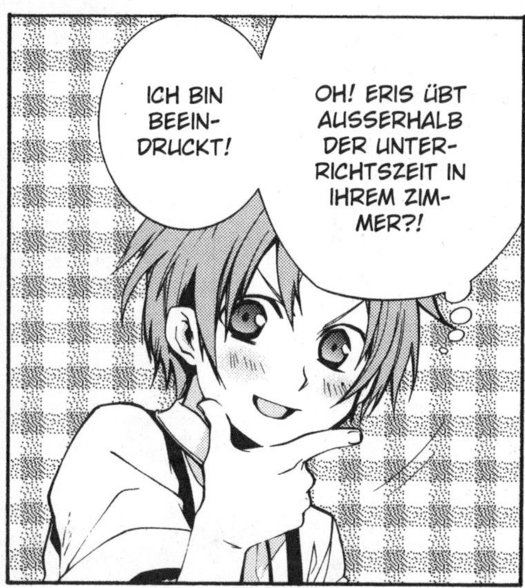
OH! ERIS ÜBT AUSSERHALB DER UNTER-RICHTSZEIT IN IHREM ZIM-MER?!
ICH BIN BEEIN-DRUCKT!

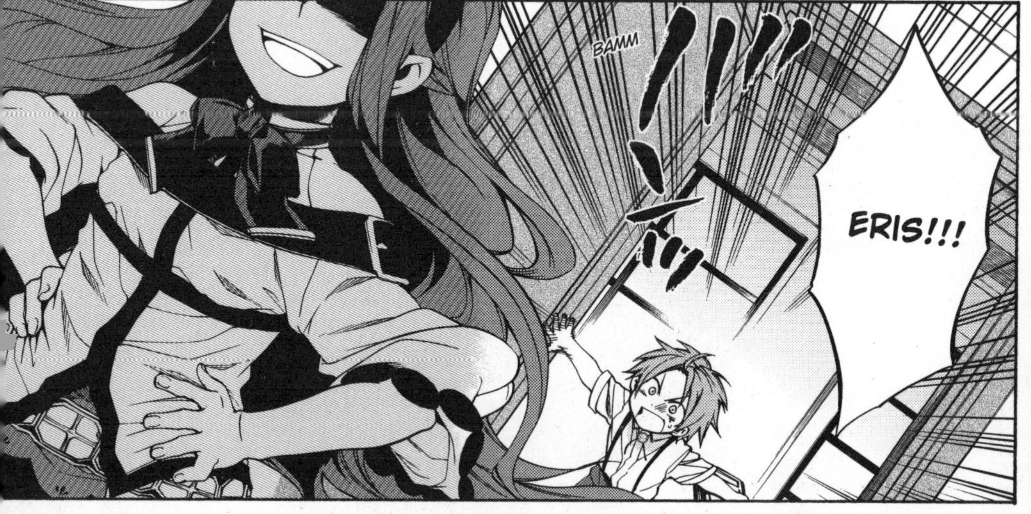
BAMM
ERIS!!!

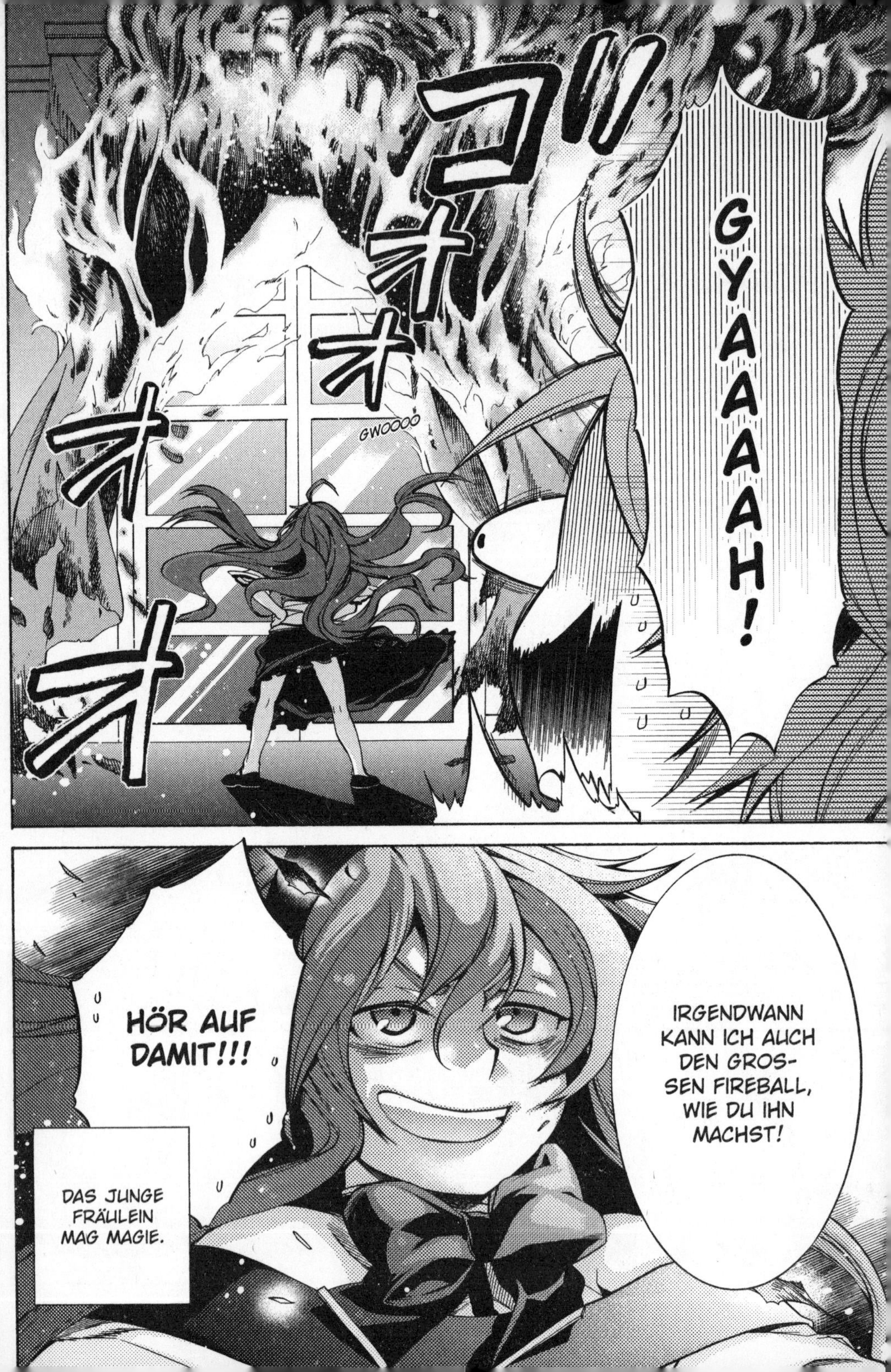

コオオオオ
GWOOOO
GYAAAAAH!
HÖR AUF DAMIT!!!
IRGENDWANN KANN ICH AUCH DEN GROS-SEN FIREBALL, WIE DU IHN MACHST!
DAS JUNGE FRÄULEIN MAG MAGIE.

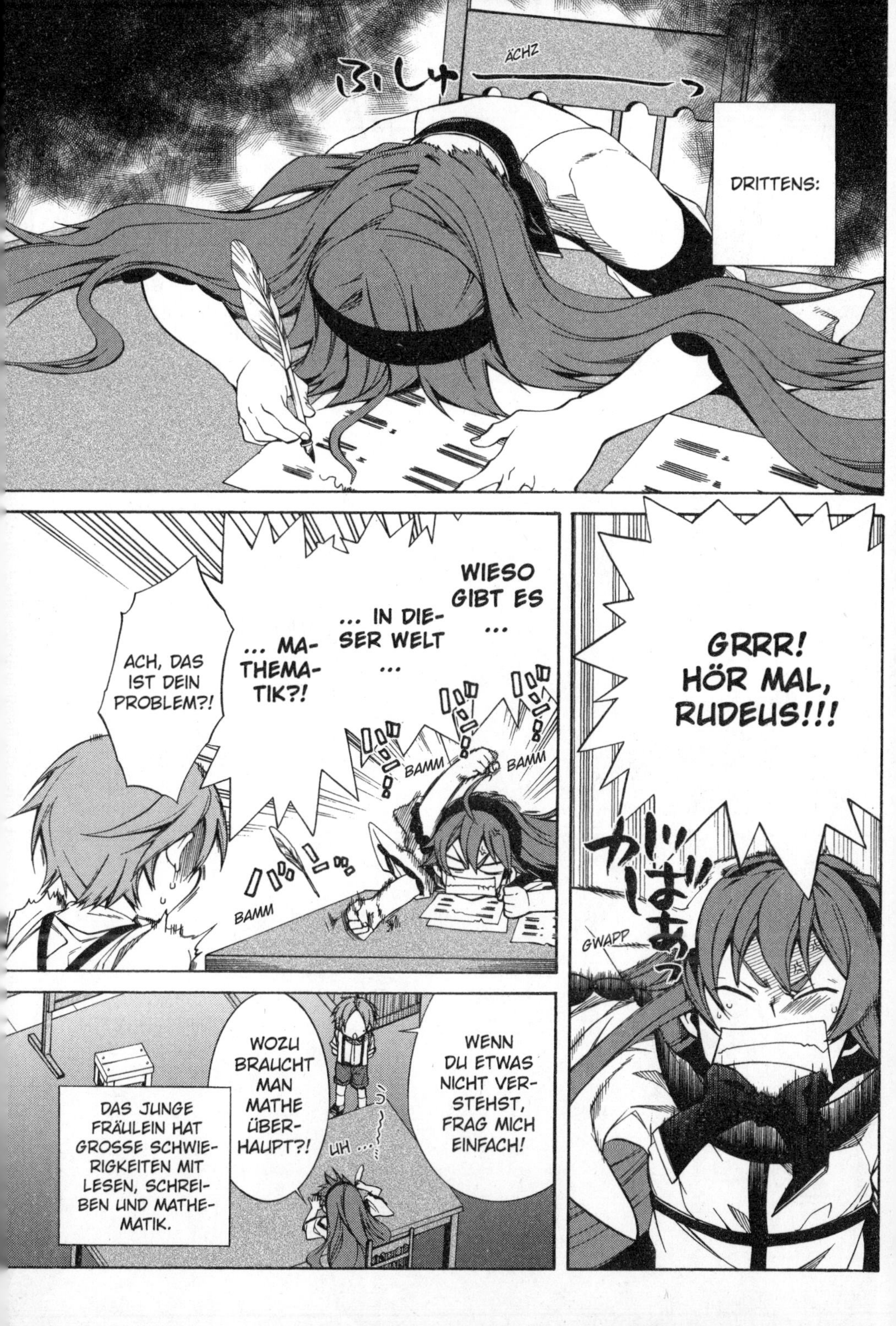
ÄCHZ
DRITTENS:
GRRR! HÖR MAL, RUDEUS!!!
GWAPP
WIESO GIBT ES ...
... IN DIESER WELT ...
... MATHEMATIK?!
BAMM
BAMM
BAMM
ACH, DAS IST DEIN PROBLEM?!
WENN DU ETWAS NICHT VERSTEHST, FRAG MICH EINFACH!
WOZU BRAUCHT MAN MATHE ÜBERHAUPT?!
UH ...
DAS JUNGE FRÄULEIN HAT GROSSE SCHWIERIGKEITEN MIT LESEN, SCHREIBEN UND MATHEMATIK.

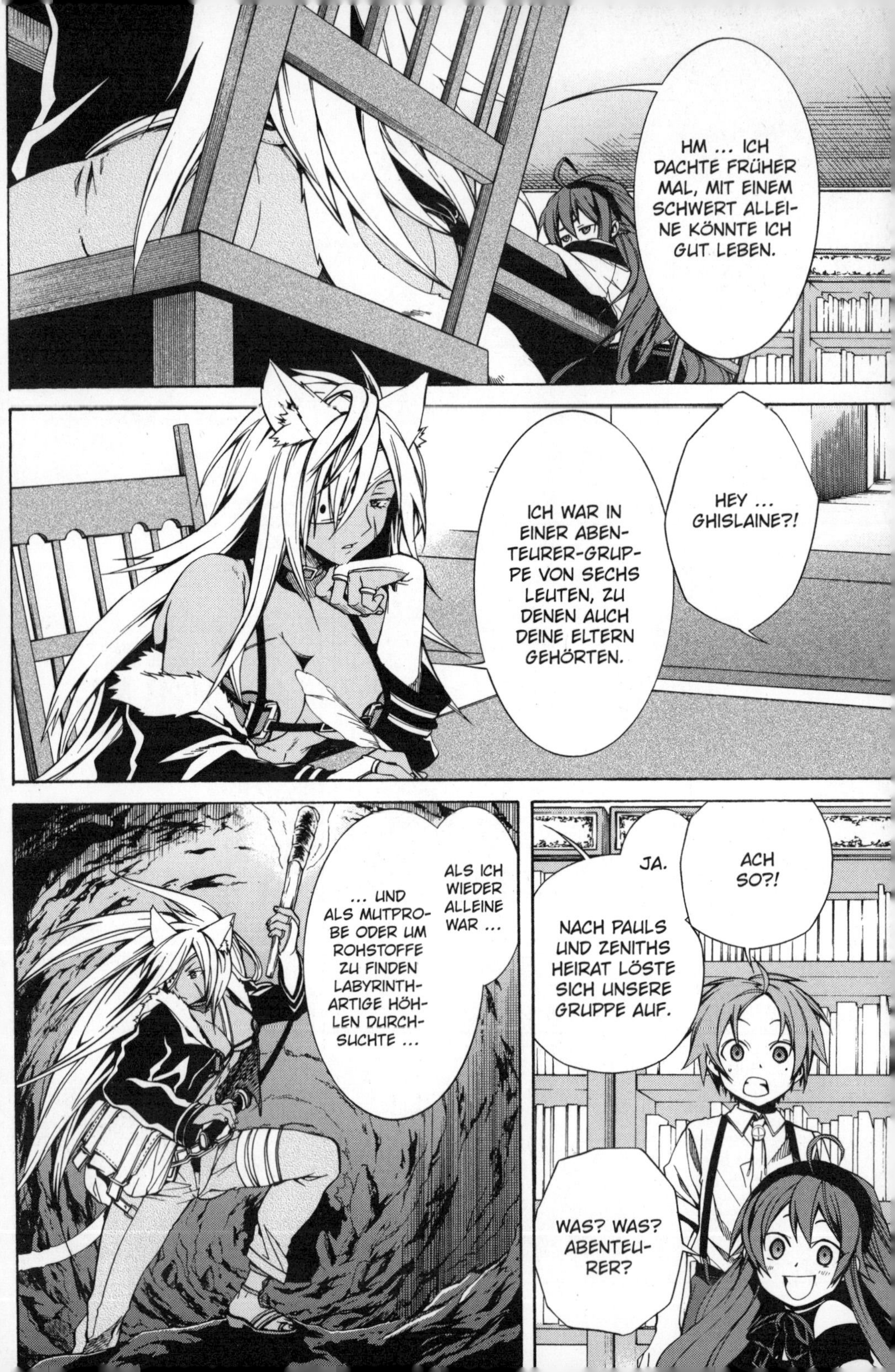

HM ... ICH DACHTE FRÜHER MAL, MIT EINEM SCHWERT ALLEINE KÖNNTE ICH GUT LEBEN.

HEY ... GHISLAINE?!

ICH WAR IN EINER ABENTEURER-GRUPPE VON SECHS LEUTEN, ZU DENEN AUCH DEINE ELTERN GEHÖRTEN.

ACH SO?!

JA.

NACH PAULS UND ZENITHS HEIRAT LÖSTE SICH UNSERE GRUPPE AUF.

WAS? WAS? ABENTEURER?

ALS ICH WIEDER ALLEINE WAR ...

... UND ALS MUTPROBE ODER UM ROHSTOFFE ZU FINDEN LABYRINTHARTIGE HÖHLEN DURCHSUCHTE ...

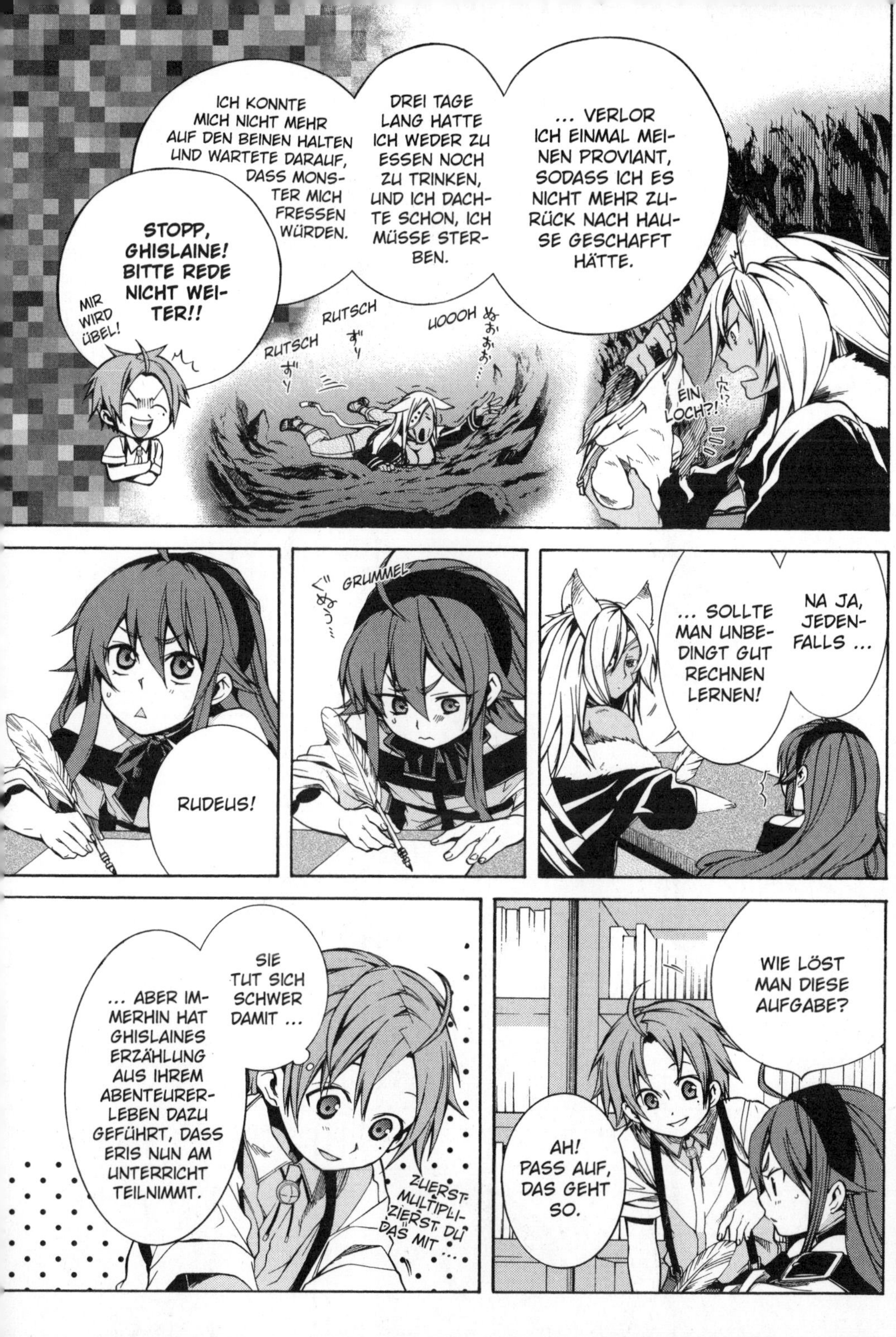

… VERLOR ICH EINMAL MEINEN PROVIANT, SODASS ICH ES NICHT MEHR ZURÜCK NACH HAUSE GESCHAFFT HÄTTE.
DREI TAGE LANG HATTE ICH WEDER ZU ESSEN NOCH ZU TRINKEN, UND ICH DACHTE SCHON, ICH MÜSSE STERBEN.
ICH KONNTE MICH NICHT MEHR AUF DEN BEINEN HALTEN UND WARTETE DARAUF, DASS MONSTER MICH FRESSEN WÜRDEN.
EIN LOCH?!
UOOOH
RUTSCH
RUTSCH
STOPP, GHISLAINE! BITTE REDE NICHT WEITER!!
MIR WIRD ÜBEL!

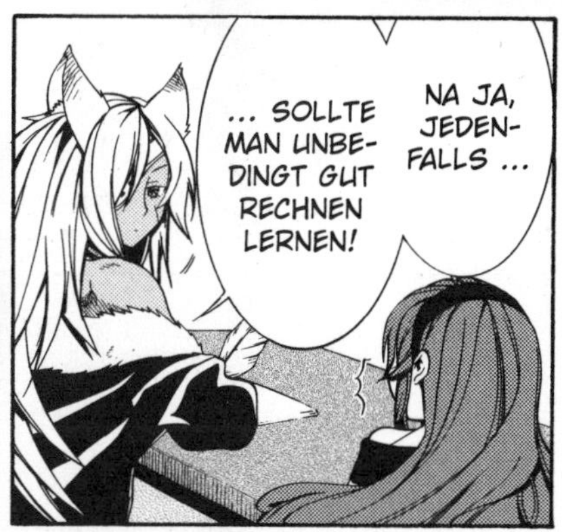

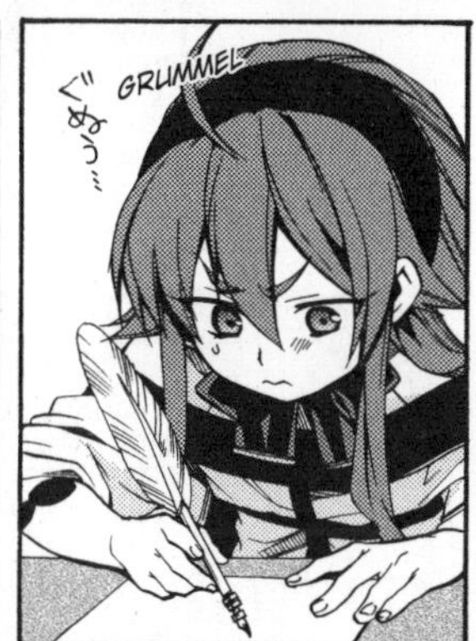

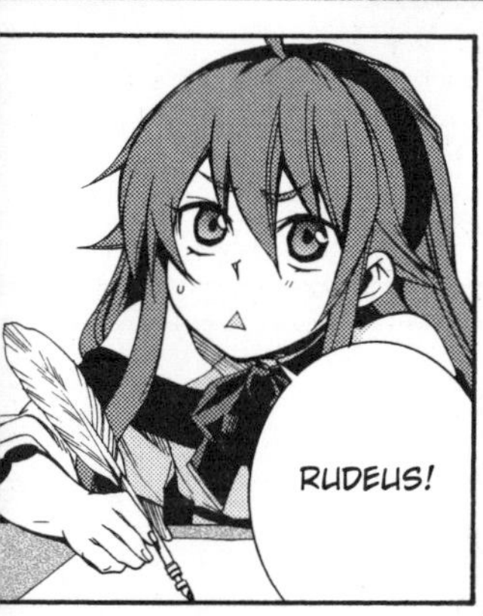

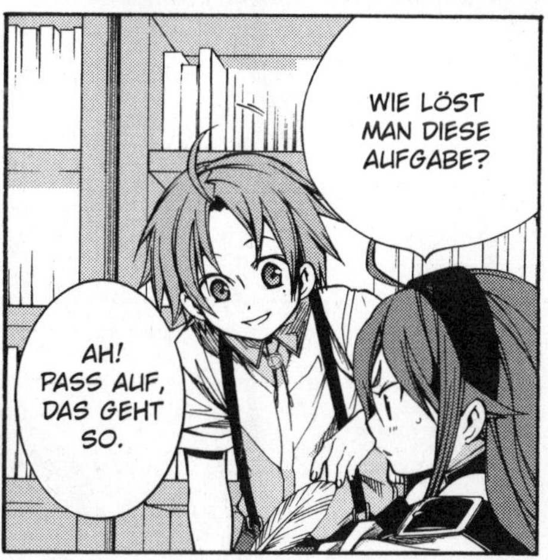

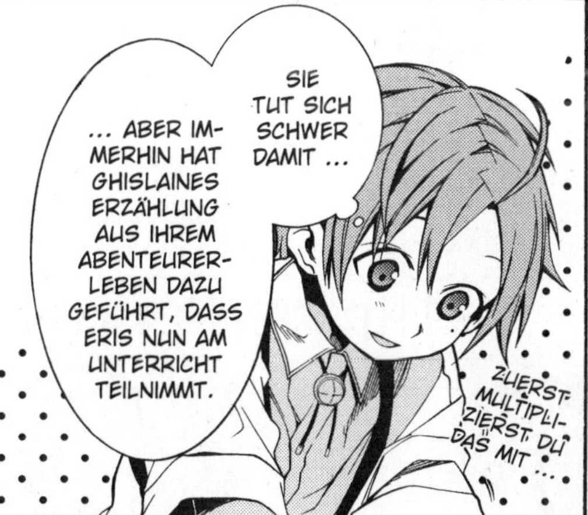

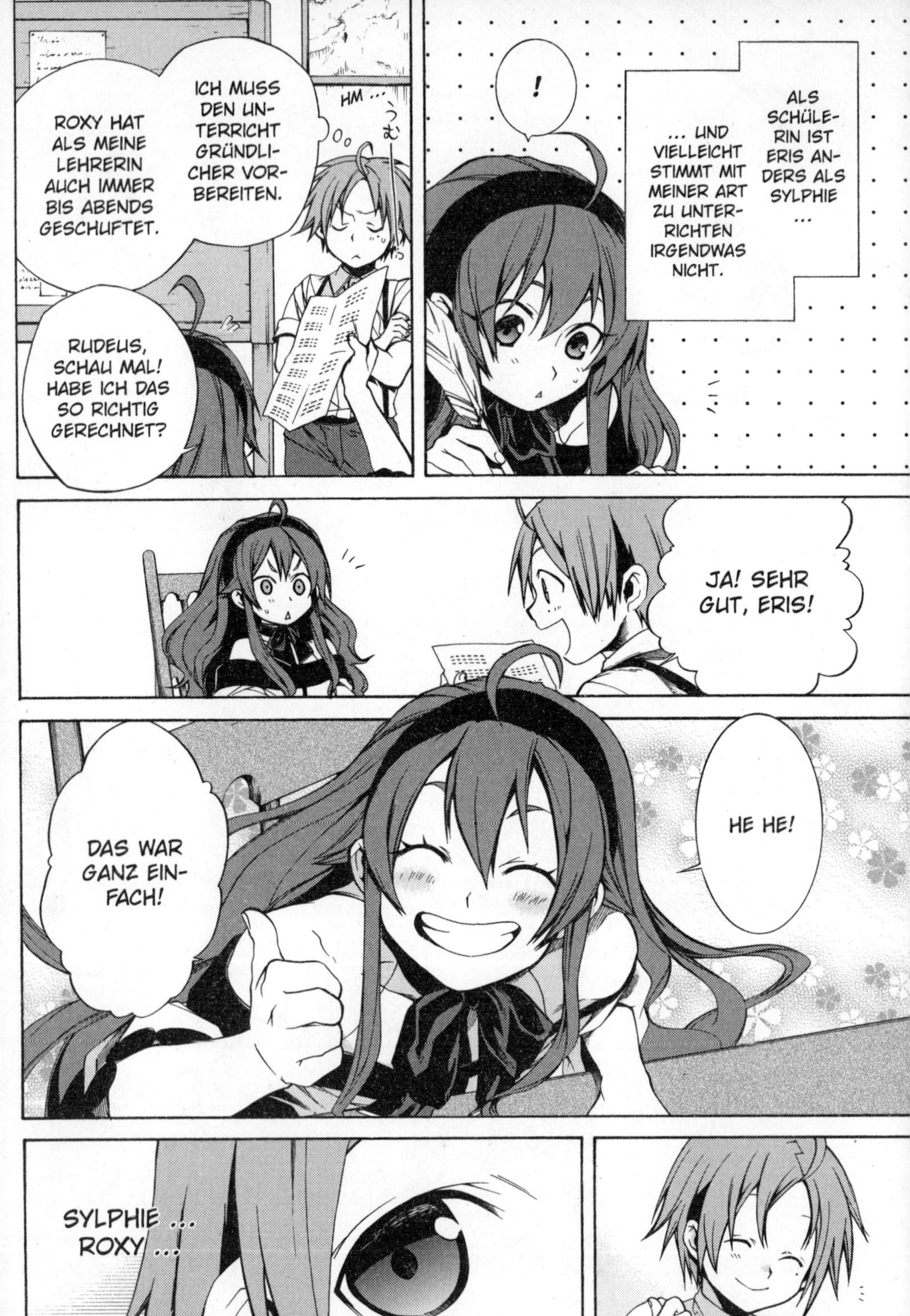

ALS SCHÜLERIN IST ERIS ANDERS ALS SYLPHIE …
… UND VIELLEICHT STIMMT MIT MEINER ART ZU UNTERRICHTEN IRGENDWAS NICHT.
!
HM …
うむ
ICH MUSS DEN UNTERRICHT GRÜNDLICHER VORBEREITEN.
ROXY HAT ALS MEINE LEHRERIN AUCH IMMER BIS ABENDS GESCHUFTET.
RUDEUS, SCHAU MAL! HABE ICH DAS SO RICHTIG GERECHNET?
JA! SEHR GUT, ERIS!
HE HE!
DAS WAR GANZ EINFACH!
SYLPHIE …
ROXY …

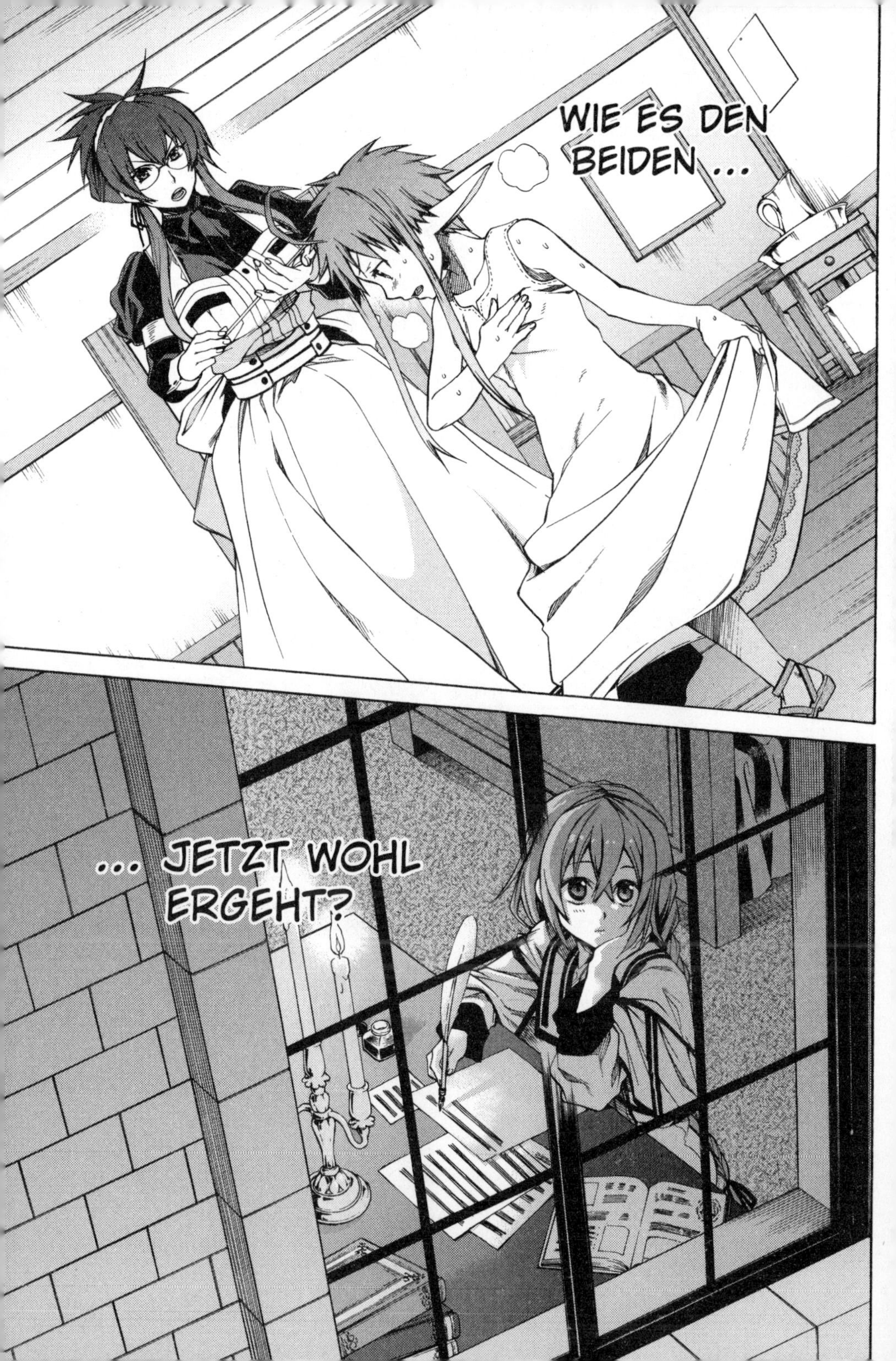
WIE ES DEN BEIDEN ...
... JETZT WOHL ERGEHT?

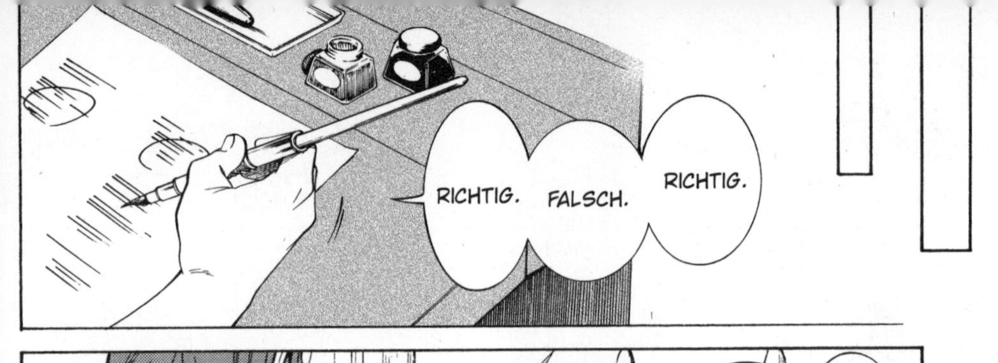
RICHTIG.
FALSCH.
RICHTIG.

HM!
DU WIRST IMMER BESSER!
FLAPP

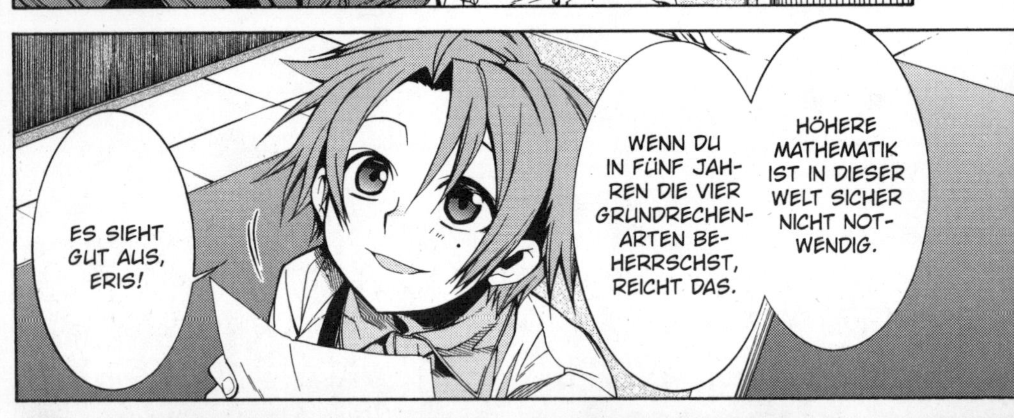
HÖHERE MATHEMATIK IST IN DIESER WELT SICHER NICHT NOT-WENDIG.
WENN DU IN FÜNF JAH-REN DIE VIER GRUNDRECHEN-ARTEN BE-HERRSCHST, REICHT DAS.
ES SIEHT GUT AUS, ERIS!

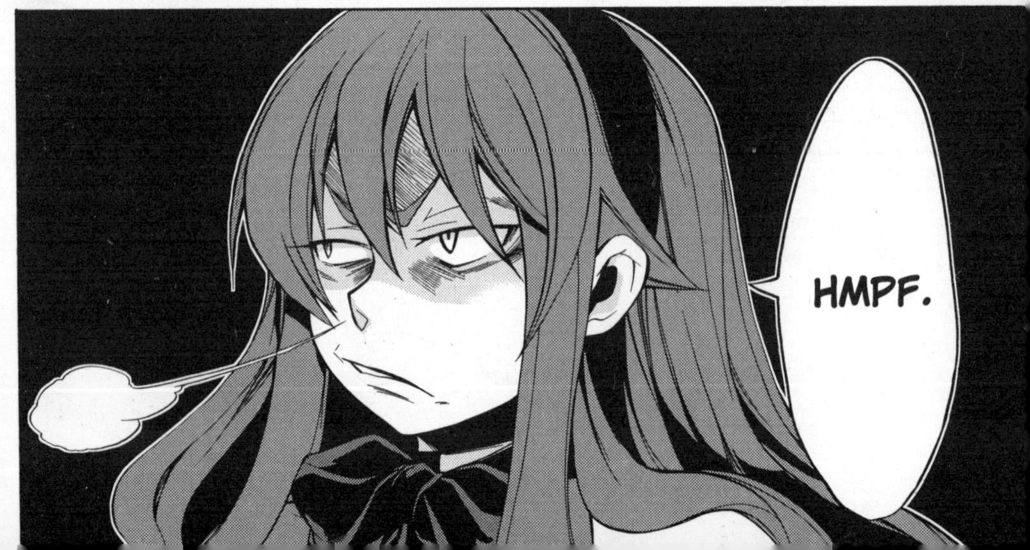
HMPF.

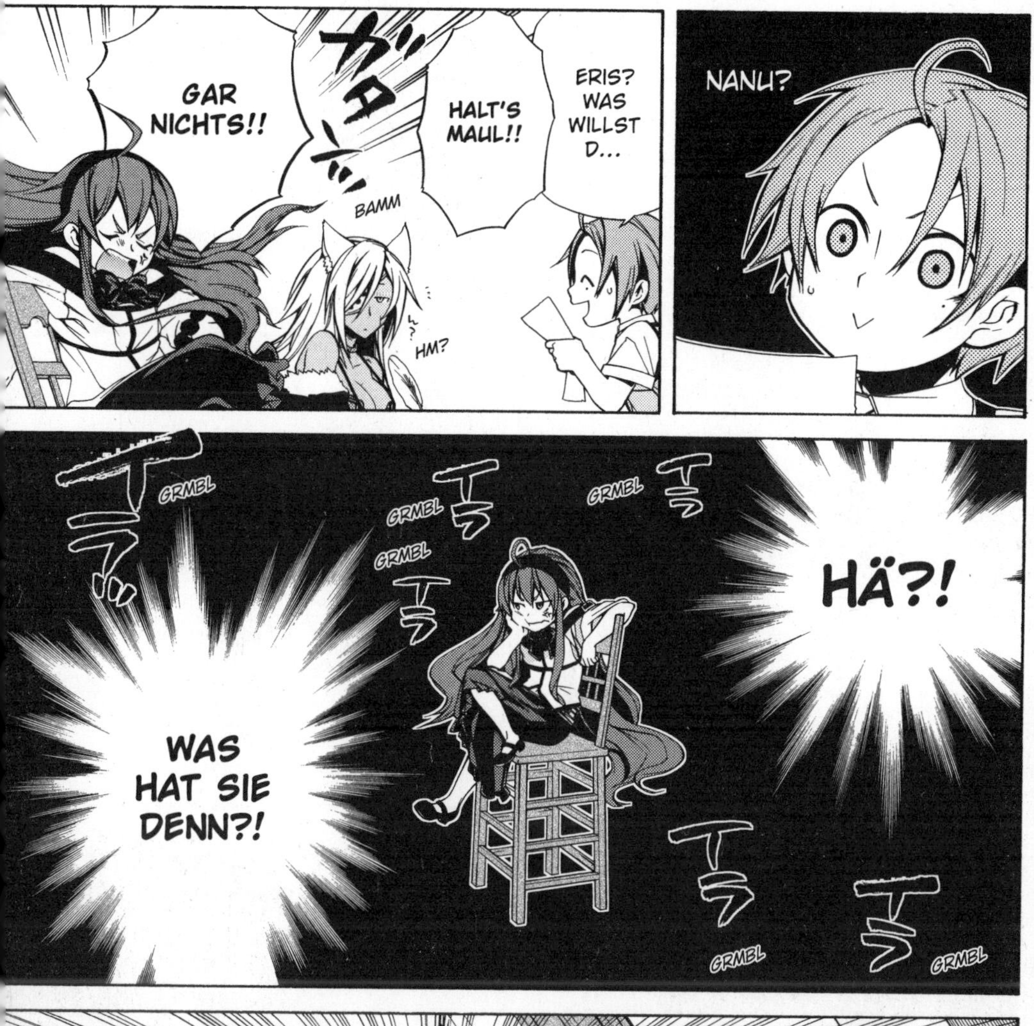

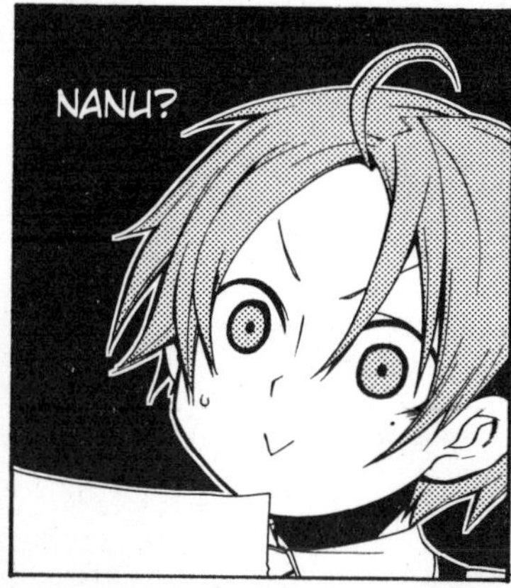

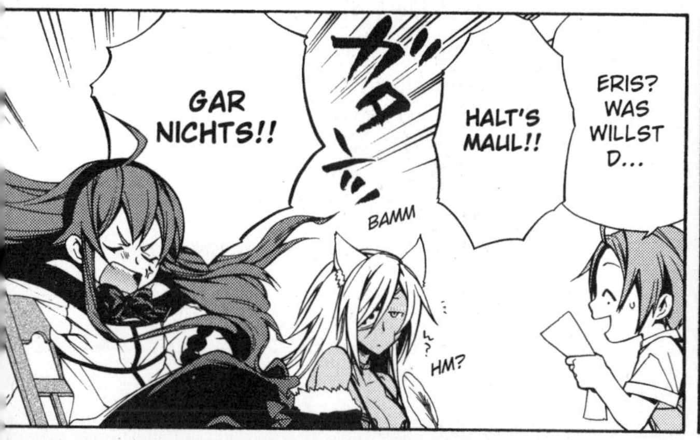

HÄ?!

GRMBL

GRMBL

GRMBL

GRMBL

WAS HAT SIE DENN?!

GRMBL

GRMBL

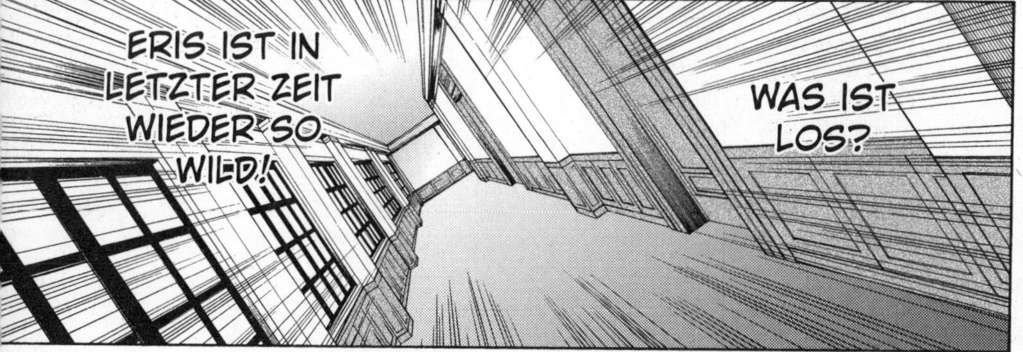

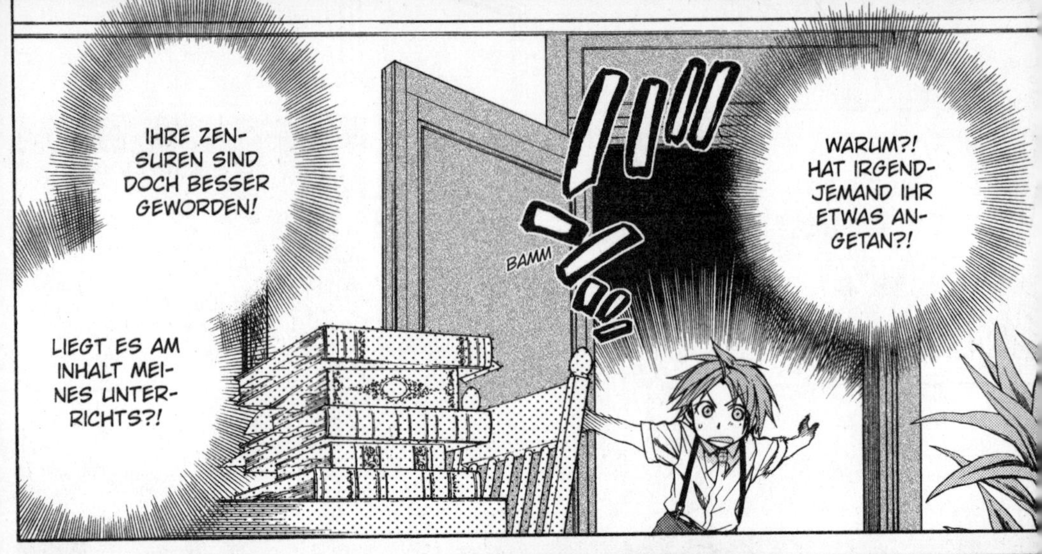
WARUM?! HAT IRGEND-JEMAND IHR ETWAS AN-GETAN?!
IHRE ZEN-SUREN SIND DOCH BESSER GEWORDEN!
BAMM
LIEGT ES AM INHALT MEI-NES UNTER-RICHTS?!

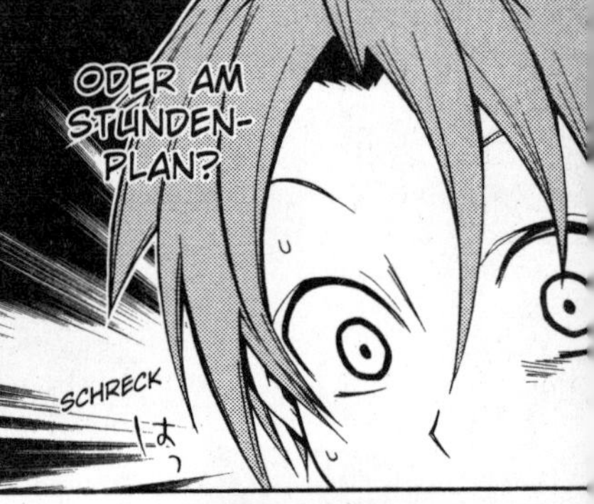
ODER AM STUNDEN-PLAN?
SCHRECK
はっ

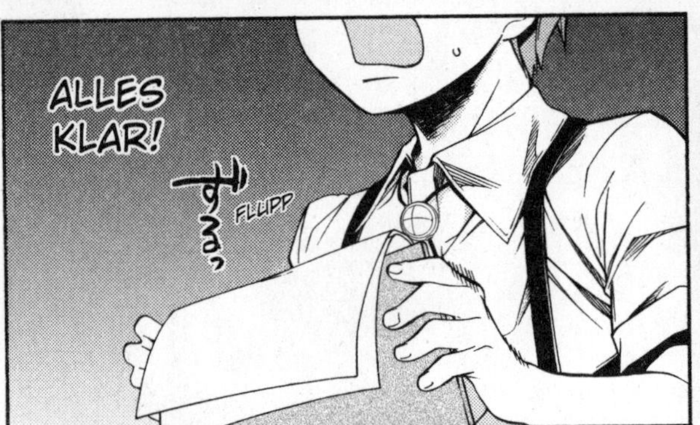
ALLES KLAR!
FLUPP

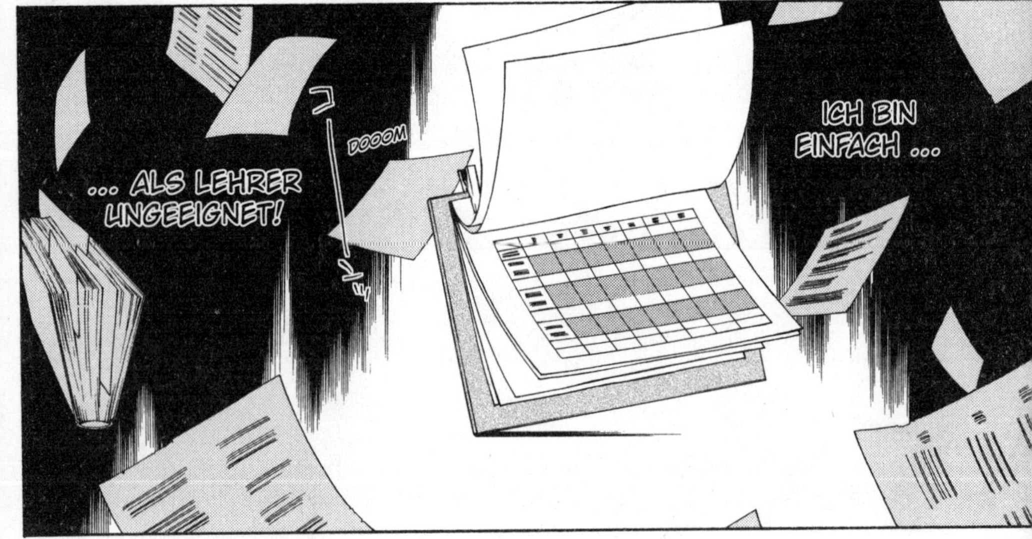
ICH BIN EINFACH ...
DOOOM
... ALS LEHRER UNGEEIGNET!

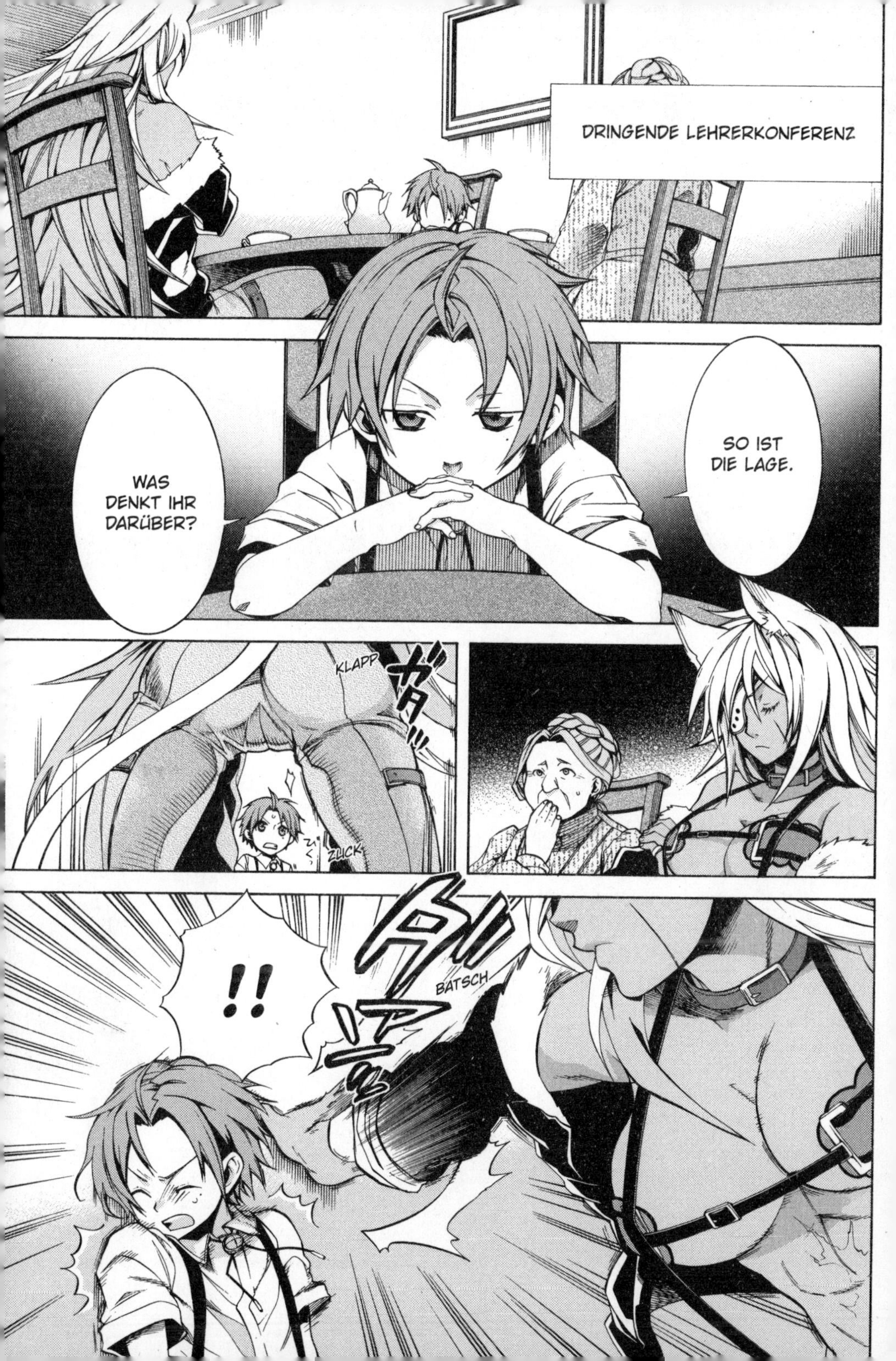
DRINGENDE LEHRERKONFERENZ
SO IST DIE LAGE.
WAS DENKT IHR DARÜBER?
KLAPP
ZUCK
!!
BATSCH

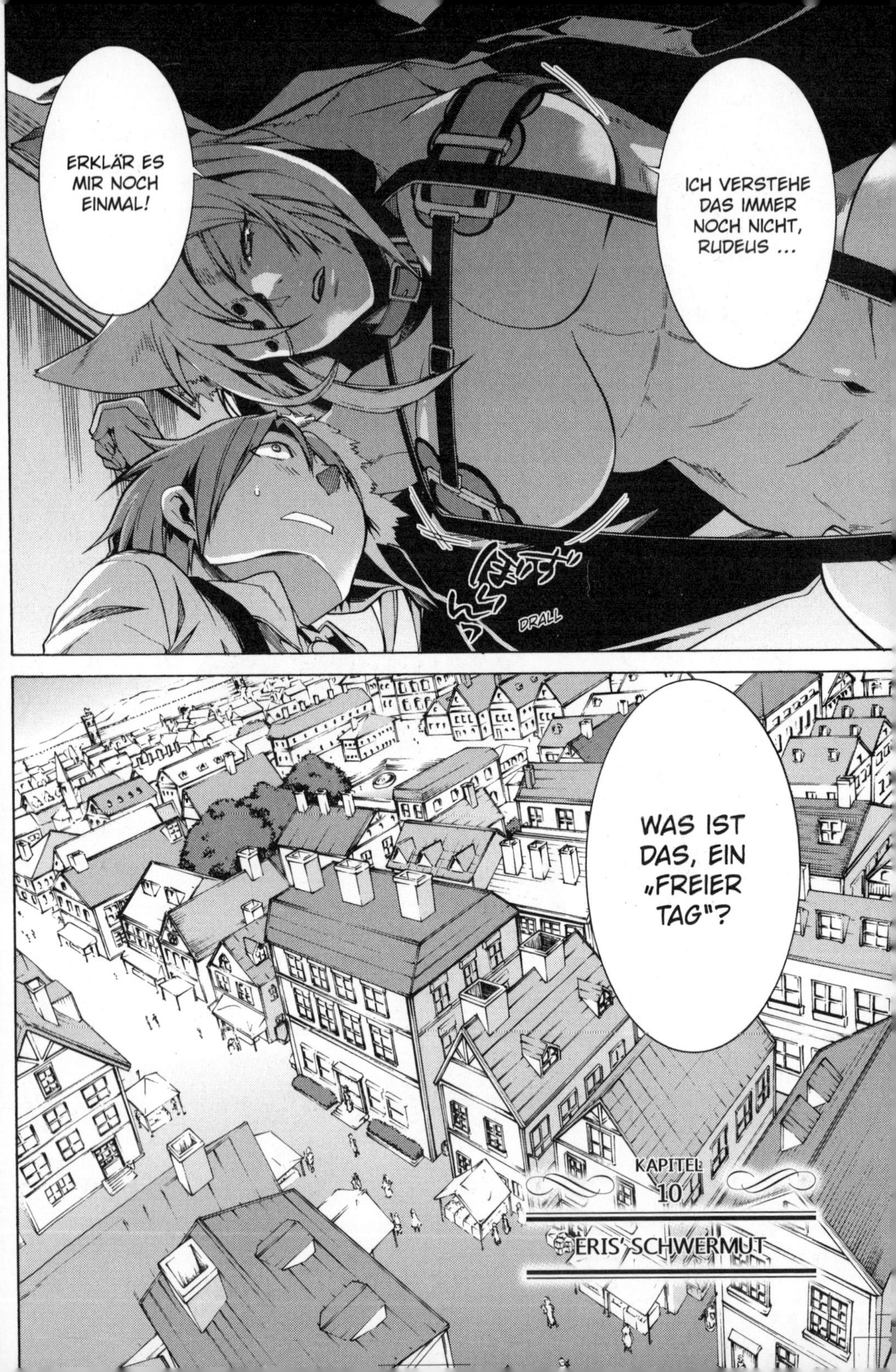

KAPITEL 10

ERIS' SCHWERMUT

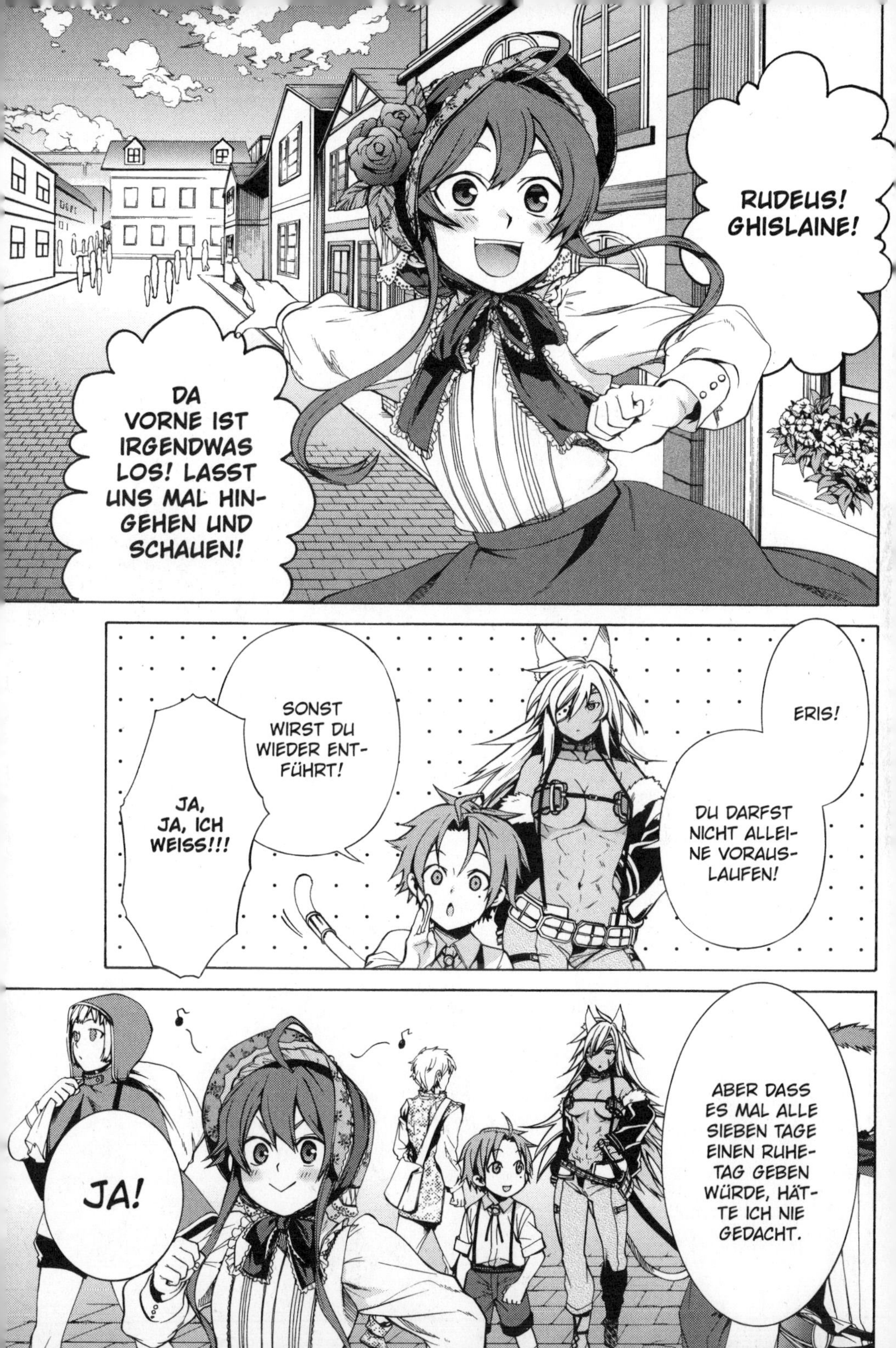
RUDEUS! GHISLAINE!
DA VORNE IST IRGENDWAS LOS! LASST UNS MAL HINGEHEN UND SCHAUEN!
ERIS!
DU DARFST NICHT ALLEINE VORAUSLAUFEN!
SONST WIRST DU WIEDER ENTFÜHRT!
JA, JA, ICH WEISS!!!
ABER DASS ES MAL ALLE SIEBEN TAGE EINEN RUHETAG GEBEN WÜRDE, HÄTTE ICH NIE GEDACHT.
JA!

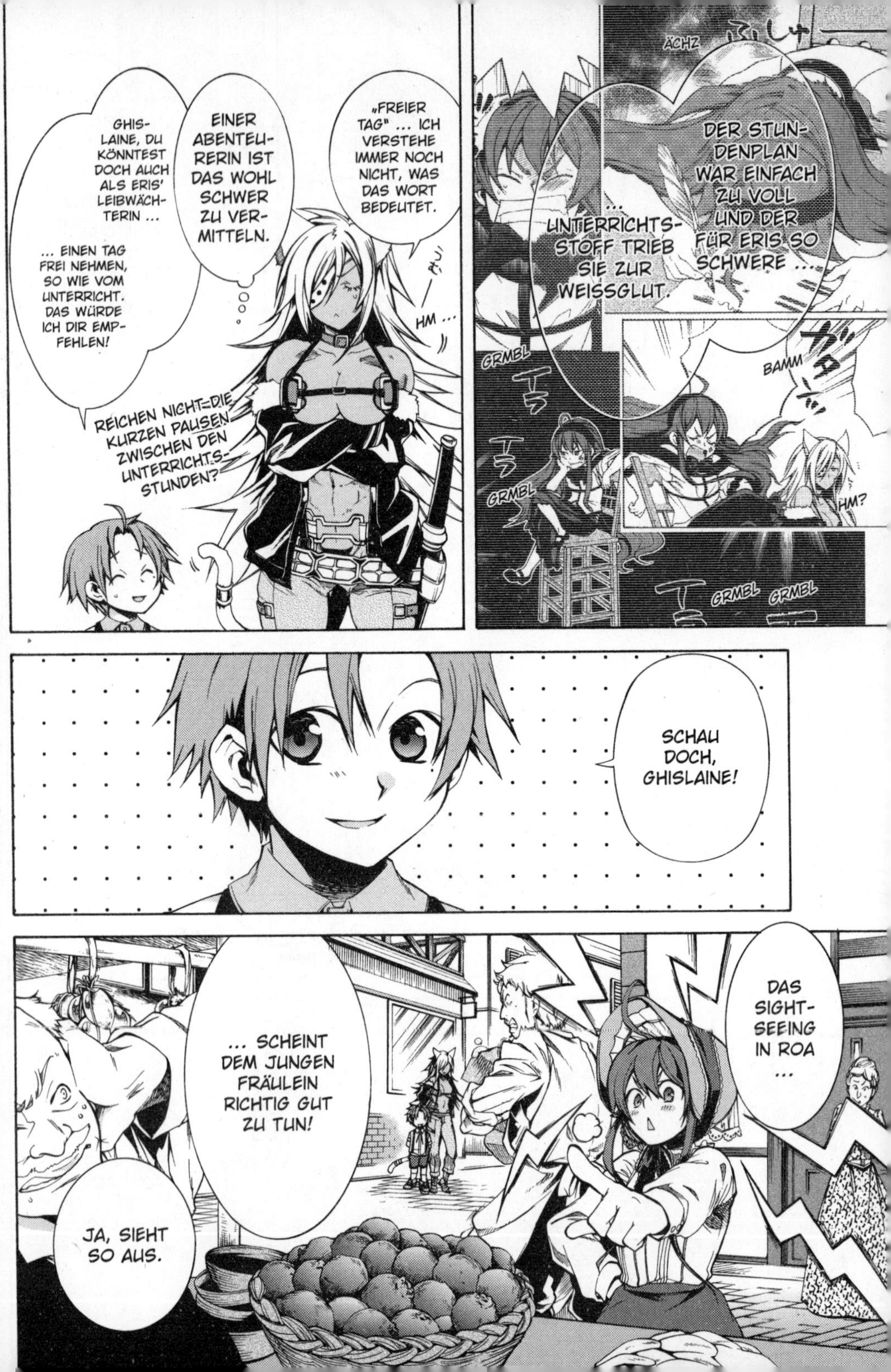

ÄCHZ
DER STUNDENPLAN WAR EINFACH ZU VOLL UND DER FÜR ERIS SO SCHWERE ...
... UNTERRICHTSSTOFF TRIEB SIE ZUR WEISSGLUT.
GRMBL
BAMM
GRMBL
HM?
GRMBL GRMBL

„FREIER TAG" ... ICH VERSTEHE IMMER NOCH NICHT, WAS DAS WORT BEDEUTET.
EINER ABENTEURERIN IST DAS WOHL SCHWER ZU VERMITTELN.
HM ...
GHISLAINE, DU KÖNNTEST DOCH AUCH ALS ERIS' LEIBWÄCHTERIN ...
... EINEN TAG FREI NEHMEN, SO WIE VOM UNTERRICHT. DAS WÜRDE ICH DIR EMPFEHLEN!
REICHEN NICHT DIE KURZEN PAUSEN ZWISCHEN DEN UNTERRICHTSSTUNDEN?

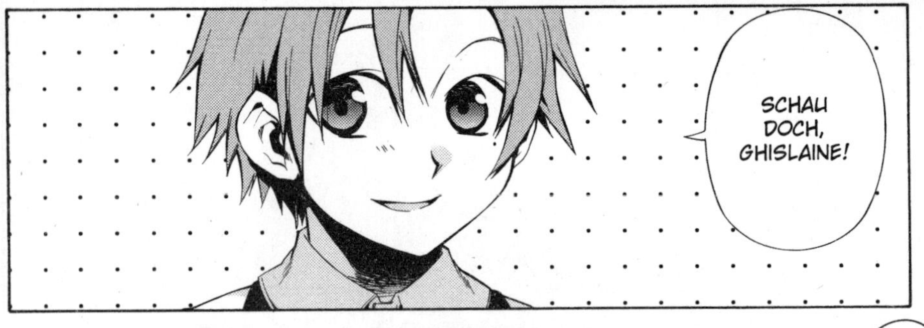

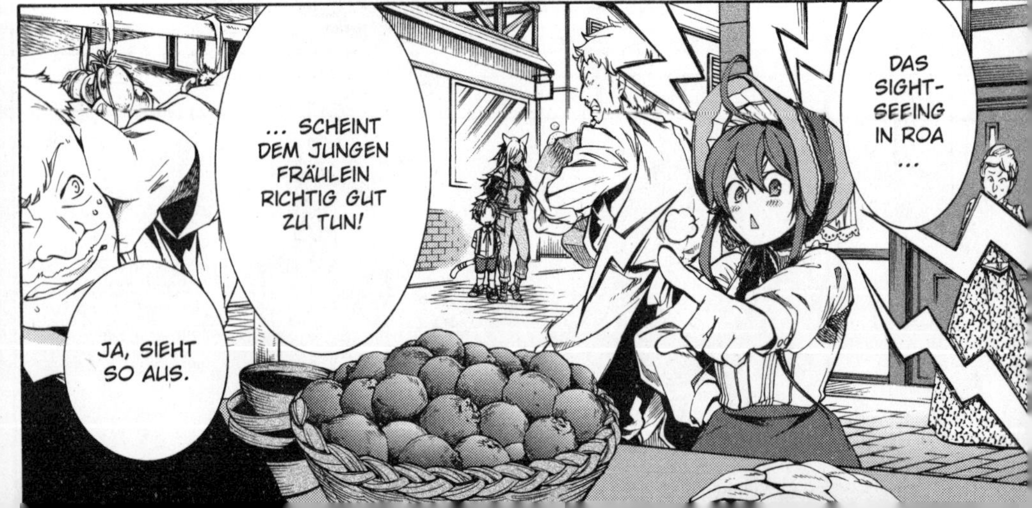

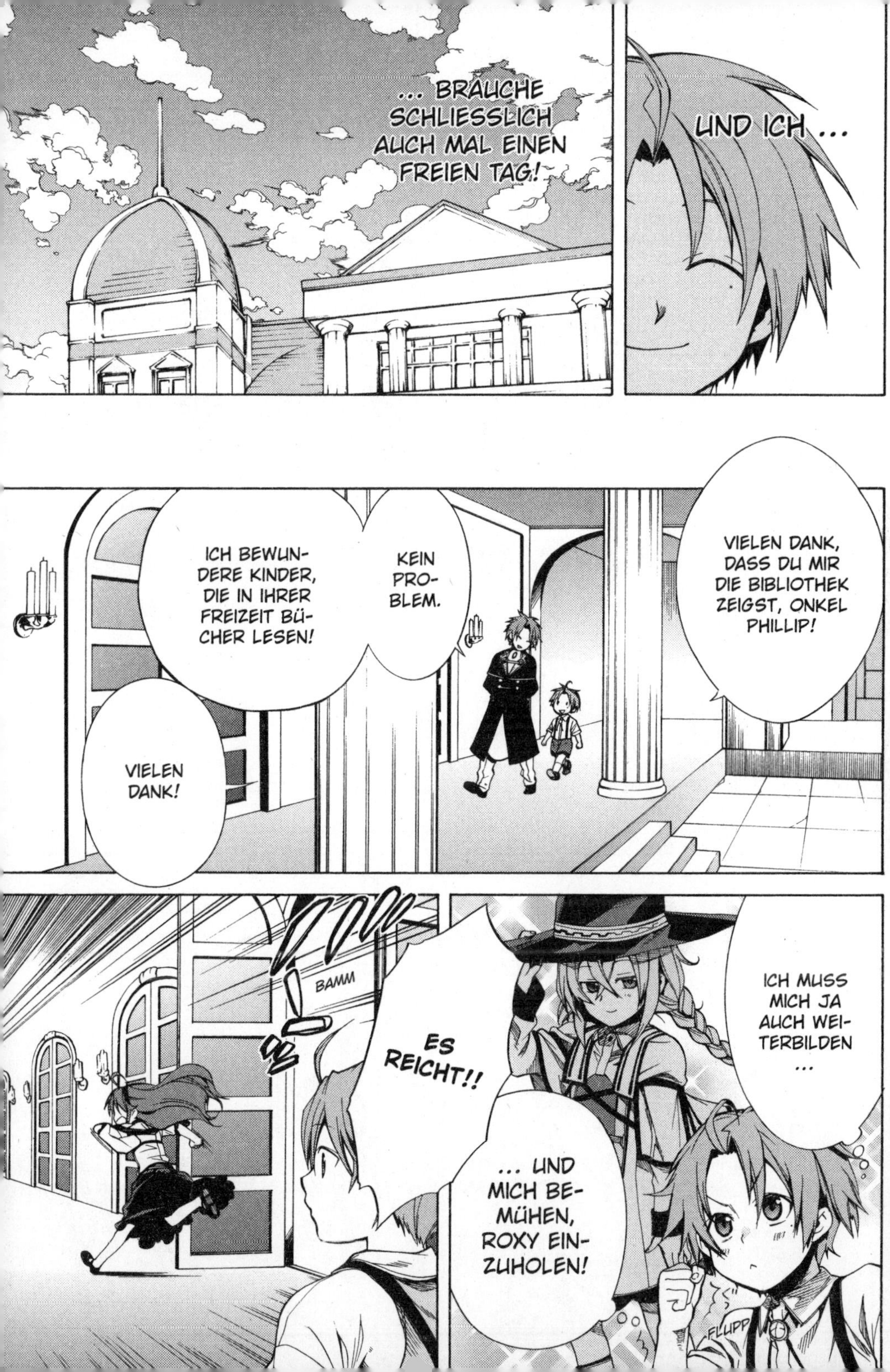

UND ICH ...

... BRAUCHE SCHLIESSLICH AUCH MAL EINEN FREIEN TAG!

VIELEN DANK, DASS DU MIR DIE BIBLIOTHEK ZEIGST, ONKEL PHILLIP!

KEIN PROBLEM.

ICH BEWUNDERE KINDER, DIE IN IHRER FREIZEIT BÜCHER LESEN!

VIELEN DANK!

ICH MUSS MICH JA AUCH WEITERBILDEN ...

... UND MICH BEMÜHEN, ROXY EINZUHOLEN!

FLUPP

ES REICHT!!

BAMM

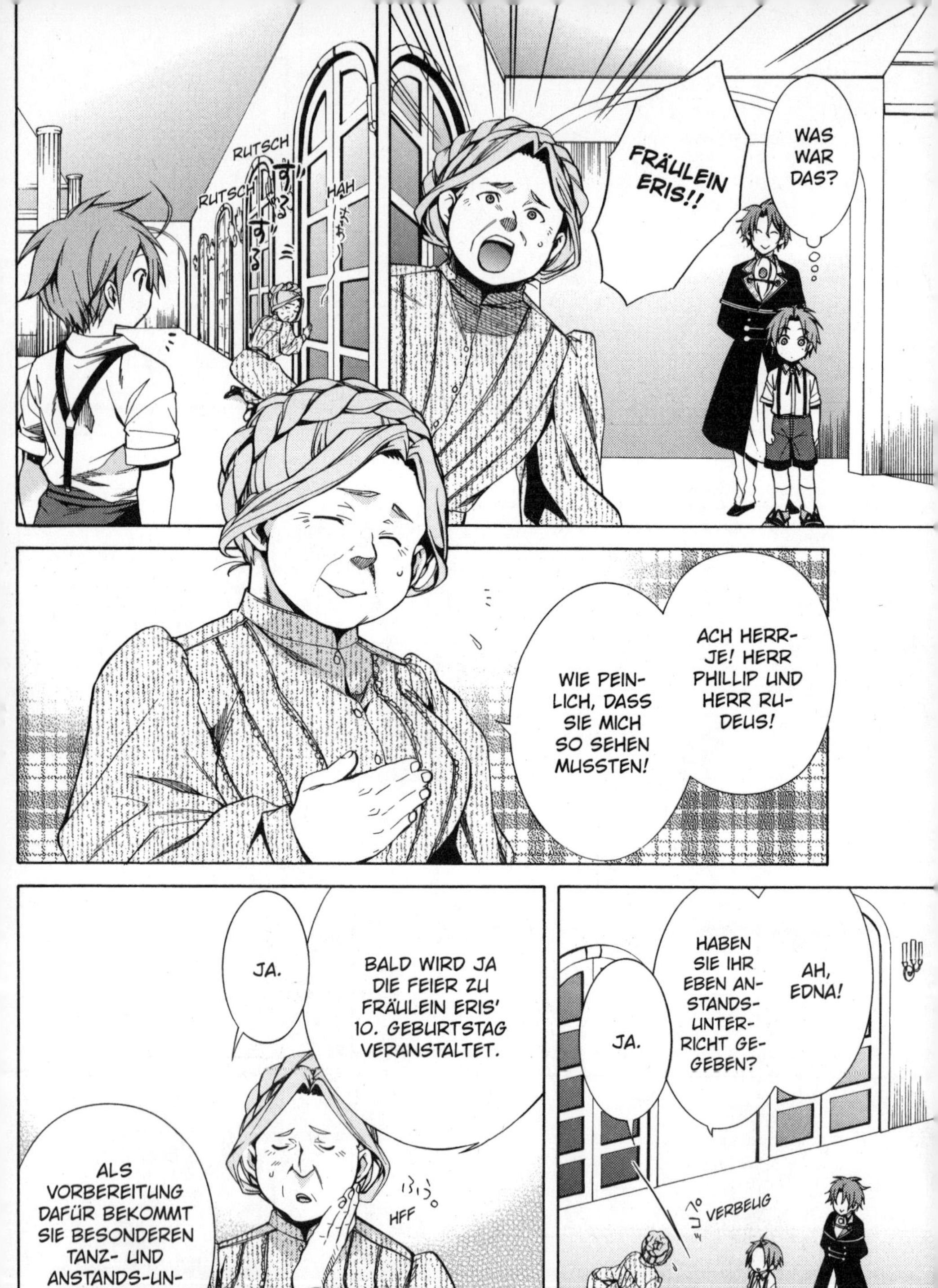
WAS WAR DAS?
FRÄULEIN ERIS!!
RUTSCH
RUTSCH
HAH
ACH HERRJE! HERR PHILLIP UND HERR RUDEUS!
WIE PEINLICH, DASS SIE MICH SO SEHEN MUSSTEN!
AH, EDNA!
HABEN SIE IHR EBEN ANSTANDSUNTERRICHT GEGEBEN?
JA.
VERBEUG
BALD WIRD JA DIE FEIER ZU FRÄULEIN ERIS' 10. GEBURTSTAG VERANSTALTET.
JA.
ふぅ。
HFF
ALS VORBEREITUNG DAFÜR BEKOMMT SIE BESONDEREN TANZ- UND ANSTANDS-UNTERRICHT.

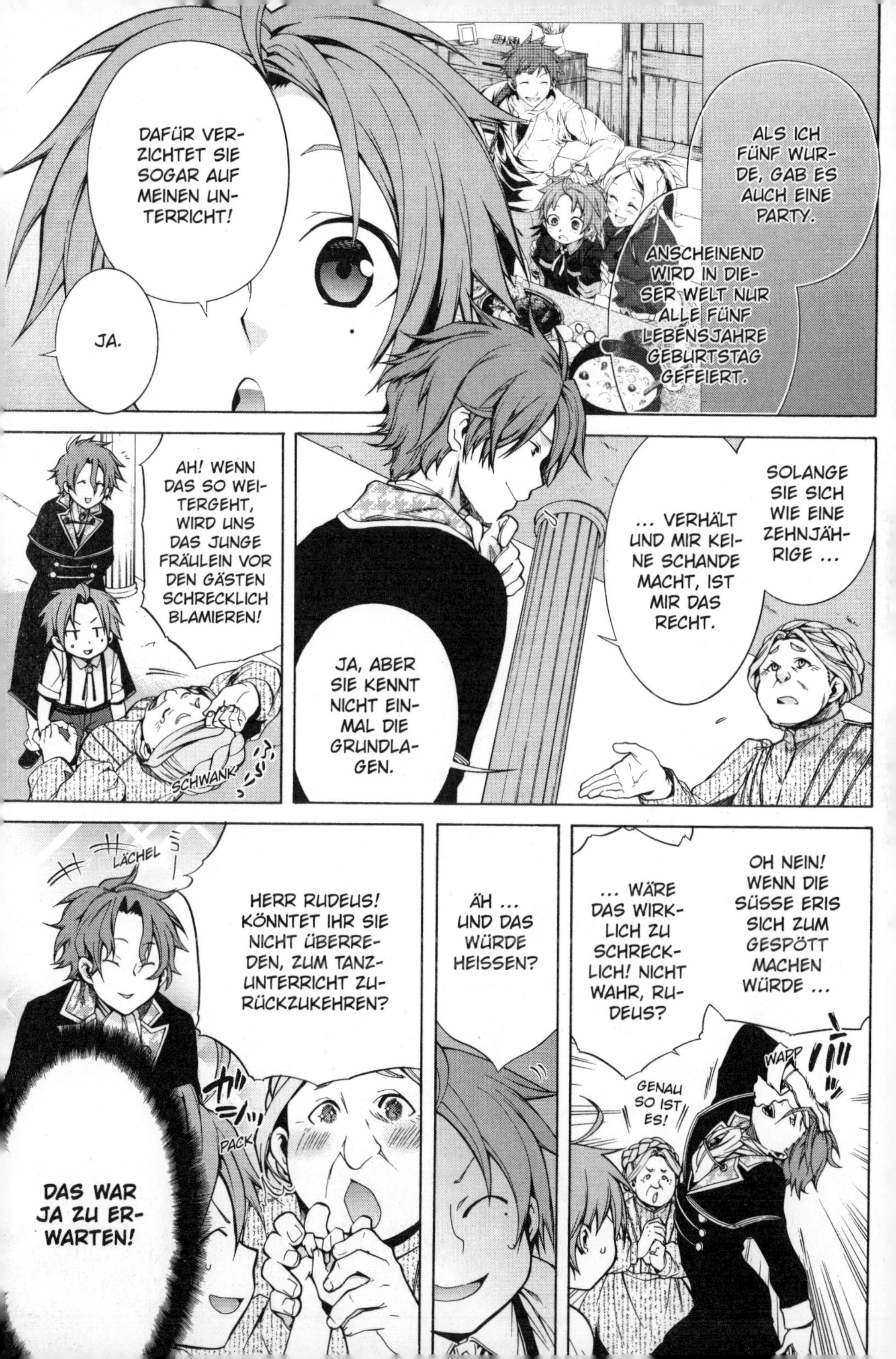

ALS ICH FÜNF WURDE, GAB ES AUCH EINE PARTY.

ANSCHEINEND WIRD IN DIESER WELT NUR ALLE FÜNF LEBENSJAHRE GEBURTSTAG GEFEIERT.

DAFÜR VERZICHTET SIE SOGAR AUF MEINEN UNTERRICHT!

JA.

SOLANGE SIE SICH WIE EINE ZEHNJÄHRIGE ...

... VERHÄLT UND MIR KEINE SCHANDE MACHT, IST MIR DAS RECHT.

JA, ABER SIE KENNT NICHT EINMAL DIE GRUNDLAGEN.

AH! WENN DAS SO WEITERGEHT, WIRD UNS DAS JUNGE FRÄULEIN VOR DEN GÄSTEN SCHRECKLICH BLAMIEREN!

SCHWANK

OH NEIN! WENN DIE SÜSSE ERIS SICH ZUM GESPÖTT MACHEN WÜRDE ...

... WÄRE DAS WIRKLICH ZU SCHRECKLICH! NICHT WAHR, RUDEUS?

WAPP

GENAU SO IST ES!

ÄH ... UND DAS WÜRDE HEISSEN?

HERR RUDEUS! KÖNNTET IHR SIE NICHT ÜBERREDEN, ZUM TANZUNTERRICHT ZURÜCKZUKEHREN?

PACK

LÄCHEL

DAS WAR JA ZU ERWARTEN!

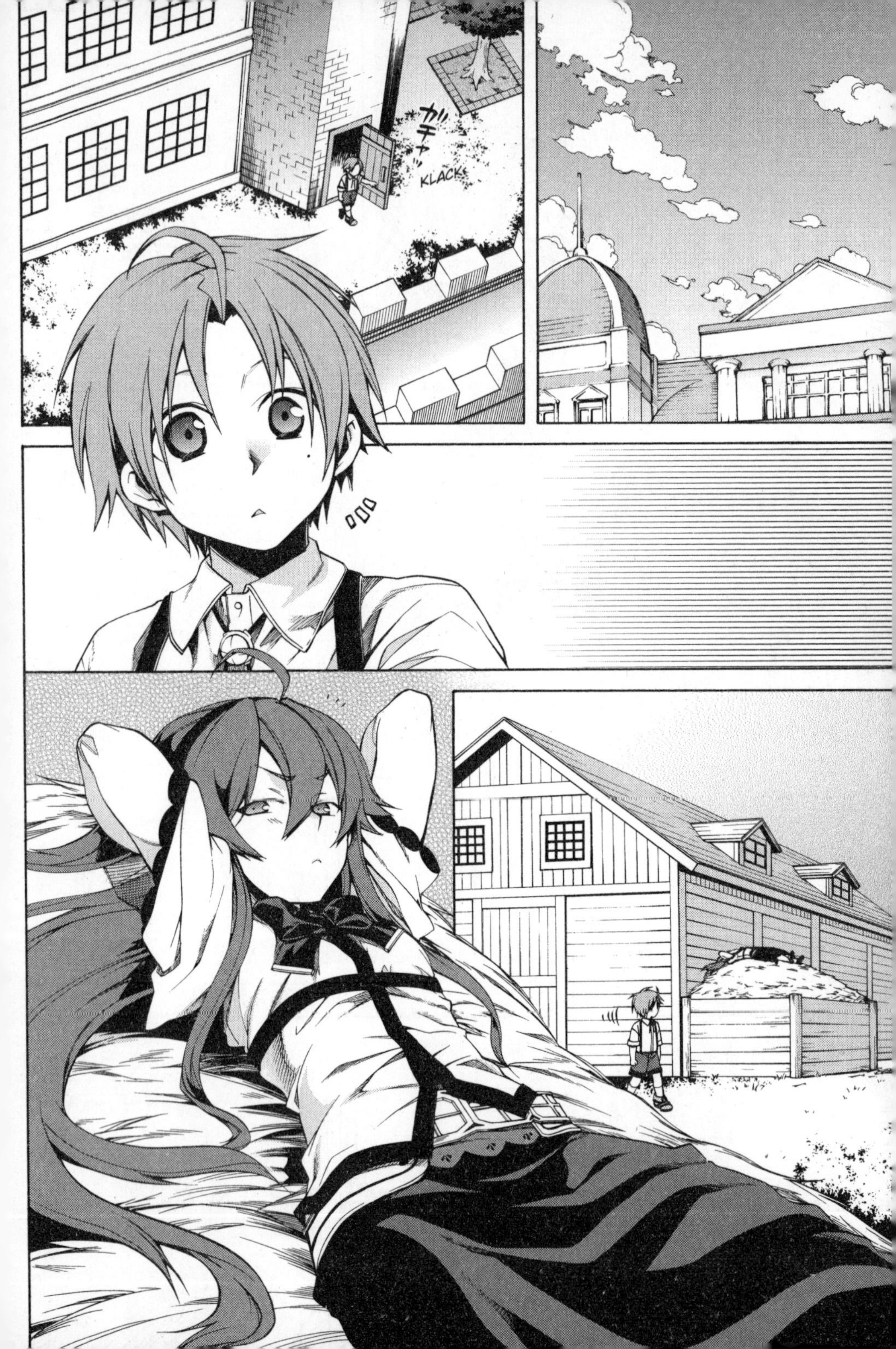
ガチャッ
KLACK

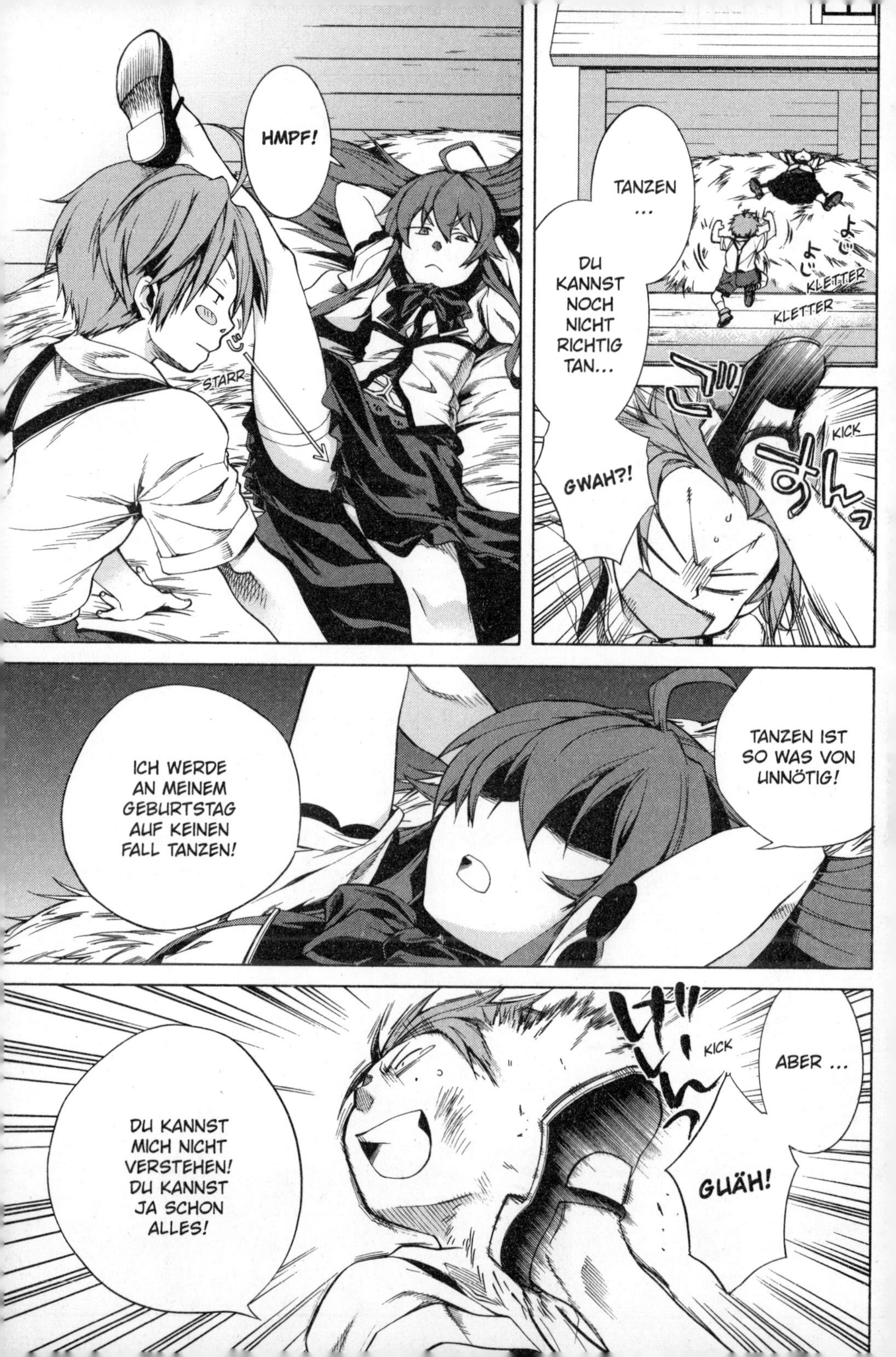

KLETTER
KLETTER
TANZEN …
DU KANNST NOCH NICHT RICHTIG TAN…
KICK
GWAH?!
HMPF!
STARR
TANZEN IST SO WAS VON UNNÖTIG!
ICH WERDE AN MEINEM GEBURTSTAG AUF KEINEN FALL TANZEN!

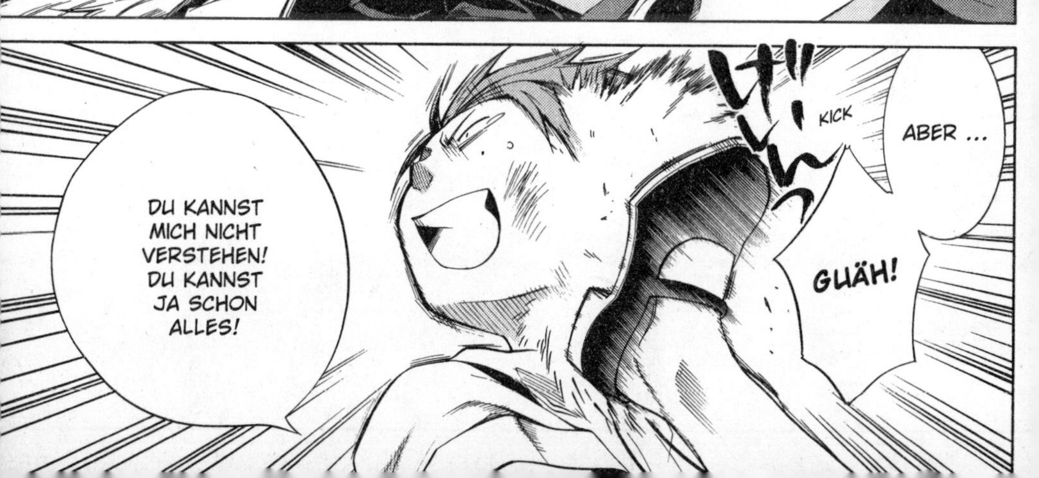

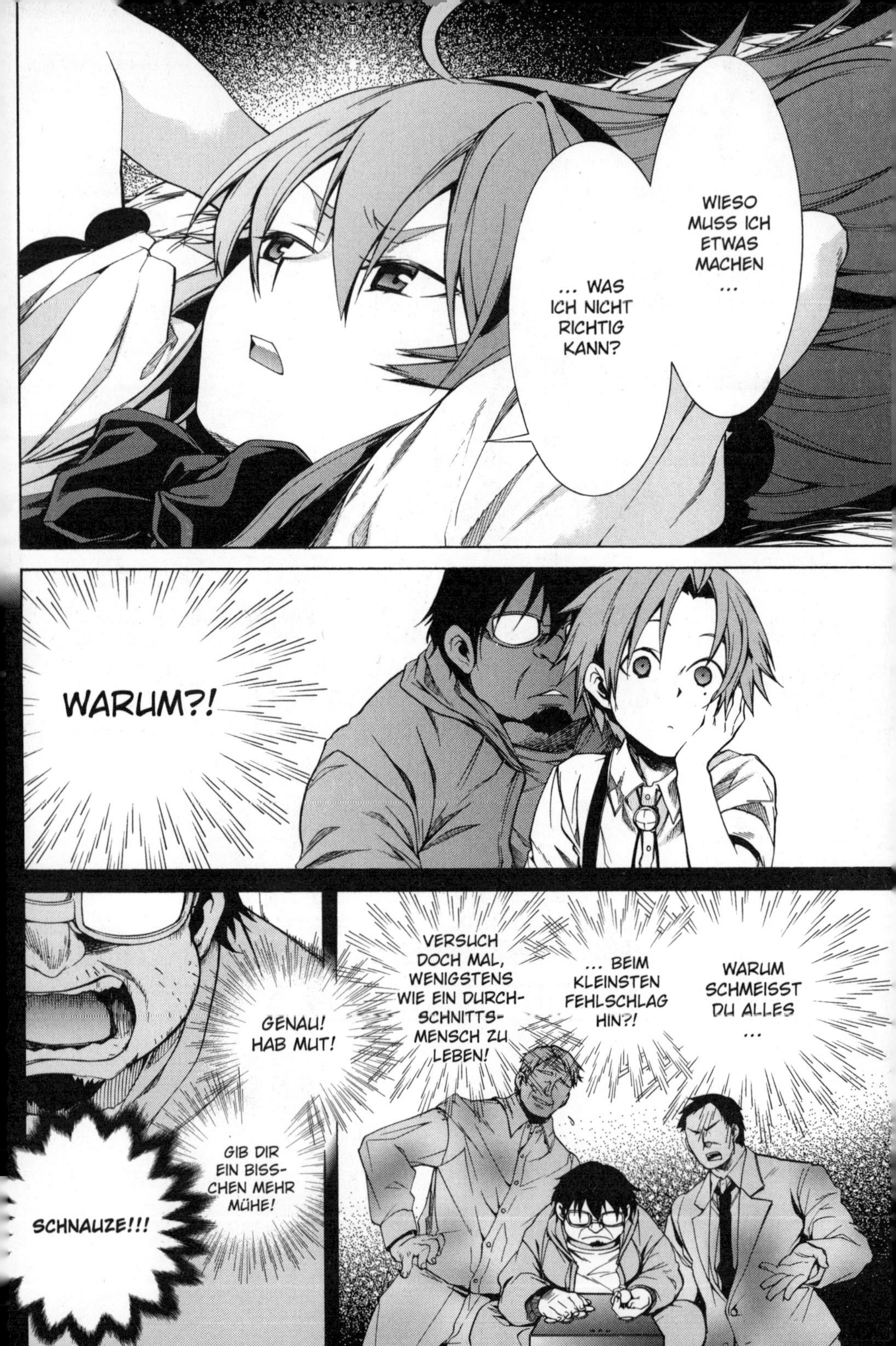
WIESO MUSS ICH ETWAS MACHEN …
… WAS ICH NICHT RICHTIG KANN?
WARUM?!
WARUM SCHMEISST DU ALLES …
… BEIM KLEINSTEN FEHLSCHLAG HIN?!
VERSUCH DOCH MAL, WENIGSTENS WIE EIN DURCHSCHNITTSMENSCH ZU LEBEN!
GENAU! HAB MUT!
GIB DIR EIN BISSCHEN MEHR MÜHE!
SCHNAUZE!!!

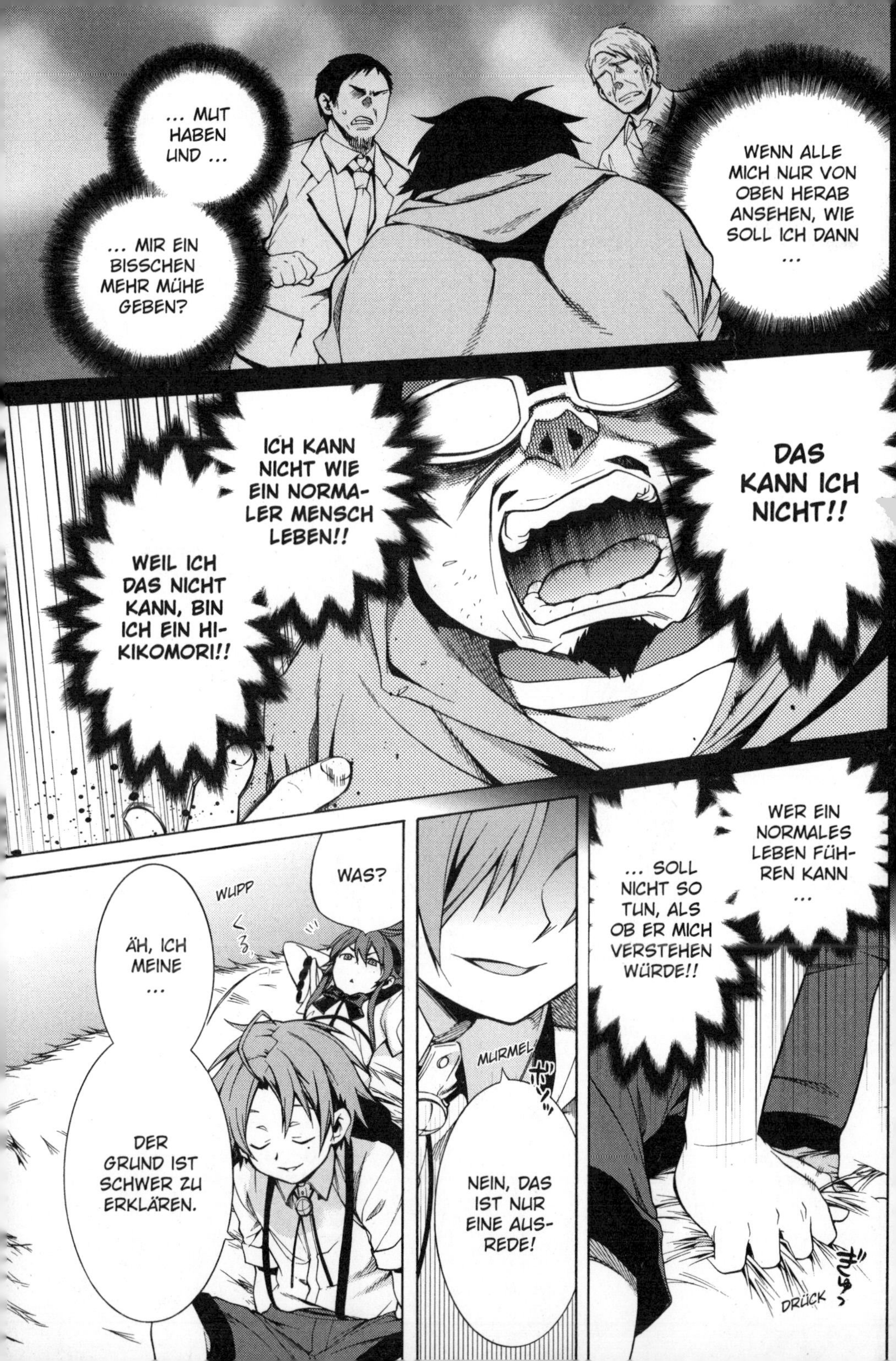
WENN ALLE MICH NUR VON OBEN HERAB ANSEHEN, WIE SOLL ICH DANN …
… MUT HABEN UND …
… MIR EIN BISSCHEN MEHR MÜHE GEBEN?
DAS KANN ICH NICHT!!
ICH KANN NICHT WIE EIN NORMALER MENSCH LEBEN!!
WEIL ICH DAS NICHT KANN, BIN ICH EIN HIKIKOMORI!!
WER EIN NORMALES LEBEN FÜHREN KANN …
… SOLL NICHT SO TUN, ALS OB ER MICH VERSTEHEN WÜRDE!!
DRÜCK
MURMEL
NEIN, DAS IST NUR EINE AUSREDE!
WAS?
WUPP
ÄH, ICH MEINE …
DER GRUND IST SCHWER ZU ERKLÄREN.

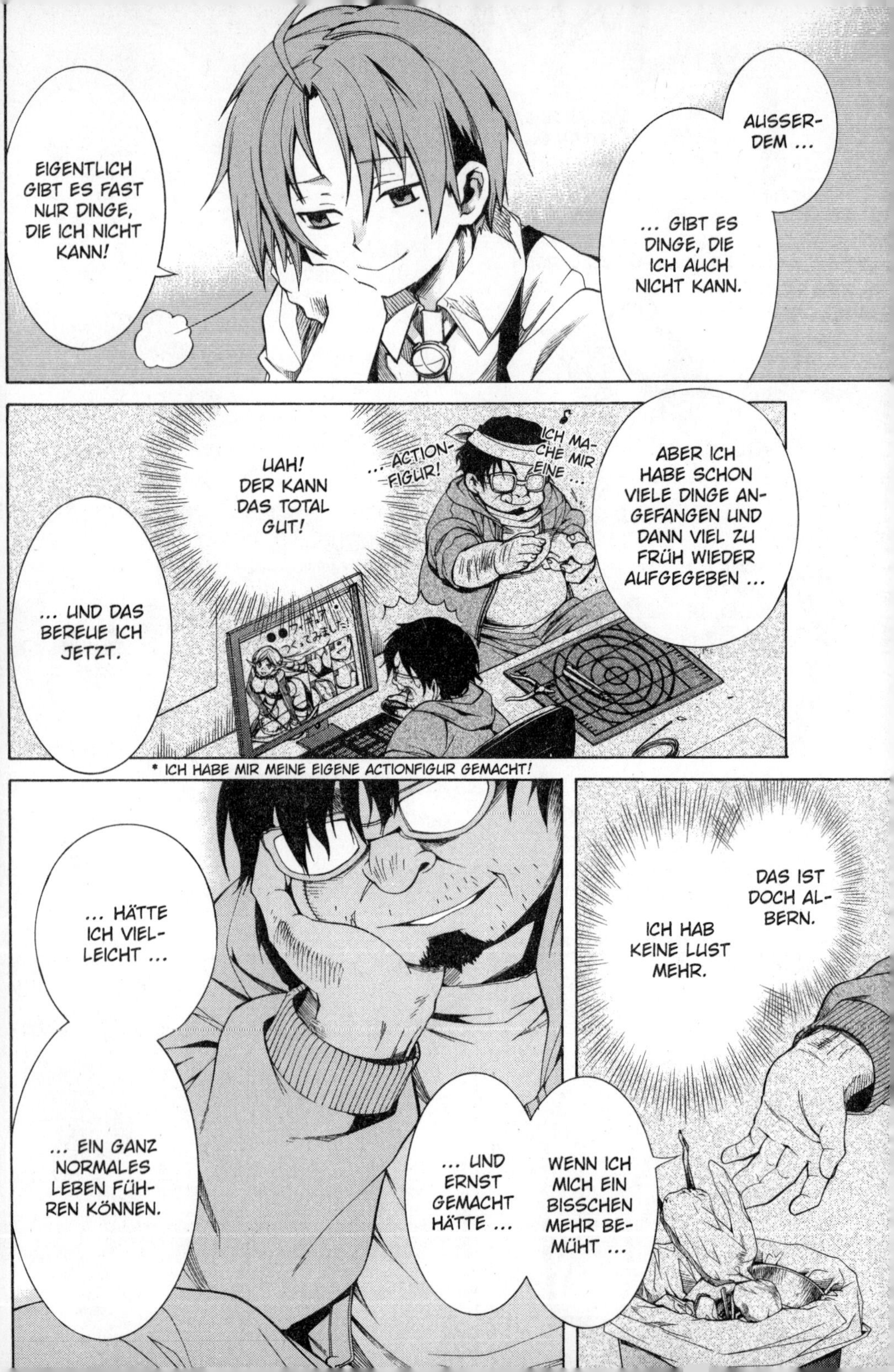

AUSSERDEM …
… GIBT ES DINGE, DIE ICH AUCH NICHT KANN.
EIGENTLICH GIBT ES FAST NUR DINGE, DIE ICH NICHT KANN!
ABER ICH HABE SCHON VIELE DINGE ANGEFANGEN UND DANN VIEL ZU FRÜH WIEDER AUFGEGEBEN …
ICH MACHE MIR EINE …
… ACTIONFIGUR!
UAH! DER KANN DAS TOTAL GUT!
… UND DAS BEREUE ICH JETZT.

* ICH HABE MIR MEINE EIGENE ACTIONFIGUR GEMACHT!

DAS IST DOCH ALBERN.
ICH HAB KEINE LUST MEHR.
WENN ICH MICH EIN BISSCHEN MEHR BEMÜHT …
… UND ERNST GEMACHT HÄTTE …
… HÄTTE ICH VIELLEICHT …
… EIN GANZ NORMALES LEBEN FÜHREN KÖNNEN.

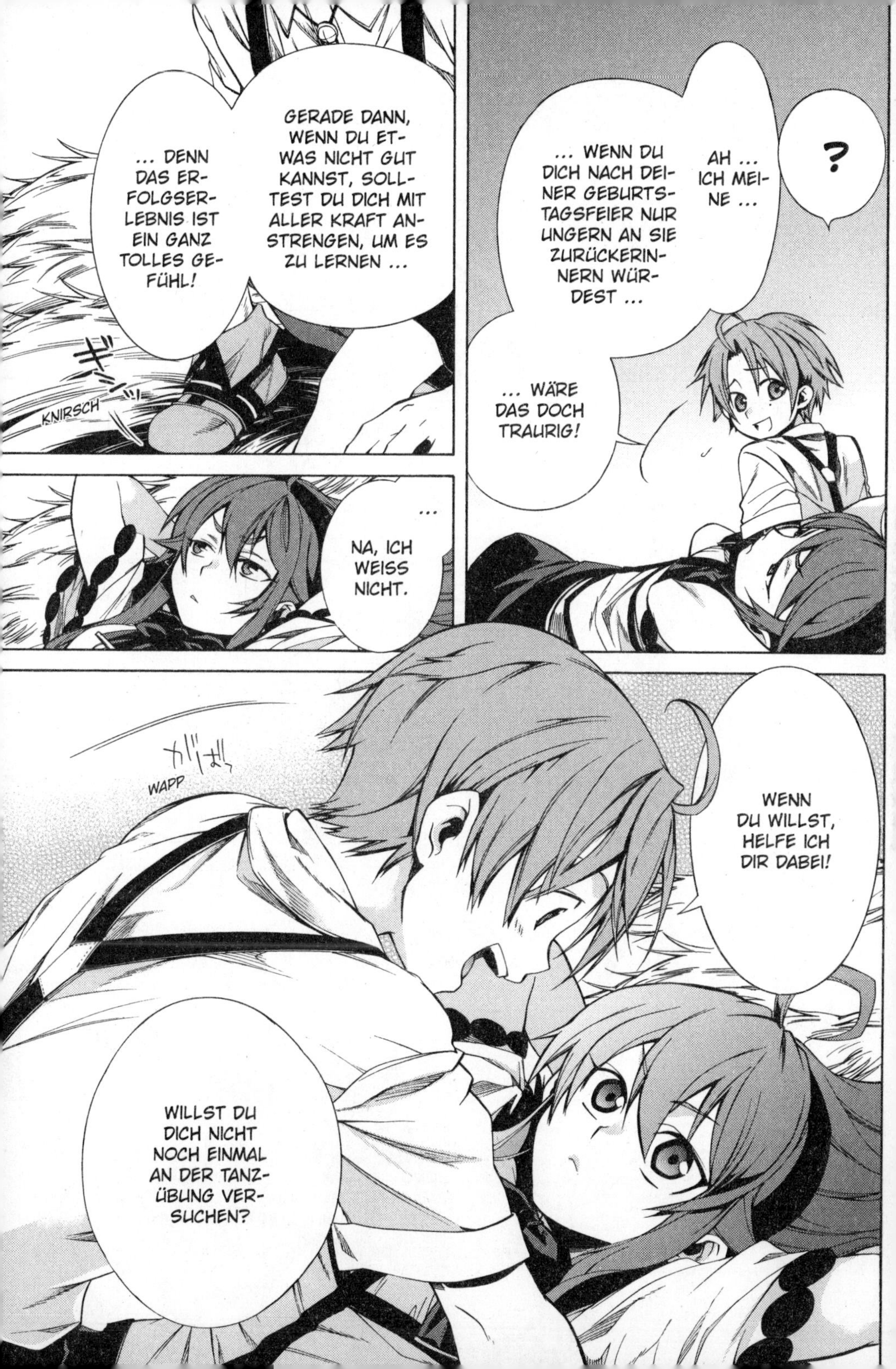
?
AH … ICH MEI-
NE …
… WENN DU
DICH NACH DEI-
NER GEBURTS-
TAGSFEIER NUR
UNGERN AN SIE
ZURÜCKERIN-
NERN WÜR-
DEST …
… WÄRE
DAS DOCH
TRAURIG!
GERADE DANN,
WENN DU ET-
WAS NICHT GUT
KANNST, SOLL-
TEST DU DICH MIT
ALLER KRAFT AN-
STRENGEN, UM ES
ZU LERNEN …
… DENN
DAS ER-
FOLGSER-
LEBNIS IST
EIN GANZ
TOLLES GE-
FÜHL!
KNIRSCH
…
NA, ICH
WEISS
NICHT.
WAPP
WENN
DU WILLST,
HELFE ICH
DIR DABEI!
WILLST DU
DICH NICHT
NOCH EINMAL
AN DER TANZ-
ÜBUNG VER-
SUCHEN?

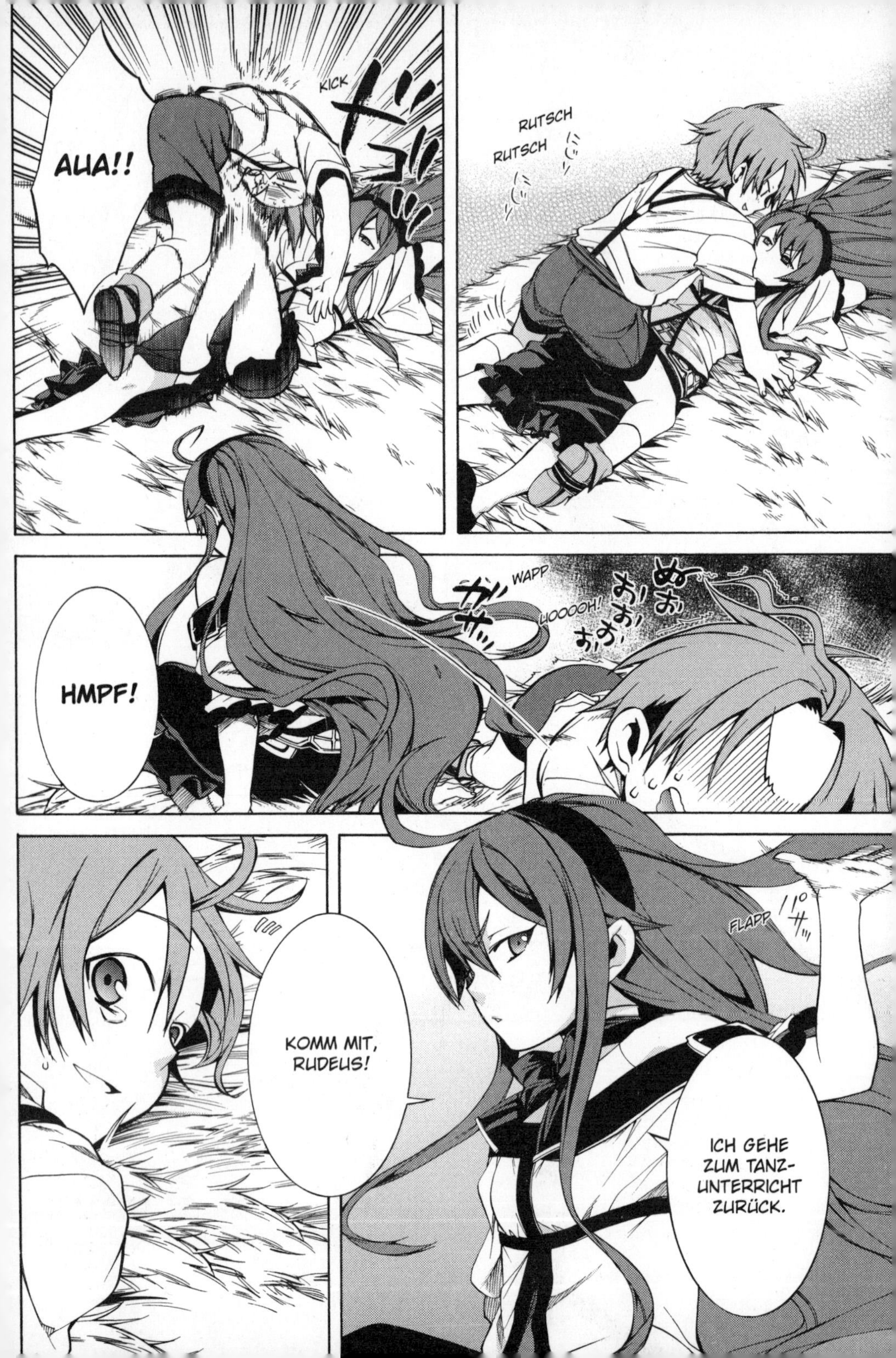
RUTSCH
RUTSCH
KICK
AUA!!
WOOOOH!
WAPP
HMPF!
FLAPP
ICH GEHE ZUM TANZ-UNTERRICHT ZURÜCK.
KOMM MIT, RUDEUS!

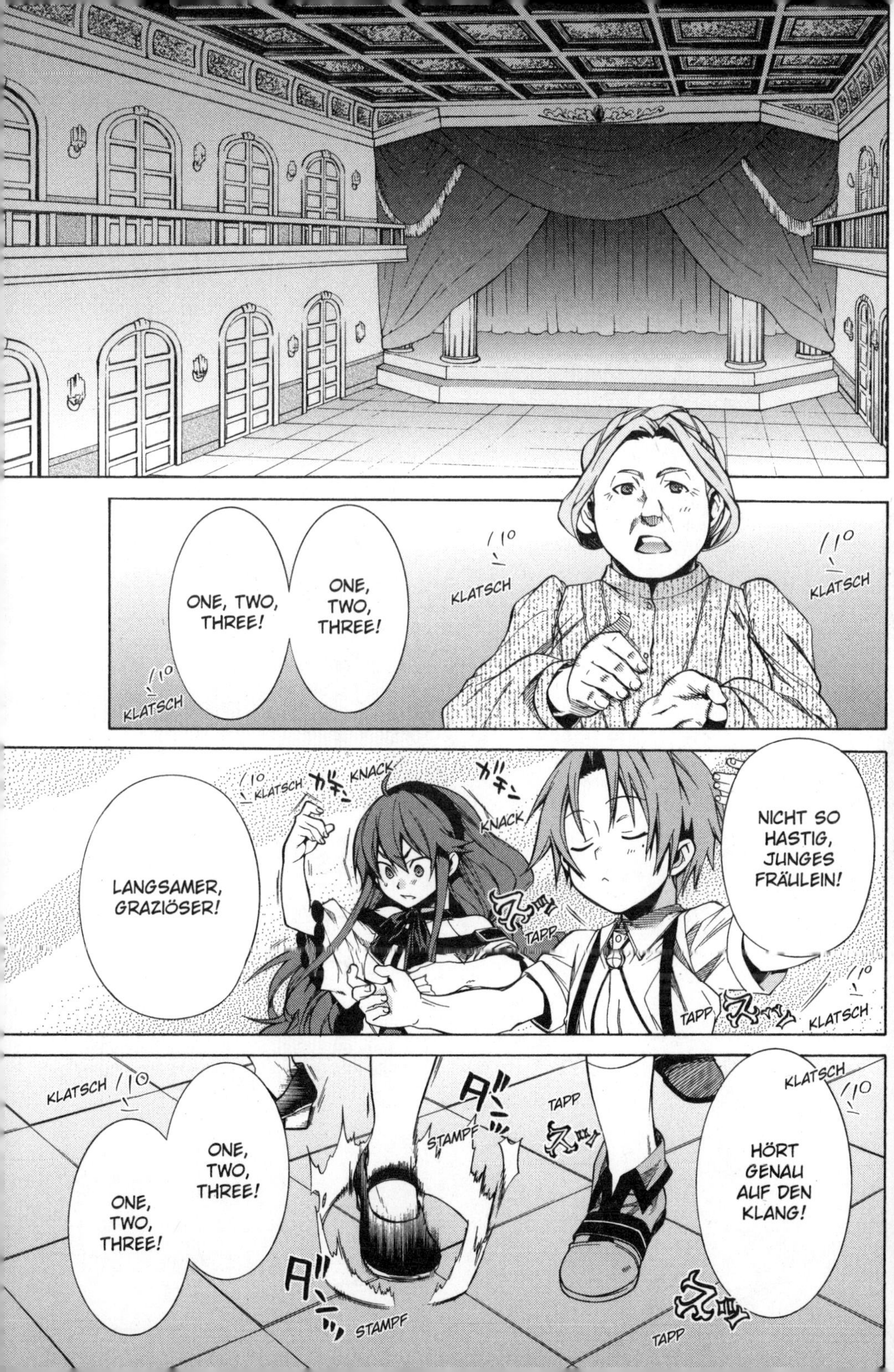

KLATSCH
ONE, TWO, THREE!
ONE, TWO, THREE!
KLATSCH
KLATSCH

NICHT SO HASTIG, JUNGES FRÄULEIN!
KNACK
KNACK
KLATSCH
LANGSAMER, GRAZIÖSER!
TAPP
KLATSCH
TAPP

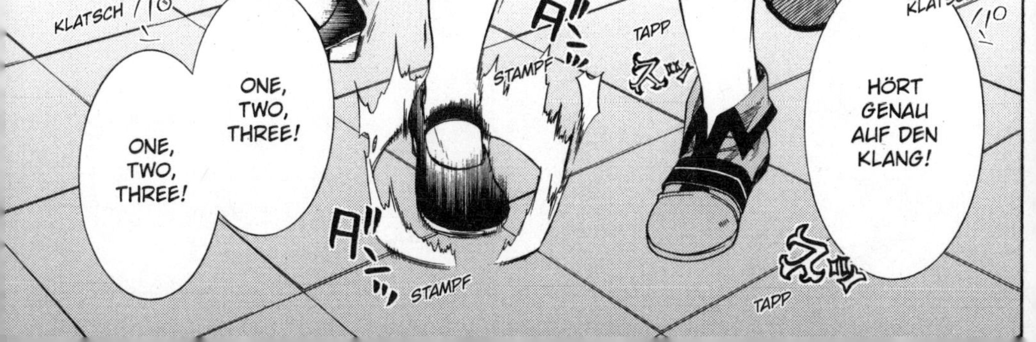

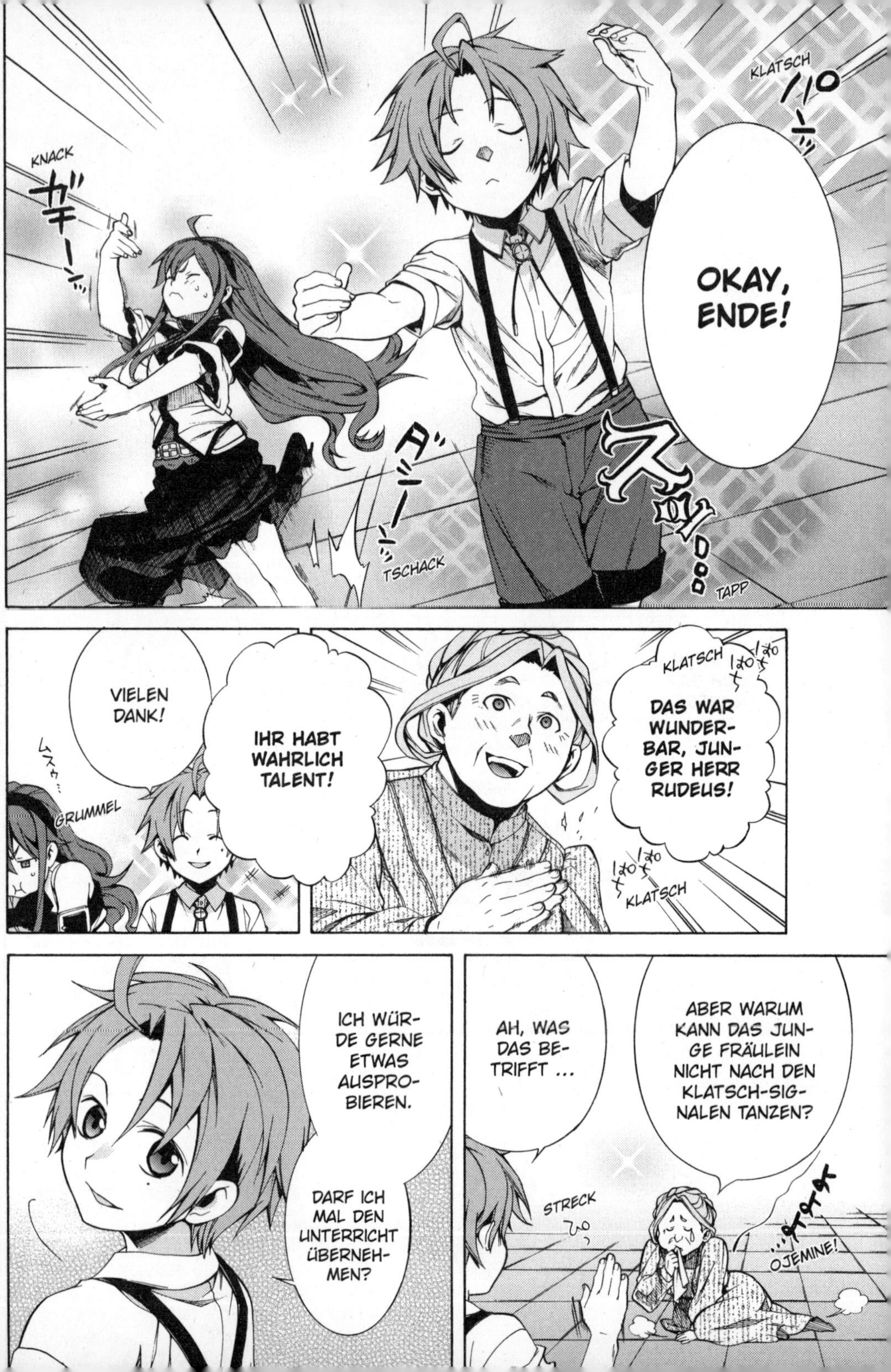

KLATSCH
OKAY, ENDE!
KNACK
TSCHACK
TAPP

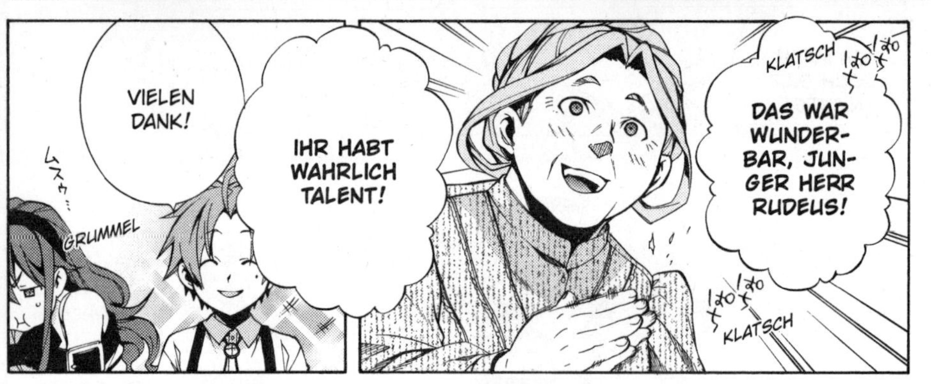

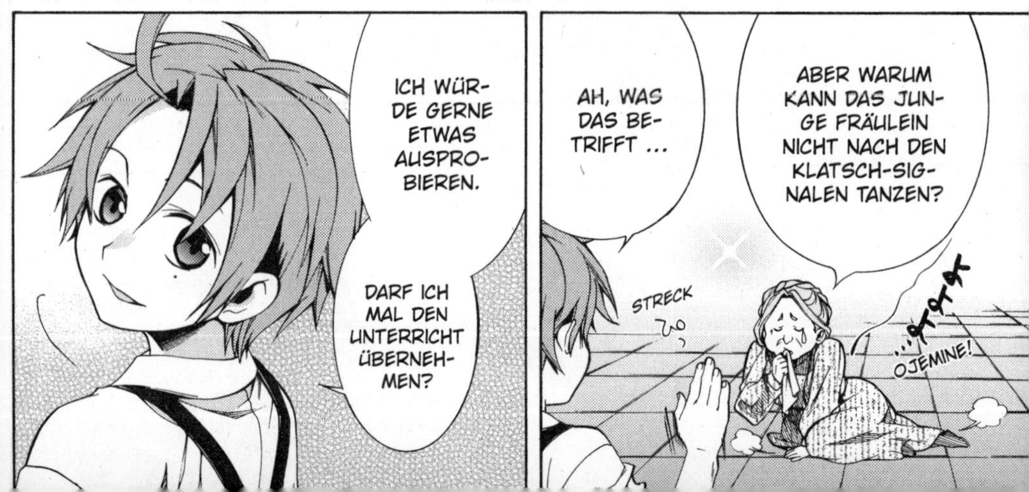

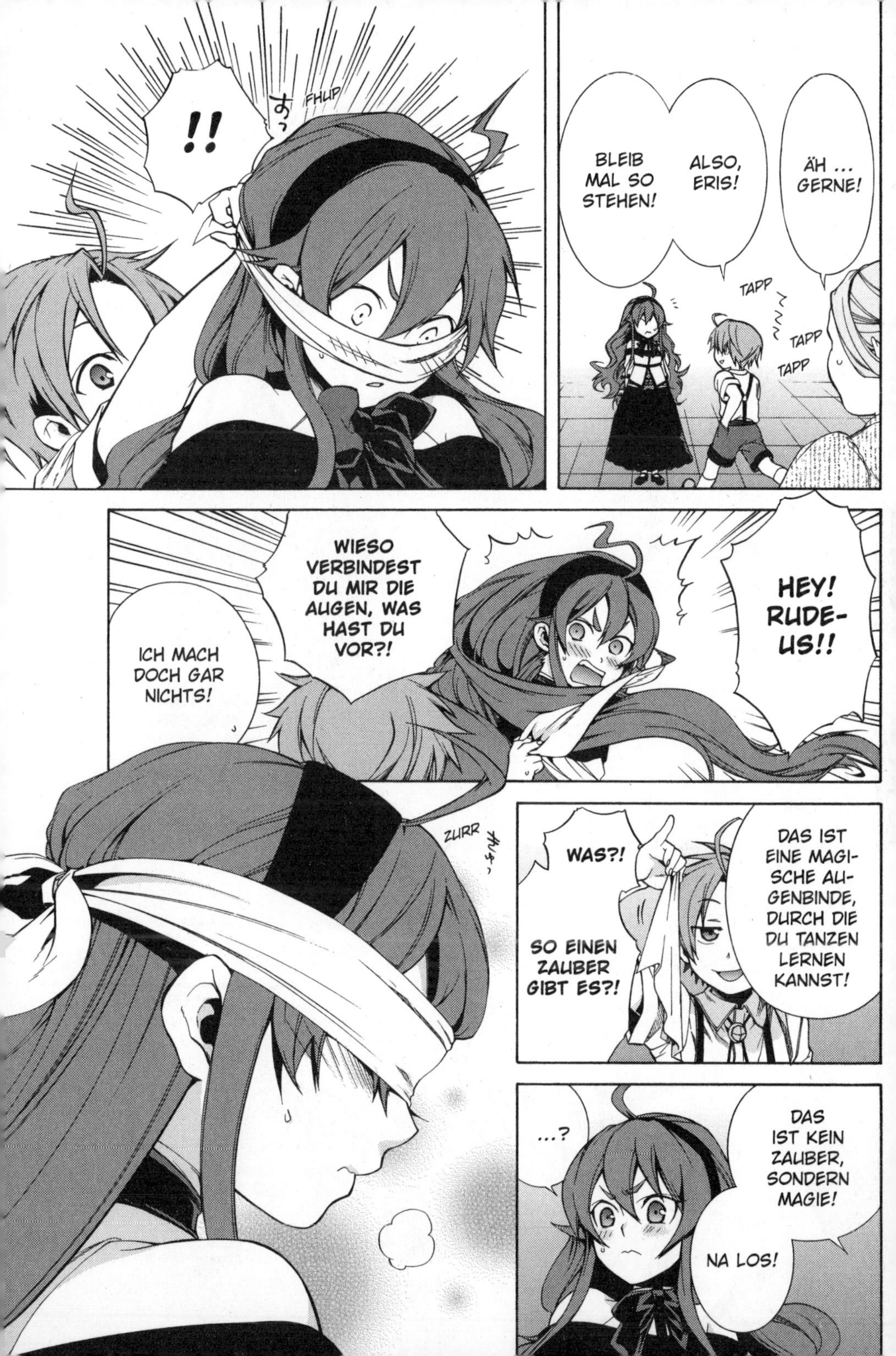
ÄH … GERNE!
ALSO, ERIS!
BLEIB MAL SO STEHEN!
TAPP
TAPP
TAPP
FHUP
!!
HEY! RUDE-US!!
WIESO VERBINDEST DU MIR DIE AUGEN, WAS HAST DU VOR?!
ICH MACH DOCH GAR NICHTS!
DAS IST EINE MAGI-SCHE AU-GENBINDE, DURCH DIE DU TANZEN LERNEN KANNST!
WAS?!
SO EINEN ZAUBER GIBT ES?!
ZURR
DAS IST KEIN ZAUBER, SONDERN MAGIE!
…?
NA LOS!

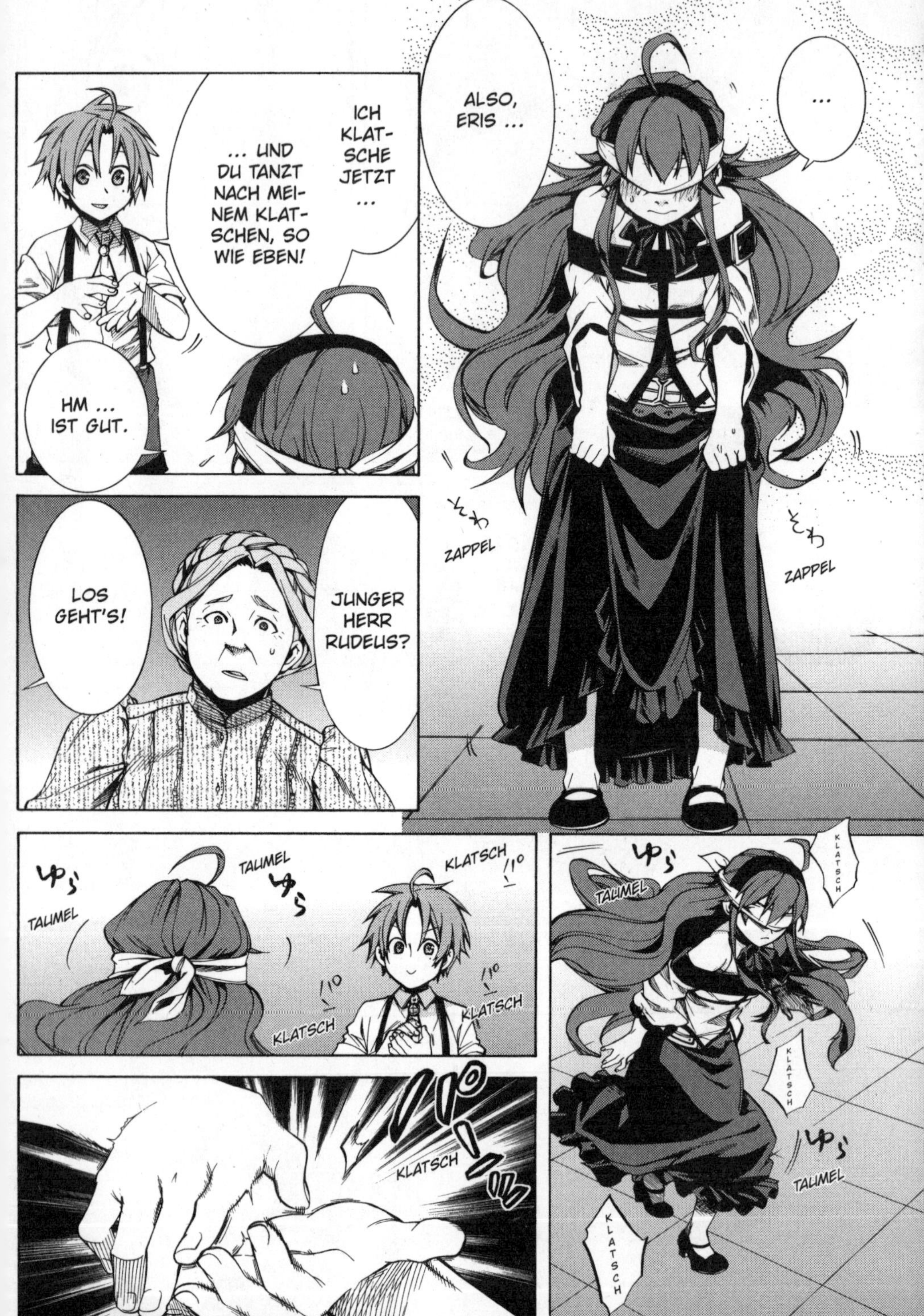
...
ALSO, ERIS ...
ICH KLATSCHE JETZT ...
... UND DU TANZT NACH MEINEM KLATSCHEN, SO WIE EBEN!
HM ... IST GUT.
ZAPPEL
ZAPPEL
JUNGER HERR RUDEUS?
LOS GEHT'S!
KLATSCH
TAUMEL
KLATSCH
TAUMEL
KLATSCH
KLATSCH
TAUMEL
KLATSCH
KLATSCH
TAUMEL
KLATSCH

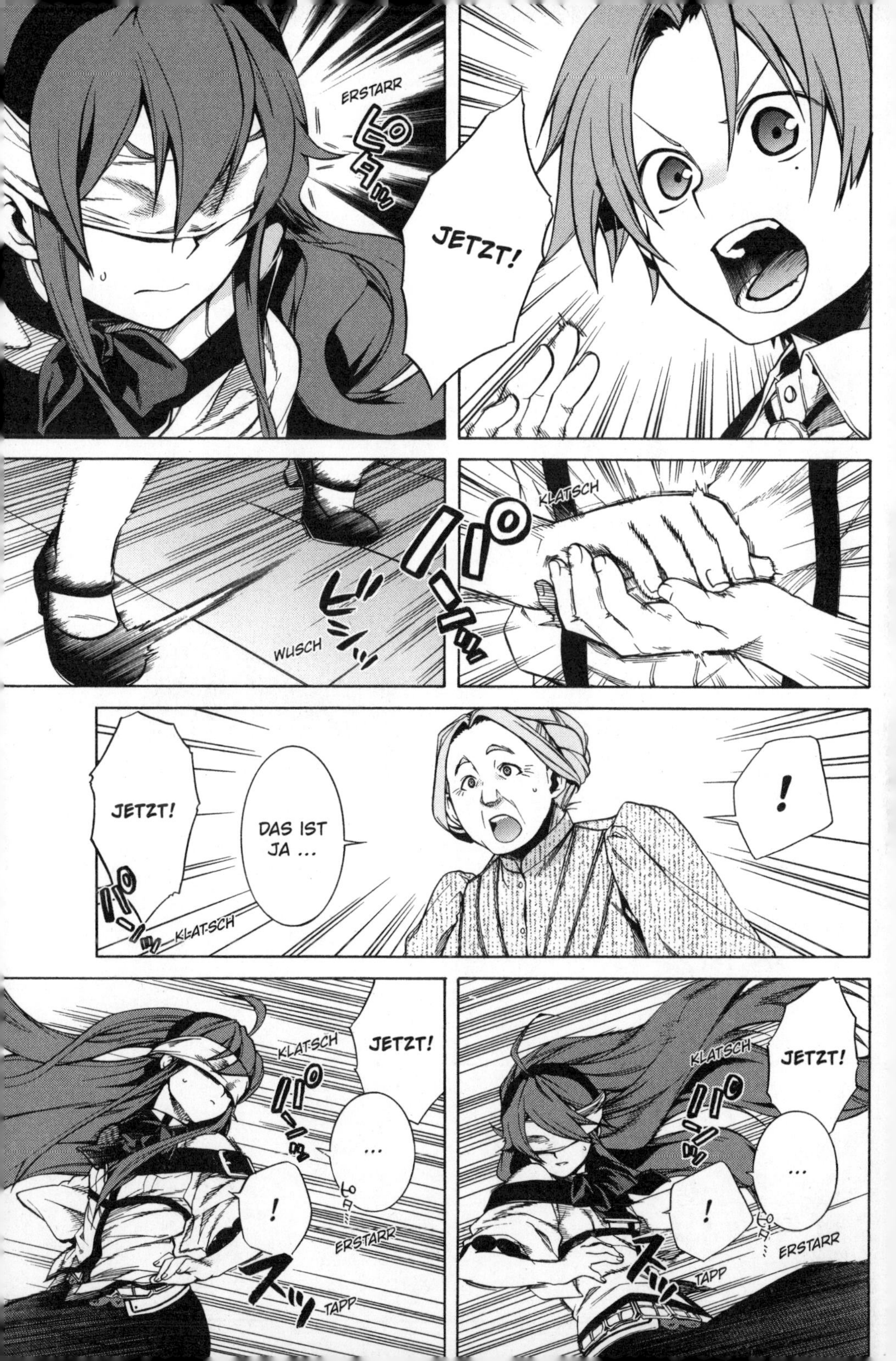

JETZT!
ERSTARR

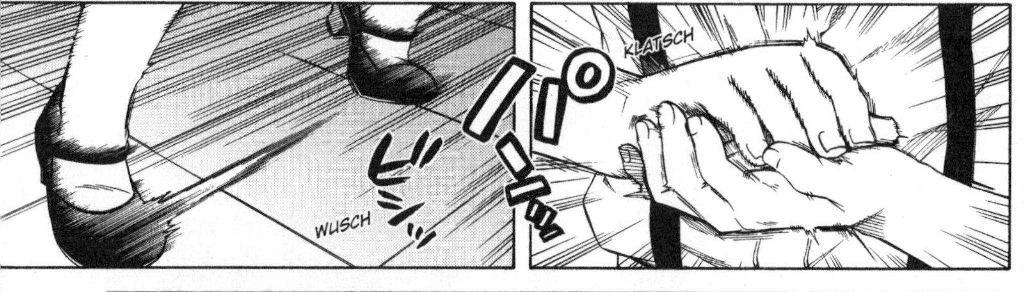

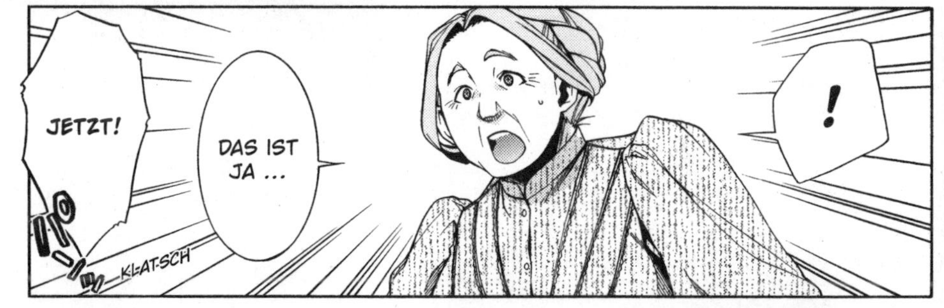

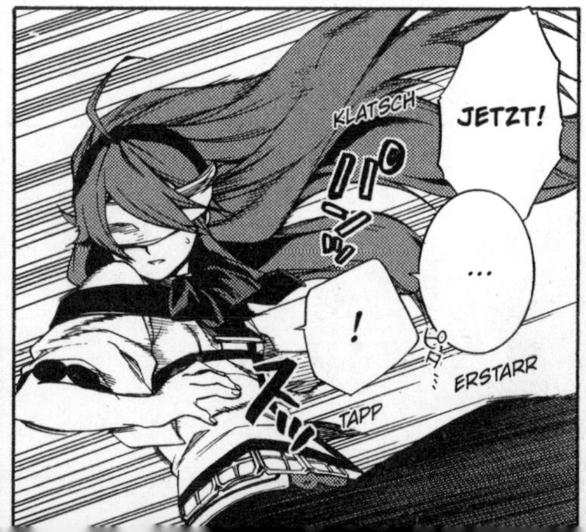

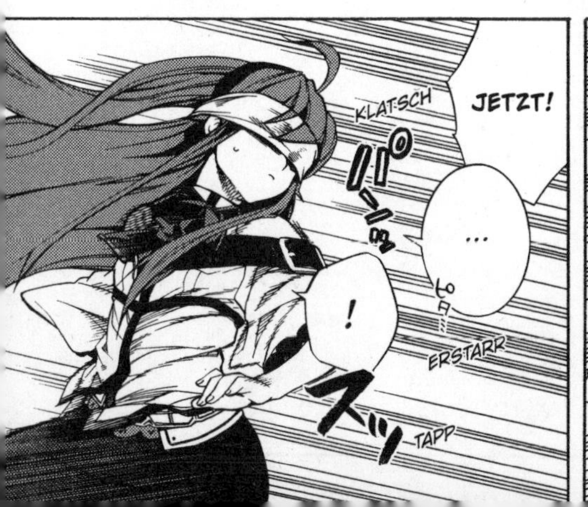

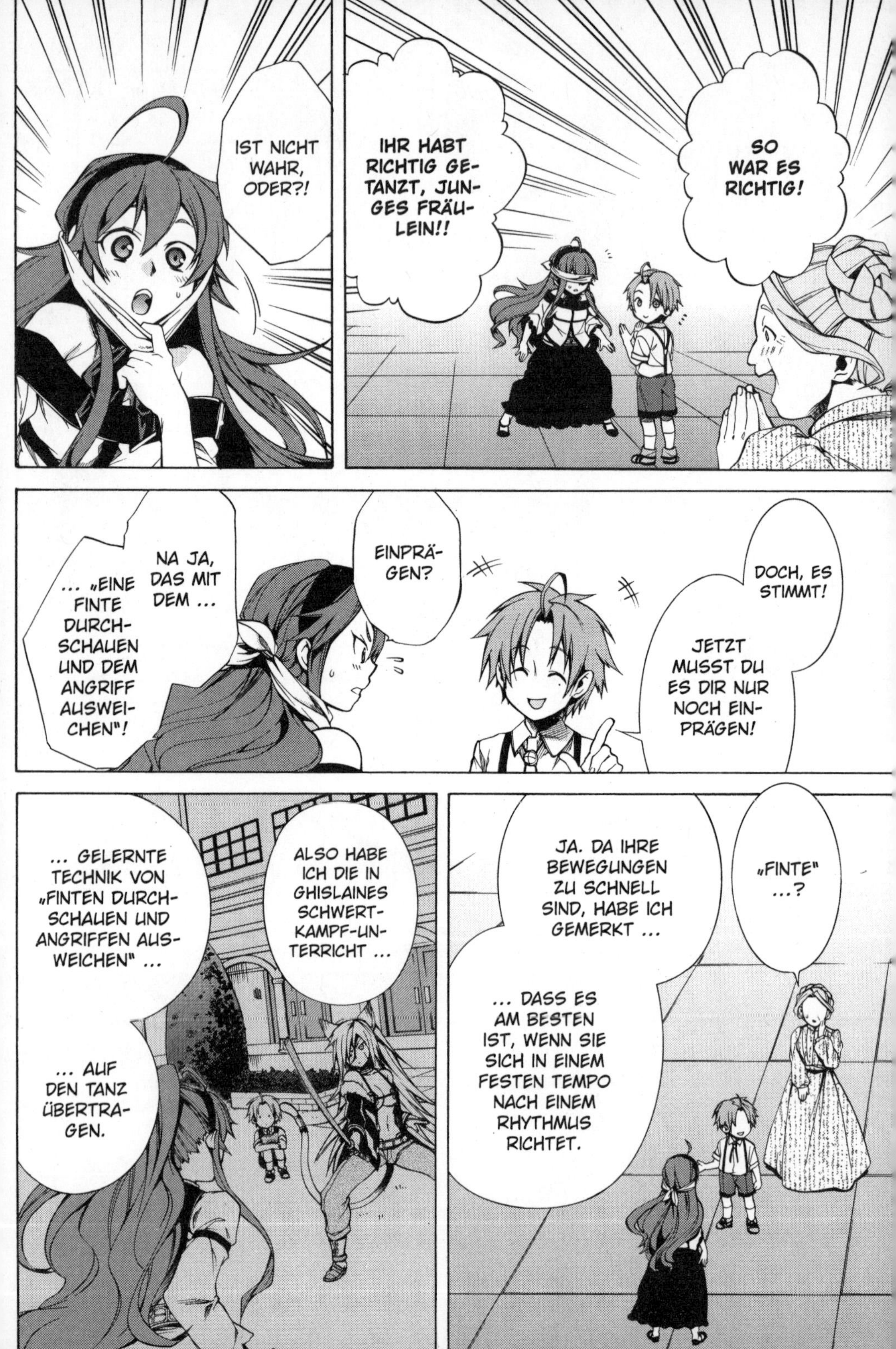
SO WAR ES RICHTIG!
IHR HABT RICHTIG GETANZT, JUNGES FRÄULEIN!!
IST NICHT WAHR, ODER?!
DOCH, ES STIMMT!
JETZT MUSST DU ES DIR NUR NOCH EINPRÄGEN!
EINPRÄGEN?
NA JA, DAS MIT DEM ...
... „EINE FINTE DURCHSCHAUEN UND DEM ANGRIFF AUSWEICHEN“!
„FINTE“ ...?
JA. DA IHRE BEWEGUNGEN ZU SCHNELL SIND, HABE ICH GEMERKT ...
... DASS ES AM BESTEN IST, WENN SIE SICH IN EINEM FESTEN TEMPO NACH EINEM RHYTHMUS RICHTET.
ALSO HABE ICH DIE IN GHISLAINES SCHWERTKAMPF-UNTERRICHT ...
... GELERNTE TECHNIK VON „FINTEN DURCHSCHAUEN UND ANGRIFFEN AUSWEICHEN“ ...
... AUF DEN TANZ ÜBERTRAGEN.

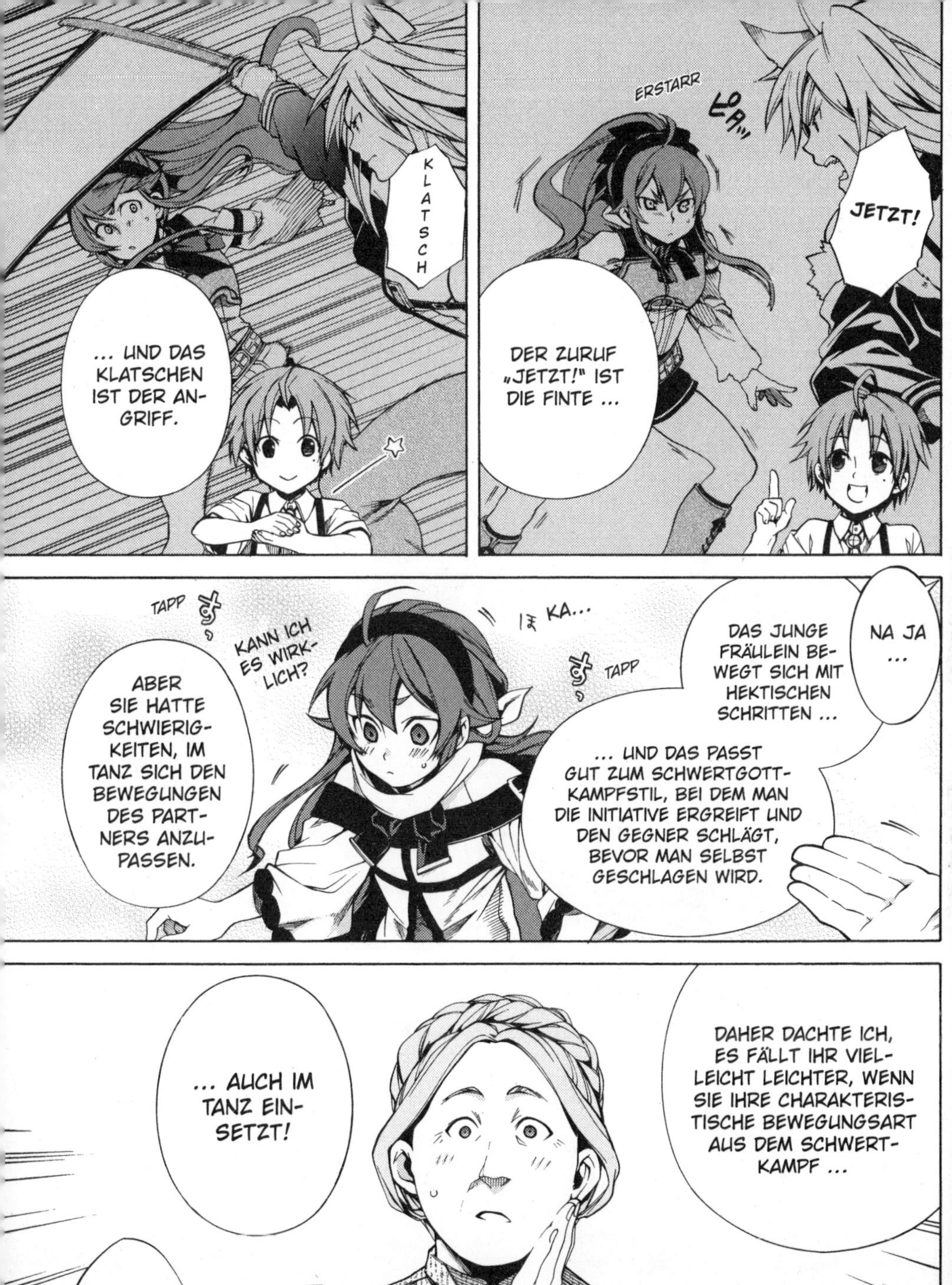
ERSTARR
JETZT!
DER ZURUF „JETZT!" IST DIE FINTE …
KLATSCH
… UND DAS KLATSCHEN IST DER ANGRIFF.
NA JA …
DAS JUNGE FRÄULEIN BEWEGT SICH MIT HEKTISCHEN SCHRITTEN …
… UND DAS PASST GUT ZUM SCHWERTGOTT-KAMPFSTIL, BEI DEM MAN DIE INITIATIVE ERGREIFT UND DEN GEGNER SCHLÄGT, BEVOR MAN SELBST GESCHLAGEN WIRD.
TAPP
KA…
KANN ICH ES WIRKLICH?
TAPP
ABER SIE HATTE SCHWIERIGKEITEN, IM TANZ SICH DEN BEWEGUNGEN DES PARTNERS ANZUPASSEN.
DAHER DACHTE ICH, ES FÄLLT IHR VIELLEICHT LEICHTER, WENN SIE IHRE CHARAKTERISTISCHE BEWEGUNGSART AUS DEM SCHWERTKAMPF …
… AUCH IM TANZ EINSETZT!
!

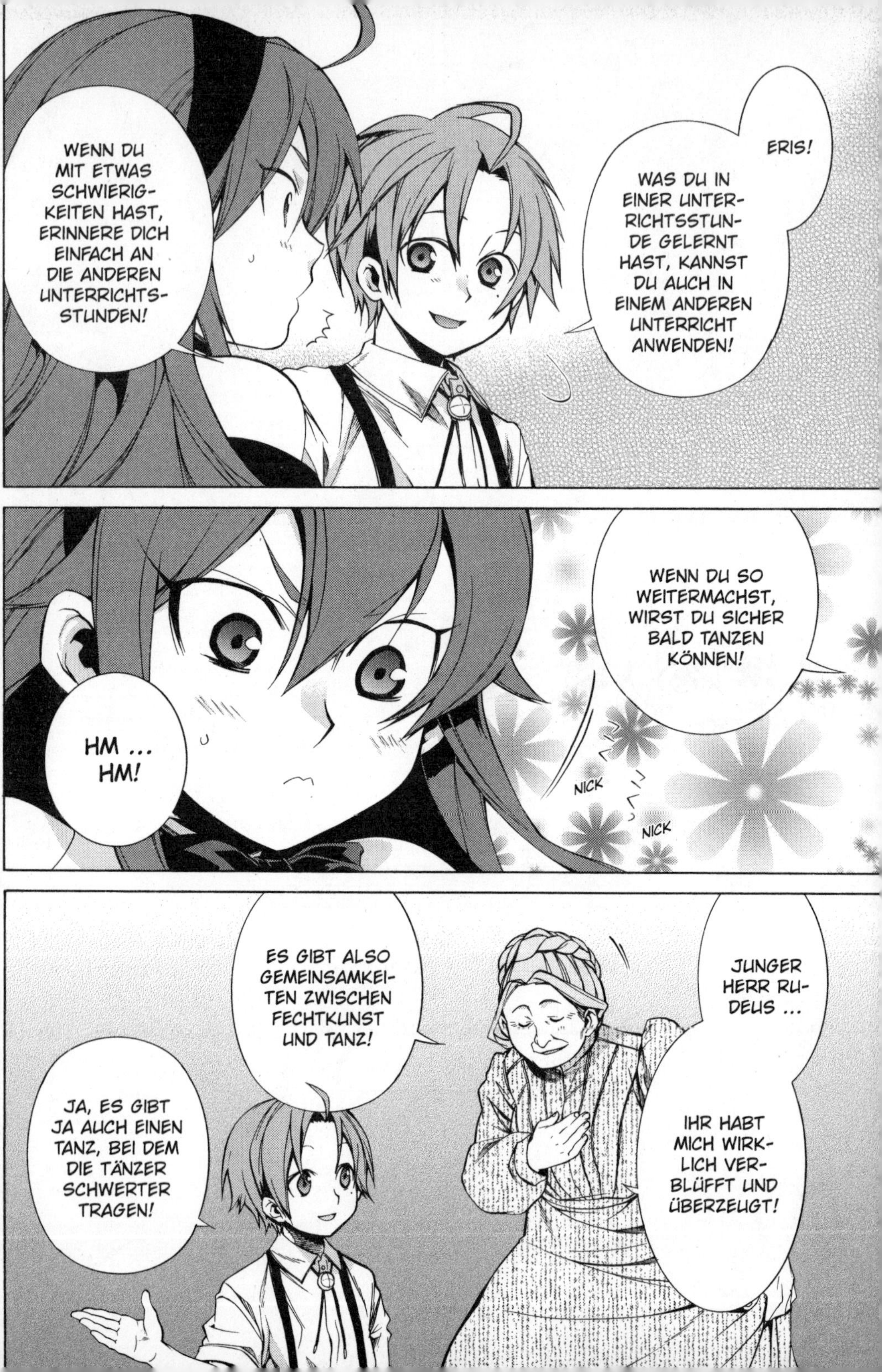

ERIS!

WAS DU IN EINER UNTERRICHTSSTUNDE GELERNT HAST, KANNST DU AUCH IN EINEM ANDEREN UNTERRICHT ANWENDEN!

WENN DU MIT ETWAS SCHWIERIGKEITEN HAST, ERINNERE DICH EINFACH AN DIE ANDEREN UNTERRICHTSSTUNDEN!

WENN DU SO WEITERMACHST, WIRST DU SICHER BALD TANZEN KÖNNEN!

NICK

NICK

HM ... HM!

JUNGER HERR RUDEUS ...

IHR HABT MICH WIRKLICH VERBLÜFFT UND ÜBERZEUGT!

ES GIBT ALSO GEMEINSAMKEITEN ZWISCHEN FECHTKUNST UND TANZ!

JA, ES GIBT JA AUCH EINEN TANZ, BEI DEM DIE TÄNZER SCHWERTER TRAGEN!

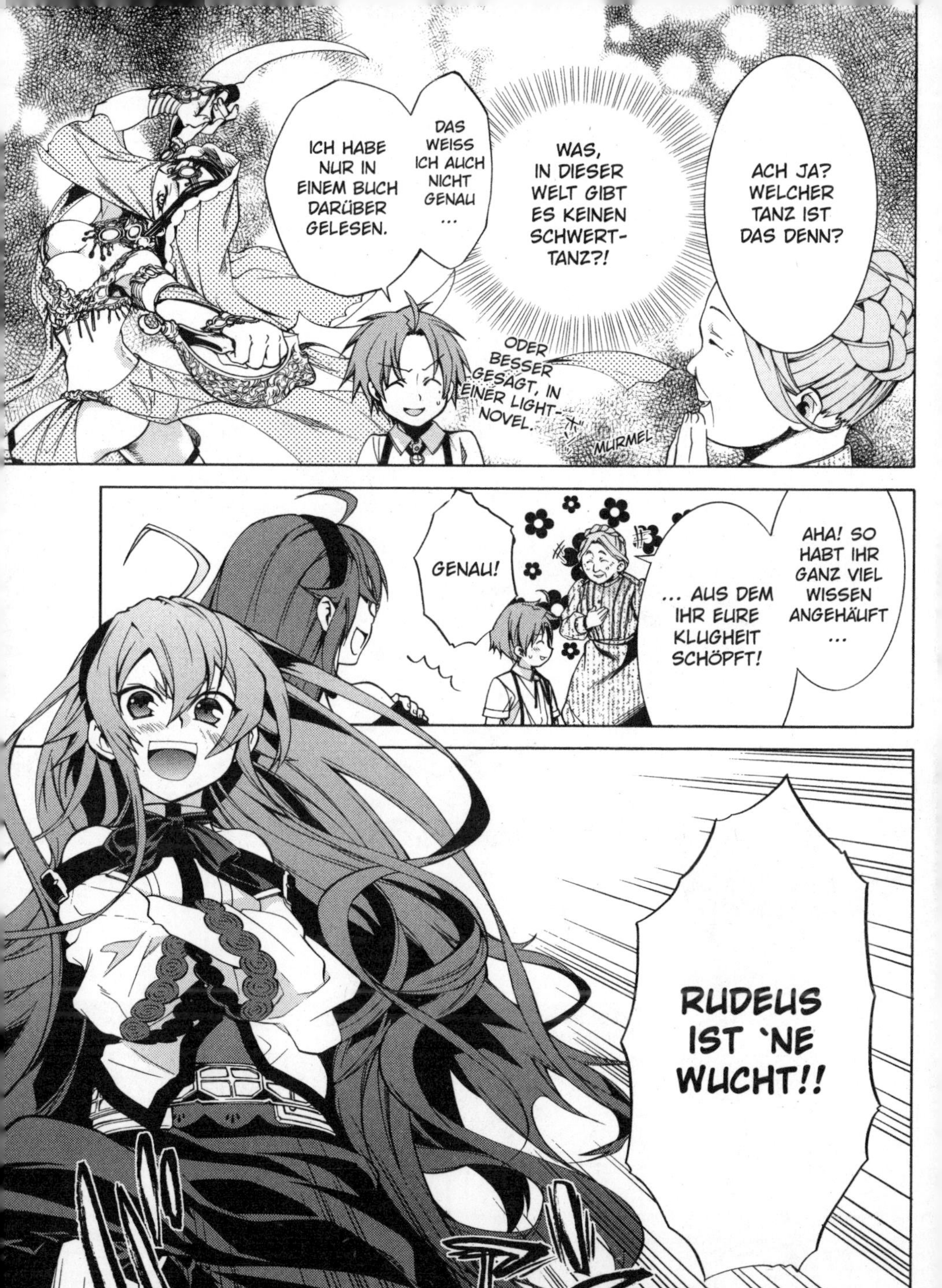
ACH JA? WELCHER TANZ IST DAS DENN?
WAS, IN DIESER WELT GIBT ES KEINEN SCHWERT-TANZ?!
DAS WEISS ICH AUCH NICHT GENAU …
ICH HABE NUR IN EINEM BUCH DARÜBER GELESEN.
ODER BESSER GESAGT, IN EINER LIGHT-NOVEL.
MURMEL
AHA! SO HABT IHR GANZ VIEL WISSEN ANGEHÄUFT …
… AUS DEM IHR EURE KLUGHEIT SCHÖPFT!
GENAU!
RUDEUS IST `NE WUCHT!!
BAMM

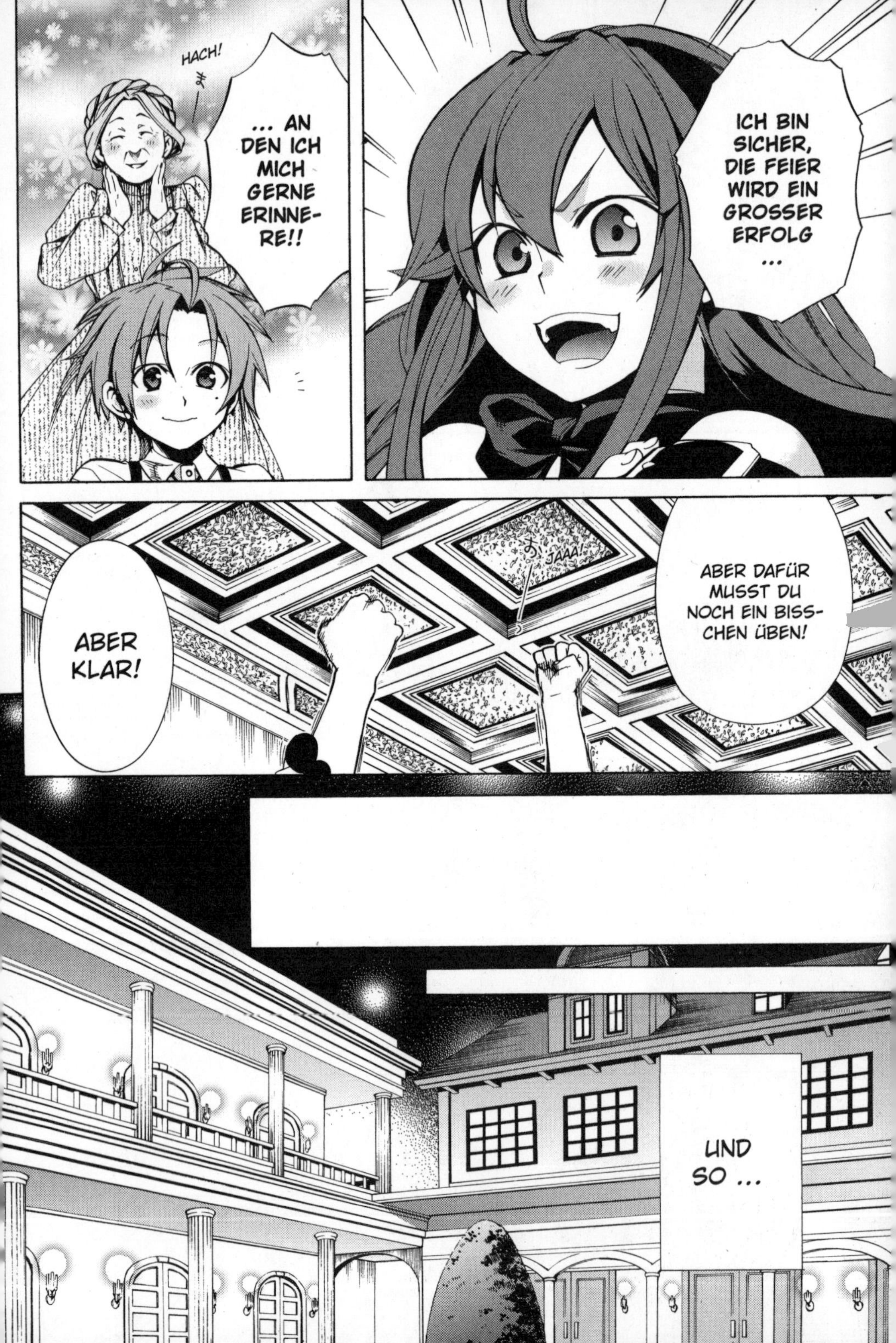
ICH BIN SICHER, DIE FEIER WIRD EIN GROSSER ERFOLG ...
... AN DEN ICH MICH GERNE ERINNERE!!
HACH!
ABER DAFÜR MUSST DU NOCH EIN BISSCHEN ÜBEN!
JAAA!
ABER KLAR!
UND SO ...

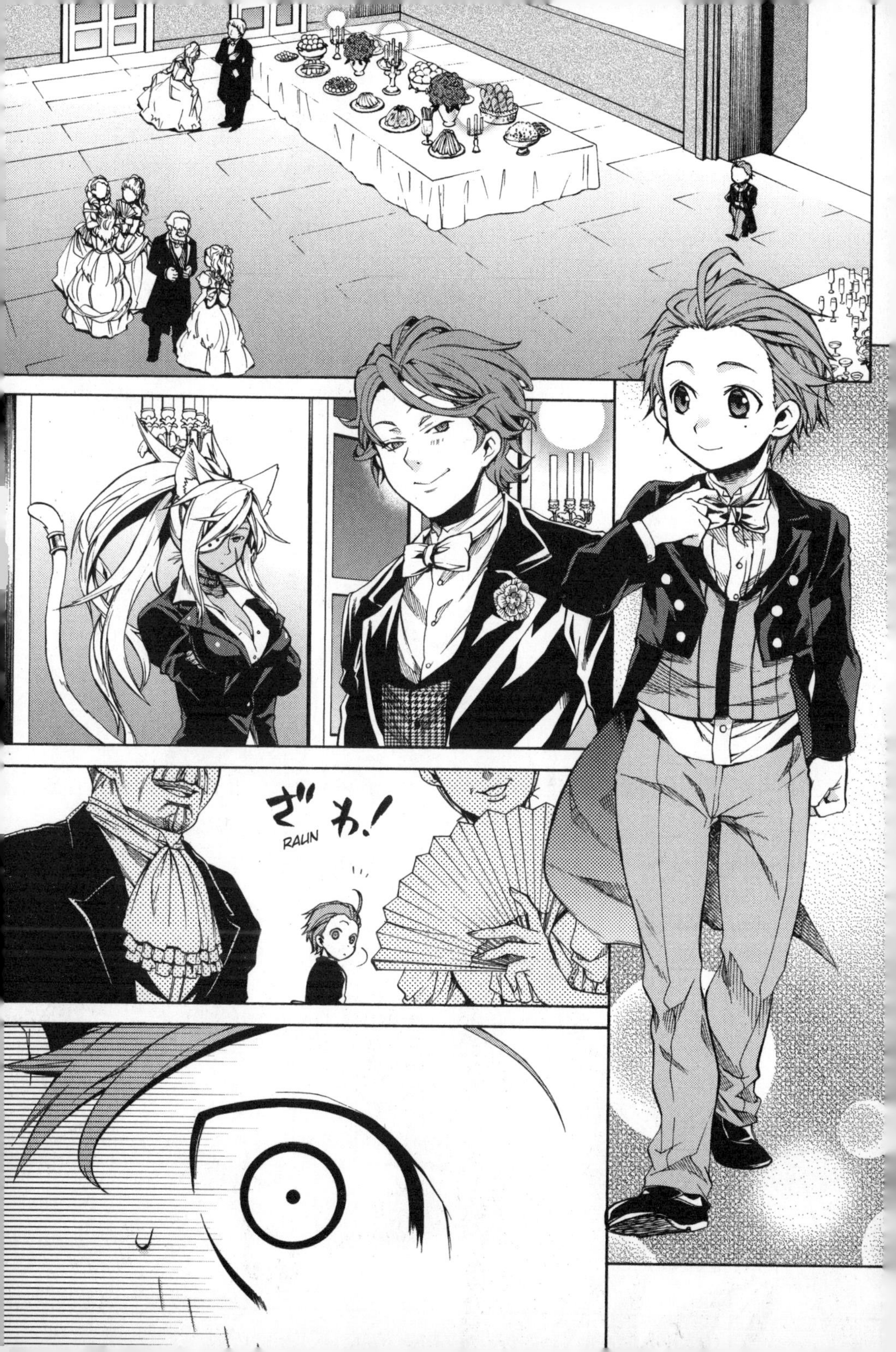
ざわ!
RAUN

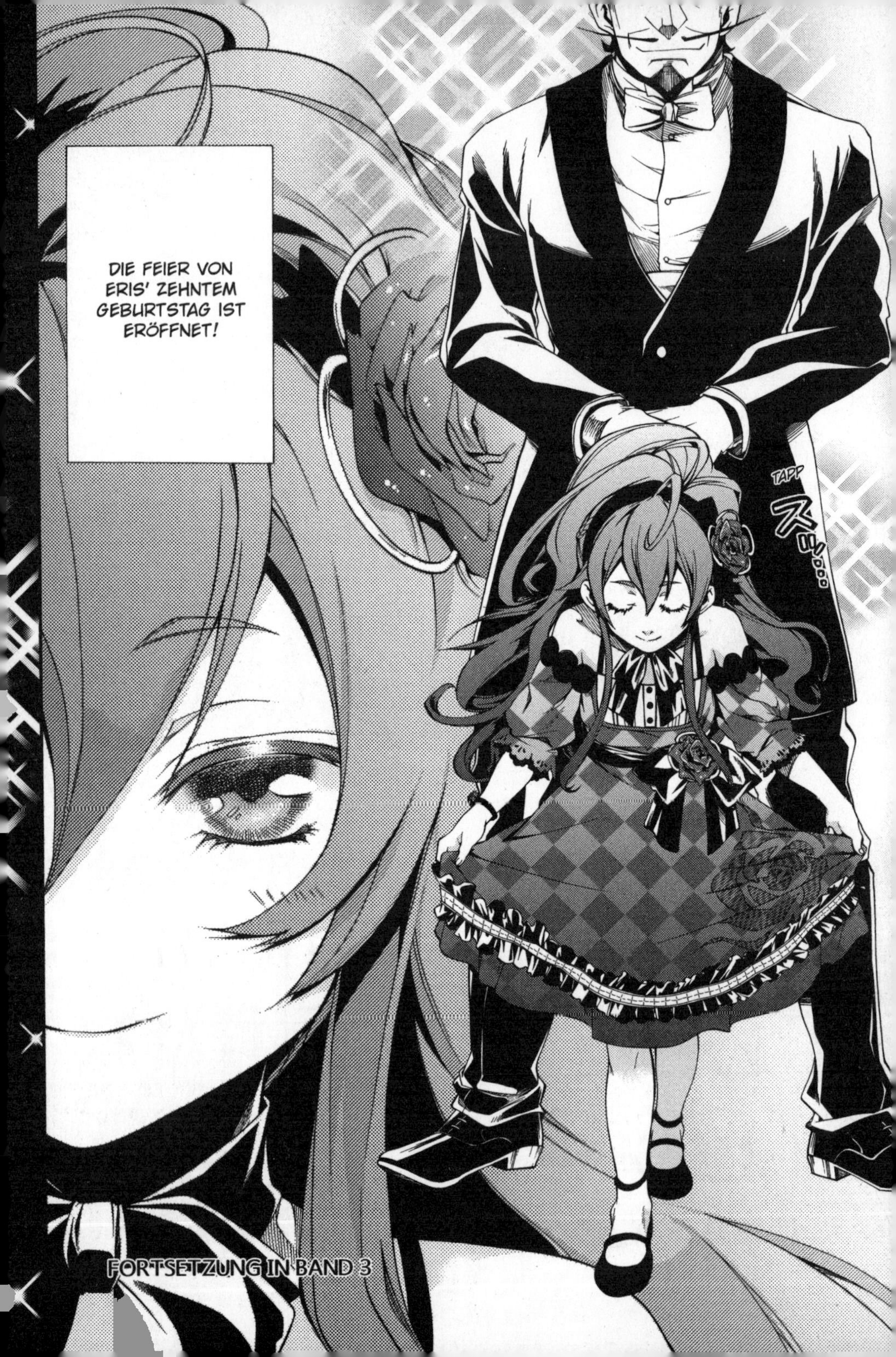
DIE FEIER VON ERIS' ZEHNTEM GEBURTSTAG IST ERÖFFNET!
TAPP
FORTSETZUNG IN BAND 3

Mushoku Tensei

IN DIESER WELT MACH ICH ALLES ANDERS

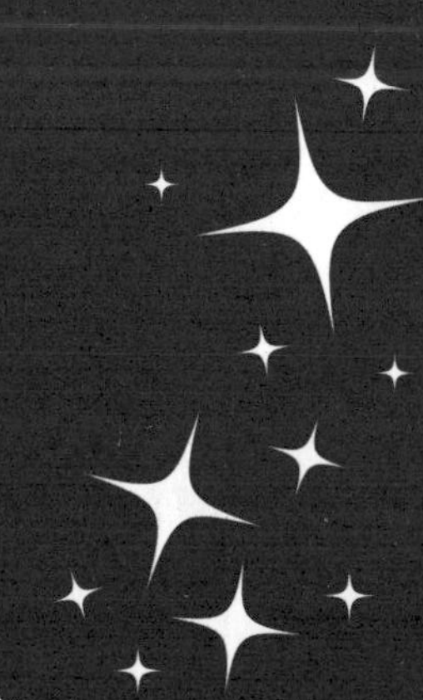

VOM TOLLWÜTIGEN HUND ZUM SCHOSSHÜNDCHEN

VON RIFUJIN NA MAGONOTE

ICH HABE HUNGER.
SEIT TAGEN HABE ICH NICHTS RICHTIGES MEHR GEGESSEN. MEINE STARKEN ARME, AUF DIE ICH IMMER SO STOLZ WAR, SIND SCHLAFF UND KRAFTLOS, UND MEINE SONST SO SCHNELLEN BEINE ZITTERN WIE ESPENLAUB. ICH KANN KAUM RICHTIG STEHEN.
AN ALLEM IST NUR DER HUNGER SCHULD. IM MOMENT HABE ICH ÜBERHAUPT NICHTS IM MAGEN. DAS LETZTE, DAS ICH GEGESSEN HABE, WAREN DIE INSEKTEN, DIE ICH GESTERN AM WEGRAND AUFGEKLAUBT HATTE.
AM ABEND HATTE ICH SCHRECKLICHE BAUCHSCHMERZEN UND ICH MUSSTE MICH IMMER WIEDER ÜBERGEBEN. ALS ICH DANN IRGENDWANN STUHLGANG HATTE, LIESSEN DIE SCHMERZEN ENDLICH NACH. DIE URSACHE WAREN MIT SICHERHEIT DIE INSEKTEN.
DANK DIESER INSEKTEN LIEGE ICH NUN AUF DEM RÜCKEN UND STARRE INS LEERE. ZU MEINER ERSCHÖPFUNG KAM NOCH MEIN DIE GANZE NACHT ANDAUERNDER KAMPF GEGEN DEN SCHMERZ HINZU, SODASS ICH NUN NICHT EINMAL MEHR DIE KRAFT ZUM AUFSTEHEN HABE.
„DAS WAR'S. ICH BIN AM ENDE ..."

ICH WERDE HIER STERBEN, DAS IST MIR JETZT KLAR.
EIN GANG ZU FUSS ZUR NÄCHSTEN ÜBERLANDSTRASSE WÄRE NICHT WEIT, ABER DAZU FEHLT MIR DIE KRAFT. UND SELBST WENN ICH SIE HÄTTE, WER WÜRDE MIR DENN SCHON HELFEN? ICH HABE KEIN BISSCHEN GELD!
ICH WERDE ALSO HIER STERBEN. GHISLAINE DEDOLDIA WIRD HIER VERRECKEN. DIE SCHWERTKÖNIGIN STIRBT ALSO NICHT HEROISCH IM KAMPF, SONDERN KREPIERT WIE EIN HUND IN DER GOSSE. UND DAS NUR, WEIL SIE EIN PAAR KLEINE INSEKTEN GEGESSEN HAT.
DAS IST MIR NUN KLAR, UND MEIN VERGANGENES LEBEN ZIEHT WIE IN EINEM KALEIDOSKOP AN MEINEM INNEREN AUGE VORÜBER.
DIE ERINNERUNGEN BEGINNEN MIT DEM TAG, AN DEM SICH UNSERE GRUPPE, DIE AUS PAUL UND DEN ANDEREN BESTAND, AUFLÖSTE.
DAMALS WAREN ALLE IN SCHLECHTER STIMMUNG UND WOLLTEN DIE TRENNUNG. AUCH ICH WOLLTE MICH VON DEN ANDEREN TRENNEN, ABER DANACH ERFÜLLTE UNBESCHREIBLICHE EINSAMKEIT MEIN HERZ, UND ICH ERINNERE MICH, WIE ICH EINEN MONAT LANG DEPRIMIERT DAS GESICHT VERZOG.

NACH DER AUFLÖSUNG DER GRUPPE WANDERTE ICH AUF DEM ZENTRALKONTINENT UMHER. ES GAB ZEITEN, IN DENEN ICH, SO WIE ZULETZT, LABYRINTHE ERFORSCHEN WOLLTE, ABER MIT DER BESCHAFFUNG VON LEBENSMITTELN UND DER WARTUNG VON MAGISCHEN GEGENSTÄNDEN WÄRE ICH ALLEINE ÜBERFORDERT GEWESEN.
UND IN EINE ANDERE GRUPPE EINTRETEN WOLLTE ICH NICHT. WARUM ICH MIT ANDEREN NICHT ZURECHTKAM, WEISS NIEMAND BESSER ALS ICH SELBST. AUSSERDEM WOLLTE ICH NICHT NOCH EINMAL EINE SCHMERZHAFTE TRENNUNG ERLEBEN.
UM DIESEN TRENNUNGSSCHMERZ ABZUTÖTEN, ZOG ICH INS KÖNIGREICH ASURA. DA ICH VON DEM REICHTUM DES KÖNIGREICHS ASURA GEHÖRT HATTE, DACHTE ICH, DASS SELBST EINE WIE ICH DORT VIELLEICHT ARBEIT FINDEN KÖNNTE.
WIE DUMM VON MIR, DAS ANZUNEHMEN! ASURA WAR FÜR ABENTEURER, BESONDERS FÜR HOCHRANGIGE, EIN HARTES PFLASTER. DORT ZU LEBEN WAR NICHT LEICHT.
IN DER HAUPTSTADT ARS BEKAM ICH SO GUT WIE KEINE AUFTRÄGE.

DA ICH AUSSER KÄMPFEN NICHTS KONNTE, SUCHTE ICH ARBEIT ALS KÄMPFERIN, ABER WENN ÜBERHAUPT, DANN GAB ES NUR RANG-C-AUFTRÄGE, UND ICH MIT MEINEM RANG S KONNTE KEINEN DERARTIGEN JOB BEKOMMEN. TROTZDEM WAREN DIE PREISE IM KÖNIGREICH ASURA HOCH, UND SO WAREN ALLEIN DURCH ÜBERNACHTUNGSKOSTEN MEINE ERSPARNISSE SCHNELL AUFGEBRAUCHT, DIE ICH WÄHREND MEINER ZEIT IN DER ABENTEURERGRUPPE ANGEHÄUFT HATTE.
DA ICH NICHT ARBEITEN KONNTE, WOLLTE ICH AUF EIGENE FAUST MONSTER TÖTEN UND VOM VERKAUF DER DABEI GESAMMELTEN GEGENSTÄNDE LEBEN. DOCH IN DER NÄHE DER HAUPTSTADT GAB ES KEINE MONSTER. DASS EIN RITTERORDEN ROUTINEMÄSSIG ALLE MONSTER ERLEGT, ERFUHR ICH ERST, NACHDEM MIR DAS GELD VOLLKOMMEN AUSGEGANGEN WAR.
ICH WURDE AUS MEINER HERBERGE GEJAGT UND SCHWEIFTE MITTELLOS DURCH DIE STADT.
ICH SAMMELTE WEGGEWORFENE ESSENSRESTE UND LEBTE WIE EIN STREUNENDER HUND. ICH VERMIED ES TUNLICHST ZU STEHLEN UND ZU TÖTEN, DENN MEIN LEHRMEISTER HATTE MIR EINGEBLÄUT, DASS ICH IN MENSCHLICHER GESELLSCHAFT UNBEDINGT DIE REGELN DIESER GESELLSCHAFT EINHALTEN MUSS.
EINES TAGES BEKAM ICH EIN GERÜCHT ZU OHREN: „IN ROA, DER HAUPTSTADT DES LANDES FITTOA IM NORDOSTEN, WERDEN BESTIENMENSCHEN FREUNDLICH BEHANDELT. ARBEITSLOSE BESTIENMENSCHEN KÖNNEN DORT EINEN JOB FINDEN."

AN DIESE HOFFNUNG KLAMMERTE ICH MICH UND ZOG NACH ROA.
DA ICH MANGELERNÄHRT WAR, WAR ICH SEHR SCHWERFÄLLIG UND NICHT WIRKLICH IN REISEFÄHIGEM ZUSTAND. TROTZDEM MACHTE ICH MICH AUF GEN NORDOSTEN. UNTERWEGS ASS ICH GRÜNZEUG, INSEKTEN UND ÜBERHAUPT ALLES, WAS MIR IRGENDWIE ESSBAR ERSCHIEN. WENN ICH EINEN FLUSS ENTDECKTE, TRANK ICH SO VIEL WASSER, DASS ICH MICH FAST WIEDER ÜBERGEBEN MUSSTE. ICH DACHTE AUCH MANCHMAL DARAN, IN DEN WÄLDERN ZU JAGEN UND BEEREN ZU SAMMELN, ABER DANN FIEL MIR EIN, DASS IM KÖNIGREICH ASURA NUR LIZENZIERTE JÄGER MONSTER JAGEN DÜRFEN, ALSO SAH ICH VOM JAGEN AB.
UND SO ERREICHTE ICH DAS LAND FITTOA, UND BIS ROA WAR ES NICHT MEHR WEIT. DOCH NUN BIN ICH VOR KRAFTLOSIGKEIT ZUSAMMENGEBROCHEN UND DENKE, „MEINE HENKERSMAHLZEIT WAR ALSO EINE HANDVOLL BITTERE INSEKTEN … ES IST ZUM LACHEN!“
ICH ERINNERE MICH AN DIE INSEKTEN, DIE ICH GESTERN GEGESSEN HABE. NORMALERWEISE KONNTE ICH DIE GIFTIGEN INSEKTEN UND PFLANZEN AM GERUCH VON DEN UNGIFTIGEN UNTERSCHEIDEN, ABER ANSCHEINEND HAT DER HUNGER MEINEN GERUCHSSINN SO BEEINTRÄCHTIGT, DASS ICH IHN NICHT MEHR DAFÜR EINSETZEN KANN.

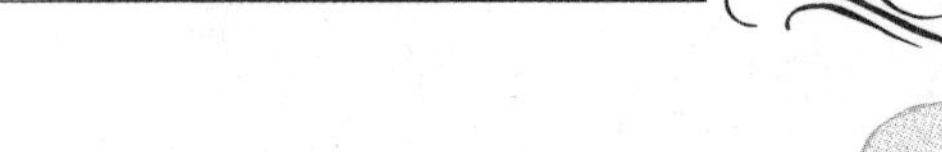

ODER WAR ES GAR KEIN GIFT? VIELLEICHT MUSSTE ICH MICH ERBRECHEN, WEIL ICH NICHT EINMAL MEHR FÜR DEN VERDAUUNGSVORGANG GENUG KRAFT HATTE. JEDENFALLS KANN ICH NICHTS MEHR ESSEN UND MICH ALSO AUCH NICHT MEHR BEWEGEN. ICH WERDE NUN STERBEN.
„DASS SIE EINMAL AN EINEM SOLCHEN ORT UND AUF DIESE WEISE STERBEN WÜRDE, HÄTTE ICH NIE GEDACHT!“
ZUMINDEST MEINE SCHWERTKAMPF-MITSCHÜLER UND MEIN LEHRMEISTER KONNTEN SICH SICHER NICHT VORSTELLEN, DASS ICH EINMAL AUF SO JÄMMERLICHE ART AM WEGRAND KREPIEREN WÜRDE.
UND ICH SELBST DACHTE AUCH, DASS ICH IM KAMPF FALLEN WÜRDE.
NA JA, DIE KERLE IM GROSSEN WALD WÜRDEN MIR WAHRSCHEINLICH EINEN SO JÄMMERLICHEN TOD PROPHEZEIEN, DIE HABEN MIR JA BEI JEDER GELEGENHEIT DEN TOD GEWÜNSCHT … JA, ES WÄRE WOHL EHER IHR WUNSCH ALS IHRE PROPHEZEIUNG.
JA, VERMUTLICH GAB ES WELCHE, DIE VORHERGESEHEN HATTEN, DASS ICH EINMAL AUF DIESE ELENDE ART KREPIEREN WÜRDE.
„GHISLAINE … NACHDEM DU DICH VON UNS GETRENNT HAST, WIRST DU WAHRSCHEINLICH KEINE ARBEIT FINDEN, HERUMSTREUNEN UND DANN DES HUNGERS STERBEN.“

GEESE HATTE IN UNSERER GRUPPE DIE ROLLE DES DIEBS INNE, UND ICH KANN MIR LEBHAFT VORSTELLEN, DASS ER SO REDETE. UND NUN IST ES TATSÄCHLICH SO GEKOMMEN. DIESER MANN HAT MANCHMAL DIE ZUKUNFT VORHERGESAGT, UND HIER HAT ER NUN ALSO EXAKT INS SCHWARZE GETROFFEN.
WAS HAT ER SONST NOCH PROPHEZEIT? ACH JA, GENAU ...
„DU BIST SICHER EINE TALENTIERTE SCHWERTKÄMPFERIN. WENN DU NICHT MENSCHENSCHEU BIST, SONDERN MENSCHEN HILFST UND IHNEN SCHWERTKAMPF BEIBRINGST, WIRST DU DICH SICHER DURCHSCHLAGEN KÖNNEN."
JA, DAS HÄTTE ICH TUN SOLLEN. DAMALS GLAUBTE ICH NICHT, UNTERRICHT GEBEN ZU KÖNNEN. ABER AUF DIE ART, WIE ICH PAUL SCHWERTKAMPF BEIGEBRACHT HATTE, HÄTTE ICH VIELLEICHT AUCH EINEN SCHÜLER UNTERRICHTEN KÖNNEN.
„AH!"
DASS MIR ERST JETZT DIESER RAT WIEDER EINFÄLLT ... ICH BIN UND BLEIBE EBEN EIN DUMMKOPF.
WENN PAUL MICH JETZT DESWEGEN AUFZIEHEN WÜRDE, HÄTTE ICH IHM NICHTS ENTGEGENZUSETZEN.

„PAUL ..."
WAS IST EIGENTLICH AUS PAUL GEWORDEN? IST SEIN KIND GESUND ZUR WELT GEKOMMEN?
ICH HABE GEHÖRT, DASS SIE INS KÖNIGREICH ASURA GEZOGEN SIND, ABER ICH WEISS NICHT, WIE ES IHNEN DANACH ERGANGEN IST.
ICH MACHE MIR EIN WENIG SORGEN ...
„HM ..." BEIM WORT „SORGEN" MUSS ICH FAST EIN WENIG LACHEN. PAUL IST EIN IN ALLEM SEHR GESCHICKTER MANN. ALS WIR UNSERE GRUPPE AUFLÖSTEN, MACHTE ER GANZ AM ENDE EINEN FEHLER, ABER GRÖSSERE MISSGESCHICKE UNTERLIEFEN IHM NIE. KLEINERE IMMER WIEDER MAL, ABER DIE KONNTE ER STETS AM ENDE AUSBÜGELN. SO EIN MANN WAR ER IMMER, UND DAHER WIRD ES IHM JETZT SICHER AUCH GUT GEHEN. WIE ALBERN VON MIR, MIR JETZT IM TODESKAMPF AUSGERECHNET UM PAUL SORGEN ZU MACHEN ...!
„..."
ICH BIN WIRKLICH EIN DUMMKOPF. ES HÄTTE DOCH ANDERE MÖGLICHKEITEN GEGEBEN. ICH HÄTTE DOCH EINEN ANDEREN WEG WÄHLEN KÖNNEN ...

„SO WENIG LEBENSKRAFT HABE ICH ALSO!"
WENN ICH WIEDERGEBOREN WERDE, WILL ICH EIN BISSCHEN FLEISSIGER SEIN. MAN SOLL SICH NICHT DAMIT HERAUSREDEN, DASS MAN DUMM IST, SONDERN SICH AKTIV DARUM BEMÜHEN, DAS ZU VERSTEHEN, WAS MAN NOCH NICHT VERSTANDEN HAT.
„ICH HATTE EIN UNINTERESSANTES LEBEN.", MURMELE ICH NOCH, UND DANN FALLEN MIR DIE AUGEN ZU. ICH WILL WENIGSTENS SCHLAFEND STERBEN.
UND DANN SPÜRE ICH PLÖTZLICH EINEN SCHATTEN ÜBER MEINEM GESICHT.

ES WAR DER TAG, AN DEM ERIS BOREAS GREYRAT ZUM FLUSS GING, UM DORT ZU SPIELEN.
IHR GROSSVATER SAUROS BEGLEITETE SIE. SAUROS WAR EIN STRENGER HERR, ABER SEINE ENKELIN VERWÖHNTE ER.

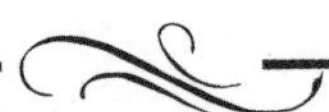

UND AUCH AN DIESEM TAG LIESS DER VIELBESCHÄFTIGTE MANN SEINE ARBEIT FÜR EINE ZEIT RUHEN, WEIL SEINE ENKELIN MIT DEN WORTEN, „ICH WILL SEHEN, WIE ES AUSSERHALB DER STADT AUSSIEHT!", UM BEGLEITUNG NACH DRAUSSEN BAT.
„NA, HATTEST DU SPASS, ERIS?", FRAGTE SAUROS SIE, IN DER PFERDEKUTSCHE WARTEND, DIE DIE BEIDEN WIEDER ZURÜCK NACH HAUSE BRINGEN SOLLTE.
ERIS MACHTE EIN ZUFRIEDENES GESICHT.
„JA, UND WIIIIE!", ANTWORTETE ERIS WIE SELBSTVERSTÄNDLICH.
WIESEN, SOWEIT DAS AUGE REICHT, FISCHE IM KÜHLEN FLUSS JAGEN, VON FELSBLÖCKEN SPRINGEN, SCHWIMMEN ...
IM ALLTAG VERBRACHTE ERIS DIE MEISTE ZEIT IM HAUS, UND WENN SIE EINMAL NACH DRAUSSEN GING, DANN BLIEB SIE IN DER STADT. NUN EINMAL AM FLUSS INMITTEN VON WIESEN ZU SEIN, WAR SO WUNDERBAR BEFREIEND. SO ETWAS HATTE SIE NOCH NIE ERLEBT.
„BITTE BRING MICH ÖFTER HER, GROSSVATER!"
„ABER SICHER DOCH!"
SAUROS NICKTE LEICHT LÄCHELND UND DACHTE DARAN, NÄCHSTES MAL AN EINEN NOCH WEITER ENTFERNTEN ORT ZU FAHREN.
SICHER HATTE ERIS NOCH NIE DAS MEER GESEHEN. AM FLUSS HATTE SIE DIE MITGEFAHRENE MAGD GEFRAGT: „DAS MEER IST GANZ WEIT UND MEERWASSER IST SALZIG, NICHT WAHR?"

WENN SIE AM FLUSS SCHON SO VIEL SPASS HATTE, DANN WÜRDE SIE AM MEER SICHER LUFTSPRÜNGE MACHEN VOR LAUTER FREUDE.
„NÄCHSTES MAL FAHREN WIR ZUM MEER UND ..."
„HALT MAL DIE KUTSCHE AN!"
ERIS UNTERBRACH IHREN GROSSVATER LAUT VERNEHMBAR.
DER BEGLEITER AUF DEM KUTSCHBOCK SAH DURCH DAS KLEINE FENSTER NACH DEM FAMILIENOBERHAUPT.
SAUROS NICKTE UND WIES IHN DAMIT AN, DIE KUTSCHE ANZUHALTEN.
„WAS GIBT ES DENN, ERIS?"
„WARTE!"
DIE KUTSCHE KAM ZUM STEHEN, UND SOFORT SPRANG ERIS NACH DRAUSSEN.
SAUROS WIES DEN LEIBWÄCHTER MIT EINER KINNBEWEGUNG AN, IHR ZU FOLGEN, UND ENTSTIEG EBENFALLS DER KUTSCHE.
„..."

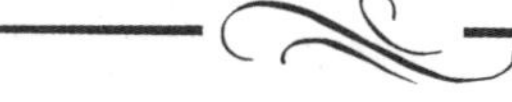

ZUM GLÜCK WAR ERIS NICHT SO WEIT GELAUFEN.
ETWA ZEHN METER VON DER KUTSCHE ENTFERNT SAHEN ER UND SEIN GEFOLGE INS GEBÜSCH HERAB, WO ERIS OFFENBAR ETWAS ENTDECKT HATTE.
„GROSSVATER!"
SAUROS EILTE IN GROSSEN SCHRITTEN ZU SEINER ENKELIN.
„DA IST JEMAND GESTÜRZT!"
EIN WEIBLICHER BESTIENMENSCH LAG MIT GESCHLOSSENEN AUGEN RÜCKLINGS AUF DEM BODEN.
DEM AUSSEHEN NACH WAR SIE WOHL EINE ABENTEURERIN. DOCH IHRE WANGEN WAREN EINGEFALLEN, ES WAR DAS GESICHT EINER TOTEN.
„GROSSVATER! EIN BESTIENMENSCH!"
„OH! DIE SIEHT MAN SELTEN! DAS IST JEMAND VOM DOLDIA-VOLK, DEN OHREN UND DEM SCHWANZ NACH EINE DEDOLDIA!"
IM KÖNIGREICH ASURA SAH MAN DEDOLDIAS ÄUSSERST SELTEN, UND REINRASSIGE DEDOLDIAS VON KÖNIGLICHER ABSTAMMUNG KOMMEN SO GUT WIE NIE AUS DEM GROSSEN WALD HERAUS.

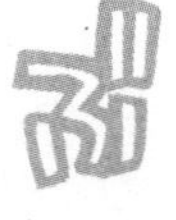

UND SO EINE WAR NUN TATSÄCHLICH HIER ZU BODEN GESTÜRZT!
„HM ..."
DIE FRAU, DIE DA LAG, SPITZTE MIT GEQUÄLTEM GESICHTSAUSDRUCK DIE OHREN UND ÖFFNETE IHRE AUGEN EINEN SPALT WEIT. OFFENBAR ATMETE SIE NOCH.
SOFORT GING ERIS IN DIE HOCKE.
„HE! WAS MACHST DU HIER?"
„STERBEN.", ANTWORTETE DIE ABENTEURERIN MIT HEISERER STIMME UND SAH ERIS OHNE SCHEU AN.
„ACH! ABER DEINE OHREN UND DEIN SCHWANZ SIND SEHR SCHÖN! ES WÄRE SCHADE UM DICH, WENN DU STERBEN WÜRDEST!"
„SCHADE ODER NICHT, ICH HABE KEINE KRAFT MEHR ZUM LEBEN. LASS MICH EINFACH!", SAGTE DIE ABENTEURERIN GHISLAINE.
SIE WOLLTE EIGENTLICH NOCH WEITERLEBEN, ABER HATTE WEDER DIE ENERGIE NOCH DIE KÖRPERKRAFT DAZU. UND AUS IRGENDEINEM GRUND BRACHTE SIE AUCH NICHT DEN WUNSCH NACH HILFE ÜBER DIE LIPPEN.

GHISLAINE HATTE SICH SCHON MIT IHREM TOD ABGEFUNDEN UND SAH IHREM SCHICKSAL, HIER ELENDIG ZU KREPIEREN, ERGEBEN ENTGEGEN.
DOCH DAS WAR ERIS VÖLLIG EGAL.
„NA, DANN KANN ICH SIE JA SICHER MITNEHMEN UND BEI MIR ZU HAUSE HALTEN, JA?!"
ERIS' LEBHAFTE STIMME ERTÖNTE ÜBER DEN WIESEN.
„ICH DARF DOCH, GROSSVATER?!"
„VON MIR AUS!"
SAUROS' ANTWORT FOLGTE PROMPT, DENN ER SAH KEINEN GRUND, EINE DEDOLDIA IN SEINEM HAUS ABZULEHNEN. NATÜRLICH DACHTE ER GAR NICHT AN DIE MÖGLICHKEIT, DASS GHISLAINE UNLAUTERE ABSICHTEN HABEN KÖNNTE.
„..."
VERBLÜFFT SAH GHISLAINE ERIS UND SAUROS AN.
„NA DANN"... „VON MIR AUS." ... SIE WUSSTE EINFACH NICHT, WAS SIE VON DEM GESPRÄCH HALTEN SOLLTE, UND WAR VERWIRRT.
„HM ..."
DOCH ALS SIE SICH ERINNERTE, DASS SIE ALS KIND GANZ ÄHNLICH WAR, MUSSTE SIE UNWILLKÜRLICH LÄCHELN.

„WENN DU MICH BEI DIR AUFNIMMST, BRINGE ICH DIR SCHWERTKAMPF BEI."
ALS SIE DIES SAGTE, DACHTE SIE AN DIE WORTE IHRES FRÜHEREN GRUPPENMITGLIEDS.
„WIRKLICH?!"
DA MUSSTE AUCH ERIS LÄCHELN. SCHWERTKAMPF LERNEN WOLLTE SIE SCHON LANGE.
„ABGEMACHT!"
DAMIT WAR GHISLAINES SCHICKSAL ENTSCHIEDEN. SOFORT BEKAM SIE DEN REST DES MITGEBRACHTEN ESSENS UND IHR LEBEN WAR GERETTET. GHISLAINE WAR DANKBAR DAFÜR, WEITERLEBEN ZU KÖNNEN, UND SCHWOR ERIS IHRE TREUE.
DAMALS WUSSTE JEDOCH NOCH NIEMAND, DASS GHISLAINE DIE SCHWERTKÖNIGIN WAR, UND WIE SCHNELL ERIS UNTER IHRER ANLEITUNG FORTSCHRITTE IM SCHWERTKAMPF MACHEN WÜRDE ...

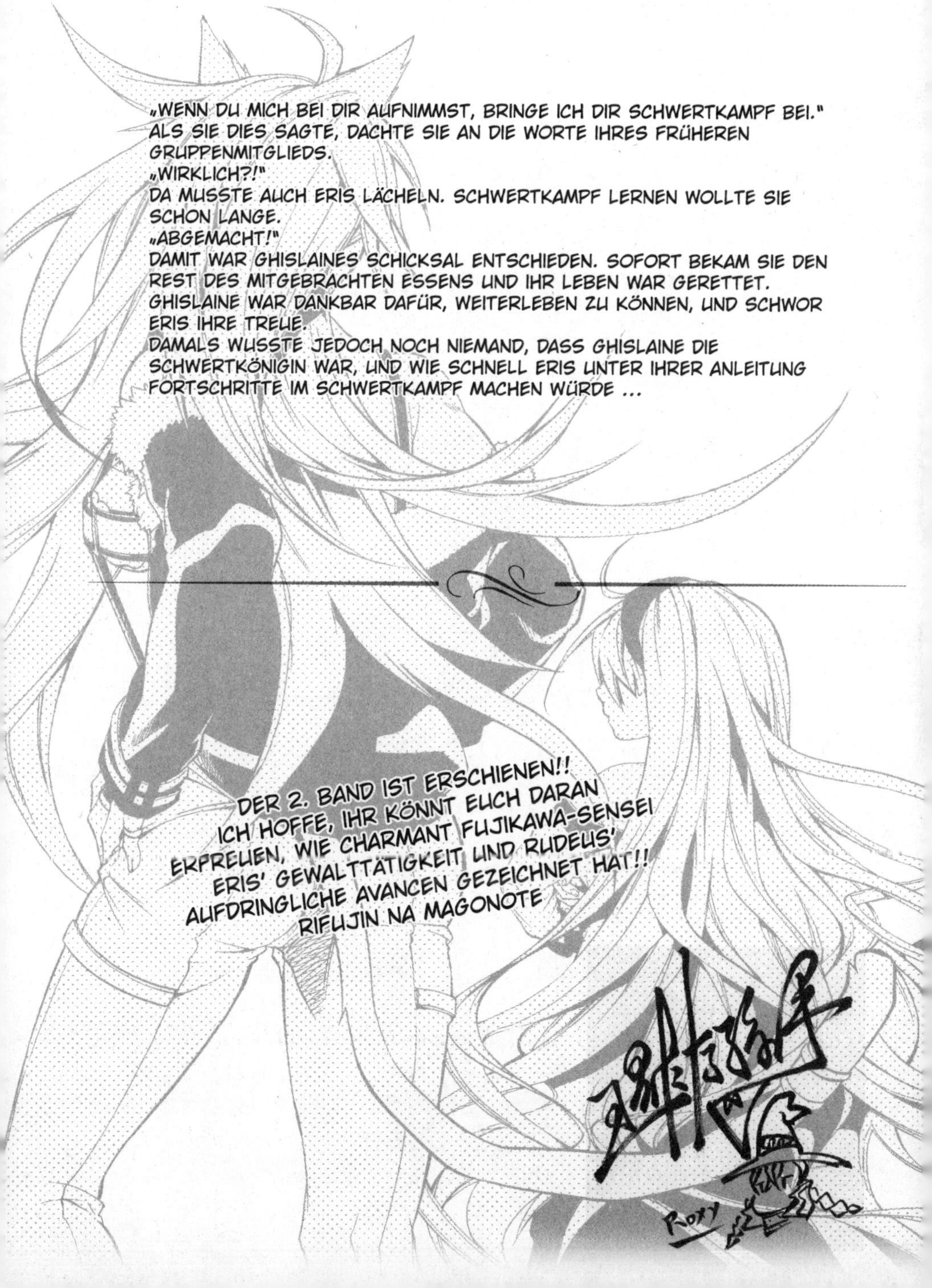

DER 2. BAND IST ERSCHIENEN!!
ICH HOFFE, IHR KÖNNT EUCH DARAN ERFREUEN, WIE CHARMANT FUJIKAWA-SENSEI ERIS' GEWALTTÄTIGKEIT UND RUDEUS' AUFDRINGLICHE AVANCEN GEZEICHNET HAT!!
RIFUJIN NA MAGONOTE

Roxy

Mushoku Tensei

IN DIESER WELT MACH ICH ALLES ANDERS

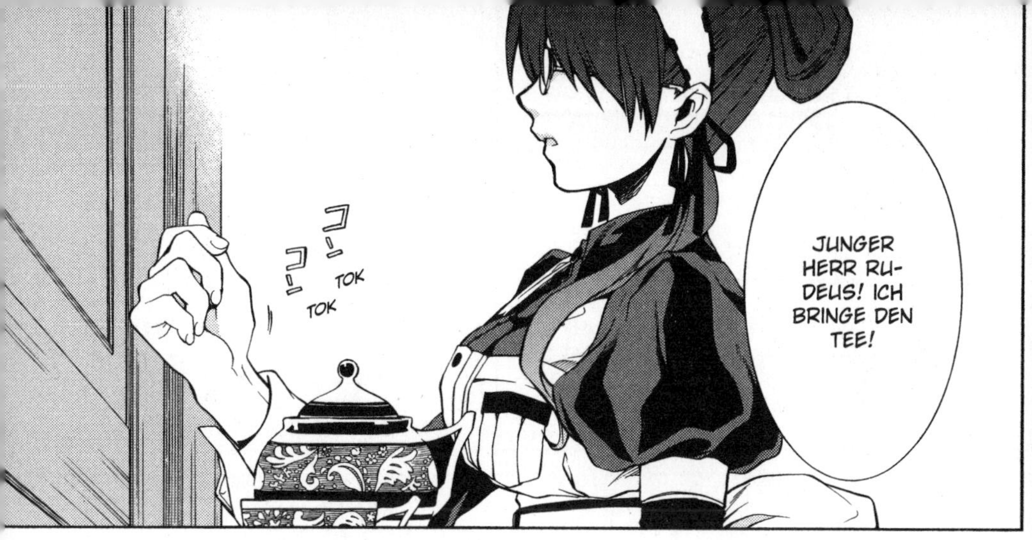

BONUS - STORY 2

DIE MAGD IM HAUSE GREYRAT

ICH BIN LILLIA ...

... DIE MAGD IM HAUSE GREYRAT.

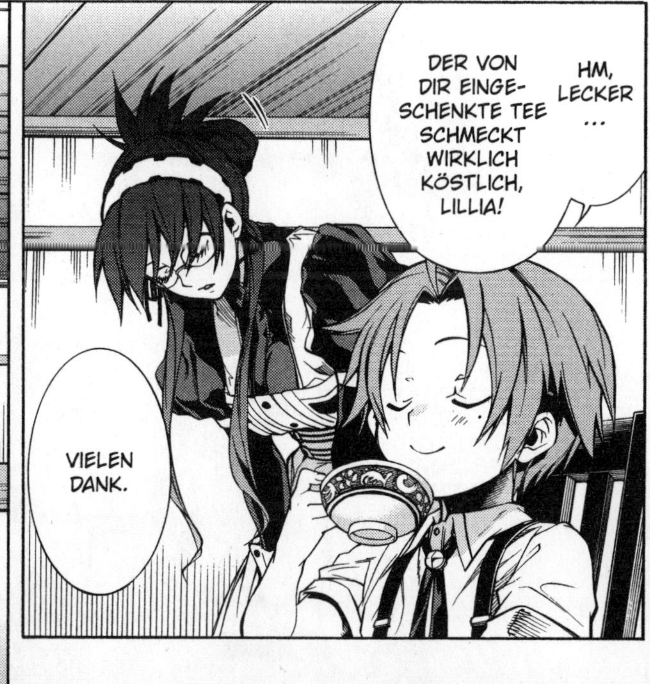

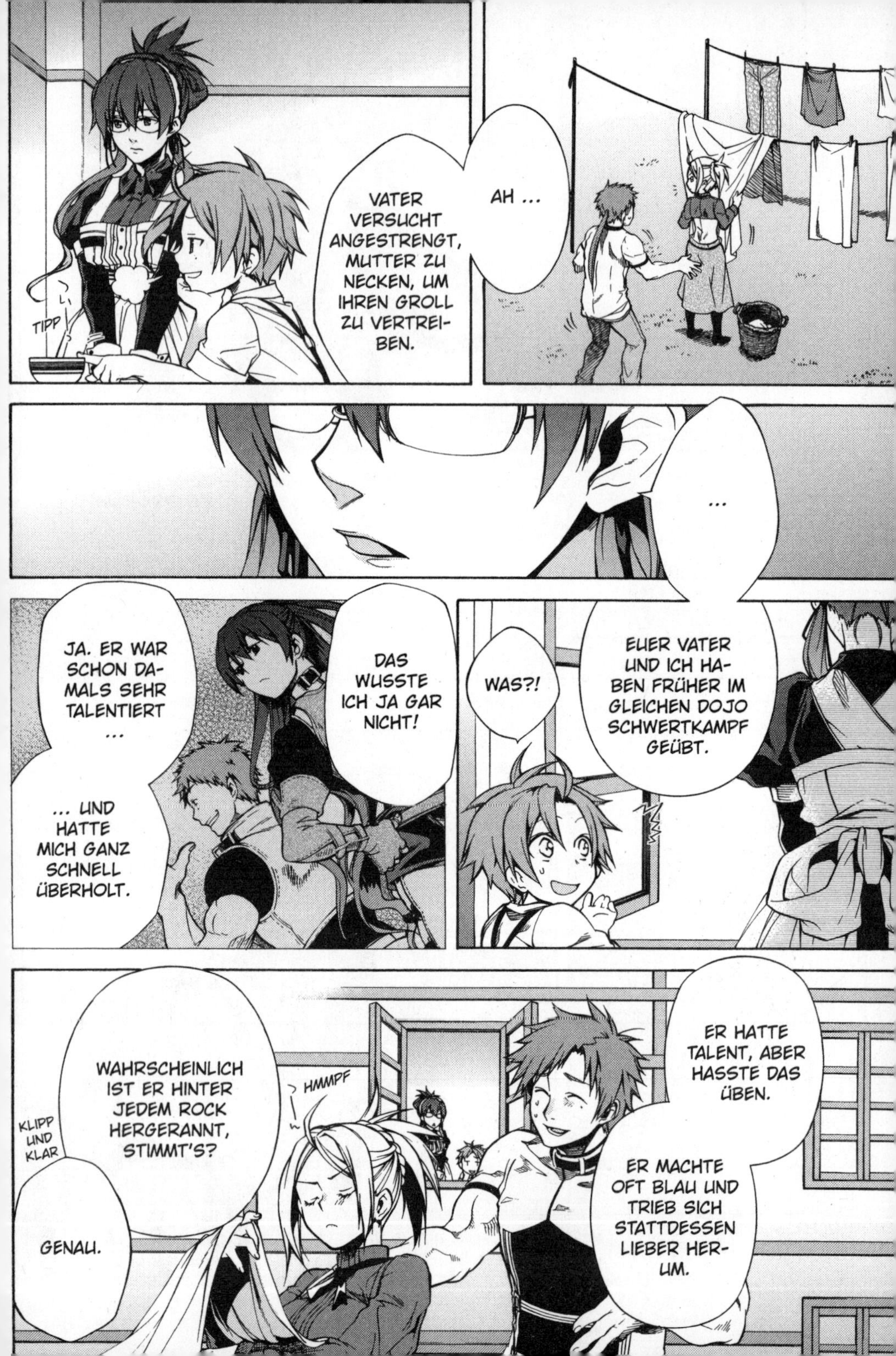
AH ...
VATER VERSUCHT ANGESTRENGT, MUTTER ZU NECKEN, UM IHREN GROLL ZU VERTREIBEN.
TIPP
...
EUER VATER UND ICH HABEN FRÜHER IM GLEICHEN DOJO SCHWERTKAMPF GEÜBT.
WAS?!
DAS WUSSTE ICH JA GAR NICHT!
JA. ER WAR SCHON DAMALS SEHR TALENTIERT ...
... UND HATTE MICH GANZ SCHNELL ÜBERHOLT.
ER HATTE TALENT, ABER HASSTE DAS ÜBEN.
ER MACHTE OFT BLAU UND TRIEB SICH STATTDESSEN LIEBER HERUM.
HMMPF
WAHRSCHEINLICH IST ER HINTER JEDEM ROCK HERGERANNT, STIMMT'S?
KLIPP UND KLAR
GENAU.

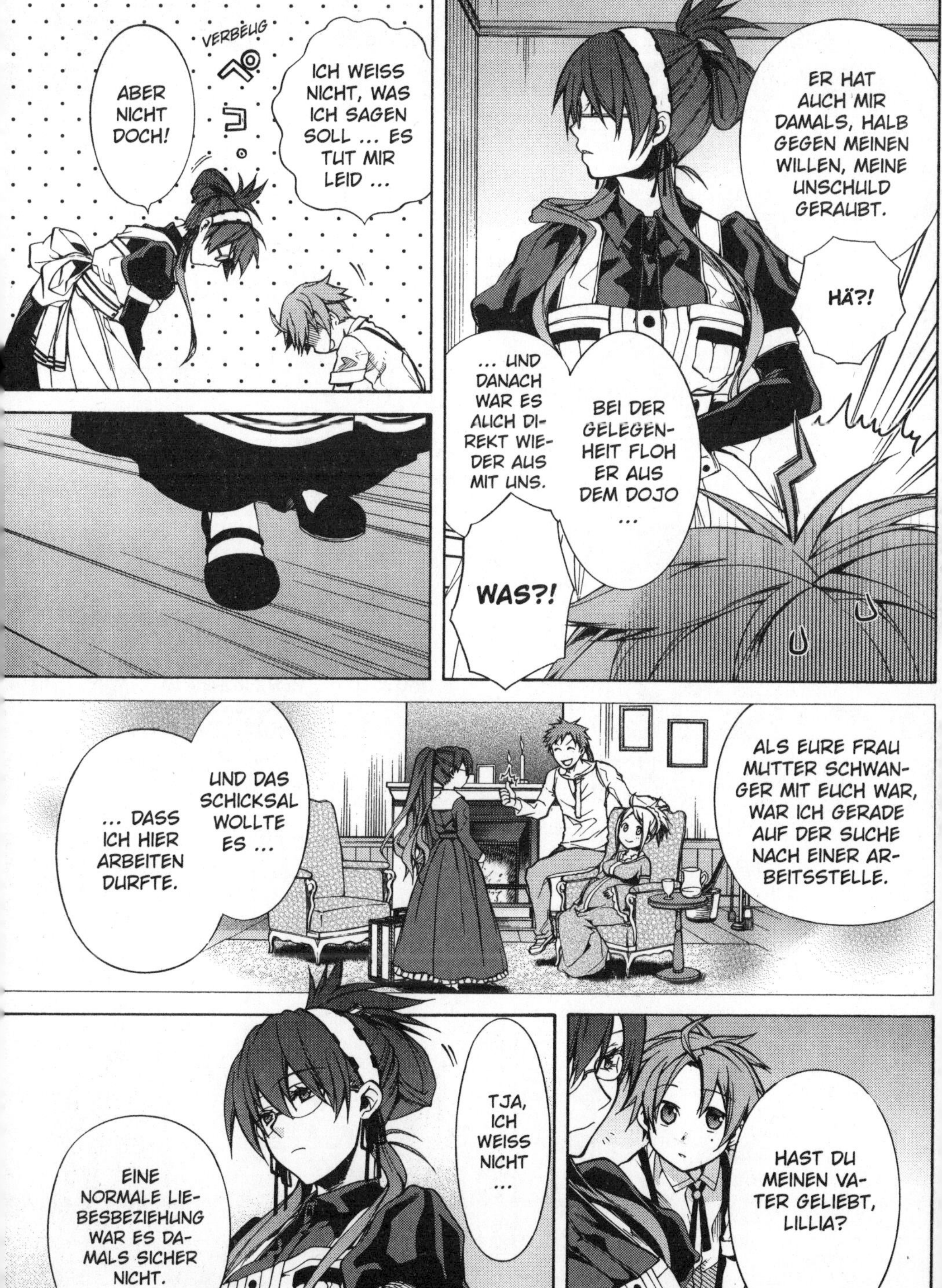
ER HAT AUCH MIR DAMALS, HALB GEGEN MEINEN WILLEN, MEINE UNSCHULD GERAUBT.
HÄ?!
BEI DER GELEGENHEIT FLOH ER AUS DEM DOJO ...
... UND DANACH WAR ES AUCH DIREKT WIEDER AUS MIT UNS.
WAS?!
ICH WEISS NICHT, WAS ICH SAGEN SOLL ... ES TUT MIR LEID ...
VERBEUG
ABER NICHT DOCH!
ALS EURE FRAU MUTTER SCHWANGER MIT EUCH WAR, WAR ICH GERADE AUF DER SUCHE NACH EINER ARBEITSSTELLE.
UND DAS SCHICKSAL WOLLTE ES ...
... DASS ICH HIER ARBEITEN DURFTE.
HAST DU MEINEN VATER GELIEBT, LILLIA?
TJA, ICH WEISS NICHT ...
EINE NORMALE LIEBESBEZIEHUNG WAR ES DAMALS SICHER NICHT.

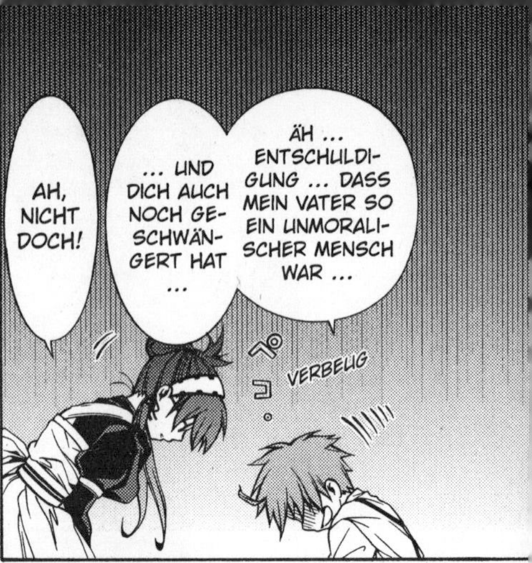
ÄH … ENTSCHULDIGUNG … DASS MEIN VATER SO EIN UNMORALISCHER MENSCH WAR …
… UND DICH AUCH NOCH GESCHWÄNGERT HAT …
AH, NICHT DOCH!
VERBEUG

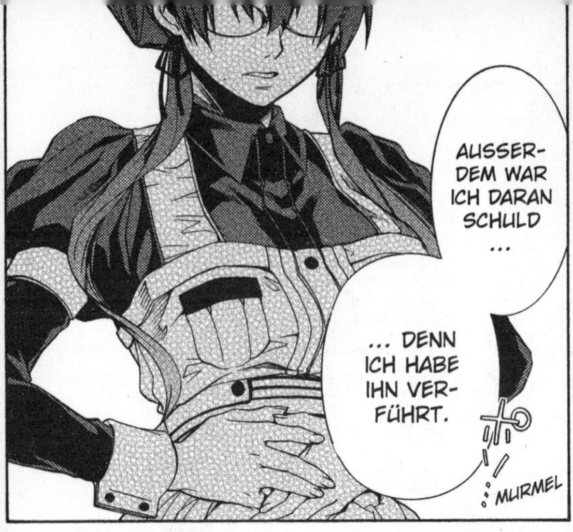
AUSSERDEM WAR ICH DARAN SCHULD …
… DENN ICH HABE IHN VERFÜHRT.
MURMEL

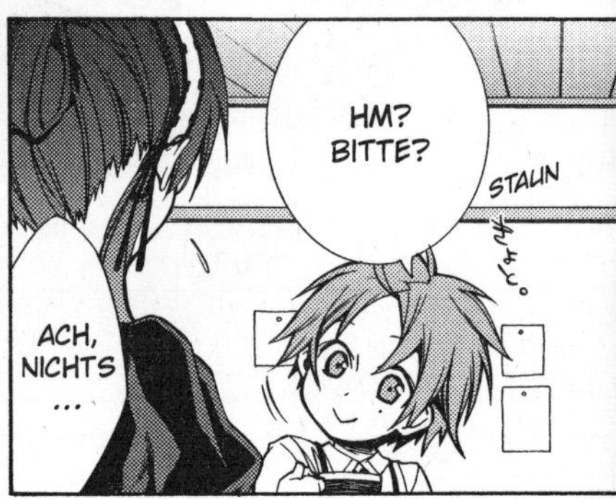
HM? BITTE?
STAUN
ACH, NICHTS …

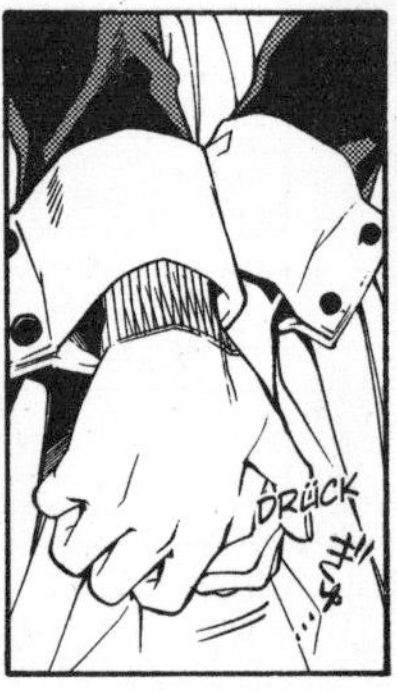
DRÜCK

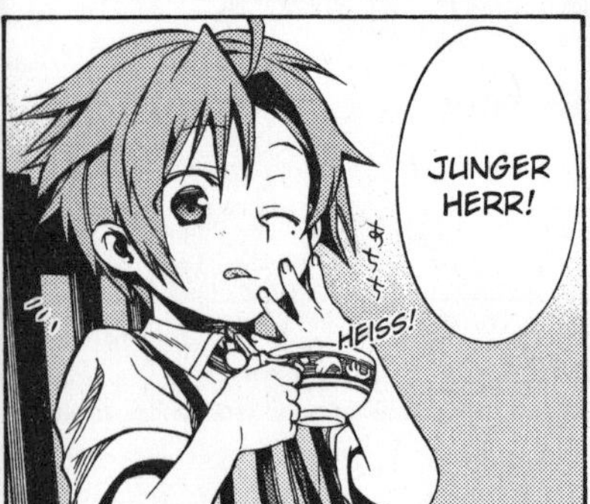
JUNGER HERR!
HEISS!

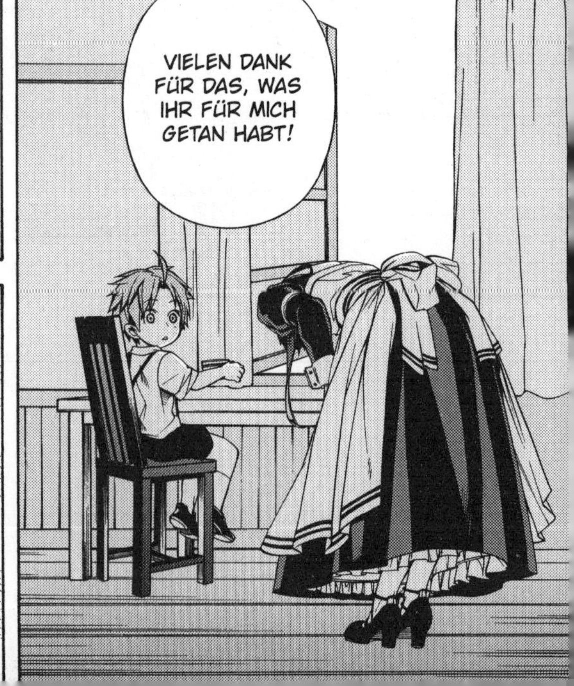
VIELEN DANK FÜR DAS, WAS IHR FÜR MICH GETAN HABT!

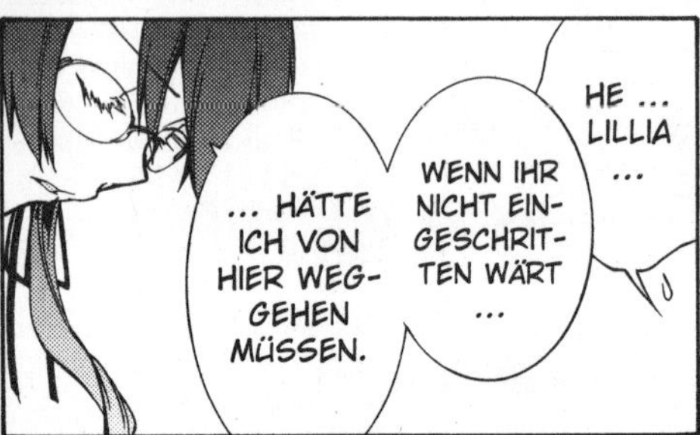
HE … LILLIA …
WENN IHR NICHT EINGESCHRITTEN WÄRT …
… HÄTTE ICH VON HIER WEGGEHEN MÜSSEN.

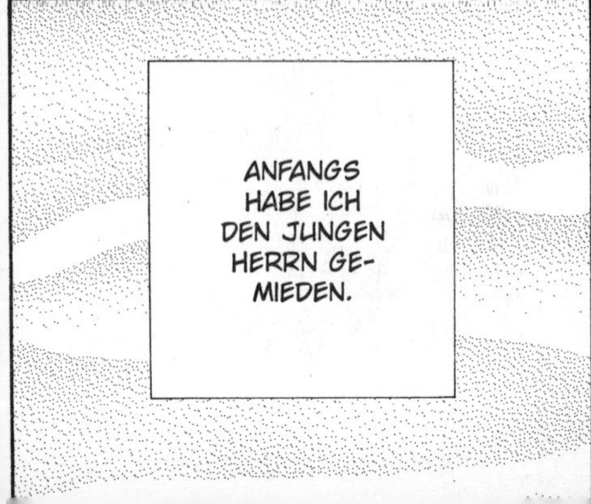
ANFANGS HABE ICH DEN JUNGEN HERRN GEMIEDEN.

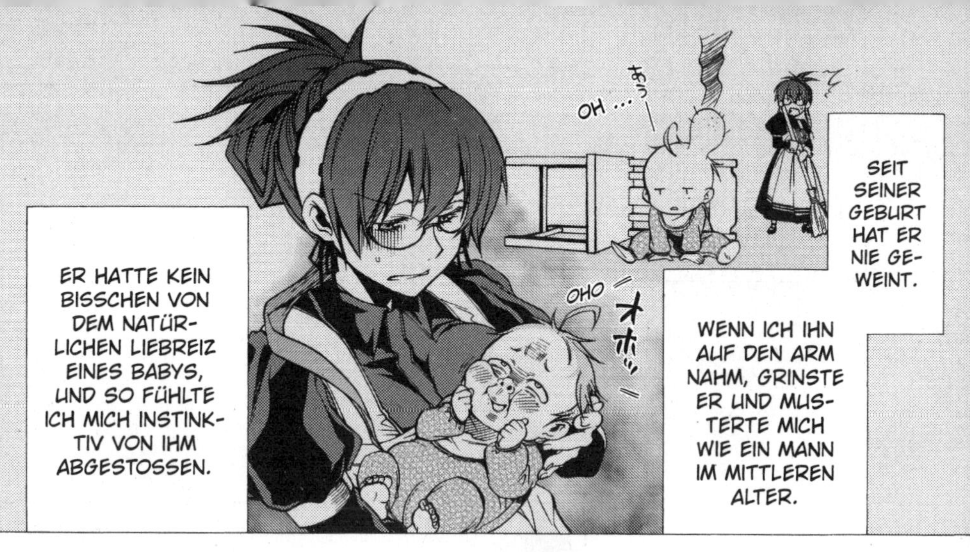
SEIT SEINER GEBURT HAT ER NIE GE- WEINT.
OH …
ER HATTE KEIN BISSCHEN VON DEM NATÜR- LICHEN LIEBREIZ EINES BABYS, UND SO FÜHLTE ICH MICH INSTINK- TIV VON IHM ABGESTOSSEN.
WENN ICH IHN AUF DEN ARM NAHM, GRINSTE ER UND MUS- TERTE MICH WIE EIN MANN IM MITTLEREN ALTER.
OHO

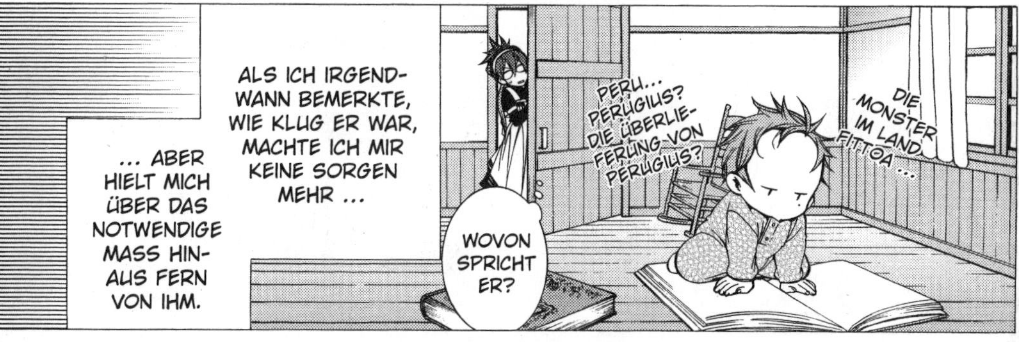
DIE MONSTER IM LAND FITTOA …
PERU… PERUGIUS? DIE ÜBERLIE- FERUNG VON PERUGIUS?
ALS ICH IRGEND- WANN BEMERKTE, WIE KLUG ER WAR, MACHTE ICH MIR KEINE SORGEN MEHR …
WOVON SPRICHT ER?
… ABER HIELT MICH ÜBER DAS NOTWENDIGE MASS HIN- AUS FERN VON IHM.

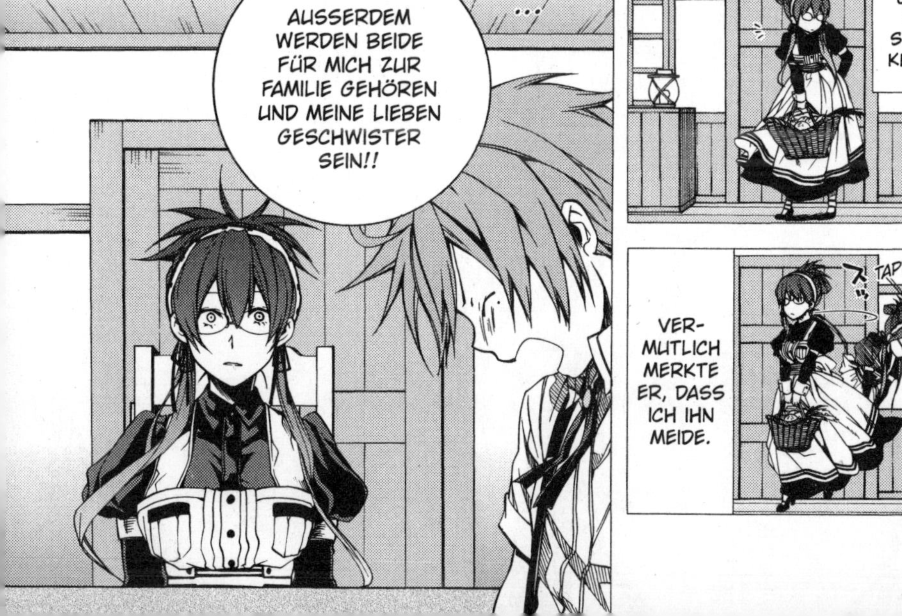
DER JUN- GE HERR IST EIN SCHLAUES KERLCHEN.
TAPP
VERBEUG
VER- MUTLICH MERKTE ER, DASS ICH IHN MEIDE.
TROTZDEM …
AUSSERDEM WERDEN BEIDE FÜR MICH ZUR FAMILIE GEHÖREN UND MEINE LIEBEN GESCHWISTER SEIN!!

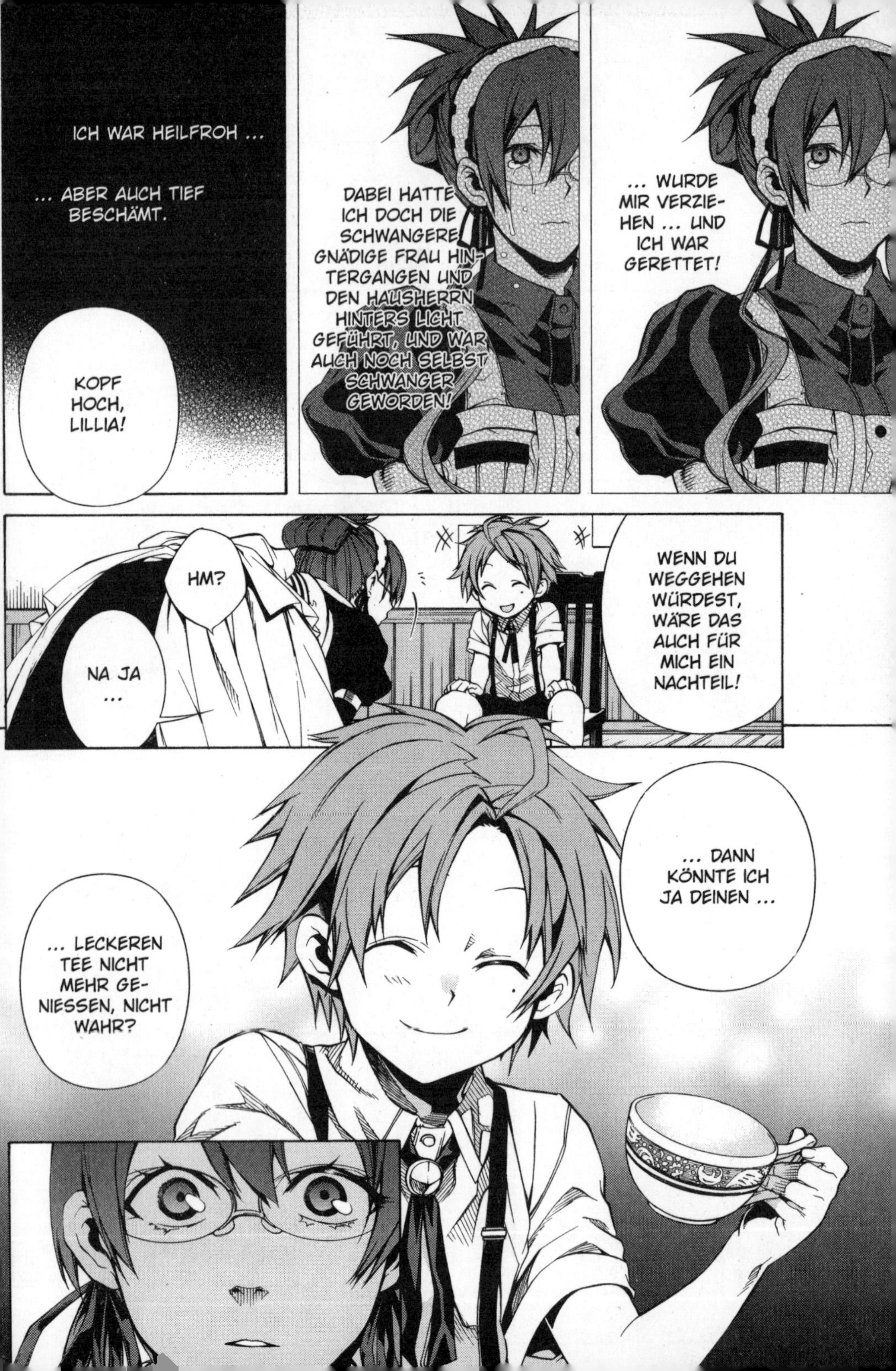

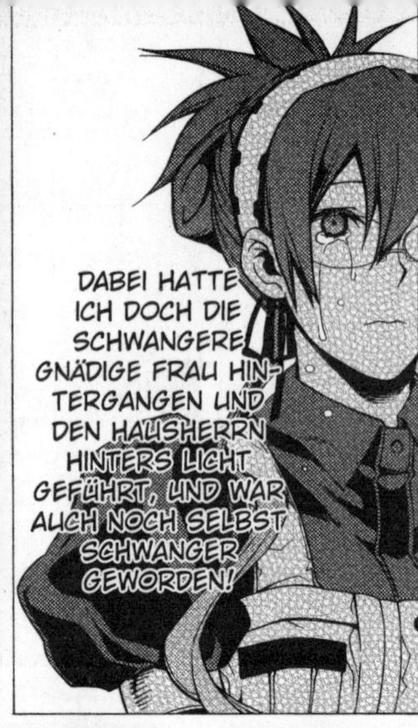
DABEI HATTE ICH DOCH DIE SCHWANGERE GNÄDIGE FRAU HINTERGANGEN UND DEN HAUSHERRN HINTERS LICHT GEFÜHRT, UND WAR AUCH NOCH SELBST SCHWANGER GEWORDEN!

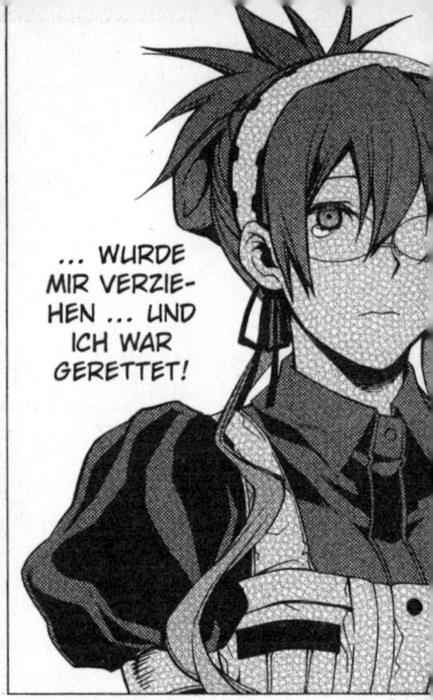
... WURDE MIR VERZIEHEN ... UND ICH WAR GERETTET!

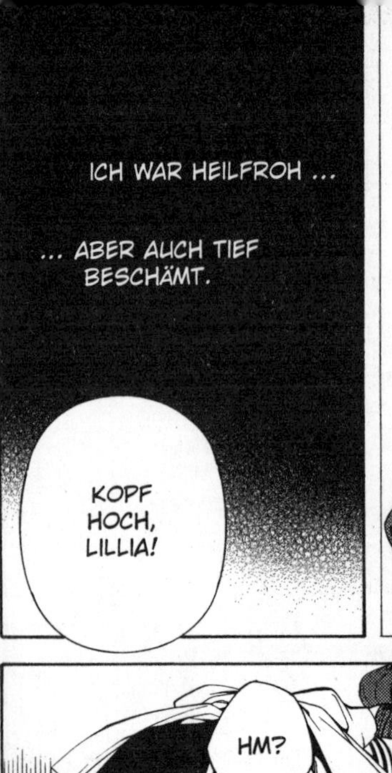
ICH WAR HEILFROH ...
... ABER AUCH TIEF BESCHÄMT.
KOPF HOCH, LILLIA!

HM?
NA JA ...
WENN DU WEGGEHEN WÜRDEST, WÄRE DAS AUCH FÜR MICH EIN NACHTEIL!
... DANN KÖNNTE ICH JA DEINEN ...
... LECKEREN TEE NICHT MEHR GENIESSEN, NICHT WAHR?

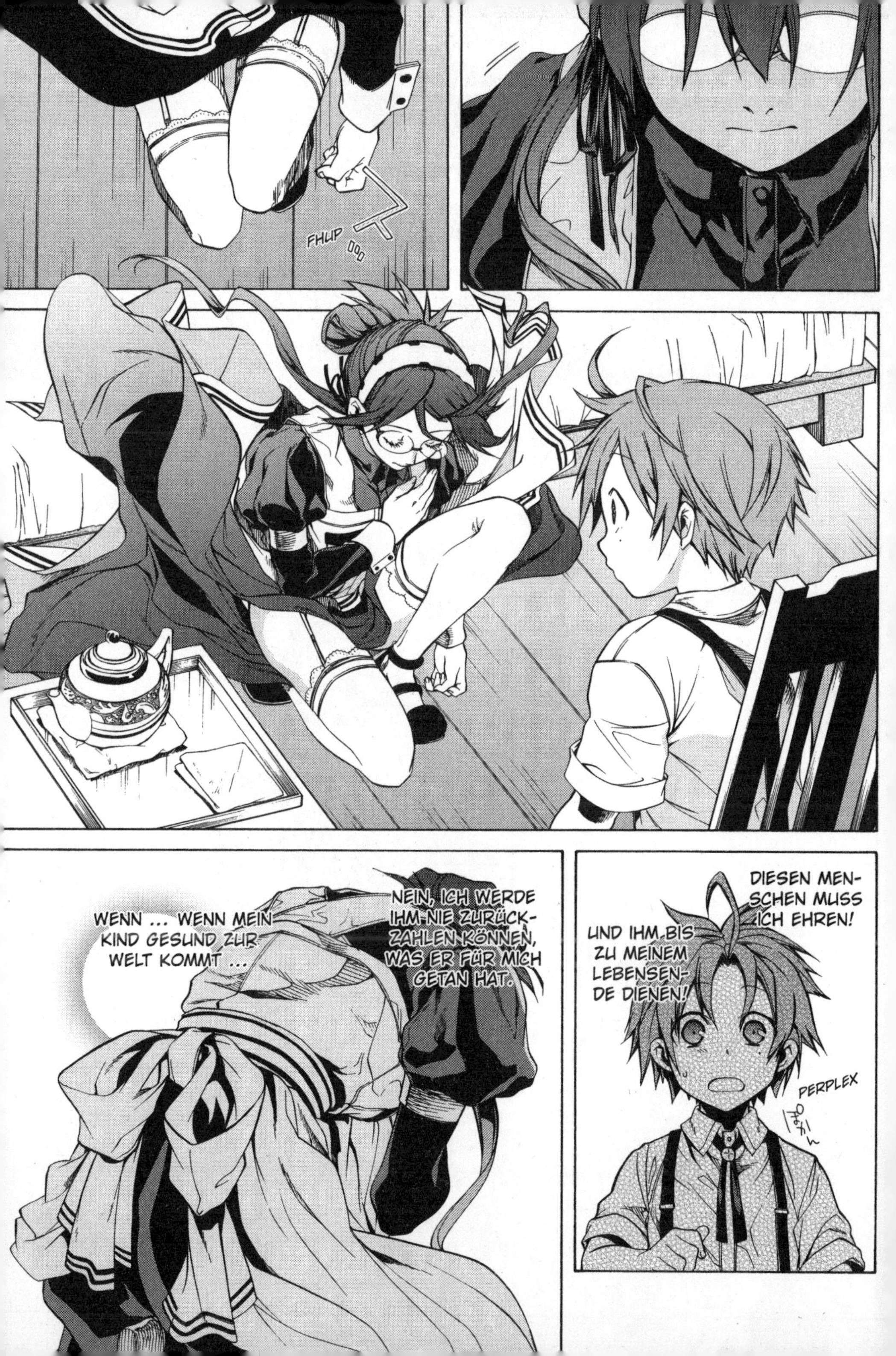

FHUP

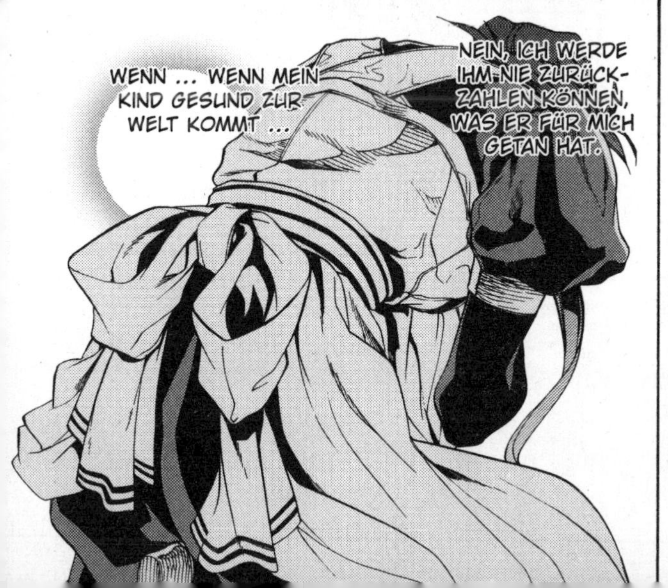
NEIN, ICH WERDE IHM NIE ZURÜCKZAHLEN KÖNNEN, WAS ER FÜR MICH GETAN HAT.
WENN ... WENN MEIN KIND GESUND ZUR WELT KOMMT ...

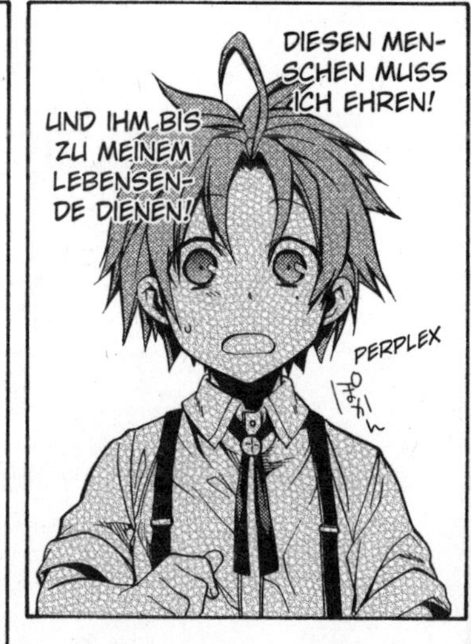
DIESEN MENSCHEN MUSS ICH EHREN!
UND IHM BIS ZU MEINEM LEBENSENDE DIENEN!
PERPLEX

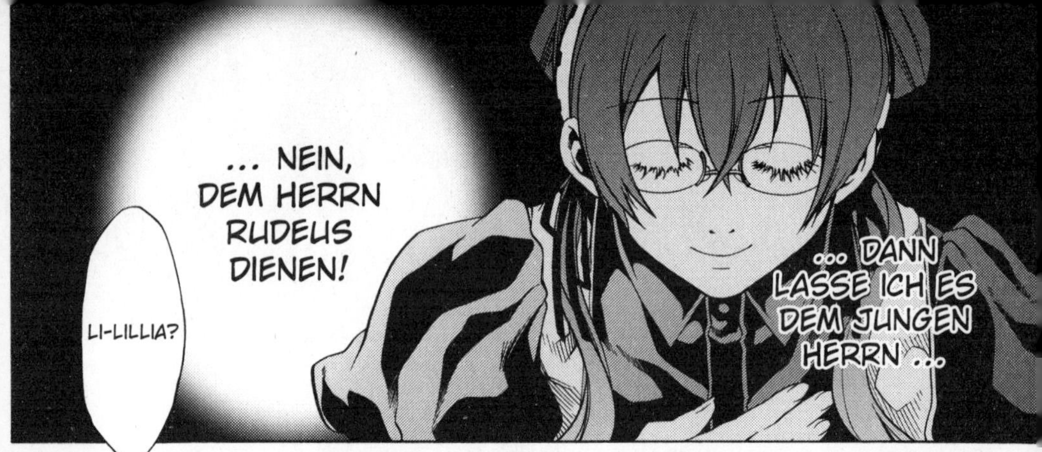
... DANN LASSE ICH ES DEM JUNGEN HERRN ...
... NEIN, DEM HERRN RUDEUS DIENEN!
LI-LILLIA?

VERZEI-HUNG!

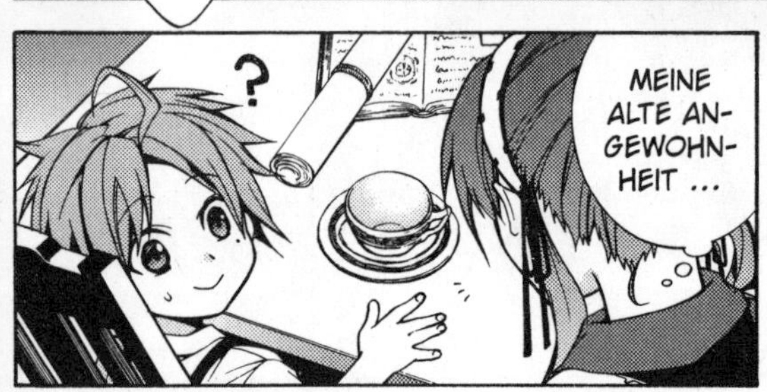
MEINE ALTE AN-GEWOHN-HEIT ...
?

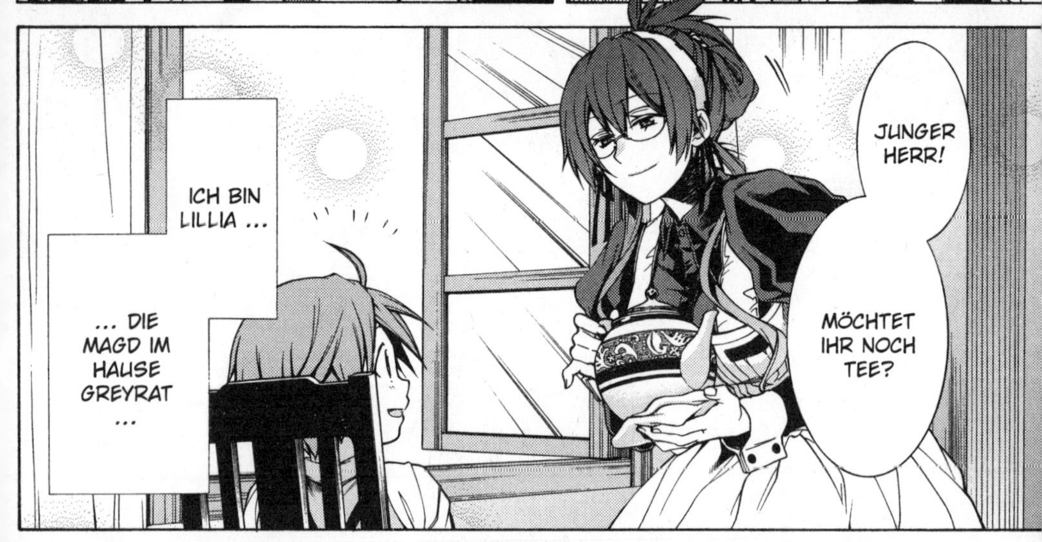
JUNGER HERR!
MÖCHTET IHR NOCH TEE?
ICH BIN LILLIA ...
... DIE MAGD IM HAUSE GREYRAT ...

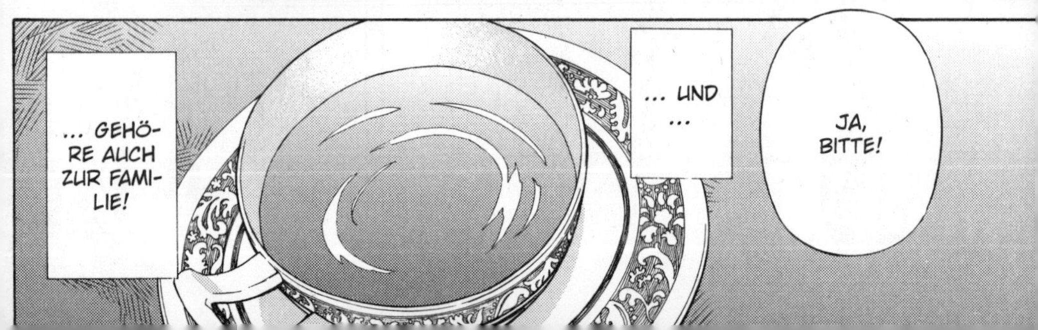
JA, BITTE!
... UND ...
... GEHÖ-RE AUCH ZUR FAMI-LIE!

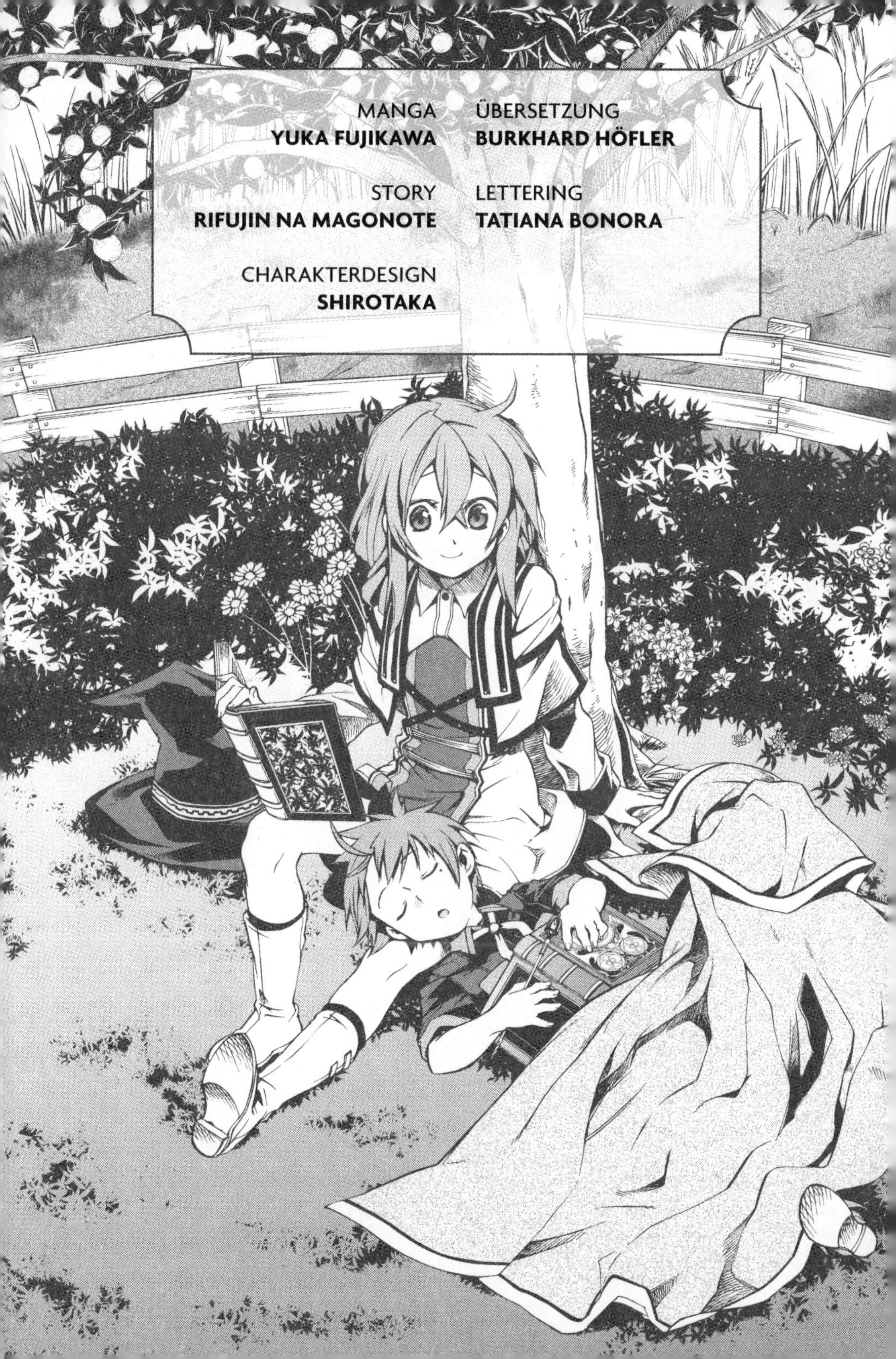
MANGA
YUKA FUJIKAWA
STORY
RIFUJIN NA MAGONOTE
CHARAKTERDESIGN
SHIROTAKA
ÜBERSETZUNG
BURKHARD HÖFLER
LETTERING
TATIANA BONORA

ACHTUNG!

Dieser Comic wird wie im Original gelesen:
von rechts nach links,
also fangt einfach von der anderen Seite des Buches an
und stürzt euch in die Welt von
MUSHOKU TENSEI – IN DIESER WELT MACH ICH ALLES ANDERS

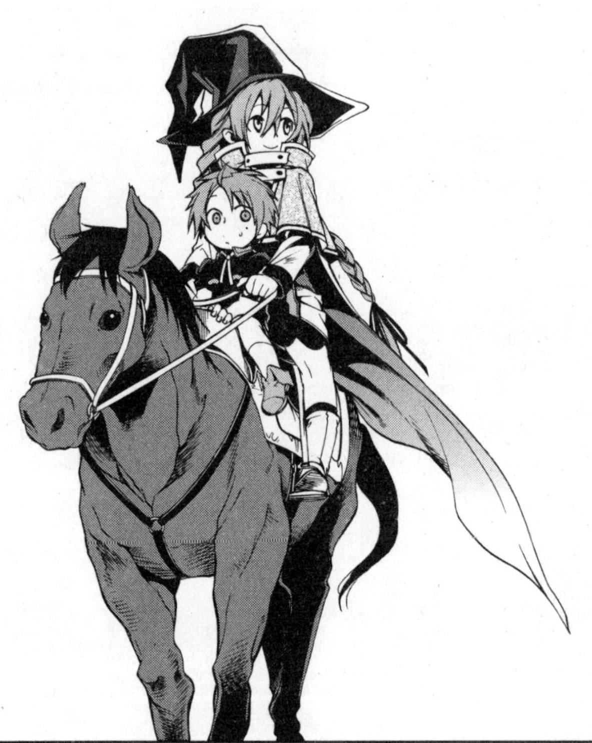

MUSHOKU TENSEI – IN DIESER WELT MACH ICH ALLES ANDERS erscheint bei **PANINI MANGA**, Schloßstraße 76, D-70176 Stuttgart. MUSHOKU TENSEI – IN DIESER WELT MACH ICH ALLES ANDERS wird unter Lizenz in Deutschland von PANINI Verlags-GmbH veröffentlicht. Druck: Gravinese Industrie Grafiche Srl – Leinì (TO). Anzeigenverkauf: BLAUFEUER VERLAGSVERTRETUNGEN GmbH, info@blaufeuer.com. Es gilt die Anzeigenpreisliste Nr. 18 vom 01.10.2020. Direkt-Abos auf **www.paninicomics.de**. Geschäftsführer **Hermann Paul**, Publishing Director Europe **Marco M. Lupoi**, Finanzen **Felix Bauer**, Marketing Director **Holger Wiest**, Marketing **Rebecca Haar**, Vertrieb **Alexander Bubenheimer**, Logistik **Ronald Schäffer**, PR/Presse **Steffen Volkmer**, Publishing Manager **Lisa Pancaldi**, Redaktion **Stephanie Jakob**, **Matthias Korn**, **Daniela Uhlmann**, Übersetzung **Burkhard Höfler**, Proofreading **Sascha Mandler**, grafische Gestaltung **Rudy Remitti**, **Nicola Spano**, Art Director **Alessandro Gucciardo**, Redaktion Panini Comics **Beatrice Doti**, **Elisa Panzani**, Repro/ Packager **Alessandro Nalli** (coordinator), **Mario Da Rin Zanco**, **Valentina Esposito**, **Luca Ficarelli**, **Simone Guidetti**, **Linda Leporati**, **Fabio Melatti**.
 ISBN 978-3-7416-2543-5

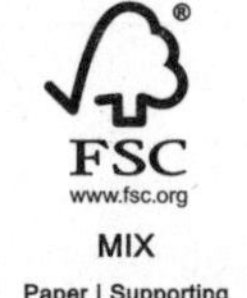

Bibliografische Information der Deutschen Nationalbibliothek
Die Deutsche Nationalbibliothek verzeichnet diese Publikation in der Deutschen Nationalbibliografie; detaillierte bibliografische Daten sind im Internet über dnb.d-nb.de abrufbar.